W0051904

Dank

Ich danke von ganzem Herzen allen Müttern, die mit mir gesprochen und dadurch zu meinem Verständnis des Mutterseins beigetragen haben. Meinen engagierten und hilfreichen Kolleginnen von La Leche League. Sheila Kitzinger für eine inspirierende Unterhaltung bei einem Frühstück im Jahr 1989 und Janet Balaskas für ihre Unterstützung und ihre Einladung im Jahr 1990, Müttergruppen in ihrem Active Birth Centre zu leiten. Jennifer Marsh für ihre Unterstützung. Allen meinen Freunden und Freundinnen, die frühe Versionen dieser Kapitel gelesen haben, und meiner Tochter Rachel für ihre Unterstützung und hervorragend schlüssige Bearbeitung. Penny Phillips, der herzlichsten und verständnisvollsten Verlagslektorin, die man sich wünschen kann. Meinen Eltern, Marianne und Hans Jacoby. Meinen drei wunderbaren Kindern Rachel, Shoël und Darrel. Tony, meinem geliebten und loyalen Ehemann, meinem Seelenfreund – mehr, als Worte ausdrücken können.

Inhaltsverzeichnis

Vorwort La Leche Liga Deutschland e.V.

Mit der Übersetzung und Herausgabe des Buches *Was Mütter tun* hat sich La Leche Liga Deutschland zum 40-jährigen Bestehen ein besonderes Geschenk gemacht. Naomi Stadlen öffnet uns Müttern eine Schatzkiste mit wertvollen Betrachtungen zu den Herausforderungen des Mutterseins.

Endlich werden für unsere vielfältigen und manchmal auch zwiespältigen Muttergefühle passende Worte gefunden! Auch durch ihre eigenen Erfahrungen als Mutter und in der Stillbegleitung gelingt es der Autorin die Unsicherheiten von Müttern in Stolz und Freude zu verwandeln. Wir sind für unsere Kinder wertvoll: unsere Langsamkeit, unsere Gefühle des Zweifels, sogar unser Schlafmangel erscheinen in einem ganz neuen, gewinnbringenden und wohltuenden Licht. Die Zeit von Veränderungen in uns selbst, in der Beziehung zu unserem Partner und zu unseren eigenen Müttern kommt ebenso zur Sprache wie ein anerkennender Umgang von Müttern untereinander.

Mit ihrem Hintergrund als Psychotherapeutin traut die Autorin jeder Mutter zu, ihren eigenen Weg zu gehen, ihre eigenen Entscheidungen zu treffen und ihre Wichtigkeit in der Gesellschaft zu erkennen. Sie setzt mit ihrem wundervollen, kraftgebenden Buch ein Zeichen, »dass großzügiges Bemuttern langsam wieder in Mode kommt«.

Wir hoffen, dass auch Väter sich bei der Lektüre wiederfinden und darüber hinaus die gesamte Familie und auch unsere Gesellschaft von diesem wegweisenden Buch profitieren können.

Unserer Übersetzerin Lena Pemöller sind wir dankbar, dass sie uns mit ihrer Begeisterung für dieses Buch angesteckt hat.

Und wir bedanken uns bei Naomi Stadlen für den Reichtum an Worten, die uns Müttern helfen können, unsere wertvolle Arbeit zu reflektieren, ...
... so wie wir dieses auch in den Stilltreffen und den Beratungen der La Leche Liga ermöglichen.

Gisela Skupin
La Leche Liga Deutschland e.V.

Anmerkung der Verfasserin

Die Daten der in *Was Mütter tun* zitierten Mütter sind vertraulich, weshalb ich sie und ihre Familienangehörigen im Buch als Mutter, Sohn, Tochter und Partner anonymisiert habe.

Wenn die Babys unter zwei Monate alt sind, habe ich ihr Alter auf die jeweilige Wochenanzahl abgerundet. Danach habe ich ihr Alter auf die Anzahl von Monaten abgerundet. Wenn eine Mutter sagt, dass ihr Baby »fast vier Monate alt« ist, gebe ich sein Alter dementsprechend mit drei Monaten an.

Der Begriff Mutter bezieht sich gewöhnlich auf die Person, die das Baby austrägt, es gebärt und anschließend betreut. Letzteres übernimmt jedoch nicht immer allein die Mutter. Besonders Väter und Großmütter können den Großteil der Tagesbetreuung übernehmen. Wenn sich die Eltern scheiden lassen und neue Ehen schließen, springen möglicherweise auch Stiefelternteile ein. Adoptivmütter sind genauso gemeint wie biologische Mütter. Wenn eine Person die Mutter nicht im beruflichen Sinne in dieser Form vertritt oder sich mit ihr abwechselt, können die Beschreibungen dessen, was Mütter tun, auch auf diese Person zutreffen. Es wäre schwerfällig, ständig zu wiederholen: »Mütter oder andere Verwandte, die für das Kind verantwortlich sind ...« Insofern mögen die Beobachtungen über Mütter auch für andere Verwandte gelten, die das Baby betreuen.

Einleitung

Als meine Wehen anfingen, konnte ich mir nicht vorstellen, dass die Geburt unseres Babys bevorstand. Ich war ganz im Drama des Augenblicks gefangen. Doch anschließend legte mir eine Hebamme mein erstes Kind in den Arm. Ich blickte herab zu ihm und spürte sein Gewicht auf meinem Arm – seine Hitze, Schwere und Frische. Ich war überwältigt. Es sah rundherum großartig aus. Ich wusste nicht, dass Babys so aussehen konnten. Es schien so heil, so offen und vertrauensvoll. Hatte ich es wirklich verdient, für dieses Kind zu sorgen? Der Anblick meiner neugeborenen Tochter mit ihren silbrig glänzenden Augen schien einen inneren Zwiespalt zu lösen. Sie sah gut aus, und das musste bedeuten, dass auch das Leben im Grunde gut ist. Alles schien klar und einfach, als ich ihr wundervolles Gesicht bestaunte.

Zu Hause fiel es mir schwer, an diesem Moment im Krankenhaus festzuhalten. Das Muttersein schien weder klar noch einfach. Gleichzeitig schämte ich mich, dass ich nicht besser damit umgehen konnte. Ein Baby zu bekommen war solch ein alltäglicher Vorgang. Meine Schwierigkeiten mussten bedeuten, dass mit mir grundlegend etwas nicht stimmte. Ich schrieb *Was Mütter tun* unter anderem, um mir zu beweisen, dass meine Gefühle gerechtfertigt waren. Es *ist* schwer, eine Mutter zu sein. Das heißt, dass wir auf alles, was uns gut gelingt, stolz sein können. Wäre Bemuttern wirklich so einfach, dann wäre unser Stolz reine Eitelkeit. Ich möchte andere, ebenso hadernde Mütter verteidigen, indem ich einige der Schwierigkeiten erkläre. Ich hoffe, dass sie in ihrem Alltag ebenfalls viele Anlässe entdecken, stolz auf sich zu sein. Ich hoffe, dass sich andere Mütter durch *Was Mütter tun* getröstet, verstanden und ermutigt fühlen, besonders während der emotionalen ersten Monate. In dieser Zeit ist vielen Müttern oft zum Weinen zumute. Ich wünschte, das wäre mir selbst damals bewusst gewesen.

Genau wie es während der Wehen unvorstellbar scheint, dass am Ende die Geburt eines Babys steht, kann eine Mutter während der endlos scheinenden Stunden mit einem Baby aus den Augen verlieren, wofür sie das alles tut. Das Bemuttern hilft einem Neugeborenen, zu einem kompetenten Kind heranzuwachsen.

Manche Mütter sagen:»Ich werde wahnsinnig vor Langeweile, wenn ich mich den ganzen Tag um das Baby kümmere.« Es gibt jedoch mindestens genauso viel langweilige Büroarbeit. Dennoch kann Büroarbeit wie ein Teil eines großen Ganzen wirken. Dadurch hat man das Gefühl, einen wertvollen Beitrag zu leisten; man fühlt sich zugehörig. Mütter, die doch so viel tun, sagen oft von sich, dass sie herumsitzen und nichts tun. Sie fühlen sich einsam, unsichtbar und unwichtig. Jedoch ist ihre Arbeit Teil von etwas viel Größerem als einer einzelnen Organisation. Jede Mutter bereitet ihr Kind darauf vor, ein Teil unserer Gesellschaft zu werden. Ich finde es nicht übertrieben zu sagen, dass die ganze Zivilisation von der mütterlichen Arbeit abhängt. Ohne den immensen Beitrag der Mütter wäre das Gesellschaftsleben chaotisch. Wenn Mütter sich unwichtig fühlen, dann muss es daran liegen, dass ihre Arbeit nicht ausreichend geschätzt wird. *Was Mütter tun* soll nicht nur die Gründe aufzeigen, weshalb Bemuttern bewundernswert ist, sondern auch, wie groß unser aller Einfluss darauf ist. Wir alle sind mit der Welt der Mütter verbunden.

Momentan ist die von Müttern bewohnte Welt kein besonders angenehmer Ort. Wenn eine Frau anderen mitteilt, dass sie ein Baby erwartet, kann sie sich fühlen, als hätte sie ein Minenfeld betreten. Zu jeder möglichen Frage, die sich ihr als Mutter stellen könnte, existieren mindestens zwei einander widersprechende Denkrichtungen. Die AnhängerInnen der jeweiligen Denkrichtung untermauern ihre Vorstellung mit einem Angriff auf die »feindliche« Meinung und abschreckenden Prognosen, was geschähe, solle die Mutter dem gegnerischen Einfluss zum Opfer fallen.

Lange bevor ihr Baby geboren ist, bevor sie es das erste Mal zu Gesicht bekommt, muss eine Mutter verschiedene Entscheidungen fällen. Was soll sie mit ihrer Arbeitsstelle machen? Soll sie Geburtsvorbereitungskurse besuchen? Wo soll sie entbinden? Was für Windeln soll sie kaufen? Ich erinnere mich, wie ich das erste Mal Windeln kaufen ging. Als ich mein erstes Kind erwartete, gab es noch keine Wegwerfwindeln. Ich betrat eine Drogerie in der naiven Annahme, dass es nur eine Sorte Windeln gebe. Stattdessen erwartete mich ein langes Regal mit einer großen Auswahl an Packungen. Als ich davorstand und versuchte, die diversen Beschreibungen zu verstehen, hatte ich das Gefühl, gleich ohnmächtig zu werden. Alles schien so kompliziert.

Eine eigene Gattung von Büchern ist entstanden, die Mütter unter Druck setzen, den persönlichen Regeln oder Richtlinien der AutorInnen zu folgen, weil diese das Muttersein vereinfachen sollen. Aber was nützen Regeln? Mütter, die versuchen, solche Regeln zu befolgen, klagen häufig, dass sie die Betreuung eines Babys furchtbar langweilig finden. Das ist nur zu verständlich. Wenn man ein Regelwerk befolgt, wird die Babybetreuung zwangsläufig langweilig. Jedes individuelle Baby scheint dann garantiert anormal und nicht den jeweiligen Vorschriften zu entsprechen – die sich vermutlich an den Bedürfnissen eines ganz anderen Babys orientieren. So kann man leicht die Freude daran verlieren, eine völlig einzigartige Persönlichkeit kennenzulernen.

Nach der Geburt meiner Tochter sah ich mich nach anderen Müttern um, die die gleichen Entscheidungen wie ich getroffen hatten. Aber natürlich hatte das niemand. Stattdessen hatte jede von uns nach der Geburt mehrere wichtige Entscheidungen getroffen. Wir hatten entschieden, ob wir stillen oder Muttermilchersatz füttern, welche Windeln wir benutzen, ob das Baby im Gitterbett oder im Familienbett schläft, ob wir es im Tragetuch tragen oder im Kinderwagen schieben, ob wir mit ihm ein Schlaftraining machen oder nicht, ob wir das Baby trösten, wenn es schreit, ob wir es impfen lassen und wenn ja, welche Impfungen und in welchen Kombinationen und in welchem Alter, ob wir Schulmedizin oder Alternativmedizin bevorzugen, ob wir auf professionelle Kinderbetreuung zurückgreifen und wenn ja, welche ... und so weiter. Ich finde diese Liste immer noch erschreckend. Hinter jeder Entscheidung verbergen sich weitere, kleinere Entscheidungen. Wir leben in einer toleranten Gesellschaft, deren Wert unter anderem darin besteht, dass wir die Wahl haben. Mütter fühlen sich durch ihre Entscheidungen jedoch oft in Schubladen gesteckt und von anderen Müttern abgeschnitten, die eine andere Wahl getroffen haben.

Verständlicherweise gehen infolgedessen viele Mütter in die Defensive. Meiner Erfahrung nach verwandeln sich viele Unterhaltungen von Müttern in Konkurrenzkämpfe. Wenn eine Mutter beispielsweise sagt: »Mein Baby isst mehr feste Nahrung / schläft länger / ist aktiver als andere Kinder seines Alters«, liegt darin die stillschweigende Herausforderung »Was habt ihr zu bieten?«. Eine andere Form von Konkurrenzkampf besteht darin, dass Mütter miteinander darum wetteifern, wer die »Expertin« ist. »Weißt du, was *ich* bei Koliken gemacht habe?«, sagt eine Mutter in leicht autoritärem Tonfall zur anderen. Eine dritte Form der Unterhaltung mag zwar entspannter klingen, weil sie von Anekdoten und Gelächter begleitet wird. Aber unter der Oberfläche brodelt es. Der Grundgedanke ist: »Ich habe es als Mutter viel schwerer als ihr.« Bei dieser Art von Wettbewerb geht es darum, den Mitgefühls-Jackpot der Mütterrunde zu knacken.

Doch so muss es nicht sein. Mutterschaft ist kein Konkurrenzkampf. Es gibt Platz genug für uns alle. Mutterschaft ist riesengroß. Keine Frau könnte jemals alle ihre Möglichkeiten ausschöpfen. Keine Frau kann immer nur richtige Entscheidungen treffen. Jede von uns scheitert gelegentlich. Gewiss scheitert keine Mutter auf ganzer Linie. Jede Mutter hat genug Spielraum, um irgendeine Sache gut zu machen. So kann sie andere Mütter respektieren und sich ihnen *zugehörig* fühlen, anstatt mit ihnen zu *konkurrieren*. Letztendlich lehrt das Muttersein Demut. Es gibt immer noch etwas zu lernen. Gerade wenn ihr Kind aus einer speziellen Phase herauswächst, erfährt eine Mutter ganz sicher von einer viel besseren und einfacheren Lösung, die ihr geholfen hätte.

Mir war nicht bewusst, wie sehr meine Unterhaltungen mit anderen Müttern von Konkurrenzdenken geprägt waren. Ich war danach immer leicht mitgenommen, ohne zu wissen, warum. Langsam wurde mir klar, dass wir alle einzigartig sind. Es hatte keinen Sinn, meine Doppelgängerin zu suchen. Ich fing stattdessen an, allen Müttern mit mehr Aufgeschlossenheit zu begegnen. Es war faszinierend, was es für Unterschiede gab. Die meisten Mütter hatten konkrete Gründe für ihre Entscheidungen. Ihre jeweiligen Lebensumstände waren einzigartig. Paradoxerweise konnte ich gerade, indem ich mir die Einzelheiten ihrer Lebensumstände erklären ließ, erkennen, wie groß unsere Gemeinsamkeiten waren.

Trotz unserer individuellen Entscheidungen gibt es Motive, die auf die meisten Mütter zutreffen. Wir teilen sie, unabhängig von Ort und Zeit. Das Muttersein dreht sich um die Liebe, die eine Mutter ihrem Kind zuteilwerden lässt. Sie drückt ihre Liebe auf unterschiedlichste Weisen aus. Ihr Stil mag einzigartig sein. Doch unsere gemeinsame Erfahrung dieser Liebe verbindet uns. Wenn eine Mutter aus der heutigen Zeit einen Tagebucheintrag einer Mutter liest, die sich vor mehreren Jahrhunderten um ihr fiebriges Baby sorgte, versteht sie die Ängste dieser fremden Mutter sofort. Das Bemuttern scheint außerdem ortsunabhängig und unendlich flexibel zu sein. Es gedeiht unter den widrigsten Umständen, selbst da, wo es völlig unpassend und unpraktisch ist. Es kann den Kern materialistischen Denkens infrage stellen, und gerade das passiert heutzutage oft.

Ich habe häufig erlebt, wie zwei Mütter bei einem Treffen anfangs auf Distanz zueinander gehen. Eine hat vielleicht ihren Beruf aufgegeben, um zu Hause bei ihrem Kind zu bleiben. Die andere hat sich entschieden weiterzuarbeiten. Jeder der beiden mag die Entscheidung schwer gefallen sein und das Zusammentreffen mit der anderen Mutter löst möglicherweise Schuldgefühle aus. Die Vollzeitmutter hat das Gefühl, sie konsumiere unverdient und vergeude ihre Ausbildung. Der berufstätigen Mutter ist bewusst, wie viel Zeit sie getrennt von ihrem Kind ist. Jede der beiden denkt wahrscheinlich anfangs, dass sie niemals in der Lage wäre, das zu tun, was die andere tut – aber dass sie es vielleicht *sollte*. Wenn sie einander jedoch zuhören, wird ihnen klar, wie viel sie gemeinsam haben. Die Vollzeitmutter erfährt, wie sehr der berufstätigen Mutter ihr Kind am Herzen liegt. Die berufstätige Mutter erfährt, dass die Vollzeitmutter keine übermenschliche Glucke ist, sondern eine normale Frau, die genau wie sie selbst zu Hause manchmal frustriert ist. Dass sie einander verstehen können, ist für beide Mütter eine beglückende und stärkende Entdeckung – und für mich immer wieder bewegend zu beobachten.

Mutterschaft kann ein großer Gleichmacher sein. Angesichts eines schreienden Neugeborenen lösen sich soziale Unterschiede in Luft auf. Reichtum, Macht, Erfolg und oft auch Nationalität und Ideologie scheinen plötzlich unwichtig. Was zählt, ist das Teilen mütterlicher Erfahrung. Das ist der Moment, in dem eine Mutter einer anderen eine wertvolle Stütze sein kann. Wenn Mütter einander schätzen, verstricken sie sich nicht in Konkurrenzkämpfe, und ihre gegenseitige Großzügigkeit scheint grenzenlos.

Das klingt vielleicht vollkommen simpel, doch als ich selbst Mutter wurde, war mir das alles nicht bewusst. Sowohl mein Mann als auch ich hatten eine unkonventionelle Kindheit, und wir beide entschieden uns für eine traditionelle Rollenverteilung als Eltern. Also ging er weiter seinem Beruf nach, allerdings mit der zusätzlichen Verantwortung als Familienernährer. Nachdem ich dagegen kurz vor der Geburt unseres ersten

Kindes meine Arbeit aufgegeben hatte, schien mein Leben über eine Weiche auf ganz neue Gleise zu rollen, die mich in eine ungewisse Richtung lenkten.

Als junge Mutter hatte ich anfangs das Gefühl, orientierungslos durch eine unbekannte Welt zu irren. Die Straße, in der wir lebten, schien auf einmal länger, die Autos schienen größer und lauter, die Läden viel weiter entfernt. Meine Tochter war mir damals eine große Hilfe. Sie erwartete offenbar nicht von mir, dass ich mich von einem Tag auf den anderen in eine kompetente Mutter verwandele. Sie akzeptierte mich einfach. Langsam spielten wir uns aufeinander ein. Es war eher, als wären wir zwei beste Freundinnen – ganz anders, als ich mir das Zusammensein einer Mutter mit ihrem Baby immer vorgestellt hatte. Allerdings hatte ich das Gefühl, nicht wie andere Frauen meiner Generation zu ticken.

In den Medien tauchten inspirierend gemeinte Geschichten über Mütter auf, die ihre Kinder ihren Karrieren anpassten. Das schien zu bedeuten, dass das Muttersein allein nicht interessant genug sei. Bevor ich Kinder hatte, dachte ich ebenso. Nach der Geburt meiner Tochter merkte ich, wie spannend ich die Zeit mit ihr fand, konnte es aber weder mir noch anderen erklären. Wir hatten zwar gemeinsam einen schönen Vormittag verbracht – aber was hatten wir eigentlich getan? Allein mit ihr zu Hause war ich ganz gebannt, als würde ich für mich das Muttersein entdecken. Aber was genau hatte ich entdeckt? Sobald wir hinausgingen, und wenn wir bloß an der Supermarktkasse Schlange standen, war ich meiner selbst nicht so sicher. Angesichts der geschäftigen KassiererInnen machte mich meine scheinbare Banalität schwindeln. Nichts von dem, was ich als Mutter tat, erfüllte ein so konkretes gesellschaftliches Bedürfnis. Was ich zu Hause tat, schien unsichtbar und unfassbar. Vielleicht war mein Bemuttern tatsächlich nichts.

Erst als unsere Kinder älter waren, bekam ich langsam ein Gespür dafür, etwas geleistet zu haben. Dann konnte ich sehen, dass ein verletzliches Neugeborenes nach dem anderen zu einem selbstständigen Menschen herangewachsen war. Als unser jüngstes Kind sieben geworden war, schien eine ganze Phase intensiven Bemutterns abgeschlossen. Es konnte passieren, dass ich in die Küche kam und die drei dort am Tisch saßen und über irgendetwas kicherten, das sie gerade im Fernsehen gesehen hatten. Ich wusste nicht was, und sie schienen auch nicht besonders erpicht darauf, es mir zu erzählen. Das war ihr Leben, unabhängig von mir. Selbst das Jüngste brauchte mich nicht mehr oder bezog mich wie früher ein. Das befreite mich also. Jetzt konnte ich einen Teil meiner Zeit und Energie auf anderes verwenden. Es gab zwar Arbeit, auf deren Wiederaufnahme ich mich eigentlich gefreut hatte (jedenfalls war ich davon ausgegangen), aber ich musste immer wieder an diese wunderbaren Jahre des Mutterseins zurückdenken. Ich hatte das Gefühl, eine bedeutende Erfahrung gemacht zu haben. Ich wollte rekapitulieren und nachvollziehen, was eigentlich geschehen war. Außerdem bewunderte ich meinen Mann in seiner Rolle als Vater und wollte auch mehr über das Thema Vaterschaft lernen.

Ich las Bücher, in denen ich die erhofften Erkenntnisse allerdings nicht fand. Dann merkte ich, dass ich schon einige der gewünschten Informationen erhielt – und zwar ganz nebenbei, einfach weil ich an dem Thema interessiert war. Als ausgebildete Stillberaterin für die Wohlfahrtsorganisation National Childbirth Trust beantwortete ich Telefonanfragen und besuchte verschiedene Mütter zu Hause. Außerdem lud Janet Balaskas mich ein, die Stillberaterin im von ihr gegründeten Active Birth Centre zu werden (das sich Birth Centre nannte, als ich 1979 dort anfing).

Zehn Jahre später entdeckte ich La Leche League und ließ mich zur LLL-Stillberaterin ausbilden. Ich begann, La Leche League Treffen im Zentrum Londons abzuhalten, und gab sechs Jahre lang La Leche League GB News heraus. Ich machte die Erfahrung, dass eine typische Frage zum Thema Stillen oft viel komplexere Fragen zum Familienleben an sich einleitete. Im Jahr 1990 bat Janet Balaskas mich, im Active Birth Centre vormittags offene Mutter-und-Baby-Treffen anzubieten. Daraus entwickelte sich »Mothers Talking«, eine wöchentliche Gesprächsrunde für Mütter.

Die Art und Weise, in der ich die »Mothers Talking«-Gruppen heute anleite, hat sich mit der Zeit entwickelt. Ich habe bestimmt jeden Fehler gemacht, den man machen kann. Aber nach und nach lernte ich, Mütter dabei zu unterstützen, einander zu vertrauen. Ich selbst kann endlich das Recht jeder Mutter auf ihre eigene Entscheidung berücksichtigen und respektieren. Inzwischen kann ich ein Treffen anleiten, bei dem mehrere Mütter sehr unterschiedliche Entscheidungen getroffen haben. Doch jede von ihnen fühlt sich geborgen, und wir können zivilisiert miteinander reden. Das ermöglicht den Müttern, neugierig auf abweichende Meinungen zu sein, ohne sich dadurch bedroht zu fühlen. Ich habe von vielen Müttern gehört, dass sich bei diesen Treffen dauerhafte Freundschaften ergeben haben.

Eines Tages fragte mich mein Mann, weshalb ich nicht meine Erfahrung als Stillberaterin erweitere und mich zur Psychotherapeutin ausbilden lasse. Der Vorschlag gefiel mir, denn so konnte ich mich auf die Beratung von Müttern und Elternpaaren spezialisieren und mein Verständnis vertiefen. Für mich ist es ein Privileg, Eltern dabei zu helfen, ihre Kindheitserinnerungen zusammenzusetzen und so eine klarere Vorstellung davon zu gewinnen, inwiefern ihre Erfahrungen ihren Umgang mit den eigenen Kindern beeinflussen. (Selbstverständlich sind keine Daten aus meiner Therapeutinnentätigkeit in dieses Buch eingeflossen.)

Inzwischen unterrichte ich Psychologie an mehreren Londoner Universitäten. Ich habe das Seminar »Die Psychologie mütterlicher Liebe« als erstes seiner Art ins Leben gerufen. Ich ermutige Studierende, von denen viele keine Kinder haben, das Thema Mutterschaft zu hinterfragen und zu diskutieren, und habe dadurch unterschiedliche Perspektiven kennengelernt.

Irgendwann hatte ich die Befürchtung, es mir zu einfach zu machen. Ich beschloss, Mütter mit einer Reihe vorher festgelegter Fragen zu interviewen. Ich entwarf einen Fragebogen und nahm diverse Interviews auf Band auf. Im Vergleich zu einem spontanen Gespräch erschien mir diese Herangehensweise jedoch bald schwerfällig. Die Mütter sprachen ohnehin mit mir – nicht, um meine Fragen zu beantworten, sondern weil sie mein Interesse spürten und mir etwas zu erzählen hatten. Weder sie noch ich dachten, dass diese Gespräche einmal in ein Buch münden würden. Auf die Idee kam ich erst später. Doch ich machte mir Notizen. Gelegentlich brachte eine Mutter etwas ganz schlicht auf den Punkt. Ihre Haltung entsprach vielleicht nicht der meinen, ich war jedoch beeindruckt von ihren einprägsamen Worten. Ich notierte sie mir, um die wertvolle Einsicht nicht zu vergessen, und merkte mit der Zeit, dass ich mir mittels dieser unsystematischen Vorgehensweise die Erkenntnisse erarbeitete, die ich gesucht hatte.

Anfangs klangen die Einzelheiten der jeweiligen Berichte in meinen Ohren sehr speziell. Mit der Zeit wurden mir jedoch die zugrunde liegenden Muster bewusst. Das half mir, über die Einzelheiten hinwegzusehen. Langsam nahmen die Geschichten Gestalt an. Eine klare Gestalt, deren Einzelteile ineinandergriffen. Ich konnte ein Muster in der Entwicklung einer Frau zur Mutter ausmachen. Es war nicht einfach, die diversen Stränge zu entflechten, um daraus die verschiedenen Kapitel dieses Buchs zu formen. Im Grunde genommen bleibt die Erfahrung ein Ganzes.

Ich hütete mich davor, Müttern von meiner Arbeit an dem Buch zu erzählen. Zum einen weil ich unseren Gesprächen nicht die Unbefangenheit nehmen wollte. Nur einmal fragte mich eine Mutter, ob ich etwas schreiben würde (ich bejahte, woraufhin sie sofort das Thema wechselte); deshalb weiß ich, dass mir keine der Mütter mit ihren Aussagen zitierfähiges Material für mein Buch liefern wollte. Es gab aber noch einen anderen Grund. Ich war mir nicht sicher, ob ich wirklich etwas zu sagen hatte. Immer, wenn ich mit dem Schreiben begann, schien mir das Wesentliche zu entgleiten. Irgendwann stellte ich ein paar Gedanken zum Thema mütterliche Müdigkeit zusammen und verfasste eine Leseprobe. Als ich sie jedoch an Verlage schickte, bekam ich zu hören, dass dazu schon alles gesagt sei.

Jahrelang fragte ich mich, ob die ganze Arbeit überhaupt jemals veröffentlicht würde. Ich fuhr jedoch fort, mit Müttern zu reden. Jeder einzelne Gedanke in diesem Buch wurde in vielen Gesprächsrunden von vielen Müttern diskutiert. Ich dränge niemandem meine Meinung auf, aber ich halte damit auch nicht hinter dem Berg. Soweit ich weiß, sind sich die Mütter, mit denen ich rede, meiner Haltung durchaus bewusst. Da ich ein großes Interesse am Muttersein zeige, unterhalten sich die meisten Mütter gerne mit mir.

Während der Gespräche selbst notiere ich nichts, höchstens das ein oder andere Stichwort als Gedächtnisstütze. Oft genug habe ich diese Stichwörter allerdings nie wieder aufgegriffen. Wenn ich nach einem Treffen entspannt nach Hause gehe, fällt mir manchmal unvermittelt wieder etwas ein, das jemand gesagt hat und dem ich anfangs keine große Beachtung geschenkt hatte. Selbst wenn ich die Sätze für mich wiederhole, weiß ich nicht immer, warum sie relevant sind. Ich kann nicht gleich erkennen, wie sie sich in das Thema Mutterschaft einfügen. Wenn ich jedoch nach Hause komme, stelle ich meine Taschen ab und greife schnell zu Stift und Papier.

Glücklicherweise habe ich Geschichte studiert. Besonders beeindruckt hat mich das Werk von Thukydides, dessen *Der Peloponnesische Krieg* zum Großteil auf Gesprächen basiert. Das erneute Studium seines disziplinierten Vorgehens führte mir die Wichtigkeit vor Augen, eine Vielzahl gegensätzlicher Meinungen zu hören und besonders darauf zu achten, sie nicht zu verfälschen und auf einen harmonischen Chor zu reduzieren.

Meine Gespräche mit Müttern sind vertraulich, und ich lege Wert darauf, dass dies so bleibt. Meine Notizen nennen keine Namen oder Daten. Ich kann mich meistens selbst nicht erinnern, wer was gesagt hat. Als Beispiele für das Grundmuster des Bemutterns habe ich systematisch kurze Zitate von Müttern angeführt, wobei ich Geschlecht und Alter ihres jeweiligen Kindes angegeben habe (siehe Seite vii). Sollte sich eine Mutter in einem Zitat wiedererkennen, fühlt sie sich hoffentlich ausreichend durch diese Anonymisierung geschützt. Oft haben mich die Aussagen der Mütter tief bewegt. Unsere Gespräche sind mir heilig, und ich hoffe, noch lange nach dem Erscheinen dieses Buches weiter solche Gespräche zu führen.

Die meisten Mütter, mit denen ich spreche, wohnen in London. Nicht alle sind hier geboren. Sie stammen aus Großbritannien und vielen anderen Teilen Europas, aus Nord- und Südamerika, Israel, Ägypten, Nigeria, Südafrika, Madagaskar, Indien, China, Japan, Australien und Neuseeland. Ein Großteil der Mütter lebt in Kleinfamilien, einige dagegen eher traditionell im größeren Familienverband. Einige sind verheiratet oder haben einen Partner oder eine Partnerin, und andere sind alleinerziehend. Die Altersspanne reicht von Anfang zwanzig bis Mitte vierzig. Die überwiegende Mehrheit hat eine gute Bildung genossen und scheint ein ausreichend großes Einkommen erzielt zu haben, bevor sie Kinder bekamen. Damit ist ihre Generation wahrscheinlich finanziell unabhängiger als die ihrer Großmütter und vielleicht auch die ihrer Mütter.

Wie ich später zeigen werde, beklagen sich diese Mütter fast ausnahmslos, dass sie sich nicht ausreichend auf das Muttersein vorbereitet fühlen. In dieser Hinsicht dürften sie in der ganzen Geschichte der Mutterschaft einmalig sein. Früher wurden Mädchen von Kindheit an darauf vorbereitet. Sie lernten, indem sie ihre Mutter beobachteten und Verantwortung für ihre Geschwister übernahmen. Die in diesem Buch zitierten Mütter sind möglicherweise eloquenter, selbstreflektierter und selbstkritischer als Mütter, die besser vorbereitet sind.

Es mag für die Mütter zwar anstrengend sein, bei Null anzufangen, doch es gelingt ihnen. Obwohl es vielleicht frustrierend ist, hat es auch seinen Reiz, nicht einfach auf Alterhergebrachtes zu vertrauen, sondern sich so viel selbst zu erarbeiten. *Was Mütter tun* untersucht einige der Resultate dieser Entwicklung. Außerdem versuche ich, die Gesamtstruktur mütterlicher Erfahrungen zu zeigen. Damit soll sichtbar werden, was Mütter bereits getan haben. Ich will *beschreiben*, nicht *vorschreiben*. Je älter ich werde, desto größer wird meine Abneigung gegen Stimmen, die einer Mutter sagen, was sie tun »sollte«. Wenn Ihnen in diesem Buch eine Stelle auffallen sollte, an wo ich vom Beschreiben dazu übergangen bin, wie auch immer geartete »Regeln« aufzustellen, würde ich mich über einen Hinweis freuen.

Auch wenn ich nur mit einem Bruchteil aller Mütter gesprochen habe, haben die Gespräche mir doch vor Augen geführt, was für ein weites Feld das Thema Bemuttern ist und wie wenig wir darüber wissen. Alles, was ich sehe und höre, scheint mir dessen Wichtigkeit zu bestätigen – und wie oft es diffamiert worden ist. Wie konnte ich je daran zweifeln, dass es etwas zu sagen gäbe? Wenn ich jetzt das fertige Buch durchblättere, scheint mir, ich hätte das Thema gerade mal oberflächlich gestreift. Ich habe zwar viele meiner Erkenntnisse dargelegt, aber sie sind nur ein Bruchteil dessen, was es noch zu entdecken gibt. Ich hoffe, dass *Was Mütter tun* zweierlei leistet: Müttern den dringend benötigten Mut zuzusprechen und all denen, die sie verstehen wollen, Steine aus dem Weg zu räumen.

ERSTES KAPITEL

Wer versteht mich schon?

Wenn ich erzähle, dass ich ein Buch für Mütter schreibe, ernte ich mitleidige Blicke. »Gibt es nicht schon genug Bücher zu dem Thema?«, heißt es dann. »Ist nicht schon alles gesagt?«

Nein, ist es nicht. Frauen wie ich, deren Kinder schon erwachsen sind, wissen, dass es nicht so ist. Wir wissen, wie viel ungesagt ist. Mütter leben in einer Welt, die noch nicht präzise beschrieben wurde. Die richtigen Worte müssen erst gefunden werden. Die gängigen Begriffe lenken uns auf die alten, ausgetretenen Pfade. Jedoch gibt es Gebiete, die man auf diesen Pfaden nicht erreicht. Die Landkarte des Mutterseins hat noch weiße Flecken.

Mütter klagen über ihre physische Isolation, aber eine viel wesentlichere Isolation rührt gewiss aus dem Unverständnis ihres Umfelds. Diese Form der Isolation tritt auf, wenn es uns schwerfällt, unseren Mitmenschen eine wichtige Erfahrung mitzuteilen. »Zum Thema Mutterschaft wurde bisher sehr wenig geschrieben«, wie die kalifornische Schriftstellerin Susan Griffin feststellt. Sie erinnert sich, wie sie »die meiste Zeit allein zu Hause mit einem Kleinkind« verbrachte. Wenn sie mit Mann und Kind das Haus verlassen habe, so schreibt sie, »fehlten mir die Worte. Ich hatte das Gefühl, die Leute hielten mich für dumm. Ich fühlte mich wie betäubt, sprachlos. Aber es gab da etwas, das ich eigentlich ausdrücken wollte. Etwas ganz Wesentliches.«[1]

Die britische Romanautorin Rachel Cusk schreibt: »Als ich Mutter wurde, fand ich mich das erste Mal in meinem Leben ohne Sprache wieder, ohne die Möglichkeit, die von mir geäußerten Laute in etwas zu übersetzen, das andere Leute verstehen würden.«[2] Wenn es zwei Müttern, die Sprache zu ihrem Beruf gemacht haben, so schwerfällt, über ihr Muttersein zu reden, wie soll es dann uns anderen erst gehen? Eine Mutter berichtete:

Ich war Donnerstag zum Abendessen eingeladen. Und ich hatte nichts zu erzählen. Ich stand völlig neben mir. Ich konnte nicht über das Einzige reden, das mir etwas bedeutete. Und selbst wenn ich gekonnt hätte, hätte mich niemand verstanden. [Sohn, 6 Monate]

Wir verfallen leicht in gewohnte Sprachmuster. Eine andere Mutter sagte:

Meine Chefin rief an und fragte, ob ich arbeiten würde. Später ärgerte ich mich über mich selbst, weil ich »nein« gesagt hatte. [Sohn, 9 Monate]

Diese Mutter wollte ausdrücken, dass sie nicht auf die Art arbeitete, die ihre Chefin meinte. Aber sie arbeitete als Mutter. Sie war wütend auf sich, weil sie die Chance vertan hatte, das klarzustellen. Mütter ertappen sich oft dabei, wie sie sich mit solchen Bemerkungen abwerten: »In letzter Zeit bin ich überhaupt nicht zum Arbeiten gekommen« oder »Ich kümmere mich gerade nur um mein Baby«. In dem Moment, in dem sie sich um ein Baby kümmert, mag es sich wie »etwas« anfühlen, aber später fällt es einer Mutter schwer, das zu erklären. Worte, die die wahre Bedeutung von »ich kümmere mich um mein Baby« ausdrücken, sind nicht leicht zu finden.

Im Gegensatz zu fast allen anderen Tätigkeiten braucht eine Frau keine Ausbildung, Qualifikation oder Beratung, um Mutter zu werden. Sobald ihr Baby auf der Welt ist, merkt sie, dass sie nun zu den einflussreichsten Menschen der Welt gehört. Ihr Einfluss mag zwar nur für das Leben von ein oder zwei neuen Menschen gelten, was im Vergleich zu dem einer Berühmtheit oder einer Lehrerin nicht viele sind. Aber dafür hinterlässt der Einfluss einer Mutter wahrscheinlich tiefe Spuren und währt ein Leben lang. Gemeinsam stellen Mütter den Fortbestand zivilisierten Lebens in der nachfolgenden Generation sicher.

Es gibt viele Bücher, die vorschreiben, was eine Mutter leisten soll. In Autobiografien klagen Mütter über die Schwierigkeit, eine gute Mutter zu sein. Doch es gibt kaum Zeugnisse davon, was Mütter leisten. Wenn es sie gäbe, würden wir über ein größeres Vokabular verfügen, das die mütterlichen Leistungen beschreibt. Die Folge ist, dass viele Mütter ihre eigenen Erfolge nicht wahrnehmen. Eine Mutter mag erschöpft und ihr Zuhause chaotisch sein. Und doch kann sie eine großartige Mutter sein.

Das Muttersein sprengt jede Rolle oder Stellenbeschreibung. Es lässt sich auch nicht über Verhalten definieren. Mütter besitzen nicht das Monopol für mütterliches Verhalten. Die meisten Menschen können mütterlich sein. Es ist aber ein Unterschied, sich wie eine Mutter zu verhalten oder selbst eine Mutter zu sein.

Der Begriff »Mutter« bezeichnet eine Beziehung. Oft muss sie zwischen alle möglichen Beziehungen gequetscht werden, die eine Frau schon hat. Sie ist meistens schon eine Ehefrau oder Partnerin, Freundin, Kollegin, Nachbarin, Tochter und Schwester und vielleicht sogar schon eine Stiefmutter, Patentante oder Tante. Gewöhnlich hat eine Frau ein Baby entbunden, bevor sie sich selbst als »Mutter« bezeichnet. Sobald sie jedenfalls ein Kind bekommen oder adoptiert hat, ist die Beziehung zwischen den beiden dauerhaft. Möglicherweise entscheiden sie oder ihr Kind sich, diese Beziehung abzulehnen. Doch für Außenstehende wäre auch das lediglich eine weitere Entwicklungsphase dieser Beziehung. Von außen betrachtet überdauert sie sogar das Leben von Mutter und Kind. Sie schreibt sich in den Erinnerungen Dritter und in Statistiken fort, lange nachdem die beiden gestorben sind. Zwar kann ein Mensch jeglichen Geschlechts und fast jeden Alters »wie eine Mutter« für einen anderen Menschen sein. Aber es ist unwahrscheinlich, dass diese beiden Menschen über einen so langen Zeitraum miteinander verbunden bleiben.

Überall sind wir von Müttern umgeben. Auf der Straße sehen wir im Vorbeigehen eine Mutter mit ihrem Kind – und sehen doch nicht. Wie viel von einer Beziehung ist sichtbar? Wenn das Kind »brav« zu sein scheint, wird die Mutter manchmal als »Glückliche« bezeichnet, die ein »unkompliziertes Kind« hat. Ein Kind zu haben ist jedoch nicht unkompliziert. Mütter, die ihre Babys als unkompliziert bezeichnen, meinen das relativ. Viele Mütter gehen an ihre eigenen Grenzen, um ihre Kinder zu bemuttern, und das neben vielen anderen Verpflichtungen. »Glückliche« mag zwar nett gemeint sein, kann aber geringschätzig, fast beleidigend klingen.

Wie jede andere Beziehung lassen sich ihre Mechanismen nicht einfach durchschauen. Selbst wenn wir eine Mutter in Aktion beobachten, ist das oft nicht aufschlussreich.

Ich musste mich einer Szintigrafie unterziehen, weshalb ich vier Tage lang radioaktiv war, Freitag bis Montag. Mir wurde der negative Befund sofort mitgeteilt, was eine große Erleichterung war. Ich durfte meine Tochter während dieser vier Tage jedoch nicht auf den Arm nehmen, und ich fühlte mich wie beraubt. Ich hatte mir ein paar Arbeiten vorgenommen, wie das Streichen unserer Hauswand, also erledigte ich das. Dienstag nahm ich sie wieder auf den Arm, und ich hatte erwartet, dann im Himmel zu sein, aber so war es nicht. Ich fühlte mich einfach ... komplett. Ich bin so verliebt in sie. [Tochter, 2 Monate]

Wie viel von diesem inneren Konflikt wäre für Dritte sichtbar gewesen? Eine Frau, die am Montag ihr Haus streicht und am Dienstag gelassen ihr Kind auf den Arm nimmt – eine außenstehende Person hätte kaum etwas von der starken Mutter-Kind-Beziehung gesehen.

Es scheint keine Formulierung zu existieren, die die Intensität mütterlicher Gefühle ausdrückt. Wenn die Mutter wieder an ihren Arbeitsplatz zurückkehrt, kann sie ihren KollegInnen oft nicht begreiflich machen, dass sie sich immer noch als aktive Mutter und für ihr Kind verantwortlich fühlt. ArbeitskollegInnen nehmen häufig an, dass »aus den Augen aus dem Sinn« bedeutet, aber die Mutter denkt sicher regelmäßig an ihr Kind. Wenn eine Mutter sich dafür entschieden hat, zu Hause bei ihrem Baby zu bleiben, sorgt sie sich vielleicht, dass sie nicht genug tut. Sicherlich hört sie oft: »Du hast bestimmt alle Hände voll zu tun, seit du Mutter geworden bist«. Doch mit einem Baby hat sich ihr Lebensrhythmus wahrscheinlich verlangsamt. Vielleicht hat sie das demoralisierende Gefühl, nichts zu schaffen, obwohl gerade ihr langsamer Rhythmus es ihr ermöglicht, mit ihrem Kind im Einklang zu sein.

Das Wesentliche des Mutterseins ist unsichtbar und kaum in Worte zu fassen. Praktische Aufgaben machen nur einen Teil dessen aus. Über die intensiven Gefühle, die sich einstellen, wenn man das eigene Kind aufzieht, legen sie keine Rechenschaft ab. Manchmal wird einer Mutter das unvermittelt bewusst, wenn sie einen langen Tag allein mit ihrem Baby verbracht hat. Am Abend kommt ihr Partner nach Hause, sodass sie sich endlich mit einem anderen Erwachsenen austauschen kann. Als Vater ihres Kindes ist er die eine Person, von der sie Verständnis erwarten kann. Vielleicht fragt er wohlwollend etwa: »Wie war dein Tag?« Es war ein anstrengender Tag. Jetzt kann sie die Last teilen, auf Mitgefühl hoffen und neue Energie tanken. Der Versuch, sich mitzuteilen, kann jedoch frustrierend sein. Die Worte, die ihr zur Verfügung stehen, decken sich nicht mit ihrer Erfahrung. Wenn sie eine alleinerziehende Mutter ist und die Frage von ihren kinderlosen FreundInnen kommt, fällt das Antworten noch schwerer.

> An dem Tag musste ich mit unserer Tochter ins Krankenhaus, was sich in etwa fünf Minuten erzählen ließ. Ich fühlte mich ausgebrannt. Mich hatte es den ganzen Tag gekostet. [Tochter, 2 Monate]

Ich erzähle meinem Partner von meinem Tag – und es gibt nichts zu erzählen. Unser Sohn hat drei Windeln vollgemacht und eine halbe Stunde lang nicht geschrien. Was gibt's da schon groß zu erzählen? [Sohn, 3 Monate]

Mein Partner kommt von der Arbeit und fragt mich, wie mein Tag war, und ich erzähle ihm, dass ich mit unserer Tochter im Café war, wo wir eine Freundin und ihr Baby getroffen haben. Ich sehe ihm an, dass er denkt, ich hätte einen ziemlich angenehmen Tag gehabt. Und ich kann ihm nicht erklären, warum das nicht so war. Ja, es war schön, meine Freundin im Café zu sehen. Aber ich konnte mich nicht entspannen und auf sie konzentrieren – und sie sich auch nicht. Wir haben uns beide um unsere Babys gekümmert. [Tochter, 3 Monate]

Mein Partner kommt nach Hause und ist noch ganz bei seiner Arbeit. Und was kann ich zu meiner sagen? Unser Sohn hat gelernt, die Backofentür zu öffnen. Das klingt zwar nach nichts, aber ich war ganz hin und weg, als er es schaffte. Von meinem Partner kann ich jedoch nicht erwarten, dass er deswegen Luftsprünge macht. [Sohn, 10 Monate]

Wenn eine Mutter sich keine Rechenschaft über ihren Tag ablegen kann, wird sie sich kaum sagen: »Vielleicht fehlen nur die richtigen Worte.« Wer bringt am Ende eines anstrengenden Tages noch die Energie für solche Einsichten auf? Nein; eine Mutter, die wenig zu erzählen hat, nimmt an, dass einfach wenig Erzählenswertes geschehen ist. Wenn es sich in dem Moment so wichtig anfühlte, wenn sie jetzt erschöpft ist, muss sie wohl übertrieben haben. Sie hat aus einer Mücke einen Elefanten gemacht. Sie ist erschöpft vom Nichtstun. Sich nach Feierabend auszutauschen, scheint eine menschliche Eigenart zu sein. Das Verbalisieren hilft Menschen, in den Ereignissen des Tages einen Sinn zu sehen, Probleme zu benennen und zu lösen. Wenn die Geschichte einer Mutter vor ihren Augen zusammenzuschrumpfen scheint, hilft ihr das Erzählen nicht, den Sinn hinter ihren Tätigkeiten zu erkennen – geschweige denn ihrem Partner.

Mütterliche Leistungen bleiben oft unsichtbar. Wie sollen wir sie auch erkennen, wenn die Worte dafür fehlen? Wie kann man beispielsweise erklären, was die Mutter tat, als sie ihre zweimonatige Tochter ins Krankenhaus brachte? Allein die Fahrtvorbereitung musste gut durchdacht werden. Die Mutter eines zweimonatigen Babys plant nicht *eine* erfolgreiche Fahrt. Sie schmiedet diverse Pläne und versucht, die naheliegenden Hindernisse vorwegzunehmen und zu umgehen. Wie steht es zum Beispiel damit, ein zweimonatiges Baby während der unvermeidlichen Wartezeiten in einem hektischen Krankenhaus ruhig zu halten? Die Mutter hat die intime Beziehung zu ihrem Kind in einen öffentlichen Raum verlegt, über den sie kaum Kontrolle hatte und für den soziale Normen gelten. Wie macht man die Komplexität dieses Unterfangens begreiflich?

Vielleicht erklärt der Mangel an Worten den brutalen Satz, den ich in einem US-amerikanischen Buch zum Thema Muttersein las: »Mutter zu sein ist jedoch langweilig.« Die AutorInnen fahren fort: »Viele Frauen merken, dass sie sich in dieser Rolle frustriert, verunsichert und unwohl fühlen. [...] Sie beginnen, an sich als Mensch und als Mutter zu zweifeln.«[3] Wenn eine Tätigkeit keinen Sinn ergibt, führt das leicht zu Langeweile. Jeder Mensch möchte gerne verstehen, was und warum er etwas tut. Wenn das bei einer Mutter nicht der Fall ist, ist es kein Wunder, wenn sie sich »frustriert, verunsichert und unwohl« fühlt.

Stellen Sie sich vor, Sie und ich beschließen, mehr über die Anfangszeit des Mutterseins zu erfahren. Wir knöpfen uns eine junge Mutter vor und fragen sie, ob wir uns mit ihr darüber unterhalten können, wie sie mit ihrem Baby zurechtkommt.

Wir machen aus, dass wir sie an einem Sonntagnachmittag besuchen, wenn sie Zeit mit ihrem Baby verbracht hat. Als wir ankommen, hält sie ihr Baby auf dem Arm und sieht bedrückt aus. Angenommen, wir fragen sie, wie es so läuft. Mit Sicherheit stoßen wir schon hier auf Schwierigkeiten. Die Mutter wird unsere Frage umdeuten. Sie ist sich vor allem dessen bewusst, was sie *nicht* schafft. Es nagt an ihr, nicht einmal die einfachsten Dinge wie Duschen und Hausarbeit geschafft zu haben. Sie zählt alles auf, was noch zu erledigen ist. Angenommen, wir bohren nach: »Aber wenn Sie es nicht geschafft haben, zu duschen oder sich etwas zu essen zu machen, was haben Sie und Ihr Baby dann getan, bevor wir kamen?« Die Antwort wäre wahrscheinlich »nichts« oder »nicht viel« oder sogar »ich weiß nicht, wo die Zeit geblieben ist«.

Nichts? Ist die Zeit einfach irgendwo »geblieben«? Selbst jetzt, wo wir ihr gegenüberstehen, sehen wir deutlich, dass sie für ihr Baby präsent ist. Sie hat ihm ihre Dusche und ihr Mittagessen geopfert. Sie widmet ihm ihre Zeit und Energie. Wir sehen ein Baby, das großzügig bemuttert wird. Aber den meisten würde es schwerfallen, das zu benennen. Unsere Sprache kann sehr klar und präzise sein, um Praktisches auszudrücken. Jemand, der »aufgeräumt« hat, hat sowohl Worte zur Verfügung als auch ein sauberes Zimmer vorzuweisen. Es ist viel schwieriger, ein Wort für die Form von Aufmerksamkeit zu finden, die eine Mutter ihrem Baby zuteilwerden lässt, indem sie Verzicht übt. Meistens fehlt eine deutlich sichtbare Veränderung des Babys als Beweis dafür, dass sie etwas bewirkt hat.

Keine Probleme scheint es uns dagegen zu bereiten, Fehler auszumachen. Uns stehen reichlich Worte zur Verfügung, die das negative Verhalten von Müttern ihren Kindern gegenüber beschreiben. Mit der deprimierenden Liste von Ausdrücken ließe sich ein kleines Wörterbuch füllen: vernachlässigend, egoistisch, herzlos, selbstsüchtig, kalt, gefühllos, zurückweisend, unverantwortlich, unnatürlich, feindselig, grausam, misshandelnd, strafend, verführend, verweichlichend, besitzergreifend, übervorsichtig, übergriffig, autoritär, dominant, herrisch, fordernd, erdrückend, unfähig loszulassen, überengagiert, vollkommen in ihrem Baby aufgehend, sich mit ihrem Kind überidentifizierend, penetrant, gleichgültig, ehrgeizig, überängstlich, neurotisch, hysterisch, unreif, ungeeignet, abweisend, desinteressiert, depressiv, nachsichtig, verwöhnend, nachgiebig, idealistisch ... Die Liste ließe sich wahrscheinlich fortsetzen.

Diese Begriffe sind konkret. Sie benennen Verhaltensweisen, mit denen sich eine Mutter negativ auf ihr Kind ausgewirkt haben soll. Meistens liegt ihr Fehler darin, zu viel oder zu wenig von etwas zu tun. Zum Beispiel wird eine Mutter als »vernachlässigend« bezeichnet, während eine andere als »überbehütend« gilt. Aber Mütter müssen ihre Kinder behüten. Nicht jede Mutter über- oder untertreibt es. Das sind zwei Extreme. Folglich brauchen wir ein drittes Wort mit der Bedeutung »behütet ihr Kind genau richtig«. Dieses könnte man auf alle Mütter anwenden, die ihre Kinder richtig behüten. Es ließe sich natürlich darüber streiten, wer diese Mütter wären – aber erst einmal brauchten wir ein Wort, über das wir streiten könnten.

Das soll nicht heißen, dass es die negativen Begriffe und Ausdrücke nicht geben sollte. Wir brauchen sie. Mit ihrer Hilfe lässt sich genau bestimmen, wo eine Mutter vielleicht etwas falsch macht. Das Problem ist, dass uns für Mütter *nur* dieses negative Vokabular zur Verfügung zu stehen scheint. Nehmen wir beispielsweise den Ausdruck »misshandelnde Mutter«: Es scheint kein Gegensatz zu existieren. Ich habe viele Mütter zu unterschiedlichen Gelegenheiten gefragt, ob ihnen ein Wort als Gegenteil von »misshandelnde Mutter« einfällt, das also eine Mutter beschreibt, die eine sehr positive Beziehung zu ihren Kindern hat. Die Antwort ist meistens nachdenkliches Schweigen.

Dieses Wort existiert nicht. Stattdessen gibt es eine viel kürzere Sammlung an Wörtern, mit denen wir Müttern unsere

Anerkennung ausdrücken. Beispiele sind: warmherzig, liebe-
voll, wunderbar, geduldig, verständnisvoll, gütig, zärtlich, für-
sorglich, besorgt, verantwortungsvoll, selbstlos. Die meisten
dieser Worte beziehen sich nicht auf etwas Gutes, das sie aktiv tun könnte. Sie beziehen sich auf das Wesen der Mutter.
Das Wesen einer Mutter ist unsichtbar – und sie selbst ist sich
dessen vielleicht nicht bewusst. Wenn sie also als Mutter Ver-
schiedenes für ihr Kind tut, fehlen ihr die Worte, diese speziellen Tätigkeiten zu benennen. Wir betreten beispielsweise ein
Zimmer, in dem eine Mutter gerade eine halbe Stunde lang ihr
schreiendes Baby beruhigt hat. Wir entschuldigen uns für die
Störung, worauf sie wahrscheinlich antwortet: »Kein Problem, ich habe nichts Besonderes gemacht.« Aber das hat sie.

Wir leben in einer eloquenten Gesellschaft, in der wir ununterbrochen uns selbst und unsere Mitmenschen hinterfragen. Es ist unfair, eine junge Mutter mit einer furchtbaren
Sammlung an Begriffen zu konfrontieren, die sie verdammen
– und ihr fast keine Worte der Anerkennung zu bieten, wenn
sie ihre Sache gut macht. Um all die negativen Ausdrücke aus-
zugleichen, fehlt ein ganzer Wortschatz.

Spezifisch mütterliche Leistungen werden gern als Versagen verbucht. Ein gutes Beispiel ist »sich sorgen«. Die meisten
Mütter sorgen sich. Aber was genau tut eine Mutter, die sich
sorgt? Wenn ihr Baby beispielsweise nicht zu schreien aufhört,
denkt sie wahrscheinlich intensiv nach. Sie beobachtet es und
hört ihm zu, wobei sie auf eigene Mutmaßungen verzichtet.
Sie versucht, sich in das Baby »hineinzuversetzen«. Sie gleicht
sein Verhalten mit Erklärungen ab, die sie gelesen hat. Eventuell kramt sie etwas aus ihrem Gedächtnis hervor, das sie vor
Jahren gehört und bis zu diesem Moment vergessen hat.

Mit anderen Worten: Ihr Denken geschieht schnell, breit
gefächert und auf vielen Ebenen. Am Ende hat sie vielleicht eine ziemlich klare Vorstellung davon, weshalb ihr Baby schreit.
Dann unterbreitet sie jemandem ihre Theorie und muss sich
anhören, dass sie »sich nicht so viele Sorgen machen soll«, so

als seien ihre ganzen Überlegungen albern gewesen. Nach einer solchen Bemerkung fühlt sie sich niedergeschmettert und töricht. Aber das liegt daran, dass »sich sorgen« im Allgemeinen eine sinn- und wirkungslose Form des Denkens nahelegt. Um die intelligente mütterliche Besorgnis anzuerkennen, braucht es einen Begriff, der eine viel größere Wertschätzung ausdrückt.

Manchmal verwenden Mütter Begriffe aus dem Bereich der Psychoanalyse, was möglicherweise der Versuch ist, ihre Erfahrungen aufzuwerten. Dann hört man Mütter ihr eigenes Verhalten »neurotisch«, »obsessiv«, »zwanghaft«, »phobisch« oder »paranoid« nennen. Eine Mutter beschreibt sich beispielsweise als »paranoid«, weil sie nicht will, dass eine Freundin sie und ihr Neugeborenes besucht, weil diese Freundin bei sich Anzeichen einer bevorstehenden Grippe vermutet. Oder sie nennt sich »obsessiv«, weil sie immer wieder überprüft, ob ihr Baby Hunger hat. Sie bezeichnet es als »neurotisch«, dass sie plötzlich panische Angst bekommt, ihr Baby könnte sterbenskrank sein, wenn es ungewöhnlich lange schläft.

Alle diese Beispiele beschreiben Situationen, in denen die Mutter vorsichtig ist, weil ihr die Erfahrung fehlt, um Risiken angemessen einschätzen zu können. Sie ist lieber auf der sicheren Seite. Vielleicht hat sie vom plötzlichen Kindstod (SIDS) gehört, oder ihr Baby war tatsächlich einmal krank, als sie dachte, es schlafe. Ist es da nicht ihr gutes Recht, ängstlich zu sein? Viele Mütter haben spezielle Ängste und überzeugen sich regelmäßig, dass nicht eingetreten ist, was sie befürchten. Dieses Verhalten ist durchaus logisch und hilft, Erfahrungen zu sammeln.

> Ich habe mir anfangs so viele Sorgen gemacht. Ich war ziemlich neurotisch, wenn ich so zurückblicke. [Sohn, 6 Wochen]

Mutter 1: Mein Sohn hörte auf zu atmen und wurde schlaff. Ich hielt ihn über Kopf und klopfte ihm auf den Rücken. Immer wieder rief ich seinen Namen. Ich wählte den Notruf, und wir kamen ins Krankenhaus. Es ging alles so schnell. Eben ging es ihm noch gut und dann ... Jetzt habe ich das Gefühl, ich werde *verrückt*, weil ich ständig nachsehe, ob es ihm gut geht. Ich habe solche Angst, dass das wieder passiert. [Sohn, 7 Wochen]
Mutter 2: Mir ist das Gleiche passiert, und ich weiß noch, dass ich mich genau so gefühlt habe. [9 Monate]

Ich fühlte mich völlig neurotisch, weil ich immer wieder nach meinem Sohn sehen wollte. Sobald ich mich an seinem Bettchen überzeugt hatte, dass er friedlich schlief, und ins andere Zimmer ging, nagte wieder die Sorge an mir. Erst habe ich versucht, mir keine Sorgen zu machen, aber das klappte nicht. Dann beschloss ich eines Abends, nicht mehr gegen mich anzukämpfen und so oft nachzusehen, wie ich wollte. An dem Abend habe ich bestimmt dreißig Mal nach ihm gesehen. Ich dachte, ich werde verrückt. Aber am darauffolgenden Abend merkte ich, dass ich schon längere Pausen zwischen meinen Kontrollen machte. Jetzt habe ich die Gewissheit, dass er schläft. Ich sehe immer noch jeden Abend mehrmals nach ihm. [Sohn, etwa 3 Monate]

Im Flugzeug geriet ich so in Panik, dass mir der kalte Schweiß ausbrach. Mir fiel ein, dass ich zwar schwimmen kann, aber mein Sohn nicht. [Sohn, 7 Monate]

Diese psychoanalytischen Begriffe verwendete Freud, um irrationales Verhalten zu benennen. Sie auf den normalen Lernprozess anzuwenden ist wenig hilfreich. Ein paar mütterliche Worte wären viel besser. So könnten wir die psychoanalytischen Begriffe für die Mütter reservieren, die beispielsweise wirklich nicht aufhören können, ihr Baby zu kontrollieren, und es nicht schaffen, aus der Erfahrung zu lernen. Diesen Müttern kann es guttun, mit jemandem über ihre Ängste zu sprechen. Aber wenn die Begriffe allgemein auf alle Mütter angewendet werden, verwässert das ihre Bedeutung, und ihre nützliche Abgrenzungsfunktion geht verloren.

Der einzige Personenkreis, dem der eklatante Mangel an hilfreichen Begriffen zum Thema »bemuttern« aufgefallen ist, scheinen PsychiaterInnen und PsychologInnen zu sein. Sie prägten diverse Begriffe. Der Ausdruck »Bindung« wurde in den 1970ern von Marshall Klaus und John Kennell erfunden und setzte sich durch. Aber selbst die beiden Urheber waren unzufrieden mit der Assoziation des Klebens, die bei dem Wort mitschwingt.[4] Der Ausdruck »Attachment Parenting« (»bindungsorientierte Erziehung«) bezieht sich auf eine in Großbritannien und den USA entwickelte Theorie, die beschreiben soll, wie kleine Kinder spontan eine Beziehung zu einer verlässlichen Elternfigur oder deren StellvertreterIn aufbauen.[5] Dann gibt es noch Fachbegriffe wie »Bewegungsinduktion«, die folgendermaßen definiert wird: »Wenn sich das Baby auch im Rhythmus der Sprache seiner Mutter bewegt und in diesem Sinne von ihr beeinflußt wird, können auf der anderen Seite doch auch die Bewegungen des Säuglings eine befriedigende Erfahrung für die Mutter sein und sie zum Weitersprechen ermuntern.«[6]

Das Problem mit solchen von PsychiaterInnen oder WissenschaftlerInnen erfundenen Begriffen ist, dass ihre ErfinderInnen aufzeigen wollen, wie wichtig es für Mütter und Babys ist, ihren Anweisungen zu folgen. »Unserer Meinung nach hat jeder Elternteil während der postpartalen Phase eine bestimmte Aufgabe zu erfüllen«, so Klaus und Kennell.[7] Und sie legen fest, worin diese »Aufgabe« besteht.[8] Solche Formulierungen verwandeln das Bemuttern in ein gefährliches Minenfeld, durch das die Mütter von »ExpertInnen« geführt werden müssen, anstatt dass Mütter die WissenschaftlerInnen führen und – am allerwichtigsten – ihren eigenen Wortschatz nutzen. Bestimmt hat keine Mutter so pseudowissenschaftliche Begriffe wie »Bindung« oder »Attachment Parenting« oder »Bewegungsinduktion« erfunden. Mütter sprechen von Liebe.

Alltägliche Ausdrücke können enorm hilfreich sein. Ein Wort, das erst vor Kurzem Eingang in den Wortschatz zum Thema Kinderpflege gefunden und sich als nützlich für stillende Mütter erwiesen hat, ist »anlegen«. Das Wort wurde 1970 von zwei Gesundheitsexpertinnen geprägt.[9] Es bezieht sich auf die Bedeutung der optimalen Lage des Babys an der mütterlichen Brust. Das mag selbstverständlich klingen, ist es aber nicht. Die Position variiert je nach Größe der Frau, der Größe und Form ihrer Brüste, der Größe ihres Babys und dem Stuhl oder Bett, auf dem sie stillt. Wenn ihr Baby nicht gut angelegt wird, scheitert das Stillen – was heutzutage keine Seltenheit ist. Mütter, die den Begriff hören, wissen vielleicht nicht genau, was gemeint ist. Aber es lenkt ihre Aufmerksamkeit auf einen Punkt, den sie bei Stillproblemen klären können. Viele der Gründe, aus denen Frauen ihrer Meinung nach nicht stillen »konnten«, werden nachvollziehbar, indem uns dieses Wort zur Verfügung steht.

Aber bis vor einigen Jahrzehnten schien es keinen Bedarf für ein solches Wort zu geben. Die Information muss nonverbal überliefert worden sein. »In traditionellen Gesellschaften«, so Jacqueline Vincent Priya, »stillen alle Mütter, und es wird vorausgesetzt, dass jede Mutter stillen kann und wird. An keinem der Orte, die ich besucht habe, bin ich auf eine Frau gestoßen, die nicht stillen konnte oder die Frauen kannte, die nicht genug Milch für ihr Baby hatten. Mädchen, die in diesem Umfeld aufwachsen, lernen das Stillen als alltäglichen Vorgang kennen und eignen sich die Techniken unbewusst schon von klein auf über Beobachtung an.«[10] Kleine Jungen und Mädchen aus Familien, in denen gestillt wird, halten des Öfteren Puppen oder Kuscheltiere an ihre eigenen Brustwarzen, wie sie es so oft gesehen haben. Das spricht dafür, dass

Frauen diese präzise und subtile Information über Tausende von Jahren sehr erfolgreich rein visuell an nachfolgende Generationen weitergegeben haben. Eine unglaubliche Leistung.

Vielleicht brauchten Mütter bis jetzt keine präzisen Begriffe für ihr Tun. Vielleicht erklärt das, weshalb wir so wenige haben.[11] Frauen beobachteten sich gegenseitig als Mütter. Die Wichtigkeit und der Wert ihres Handelns waren offensichtlich. Heutzutage ist eine junge Mutter, die sich allein zu Hause mit ihrem Baby abmüht, nicht länger Teil dieser Tradition. Dafür hat sie gewöhnlich ein Telefon und wahrscheinlich Internetzugang. Das Muttersein wird verbalisiert wie nie zuvor. Wenn es an Wörtern fehlt, ist die Kommunikation gestört.

> Sehr wenige Leute sagen »Gut gemacht!«, wenn man eine Mutter ist. Das würde einen großen Unterschied machen. [Tochter, 8 Monate]

Mütter berichten immer wieder, wie viel Sicherheit und Selbstvertrauen ihnen das freundliche Lächeln von PassantInnen oder eine anerkennende Bemerkung gegeben haben. Aber diejenigen, die lächeln und loben, sind meistens selbst Mütter. Wenn andere Leute nicht wissen, was Mütter leisten, fällt ihnen wahrscheinlich nicht auf, was eine Mutter gerade Positives tut, selbst wenn es direkt vor ihrer Nase passiert.

In den nächsten Kapiteln musste ich das, was Mütter tun, mit Beschreibungen »ausformulieren«, da ein zusammenfassender Ausdruck fehlt. Man könnte einwenden, dass der Sprache dadurch zu viel Bedeutung beigemessen wird. Spielen die richtigen Worte wirklich eine Rolle? Reicht es nicht, dass Mütter mütterlich handeln, selbst wenn ihnen die Worte dafür fehlen? Ich glaube, dass sehr wohl Anlass zur Sorge besteht. Eine Mutter lebt nicht in einem sozialen Vakuum. Sie hat nicht bloß mit ihrem eigenen Selbstwertgefühl zu kämpfen, wie manche Leute glauben mögen. Ein Baby ist weit mehr als ihr Privatvergnügen. Es ist kein Hobby. Sie zieht ein neues Mitglied unserer Gesellschaft auf. Jede und jeder von uns ist ein Mitglied dieser interaktiven Gesellschaft. Wir merken das, wenn wir beispielsweise die Mutter eines schreienden Babys beobachten, während sie mit ihm in einem heißen, überfüllten Bus im Stau steckt. Ist sich die Mutter nicht unserer Anwesenheit bewusst? Sie überzeugt sich wahrscheinlich mit sorgenvollen Blicken, ob wir uns gestört fühlen, oder sitzt in angespannter Abwehrhaltung, weil sie die Antwort schon zu kennen glaubt. Unsere Signale sind ihr wichtig. Jede und jeder Einzelne von uns spielt eine Rolle in der Erziehung der nachfolgenden Generation, selbst in Situationen, in denen wir uns dessen nicht bewusst sind.

Aber unsere Rolle ist eingeschränkt. Es gibt viel zu viele negative Begriffe, die es uns leicht machen, jemanden zu entmutigen, der sich mit einer schweren Aufgabe abmüht. Für die meisten Tätigkeiten existieren Begriffe, die uns erlauben, unsere Erfolge anzuerkennen. Das Muttersein hat insofern eine Sonderstellung, als es Müttern erleichtert, sich darauf zu konzentrieren, wie *schlecht* sie ihre Aufgabe bewältigen. Vergleichen wir die Mutter im Bus mit einer Frau im gleichen Bus, die unkonventionell angezogen ist. Die zweite Frau kann anhand der Gesichter ihrer Mitmenschen eine ganze Bandbreite an Reaktionen empfangen. Im Gegensatz dazu ist die Mutter mit dem schreienden Baby für unser Missfallen sensibilisiert. Aber weshalb soll nicht auch sie ein ganzes Spektrum an Reaktionen empfangen dürfen? Natürlich brauchen Mütter eine Reihe kleiner Signale zur Orientierung. Das heißt nicht, dass sich irgendeine Mutter genau so verhalten wird, wie man es gerne hätte – ebenso wenig wie die Frau mit der unkonventionellen Kleidung. Aber sie muss die Chance auf unsere Anerkennung haben, um eine Balance zu schaffen.

Wie soll sich abends Zufriedenheit einstellen, wenn man den ganzen Tag die verantwortungsvolle Aufgabe einer Mutter erfüllt hat, sich jedoch selbst nicht erklären kann, was man geleistet hat? Wie kann man anderen Leuten den eigenen Alltag näherbringen, wenn man nur sein Versagen beschreiben kann? Das hat konkrete Auswirkungen. Wenn Frauen das Muttersein als unbefriedigend wahrnehmen, wie können sie Gefallen daran finden?

Es wird immer Frauen geben, die das Muttersein trotz aller Widerstände lieben und andere, die es hassen. Dazwischen gibt es eine Mehrheit, die in die eine oder andere Richtung tendieren kann. Wenn eine Vielzahl an Begriffen für ihre beruflichen Erfolge existiert, aber nur negative Wörter, die ihre Misserfolge als Mütter in den Vordergrund stellen – lässt das diese Frauen nicht zögern, ihr Ansehen aufs Spiel zu setzen? Ist es nicht völlig nachvollziehbar, wenn sie eine Karriere vorziehen, die Selbstwertgefühl verspricht? Viele berufstätige Mütter klagen, dass sie finanziell nicht viel besser dastehen, da ihr Lohn in die Kinderbetreuung fließt. Aber wenigstens können diese bezahlten BetreuerInnen die Verantwortung mit ihnen teilen.

Schon immer gab es Mütter, die für die Betreuung ihrer Kinder bezahlt haben, welche gewöhnlich zu Hause stattfand. Heutzutage arbeiten die meisten Mütter jedoch räumlich getrennt von ihren Babys und brauchen deshalb Kinderbetreuung. »Man wird verrückt, wenn man zu Hause bleibt, ganz allein mit dem Baby«, sagen sie oft. Da ist bestimmt etwas dran. Es mag einem verrückt vorkommen, eine so große Verantwortung auf sich zu laden und so wenig Anerkennung dafür zu bekommen, alltägliche Aufgaben gut zu erledigen. Wir hören häufig von den Schäden, die eine Mutter ihrem Kind zufügen kann. Aber was ist mit dem Gegenteil? Von dem Guten, das sie ihrem Kind tut, wird es bestimmt sein Leben lang zehren. Warum wird das so selten erwähnt?

Um noch einmal zusammenzufassen: Unsere Sprache spielt eine wichtige Rolle. Sie transportiert ein Bild vom Muttersein. Derzeit transportiert sie ein Zerrbild. Frauen wird vorgemacht, dass sie beruflich Erfolg haben können, während das Muttersein so schwierig ist, dass ein Erfolg unerreichbar ist. Ein realistischeres Bild könnte viele Frauen ermutigen, sich für das Betreuen ihrer Babys zu entscheiden, weil sie auch hier die Chance auf Erfolge sehen würden.

Was Mütter tun ist der Versuch, ein klareres Bild zu schaffen. Als Ausgangspunkt sollen die Berichte einzelner Mütter dienen. Die meisten der folgenden Aussagen stammen von Müttern, die bei den vielen unterschiedlichen Treffen, an denen ich teilnehme, im Kreis sitzend ihre Babys wiegen oder sie beim Spielen beobachten. Die Mehrzahl von ihnen hat ihr erstes Kind bekommen, das noch klein genug ist, um bei den Treffen dabei zu sein. Das ist hilfreich, denn gerade in der Anfangszeit als Mutter stellen sich die meisten größeren Fragen und werden die wichtigsten Entscheidungen gefällt. Das ist die Zeit, in der eine Mutter ihr ganzes »System« aufbaut, das schließlich ihren »Bemutterungsstil« ausmacht. Auf diesen Zusammenkünften erfährt man also viel über Mütter. Aber wir müssen uns auch der Momente bewusst sein, in denen sie ein »verschwommenes« Bild zeichnen, weil ihnen die konkreten Begriffe fehlen. Häufig tun sie auch mehr, als sie selbst glauben.

Den folgenden Kapiteln sind thematische Überschriften vorangestellt. Vielleicht wirkt es erzwungen, Zitate zusammenzustellen, die sich auf das Thema des jeweiligen Kapitels beziehen, anstatt vollständige Gespräche in ihrem Kontext wiederzugeben. Ich fand es aber aufschlussreich, ähnliche Aussagen von Müttern zu gruppieren, die ich manchmal in Laufe mehrerer Jahre gehört habe. Ich habe sie nach dem Alter der Babys sortiert und hoffe, dass dies hilfreich ist.

Wir beginnen mit einem Kapitel, das logischerweise am Anfang stehen muss. Mütter würden das Thema allerdings wahrscheinlich nicht zu Beginn eines Treffens anschneiden, wenn eine abwartende Haltung vorherrscht. Es ruft intensive Gefühle hervor.

ZWEITES KAPITEL

Ich war völlig unvorbereitet

In der Sicherheit des Sitzkreises finden Mütter (von denen die meisten ihr erstes Kind bekommen haben) deutliche Worte für den Einschnitt, den ihr Baby für ihr Leben bedeutet. Sie greifen auf drastische Bilder zurück: »Als wäre man in einem fremden Land«, »auf einem anderen Planeten«, »in einer separaten Umlaufbahn«, »in einem Paralleluniversum«. Meistens müssen sie dabei ihre schreienden Babys wiegen und streicheln. Vielleicht spüren diese die intensiven Gefühle ihrer Mütter.

Ich erhole mich immer noch von dem *Schock*. Als mein Sohn geboren war, brachten mich die Hebammen in ein Einzelzimmer. Sie sagten: »Ihr Baby braucht Sie jetzt sehr. Sie müssen es füttern!« Aber es war nachts, und keiner war da, der mir helfen konnte. [Sohn, 2 Wochen]

Ich hätte nicht gedacht, dass ich mich so fühlen würde. Mein Beschützerinstinkt ist gewaltig. *Ich* erhalte dieses Baby am Leben. Das ist furchterregend. [Tochter, 2 Wochen]

Mein Sohn war mir völlig fremd, als er geboren wurde. Jetzt liebe ich ihn – aber es war definitiv nicht Liebe auf den ersten Blick. Warum hat mir nie jemand gesagt, wie *schwer* das alles sein würde? [Sohn, 5 Wochen]

Nach der Geburt stand ich völlig unter Schock. Ich wusste nicht, wie man stillt oder wickelt oder solche Sachen. Ich hatte immer wieder Flashbacks von der Geburt, über die ich erst nach Wochen hinwegkam. [Tochter, 6 Wochen]

Bevor man ein Baby bekommt, hat man diese Vision eines glücklichen Pärchens, das lächelnd sein Baby im Park spazieren fährt – und die Wirklichkeit sieht anders aus. Mein Partner und ich versuchen uns immer noch daran zu gewöhnen, dass wir Eltern geworden sind. [Sohn, 3 Monate]

Mutter zu werden gleicht einem Erdbeben. Es ist beängstigend. Alle deine Beziehungen werden völlig umgekrempelt. [Tochter, 4 Monate]

Ich hatte überhaupt keinen Bezugsrahmen. [Sohn, 5 Monate]

Beim ersten Mal war es ein Schock. Ich war *völlig* verstört. Beim zweiten Mal war es anders. Ich geriet nicht in diese Art Schockzustand. [Sohn, 4 Jahre; Tochter, 1 Jahr]

Das sind drastische Aussagen. Ein Wort, das immer wieder auftaucht, ist »Schock«. Aber »Schock« ist eine ungewöhnliche Beschreibung für das Mutterwerden. Mutterschaft kann man kaum als neues Phänomen bezeichnen. Wissen Mütter nicht, was sie erwartet? Ist es ihnen nicht gelungen, im Laufe so vieler Jahrhunderte auch nur *etwas* Wissen weiterzugeben?

Im weiteren Gespräch wird jedoch klar, dass »Schock« genau das richtige Wort ist. In traditionellen Kulturen wird den Mädchen schon in jungen Jahren ein Teil der mütterlichen Pflichten übertragen.[12] In westlichen Kulturen lernen die meisten Frauen das Muttersein erst als Erwachsene kennen, ohne große Erfahrung oder Unterstützung.

Früher rechneten die meisten Frauen damit, Mütter zu werden. Das Muttersein öffnete einer Frau die Tür zum »Mainstream« weiblicher Kultur. Ohne Kind würde sie sich an der Peripherie bewegen; sie wäre die nette Tante, die Familie und

FreundInnen beim Aufziehen ihrer Kinder hilft. Sobald ihr Baby geboren war, verließ sich eine Mutter darauf, sich im Zentrum dieser weiblichen Kultur zu befinden.

Aber heute sieht das anders aus. Viele Frauen arbeiten Vollzeit. Eine ganze Kultur ist entstanden, die diese Veränderung mitträgt. Wenn eine Frau ein Baby bekommt, nimmt sie eine Auszeit von der Arbeit und damit eine Auszeit von einem großen Netzwerk an KollegInnen, die sie unterstützen könnten. Ihre Firma feiert vielleicht mit ihr den »Abschied«. Selbst wenn sie nur wenige Monate pausiert, fühlt sie sich möglicherweise ganz auf sich allein gestellt. Anstatt sich dem Mainstream anzuschließen, kommt es ihr so vor, als hätte sie die Gesellschaft verlassen und begäbe sich auf eine einsame Reise. Sie fühlt sich vielleicht alleingelassen. Ihre neue Einsamkeit rührt daher, dass sie ihren alten Kreis von UnterstützerInnen verloren hat, ohne einen neuen zu gewinnen. Möglicherweise findet sie Mütternetzwerke, die sie aufnehmen. Entscheidend ist, dass sie sich selbst darum kümmern muss. Es gibt keine mütterliche Kultur mehr, die auf sie wartet und ihr Beistand leistet.

Erstgebärende sammeln häufig Informationen über Babys. Sie verschlingen Bücher und Zeitschriften, sehen Videos und besuchen Vorbereitungskurse. Hier lernen sie, sich auf Überraschungen gefasst zu machen. »Je weniger sie auf den Umbruch gefasst ist, desto größer wird ihr Schock sein«, schreibt Dr. John Cobb in einem Buch mit dem vielsagenden Titel *Babyshock*.[13] Aber viele Frauen fühlen sich trotz aller Vorbereitungskurse von der Realität überwältigt. Irgendwann hätte sie doch mal *irgendjemand* zur Seite nehmen können, um sie zu warnen. Sie waren auf einen leichten Schock vorbereitet, aber was sie erwartete, war ein großer Schock.

Weshalb werden Mütter so von diesem Schock überwältigt? Im Grunde kann sich eine Frau nicht auf die Begegnung mit ihrem Baby vorbereiten. Aber sie kann sich auf eine Überraschung einstellen – ähnlich wie bei der erotischen Liebe. Wenn man vergleicht, wie anders Frauen mit der romantischen Liebe umgehen, ist das sehr aufschlussreich. Wir besuchen keine Vorbereitungskurse, um uns zu verlieben. Die enorme Tragweite des Verliebens wird stattdessen in Liedern und Gedichten als tragisch und komisch beschrieben und so auf vielen verschiedenen Ebenen von einer Generation an die nächste weitergegeben. »Oh, sie ist *verliebt*«, sagen wir, und dieses eine entscheidende Wort kommuniziert eine Fülle von Bedeutungen. Wir rechnen damit, dass die verliebte Person verträumt, unausgeglichen und vergesslich ist, ihren Verpflichtungen nicht nachkommt und nur den geliebten Menschen im Sinn hat. Von Kindheit an registrieren wir Warnsignale, dass die Liebe ein dramatisches Ereignis ist und unser Leben von Grund auf verändern kann, zum Negativen oder Positiven.

Im Gegensatz dazu ist die Erfahrung des Mutterwerdens selten Gegenstand von Liedern oder Literatur. Es werden vielleicht ungewöhnliche Krisen thematisiert, aber ansonsten bietet die Populärkultur kaum Werke, um eine Mutter behutsam an ihre neue Rolle zu gewöhnen. Hier müssen traditionelle Wiegenlieder einst eine Hilfe gewesen sein. Ein Wiegenlied kann über seinen Text und seine Melodie allerlei nützliche Informationen transportieren. Eine Mutter, die ein altes Wiegenlied singt, mag sich ihrer eigenen Kindheit, ihrer Mutter und Großmutter verbunden fühlen und ihre Zugehörigkeit zu einer ganzen Gemeinschaft von Müttern spüren. Sie kann das Kind auf ihren Armen betrachten und sich fragen, ob es seinen Kindern einmal das gleiche Wiegenlied vorsingen wird. Heutzutage berichten Mütter jedoch oft, dass sie keine »richtigen« Wiegenlieder kennen. Sie erfinden Lieder oder passen sie ihren Zwecken an (siehe Seiten 185 bis 186). Dadurch wird ihnen wahrscheinlich aber auch eine Art Traditionsbruch bewusst. Außerdem können sich in Wiegenliedern nützliche Erfahrungen von Müttern verbergen. Dieses Wiegenlied stammt zum Beispiel aus der Sammlung *Weavers of the Songs: the oral poetry of Arab women in Israel and the West Bank*.

Ah alnamnam, ah alnamnam
Ich lege ihn schlafen, aber er schläft nicht ein.
Ich lege ihn auf den Speicher,
Aus Angst vor den Schlangen.
Wiege ihn, oh Frau meines Bruders,
Vielleicht hilft ihm deine Stimme zu schlafen.[14]

Die Strophe beschreibt, wie eine Mutter ihr Baby nicht in den Schlaf wiegen kann, weshalb sie es an ihre Schwägerin weitergibt. Es gibt eine fast identische zweite Strophe, nur dass diese von der Schwägerin gesungen wird. Jetzt singt sie, die Schwägerin, dass auch *sie* das Baby nicht in den Schlaf wiegen kann. Deshalb gibt sie das Baby an Saids Frau weiter. Es wird nicht gesagt, wer Saids Frau ist. Weitere Strophen liegen nicht vor. Das hat sicher damit zu tun, dass wir davon ausgehen sollen, dass auch Saids Frau kein Patentrezept hat. Die Zeilen des Wiegenlieds werden wiederholt und weitere Frauennamen eingefügt, oder es gibt vielleicht eine weitere Runde mit denselben Frauen.

Es geht um Mütter, die sich so durchwursteln, und darum, wie lange es dauern kann, ein Baby zum Einschlafen zu bringen. Das Lied zeigt uns, dass weder die Mutter über ein instinktives »Know-how« verfügt noch die anderen Frauen ihr etwas an Weisheit voraushaben. Es deutet die Sorge an, dass *keiner* das Baby zum Einschlafen bringen kann. Außerdem bringt es die ZuhörerInnen dazu, ein schlafendes Baby mit mehr Wertschätzung zu betrachten und sich zu fragen, wie viel Singen und Wiegen es wohl gebraucht hat.

Diese Art von Wiegenlied leistet sogar noch mehr. Selbst wenn eine Mutter beim Singen allein ist, fühlt sie sich einer Lebensweise verbunden, die sich durch Langsamkeit und Wiederholung auszeichnet. Geduld, Mitgefühl und Ausdauer sind wichtig. Kein Höhepunkt des Erfolgs ist hier das Ziel, sondern kleine Schritte auf einem langen Weg. Viele Frauen stoßen erst mit der Geburt ihrer Babys auf diese Lebensweise. Sie stellt ihre gewohnten Werte auf den Kopf. In der von Konkurrenz geprägten Arbeitswelt, in die viele Frauen bis zu ihrem Geburtstermin eingebunden sind, werden Geduld und Mitgefühl eher gering geschätzt. Aber Effizienz, ein schnelles Reaktionsvermögen am Telefon, das Einhalten von Abgabeterminen und die Fähigkeit, sich mit diversen konkurrierenden KollegInnen abstimmen zu können – das alles hilft einem bei einem Baby nicht weiter. Teil des Schocks rührt daher, nicht auf solch eine Umorientierung vorbereitet zu sein.

In älteren, eher traditionellen Gesellschaften nahmen Mütter ihre Babys mit zur Arbeit, oder diese wurden ihnen zum Stillen gebracht. Das ermöglichte anderen Frauen einen beiläufigen Einblick und muss eine bewährte Praxis gewesen sein, Frauen auf das Muttersein vorzubereiten. Heutzutage sind Arbeit und Muttersein jedoch getrennt. Es ist keine Überschneidung der beiden Welten vorgesehen. Wie soll dann eine Frau, die bis zum Ende ihrer Schwangerschaft arbeiten will, eine Vorstellung davon gewinnen, wie das Muttersein wirklich aussieht?

Bis vor einer Generation begann die Vorbereitung schon beim Kinderspiel. Heute bekommen kleine Mädchen immer noch Puppen, aber meistens keine Babypuppen. Trotzdem scheinen unter Fünfjährige immer noch von Natur aus neugierig zu sein, wie Mütter sich um ihre Babys kümmern. Es braucht keinen Erwachsenen, der sie zum Hinsehen animiert. Wie junge Mütter häufig berichten, unterbrechen Kinder (sowohl Jungen als auch Mädchen) oft ihr Spiel und schauen ihnen zu, wenn sie ihre Babys auf einem Spielplatz stillen. Das Kind steht dann aufmerksam einige Minuten vor ihr und kommentiert vielleicht: »Ist das dein Baby? *Meine* Mama hat auch ein Baby.« Das klingt wie ein höflicher Konversationsversuch, um sein Zuschauen zu entschuldigen. Nach ein paar Minuten kehrt das Kind zu seinem Spiel zurück.

Der ganze Lernprozess scheint auf einer visuellen Ebene, ganz nonverbal zu funktionieren. Offensichtlich müssen Kinder nicht nur ihre eigenen Mütter, sondern eine *Vielzahl* un-

terschiedlicher Mütter beobachten. Durch das Zusehen erfährt ein Kind nicht nur etwas über die praktische Seite, sondern auch über die Haltung der jeweiligen Mutter. Ein kleines
Mädchen, das eine Mutter beim Stillen beobachtet, registriert
nicht nur die Technik dieser Mutter, sondern vielleicht auch
die Würde und Leichtigkeit, mit der sie ihr Baby versorgt.
Über die Beobachtung und ohne viele Erklärungen scheinen
sich ganze Traditionen von einer Generation an die nächste
vermittelt zu haben.

Heute kann sich das schwieriger gestalten. Die meisten
Mütter kehren inzwischen binnen des ersten Lebensjahres ihres Kindes an ihren Arbeitsplatz zurück, was eine relativ neue
Entwicklung ist.[15] Deshalb verbringen viele Kinder einen
Großteil ihrer Zeit nicht in ihren Familien, sondern in Gruppen von Gleichaltrigen, betreut von ausgebildeten ErzieherInnen. Sie erhaschen seltener den so wichtigen Blick auf Mütter
mit ihren Babys.

Noch nie zuvor hat eine Generation ihre Töchter so nach-
lässig auf das Muttersein vorbereitet wie die unsere. In der
Vergangenheit war die Vorbereitung gewöhnlich Privatsache,
aber effektiv. Die Mädchen waren für ihre jüngeren Geschwister verantwortlich. Zwar war diese Form der Vorbereitung
für Mädchen vielleicht einengend, aber sie scheint verschwunden zu sein, ohne dass an ihre Stelle etwas Neues getreten ist.
Gibt es noch eine Gesellschaft, in der sich so viele junge Mütter nicht daran erinnern können, vor ihrem eigenen schon mal
ein Baby auf dem Arm gehabt zu haben?

In der Vergangenheit wurde davon ausgegangen, dass die
meisten Mädchen Kinder bekommen würden. Auch ihre
Schulbildung war darauf ausgerichtet. Irgendwann im 20.
Jahrhundert verschwand diese Auffassung. Es wird von
Mädchen nicht mehr erwartet, dass sie Kinder bekommen.
Das hatte eine befreiende Auswirkung auf ihre Zukunftsper-
spektive, aber es vermittelt mit Sicherheit einen negativen Ein-
druck vom Muttersein.

In der Vergangenheit war Bildung eine elitäre Angelegenheit und darauf ausgerichtet, die Ambitionen gebildeter Menschen auf Aufgaben jenseits alltäglicher Tätigkeiten zu lenken. Mit der Demokratisierung von Bildung hat sich einiges an dieser Haltung geändert – aber eben nicht alles. Der Gedanke sitzt tief, und je gebildeter Kinder sind, desto eher eignen sie sich auch negative Vorstellungen über niedere Aufgaben an. Dazu gehört auch die Kinderbetreuung. Eine Oxford-Absolventin und Mutter bringt es auf den Punkt: »War mein Studium reine Zeitverschwendung? Ich habe sehr viel gelernt, aber es hat mich auch davon überzeugt, dass ich zu klug, zu *leistungsfähig* sei, um meine Zeit mit so altbackenen Hausfrauentätigkeiten wie dem Einnähen von Kindernamen zu verbringen. Außerdem hat es mich auch davon überzeugt, dass emanzipierte Frauen keine Babys bekommen.«[16]

Bildung macht aus uns selbstständige und kritische Menschen. Heutige Mütter sagen von sich, dass sie selbstständig sind. Einige von ihnen sind aus freien Stücken alleinerziehend. Einige sind die Hauptverdienerinnen in der Familie. Sie sind stolz auf ihre Unabhängigkeit. Aber das kann unvorhergesehene Folgen haben. Kann es sein, dass es einer auf ihre Unabhängigkeit bedachten Mutter schwerer fällt, Geduld mit ihrem abhängigen Baby zu haben? Heutzutage scheinen Babys durch ihre Babyzeit gehetzt zu werden. Mütter berichten stolz, wie viele Stunden ihr Kind am Stück durchschläft, dass es sich allein mit seinem Spielzeug beschäftigen kann, dass es nicht fremdelt und so weiter.[17] Vielleicht fällt es sehr unabhängigen Müttern schwerer, die Abhängigkeit und Bedürftigkeit ihres Babys zu verstehen.

Es gibt eine weitere Ebene, auf der Bildung und Beruf die Erwartungen einer Frau an das Muttersein beeinflussen können. Die Beziehung einer Mutter zu ihrem Kind zeichnet sich durch Kontinuität aus. Das wurde Dana Breen bei der Arbeit an dem neuen Vorwort zu ihrem Buch *Talking with Mothers* klar. Laut ihrer Beschreibung konzentriert sich eine Person

beim »Hürdenmodell«, wie Breen es nennt, darauf, eine besondere Schwierigkeit oder Hürde zu überwinden. Danach
geht das Leben wieder seinen normalen Gang. Das Mutterwerden ist ihrer Ansicht nach aber anders. Die Geburt verändert eine Frau, und ihr Leben ist danach nicht mehr, wie es
einmal war.[18] Aber weshalb glaubt Dana Breen, dies betonen
zu müssen? Allen sollte doch bewusst sein, dass Babys kein
Wochenendbesuch sind. Aber wenn wir berücksichtigen, wie
das Leben der (heutigen) Frauen aussieht, bevor sie Mutter
werden, fällt auf, was für eine große Rolle das »Hürdenmodell« spielt.

Bildung verlangt von den Lernenden, Hürden zu nehmen.
Sowohl in der Schule als auch an der Universität gibt es inzwischen diverse Tests und Prüfungen. Man muss sich gründ-
lich vorbereiten, während eines kurzen und intensiven Zeitraums das eigene Wissen unter Beweis stellen und kann sich
danach entspannen. Oft wiederholt sich dieses Muster in der
Berufslaufbahn. Ein Großteil der Frauen von heute arbeitet. Je
anspruchsvoller ihre Arbeit ist, desto mehr Hürden tauchen
auf. Es gibt Bewerbungsformulare und Vorstellungsgespräche,
pünktlichen Arbeitsbeginn, Bewährungsproben, wichtige Prä-
sentationen und Beförderungen, das Ausstechen von Konkur-
rentInnen, Vertretung des eigenen Standpunkts, Weiterbildun-
gen ... und so weiter und so fort. Auf jede Hürde bereitet sich
die Frau vor, läuft eine kurze und intensive Zeit auf Hochtou-
ren und erwartet, sich danach entspannen zu können.

Es ist nur zu verständlich, dass eine Frau dieses »Hürdenmodell« auch auf die Geburt anwendet. Die scheinbar vertraute Situation scheint auch die vertraute Vorbereitung zu er-
fordern. Bücher, Videos, Internetseiten und Kurse bieten eine
Fülle an Informationen an. Sie muss fleißig lernen, eine »erfolgreiche« Geburt anstreben und kann dann nach Hause gehen und sich ausruhen. Sobald sie sich erholt hat, normalisiert
sich das Leben wieder, genau wie sonst auch. Es ist schwer,
sich nicht zu dieser Vermutung hinreißen zu lassen, und sei sie

noch so vage. Wie groß muss also der Schreck sein, wenn man dann mit dem Baby nach Hause zurückkehrt und feststellt, dass es keinen ruhigen Moment gibt, um einen Film zu schauen oder mit seinen FreundInnen etwas trinken zu gehen.

Die Geburt eines Babys verändert das Leben einer Frau von Grund auf. »Merkwürdigerweise ist uns zwar bewusst, dass eine Schwangerschaft zum Mutterwerden führt, doch psychologisch spielen sich die beiden Zustände auf einer anderen Ebene ab«, schreibt Nigella Lawson. »Als mir eine Freundin kurz nach ihrer Entbindung sagte, sie hätte zwar von ihrer Schwangerschaft gewusst, aber es hätte ihr doch bitte mal jemand sagen sollen, dass sie ein Baby bekommt, wusste ich genau, was sie damit meinte.«[19] Das wussten auch die Mütter, denen ich diesen Abschnitt vorgelesen habe.

Junge Mütter fühlen sich manchmal betrogen, wenn sie auf ihre Vorbereitungskurse zurückblicken. Natürlich waren die Kurse nur eine dürftige Vorbereitung auf das Leben mit einem Baby. Aber viel mehr können sie auch nicht leisten. Wenn eine Mutter sie in Anspruch nimmt, trennen sie nur noch wenige Monate vom Entbindungstermin. Verständlicherweise beschäftigt die Geburt sie. Geburtsvorbereitungskurse gehen auf ihr Bedürfnis nach Informationen über die Geburt ein. Das praxisbezogene Thema ist leicht zu vermitteln. Mütter sind interessiert und wissbegierig. Ihre Aufmerksamkeit mag selektiv sein und einzelne Informationen über die Zeit nach der Geburt ausblenden. Aber selbst wenn nicht, ist der Mangel an Vorbereitung der meisten jungen Mütter heutzutage bestimmt größer, als ein Kurs zur Geburtsvorbereitung ihn abdecken könnte.

Ich besuchte viele Kurse und las Bücher. Ich hielt mich für informiert. Aber nichts kann einen darauf vorbereiten. Ich bin Lehrerin und hätte keine Probleme gehabt, wenn ich eine Fünfjährige im Klassenzimmer entbunden hätte. Die Geburt war in Ordnung, und inzwischen wurde mir klar, dass ich mich *darauf* vorbereitet hatte. Das hier ist die schwerste Aufgabe in meinem Leben. Ich fühle mich unfähig. Ich bin isoliert und einsam und habe dauernd das Gefühl, ich mache alles Mögliche falsch. Das ist schwer – und es fällt mir schwer *zuzugeben*, dass es schwer ist. [Tochter, 5 Wochen]

Ich fühle mich betrogen. Es gab keine Vorbereitung auf den Alltag mit dem Baby nach der Geburt. Jeden Abend geriet ich in Panik. [Sohn, 6 Wochen]

Das ist so ein Schock nach der Geburt. Man bereitet sich auf die Geburt vor, und plötzlich *war's* das! Danach kommt eine riesige Leerstelle. [Sohn, 2 Monate]

Ich konnte nie weiter als bis zur Geburt denken. Mir *graute* es davor. [Sohn, 2 Monate]

Über die Schwangerschaft war ich so gut informiert. Aber verglichen mit dem, was dann kommt, ist die Schwangerschaft ein Spaziergang. [Sohn, 3 Monate]

Warum sagt einem das niemand? Man erfährt alles über die Geburt, über Geburtszangen, Saugglocken und Kaiserschnitte. Aber nichts über die Zeit danach. Ich dachte, mit meiner Tochter stimme etwas nicht, weil sie zwei Monate lang nur getragen werden wollte. Ich konnte sie nicht einen Moment ablegen, nicht mal, wenn ich aufs Klo wollte. Das passiert vielleicht nicht jeder Mutter, aber so selten scheint es nicht zu sein. Warum sagt einem das niemand? [Tochter, 4 Monate]

Ich erinnere mich noch ganz genau, wie wir aus dem Krankenhaus zurückkamen. Unser Sohn lag in seiner Babyschale, und ich stellte sie im Flur unserer Wohnung ab, in der wir schon seit Jahren lebten. Und ich dachte: »Hilfe! Was mache ich denn jetzt? Was soll ich mit dem Baby anstellen?« Alles, die ganze Vorbereitung drehte sich um die Geburt. Es ging nie um die Zeit danach. [Sohn, 9 Monate]

Diese Aussagen klingen vielleicht dramatisch. Aber die Realität ist auch dramatisch *geworden*. Von heute auf morgen befindet sich die Mutter auf ungewohntem Terrain. Selbst die alltäglichsten Dinge haben sich verändert. Ein Baby zu betreuen bedeutet, dass Situationen, die vorher gewöhnlich und ungefährlich schienen, plötzlich unerwartet gefährlich und riskant wirken. Ein Baby ist auf die Wachsamkeit seiner Mutter angewiesen. Vielleicht begegnet man auf der Straße einer Mutter, die etwas verträumt aussieht. Das muss ein »sicherer« Moment sein. Wenn etwas sie erschreckt, sieht man ihre Augen sofort aufmerksam werden. Selbst der gelassensten Mutter wird klar, dass sie als Mutter pragmatisch denken muss.

Ich fühle mich, als hätte ich den Mount Everest bestiegen, weil ich heute drei verschiedene Sachen erledigt habe. Jede einzelne musste minutiös geplant werden. [Tochter, 5 Wochen]

Wenn mein Partner und ich spazieren gehen [wobei sie ihren Sohn im Tragetuch trägt] und er sich mit mir unterhalten will, kann ich nicht zuhören. Ich bin viel zu sehr damit beschäftigt, mir zu sagen: »Achtung, da ist eine Stufe. Da vorn ist eine Lücke im Gehweg. Hilfe, ein Radfahrer.« Weiter kann ich nicht denken. [Sohn, 6 Wochen]

Jeden Morgen wache ich auf und überlege, wo ich mit meinem Sohn hinwill, und versuche, die Wege hin und zurück zu planen, ob es dort Stufen gibt und wie ich sie mit dem Kinderwagen bewältige. Man kann nicht so wie früher einfach losziehen. [Sohn, 3 Monate]

Ein Teil von mir ist leichtsinnig, während das Muttersein sehr pragmatisch ist. [T, 4 Monate]

Das alles erklärt vielleicht, weshalb sich junge Mütter oft völlig von ihren kinderlosen FreundInnen abgeschnitten fühlen. Eine tiefe Kluft scheint sich aufgetan zu haben. Auf der anderen Seite dieser Kluft sehen sie ihre FreundInnen in einem Zustand der Ignoranz, den sie sehr gut nachvollziehen können.

Meine Freunde rufen an und fragen: »Gehst du heute mit uns feiern? Der Abend wird der Wahnsinn.« Sie haben keine Ahnung. Ich meine, selbst wenn ich mitkommen wollte, was sollte ich ihrer Meinung nach mit meinem Sohn machen? Aber ich kann mich erinnern, dass ich mal genauso gedacht habe. [Sohn, 2 Monate]

Ich war mal genauso wie meine Freundin jetzt ist. Ich dachte immer, dass es so *langweilig* mit einer Freundin ist, die ein Baby hat. Ich meine, warum muss sie uns ständig unterbrechen, um nach ihrem Baby zu sehen? [Tochter, 4 Monate]

Vor langer Zeit erwartete man von einer kinderlosen Frau, dass sie ihre Hilfe anbot, wenn eine ihrer Freundinnen ein Baby bekam. Heute sind Frauen vom Druck dieser Tradition entbunden, doch der Preis für diese neue Freiheit ist die Einsamkeit, wenn sie selbst Mütter werden. Möglicherweise bekommen sie nicht die Geborgenheit und das Verständnis ihrer alten FreundInnen, wenn sie sie am meisten brauchen. Eine alte Freundin oder ein alter Freund ist unschätzbar als Erinnerung an das alte Selbst der Mutter.

Ihre FreundInnen verstehen vielleicht nicht, wie tief ihre Gefühle für ihr Baby sind. Es ist eine neue, zentrale Person in ihrem Leben. Wenn eine Mutter schwanger ist, mag ein Baby wie ihre Privatangelegenheit scheinen; jemand, von dem nur sie und ihr Partner oder ihre Partnerin wirklich wissen. Aber sobald ihr Baby auf der Welt ist, wird es Teil unserer Gesellschaft. Wenn andere Leute es kommentieren, kann das eine Mutter sehr aufwühlen.

> Meine Tochter schrie und ein Freund sagte: »Sie ist eine kleine Diva.« Ich war so verletzt. Er hat keine eigenen Kinder. Aber er steckte mein Kind in eine Schublade. [Tochter, 2 Monate]

> In unserer Mutter-Kind-Gruppe war ein kleiner Junge mit abstehenden Ohren. *Gar* kein Problem. Bald würden seine Haare wachsen und sie verdecken. Aber eine andere Mutter rief: »Oooh, was für niedliche *Segel*ohren!« Ich sah, wie die Mutter ihren Sohn zu sich zog und seinen kleinen Kopf immer wieder streichelte, und man konnte sehen, wie schrecklich verletzt sie war. Man will doch, dass das eigene Kind akzeptiert wird. [Sohn, 11 Monate]

Die Sensibilität einer jungen Mutter scheint völlig zweckmäßig zu sein. Sie lernt, sich darauf einzustellen, wie andere Menschen auf ihr Kind reagieren. Wenn ein Problem auftaucht, gibt sie sich große Mühe, es zu entschärfen. Sie ist diejenige, die ihr Kind mit dem Rest der Gesellschaft verbindet. Oft bemerkt sie Details, die anderen entgehen. Das ist ihr »Job« als Mutter. Die Kehrseite der Sensibilität, die sie als kompetente Mutter braucht, ist eine neu gewonnene Dünnhäutigkeit.

Sie kennt ihr Baby schon sein ganzes Leben. Viele Frauen sind auf die damit einhergehenden intensiven Gefühle völlig unvorbereitet. Viele von ihnen definierten sich als »berufstätige Frauen« und erwarteten, das Baby ihren festen Routinen anpassen zu können. Sie rechneten nicht damit, sich ihrem Baby so nah zu fühlen, dass sie vielleicht nicht an ihren Arbeitsplatz zurückkehren wollen. Das hat eventuell Folgen für ihre Arbeitsverträge.

Inzwischen reagieren ArbeitgeberInnen flexibler auf Mütter. Mütter können Mutterschutz oder Elternzeit beanspruchen, aber es wird vorausgesetzt, dass dies eine kurzfristige Regelung ist. Babys werden als Unterbrechung des normalen Arbeitsablaufs betrachtet. Das kann eine Mutter dazu verleiten, ihrer Anstellung eine größere Bedeutung beizumessen als ihrem Baby. Viele Mütter berichten, wie schockiert sie sind, wenn sie merken, dass sich ihre Prioritäten nach der Geburt vertauscht haben. Zum ersten Mal scheint ihr Beruf, der ihnen vorher viel bedeutet hat, *weniger* wichtig als das Baby zu sein.

> Wenn ich meine Stelle aufgebe, ist meine Karriere beendet. Ich habe promoviert und arbeite in der Forschung. An den Punkt zu kommen, wo ich jetzt bin, hat mich Jahre gekostet. Jetzt werde ich ausgemustert, wenn ich meine Arbeit aufgebe. Aber ich will bei meiner Tochter sein. Alles andere ist mir *egal*! [Tochter, 3 Monate]

> Ich finde es verrückt, dass man hier in England noch vor der Geburt seines Kindes diese ganzen Entscheidungen treffen muss. Man hat keine Vorstellung, wie man sich danach fühlt. Ich hatte entschieden, bald wieder zu arbeiten – und jetzt will ich es nicht. Ich will meinen Sohn nicht verlassen. Vielleicht kommt er gut mit jemand anderem klar, aber für *mich* ist es viel zu früh. [Sohn, 4 Monate]

> Ich hätte nie gedacht, dass ich mich so verändern würde. Ich hätte nie gedacht, dass ich mal zu Hause bleiben

wollen würde, um ein Baby zu betreuen. Eigentlich wollte ich Elternzeit nehmen, bis mein Sohn neun Monate alt ist. Mit neun Monaten wird er anfangen zu krabbeln und dann zu laufen, und ich will nicht mal daran denken. Ich will niemand anderen haben, der auf mein Kind aufpasst. Ich will dabei sein und selbst sehen, wie mein Kind sich entwickelt. [Sohn, 6 Monate]

Viele Mütter sind verzweifelt, wenn sie an ihren Arbeitsplatz zurückkehren müssen.

Die Arbeitsbedingungen ändern sich kontinuierlich. Viele Mütter sind Fachkräfte, denen ihre ArbeitgeberInnen mehr Flexibilität einräumen sollten, um sie zu halten. Aber das ist bisher nicht geschehen.

In den folgenden Kapiteln untersuche ich, was Mütter lernen und wie sie ihre Aufgabe bewältigen. Ab einem gewissen Punkt verwandeln sich »junge Mütter« fast unmerklich in »erfahrene Mütter«. Trotz der mangelnden Vorbereitung gehen Mütter ihren Weg.

Ein Baby zu bekommen ist – wie Sterben – eine der großen Transformationen, für die es keinen Probedurchlauf geben kann. Aber das heißt nicht, dass wir uns nicht darauf vorbereiten können. Zumindest können wir uns darauf vorbereiten, orientierungslos und schockiert zu sein. Diese Erkenntnis kann hilfreich sein. Wenn Mütter sich über die schwierigen ersten Wochen nach der Geburt austauschen, fühlen sie sich gestärkt. Das Wissen, dass auch alle anderen ihre Schwierigkeiten haben, relativiert die eigenen Probleme. Vielleicht schockiert uns die Geburt unseres Babys, aber wenigstens können wir uns bewusst machen, dass das aufgrund unserer mangelnden Vorbereitung zu erwarten war.

Von frisch Verliebten wird erwartet, dass sie verträumt und vergesslich sind. Von Trauernden wird erwartet, dass sie sich einsam fühlen und häufig weinen. Müttern wird eine »Einarbeitungsphase« von einigen Wochen zugestanden. Danach wird von ihnen Gelassenheit und Kompetenz erwartet. Wäre es nicht viel realistischer, von einer jungen Mutter zu erwarten, dass sie unvorbereitet, ängstlich, verwirrt und extrem emotional ist – *mindestens* die ersten sechs Monate lang? Wenn wir diesen Ausgangspunkt als Norm für die meisten Mütter akzeptierten, könnten wir solidarischer und respektvoller sein.

Die Mutter hätte immer noch mit dem kleineren, unvermeidlichen Schock zu kämpfen, den jedes Baby auslöst. Wenn Mütter ihre Babys zum ersten Mal zu Gesicht bekommen, sind sie häufig überrascht. Vielleicht kann man es damit vergleichen, das erste Mal einen Brieffreund zu treffen, mit dem man sich neun Monate lang geschrieben hat. Man neigt dazu, sich eine Vorstellung zu machen – aber der echte Mensch ist anders. Die neun Monate waren eine Art Vorbereitung. Doch jetzt nimmt die Beziehung wirklich ihren Lauf.

DRITTES KAPITEL

Die ganze Verantwortung

Eigentlich sollte die Geburt eines Babys seine Mutter nur in Maßen überraschen, anstatt ihr Selbstbewusstsein von Grund auf zu erschüttern. Ohne die nötige Gelassenheit kann sie ihr Kind nicht genießen und herausfinden, was es braucht. Wie es ist, ein neugeborenes Baby mit dessen ganz eigenem Wesen kennenzulernen, lässt sich kaum beschreiben. Es ist eine große Herausforderung. Nicht die Art von Herausforderung wie die eines Forschungsprojekts mit geregelten Arbeitszeiten und einem Computer, der die Ergebnisse auswertet, während man sich nachts ausschlafen kann. Plötzlich wird der jungen Mutter bewusst, dass sie nicht mal schnell auf die Toilette gehen kann, ohne zuerst für die Sicherheit und das Wohlbefinden ihres Babys zu sorgen. Wenn sie sich ein lang ersehntes Bad einlässt – hört sie ihr Kind dann trotz des rauschenden Wasserhahns schreien? Wenn sie zur Arbeit hastet – ist die Person, die ihr Kind betreut, wirklich dafür geeignet und weiß, wann sie sich lieber telefonisch bei ihr melden sollte?

Die Erschütterung ist am tiefsten, wenn die Beziehung gerade am Anfang steht. Die Mutter kann die »Signale« ihres Babys noch nicht selbstverständlich deuten, genauso wenig wie das Baby die ihren. Es sind dabei weniger die alltäglichen Hindernisse, die Müttern zu schaffen machen, als vielmehr die Furcht, nicht ausreichend vorbereitet zu sein.

> Ich kann mich erinnern, wie mich anfangs bei dem Gedanken, jetzt Mutter zu sein, *Wellen* von Panik durchströmten. [Sohn, 6 Wochen]

> Als ausgebildete Hebamme bin ich es gewohnt, Babys zu halten und zu waschen. Aber ich weiß noch, wie ich meinen Sohn ansah, als wir aus dem Krankenhaus nach

Hause kamen – sein wunderbares kleines Gesicht und seine Hände –, und ich wegen der Verantwortung ein paar Tränen vergoss. *Darauf* wird man als Hebamme nicht vorbereitet. [Sohn, 6 Wochen]

Mir macht das Gefühl zu schaffen, die ganze Verantwortung zu tragen. Mein Partner fragt zum Beispiel: »Soll ich ihn für dich wickeln?« [Sohn, 2 Monate]

Nichts bereitet einen auf die Verantwortung vor. Als ich arbeitete, hatte ich einen sehr verantwortungsvollen Posten. Ich machte spät Feierabend und war kaum zu Hause. Doch jetzt verbringe ich plötzlich meine ganze Zeit daheim, ganz allein, mit einem völlig auf mich angewiesenen Baby. [Tochter, 3 Monate]

Mein Partner und ich haben den Schock immer noch nicht überwunden. Wir können nicht fassen, wie sehr unsere Tochter unser Leben verändert hat – und wie unglaublich erschöpft wir sind. Man ist die Verantwortung nicht gewohnt, die man rund um die Uhr trägt. Meine Jungfräulichkeit zu verlieren war nichts dagegen. Das Baby hat mein Leben verändert. [Tochter, 13 Monate]

Immer wieder taucht bei den Müttern das Stichwort »Verantwortung« auf. Als Stillberaterin rufen mich manchmal Mütter an, die denken, sie hätten Fragen zum Stillen. Doch noch während sie versuchen, ihre praktischen Probleme zu schildern, brechen sie fassungslos schluchzend zusammen, weil ihnen mit einem Schlag klar wird, dass sie sich im Grunde genommen überfordert fühlen. Die Verantwortung ist immens – und sie sind nicht darauf vorbereitet.

Der Begriff »Verantwortung« ist verknüpft mit »Antwort« – und das ist genau das, was eine Mutter tut. Sie lernt, ihrem Baby zu *antworten*. In den meisten Beziehungen geschieht das mit Worten. Wenn eine Frau einen unbekannten Gast aus dem Ausland erwarten sollte, könnte sie diesen nach seinen Wünschen fragen. Die nonverbalen »Signale« eines Babys beobachten zu müssen, mag sehr ungewohnt scheinen. Mit der Zeit wird es leichter. Doch anfangs ist es eine völlig neue Form der Kommunikation.

Eine junge Mutter muss neu lernen, was sie von ihrem Baby zu erwarten hat, wenn es nicht mehr dieses lebhaft strampelnde Wesen mit Schluckauf ist, das sich in ihr streckt und austobt. Nach der Entbindung kann es sich anfühlen, als würde man einen völlig neuen Menschen kennenlernen.

> *Mutter 1:* Ich fühlte mich fast eins mit meinem Sohn, als er in meinem Bauch war. Ich kannte jede seiner Bewegungen. Ich war so verliebt in ihn. Aber als er auf die Welt kam, sah er mich an, als würde er mich nicht kennen. Ich hatte das Gefühl, ich würde *ihn* nicht kennen. Ich weiß noch, wie betrogen ich mich fühlte. [Sohn, 3 Wochen]
>
> *Mutter 2:* Bei mir war es genau anders herum. Als ich schwanger war, konnte ich das oft vergessen. Eine Kollegin sagte mal, dass sie sich nicht mehr konzentrieren könne, weil sie so mit dem Baby in ihrem Bauch beschäftigt sei. Ich dachte: »Das geht mir ganz anders. Vielleicht werde ich eine schlechte Mutter und kann mein Baby nicht lieben.« Ich hatte keine Ahnung, wie ich sein würde. Doch jetzt, wo mein Sohn auf der Welt ist, liebe ich ihn sehr und denke ständig an ihn. [Sohn, 6 Wochen]

Großfamilien teilen die Verantwortung eher. Auch manche Paare teilen sie so gerecht wie möglich untereinander auf. Bevor sie jedoch an ihren Arbeitsplatz zurückkehren, bürden sich die meisten Mütter die gesamte Verantwortung auf.

Es gibt ganze Regale voller Ratgeber, wie man sich um ein Baby kümmert; oft sind sie wunderbar geschrieben und illustriert. Das Problem ist, dass sie einander widersprechen. Oft kann sich eine Mutter nicht entscheiden, welcher der beiden widersprüchlichen Ratschläge der »Richtige« ist. Beide Seiten beharren darauf, dass nur ihr Ansatz der »Richtige« ist.

> *Mutter 1:* Ich will, dass mir jemand sagt, was ich tun soll. Ich wünschte, ich hätte ein Rezept. Ich bin völlig ratlos. Es gibt überhaupt keine Routine, und ich weiß nie, wann ich was tun soll oder ob ich es richtig mache. [Sohn, 8 Wochen]
> *Mutter 2:* Wenn du das Rezept je findest, zeigst du es mir auch? [Sohn, 8 Wochen]

Was für eine Mutter kann *ich* sein? Ich suche Vorbilder, finde aber keine. Ständig sagt mir diese Stimme in meinem Kopf, dass ich es falsch mache. [Tochter, 4 Monate]

Ich lese zwei Bücher mit entgegengesetzten Ansichten darüber, ob man sein Baby schreien lassen soll. Ich bin völlig durcheinander. [Sohn, 5 Monate]

Mein Sohn ist nachts sehr unruhig. Er möchte immer hochgehoben und getragen werden. Es hieß immer, dass es nach den ersten drei Monaten einfacher wird. Ich frage mich ständig, was ich falsch mache. [Sohn, 5 Monate]

Irgendwann schreibe ich ein Buch über das Leben als Mutter und über die ganzen Sachen, die einem keiner sagt. Wie damals, als mein Sohn klein war und ich am liebsten rausgelaufen wäre und verkündet hätte: »Tut mir leid, Leute, ich pack's nicht. Das wird mir zu viel.« Es gab Momente, in denen ich dachte, das schaffe ich nicht. [Sohn, 7 Monate]

Dieses Gefühl der Verlorenheit und Orientierungslosigkeit ist keineswegs neu. Auch bei Tolstoi taucht es auf. In seiner Novelle »Die Kreutzersonate« aus dem Jahr 1889 beschreibt die Hauptfigur Posdnyschew seine Frau als Mutter:

> Nicht nur über die Behandlung von Krankheiten, auch über die richtige Erziehung hörte und las sie eine Unzahl immer wieder anderer Regeln, die ihr von allen Seiten zugetragen wurden. Warum die Kinder nicht dies, sondern jenes essen oder trinken sollten, oder doch lieber etwas Drittes; welche Kleider, Bäder, Schlafenszeiten, wie viel Spaziergänge und welche Art Luft ihnen gut tun würden – zu all dem erfuhren wir und erfuhr in erster Linie sie jede Woche neue Regeln. Als hätten die Menschen gestern erst angefangen, Kinder zu bekommen. Und hatte ein Kind einmal nicht das Richtige gegessen oder war nicht auf die richtige Weise, zur richtigen Zeit gebadet worden und dann krank geworden, dann war sie schuld, sie hatte etwas falsch gemacht.[20]

Tolstois Ausführungen nehmen uns in eine Welt mit, die uns bekannt vorkommt: Die Welt der Expertenmeinungen. Tolstoi hatte ärztliche Autoritäten vor Augen, die Müttern vorschreiben, wie sie ihre Babys füttern und baden sollten. Heute werden Mütter zusätzlich mit »Autoritäten« auf dem Gebiet der emotionalen und intellektuellen Entwicklung ihrer Kinder konfrontiert. Für eine unerfahrene Mutter kann die Meinung von ExpertInnen, die weder sie noch ihr Baby je kennengelernt haben, eine größere Rolle spielen als ihre eigenen Vorstellungen. Sie nimmt an, dass ihr Baby aus der Norm fällt, weil es nicht das tut, was als »normal« für ein Baby dieses Alters dargestellt wird.

Es mag ungewöhnlich klingen, doch die Lösung für dieses »Problem« scheint kein Oberexperte zu sein, der mit einem Machtwort allen Expertendiskussionen ein Ende setzt. Anstatt jungen Müttern zu helfen, untergraben ExpertInnen die Selbstsicherheit der Mutter, die diese braucht, um die Signale ihres Babys selbst lesen zu lernen. Nützlich sind ein paar praktische Informationen zur Babypflege ohne zu viele in Stein gemeißelte »Regeln«. Jegliche Erinnerungen und Erfahrungen aus der eigenen Kindheit sind ihr wahrscheinlich eine große Hilfe. Sie benötigt medizinische Informationen, wenn ihr Kind krank ist. Abgesehen davon braucht eine junge Mutter normalerweise nicht viel mehr – auch wenn das für die Mehrheit, die sich an ExpertInnen und Hindernissen orientiert, ganz außergewöhnlich scheint.

Das Gefühl der Orientierungslosigkeit ist kein Problem, dem man mit Regalen voll Ratgeberliteratur begegnen muss. Nein, es ist *genau* der richtige Bewusstseinszustand für den autodidaktischen Prozess, den die Mutter vor sich hat. Jedes Mal, wenn eine Frau ein Baby bekommt, lernt sie etwas dazu – zum Teil von ihrer Kultur, hauptsächlich jedoch von dem Baby. Wenn sie sich als echte Expertin betrachtete oder ihre Meinung schon gefasst hätte, würde es ihr sehr schwerfallen, sich an das neue kleine Individuum anzupassen. Selbst nach ihrem ersten Baby kann sie sich nicht als Expertin für alle Babys halten und zurücklehnen. Jedes Kind ist anders und wird sie etwas Neues lehren. Sie muss sich unsicher fühlen, um flexibel zu bleiben. Demzufolge ist das Gefühl der Hilflosigkeit, so beängstigend es sein mag, völlig angemessen. Unsicherheit ist eine *gute* Ausgangsbasis für eine Mutter. Durch Unsicherheit kann sie lernen.

Ein neugeborenes Baby wirft Dutzende Fragen für die junge Mutter auf, von denen sie die meisten nicht beantworten kann. Die Entscheidungsfindung beginnt, fast ehe eine Mutter sich dessen überhaupt bewusst wird. Vielleicht schiebt auf der Wochenbettstation jemand ein Babybett heran und schlägt ihr vor, ihr Baby hineinzulegen. Die Entscheidung, ihr Baby ins Babybett zu legen oder weiter auf dem Arm zu halten, mag sich völlig banal anhören. Doch sie spielt eine wichtige Rolle.

Das nächste Mal trifft sie die gleiche Entscheidung oder ändert sie ab.

Auf diese Weise baut sie ihr eigenes System auf. Sie ist sich dessen vielleicht selbst kaum bewusst, obwohl ihr Baby schon langsam lernt, was es von ihr zu erwarten hat. Es ähnelt dem Stricken, wo die ersten paar Reihen nicht viel darstellen. Erst viel später erkennt man darin den Anfang eines Musters. Die Mutter muss also nicht immer wieder ganz von vorn anfangen. Sie kann ihre ersten Entscheidungen als Grundlage nutzen, auf die sie ihr funktionierendes System aufbaut. An guten Tagen gelingt es einer Mutter, stolz darauf zu sein, was sie erreicht hat. Sie fühlt sich selbstbewusster und weniger chaotisch. Doch es gibt höchstwahrscheinlich auch schwierige Tage, an denen es keine Ordnung, keinen Sinn und keine Planbarkeit zu geben scheint. Dann sehnt sich eine Mutter vielleicht nach einem Oberexperten, der ihr sagt, was zu tun ist. Anfangs pendeln viele Mütter emotional zwischen selbstbewussten und schwierigen Tagen.

Diese Lernphase entspricht nicht der populären Vorstellung einer Mutter. In Gemälden und Fotografien werden entspannte Mütter ohne die geringsten Anzeichen von Selbstzweifeln porträtiert, die entspannte Babys auf dem Arm halten. Vielen Leuten fällt es schwer, eine unsichere Mutter auszuhalten. Sie nehmen sie als jemanden wahr, der die Kontrolle verloren hat, der nicht zurechtkommt und Hilfe braucht. Die Menschen in ihrer Umgebung greifen schnell ein, als müssten sie eine Leerstelle füllen und für die »fehlende« Sicherheit sorgen. Einige geben Ratschläge, andere Befehle. Das kann entmutigend für eine Mutter sein. Es fällt ihr schwer, so unsicher zu sein. Es fällt ihr noch schwerer, wenn sie glaubt, dass die anderen das Vertrauen in sie verloren haben. Anstatt ihre eigene Unsicherheit als notwendig zu akzeptieren, entwertet sie diese als *un*mütterlich. Sie sieht darin einen Beweis für ihre Unfähigkeit, ihr grundlegendes Versagen, eine gute Mutter zu werden.

Eine Mutter braucht nur selten Rat von Außenstehenden. Er demoralisiert sie möglicherweise nur noch weiter und hilft ihr ganz sicher nicht bei ihrem Lernprozess. Eine Mutter muss sich geborgen fühlen, um das Gefühl der Unsicherheit zulassen zu können. Die Leute, die ihr Ratschläge geben, können gar nicht alle Einzelheiten ihrer Situation kennen. Außerdem sind selten sie es, die mit den langfristigen Konsequenzen ihrer Ratschläge leben müssen. Eine Mutter braucht Zeit, zusammen mit ihrem Partner oder ihrer Partnerin in die Elternrolle »hineinzuwachsen«. Sie braucht genug Selbstvertrauen für Experimente und gelegentliche Sinneswandel. Sie muss die Erfahrung machen, dass einige ihrer Ideen funktionieren. Die unsicherste und ängstlichste Anfängerin kann sich nach und nach in eine einzigartige Mutter verwandeln.

Es ist ein Wunder, dass Mütter in solch einem von ExpertInnen dominierten Klima überhaupt überleben. Nach Zeiten voller Einsamkeit und Verwirrung wird ihnen plötzlich klar, dass sie ihr Baby langsam verstehen. Mit ihren Babys wächst auch ihr Selbstvertrauen.

> Ich lerne, anstelle der Bücher mir selbst zu vertrauen. Schließlich kennt niemand meinen Sohn so gut wie ich, und selbst *ich* kenne ihn noch nicht so gut. [Sohn, 5 Monate]

> Ich habe keine Strategie, und es bringt auch nichts, einfach anderer Leute Ratschläge zu befolgen. Es geht eher darum auszuprobieren, was gerade in diesem Moment bei diesem speziellen Baby funktioniert. [Sohn, 5 Monate]

> Am schwersten fällt mir, mir selbst einzugestehen – und ich finde es *immer noch* schwer –, dass ich *eigentlich* weiß, was zu tun ist. Ich gehöre zu den Leuten, die immer erst mal ein Buch zurate ziehen. Aber bei meinem

Sohn weiß ich Bescheid. Ganz einfach. Wenn er schreit, nehme ich ihn auf den Arm. Und wir haben oft eine wunderbare Zeit zusammen. [Sohn, 6 Monate]

Jedes Mal, wenn ich wegen irgendeines Ratgebers oder Ratschlags denke, dass mein Sohn dies oder jenes tun »sollte«, sehe ich ihn in so einem negativen Licht. Dann unterstelle ich ihm, dass er etwas falsch macht und verliere meinen Draht zu ihm. [Sohn, 6 Monate]

Ich war immer ein Fähnchen im Wind. Ich las etwas und dachte: »Ja, das muss ich ausprobieren.« Dann las ich das genaue Gegenteil und dachte: »Ja, *so* muss das gemacht werden.« Doch jetzt habe ich herausgefunden, dass meine Stimmung sich dem anpasste, was ich las. Je mehr ich las, desto mieser fühlte ich mich. Mein Sohn war nicht wie die Babys in den Büchern. Es fiel mir schwer, ihm einfach zu vertrauen. [Sohn, 14 Monate]

Wenn sie ein zweites Kind bekommt, wird einer Frau oft klar, wie viel sie gelernt hat:

Erst beim zweiten Kind merkt man, wie viel man vom ersten gelernt hat. Ich dachte, ich wäre wieder so ängstlich wie beim ersten Mal. Aber das bin ich nicht. Ich denke: »Moment! Das hatten wir schon mal. Du schaffst das.« [Sohn, 2 Jahre; Tochter, 4 Monate]

Die Mutter, die sich nach einem Rezept für ihr Baby gesehnt hatte, berichtete folgendes nach der Geburt ihres zweiten Kindes:

Es *gibt kein* Rezept. Das weiß ich jetzt. Es ist für alle anders. Ich glaube, dass es wichtig ist, dass jede Mutter es so macht, wie *sie* es für richtig hält und dass andere sie nicht verurteilen. Ich erinnere mich noch, wie mich alle verurteilten, deshalb dachte ich, ich mache etwas falsch. [Sohn, 4 Jahre; Sohn, 6 Monate]

Hier wird deutlich, dass sich Mütter leicht von »Expertenmeinungen« einschüchtern lassen, wenn sie sehr unsicher sind. Wenn man einer Mutter zuhört, klingt es oft, als würden drei Leute bei ihr wohnen: sie selbst, ihr Baby und der jeweilige »Erziehungsexperte«, dem sie gerecht zu werden versucht. In Ausnahmesituationen ist Fachwissen unentbehrlich. Doch Mütter verspüren schnell den Druck, sich von jemand anderem die Gestaltung ihres Alltags vorschreiben zu lassen. Es stimmt zwar, dass der Alltag mit einem neuen Baby nervenaufreibend sein kann, aber er ist auch eine Gelegenheit dazuzulernen. Sobald Mütter dazulernen, fühlen sie sich oft entspannter.

Beim Einkaufen habe ich eine Mutter mit einem Neugeborenen gesehen und war so froh, dass ich das hinter mir habe. Ich *kenne* meinen Sohn jetzt wirklich. Er ist eine kleine Person. Er ist kein Fremder mehr für mich. [Sohn, 2 Monate]

Mutter zu sein heißt, sich langsam orientieren zu müssen. Das passt nicht zur Leitkultur, die sich um Planbarkeit und Kontrolle dreht. [Sohn, 3 Monate]

Anfangs hatte ich das Gefühl, meine Tochter wäre aus Porzellan – zu kostbar, um sie abzulegen. Die ersten drei Monate trug ich sie ununterbrochen herum, weil *kein Ort* gut genug schien, um sie abzulegen. Darüber bin ich jetzt hinweg. Wenn ich zurückblicke, war das schon komisch. Ich weiß nicht, wann ich das Gefühl überwunden habe oder was daraus geworden ist. [Tochter, 5 Monate]

Das Gewicht der mütterlichen Verantwortung rührt zum Teil daher, dass niemand sie komplett ersetzen kann. Sie bleibt verantwortlich, auch wenn sie arbeiten geht oder eine andere Person das Kind betreut.

> Ich brauchte unbedingt etwas Zeit für mich und veranlasste meinen Partner, sich um unseren Sohn zu kümmern. Ich fuhr bis zum Ende unserer Straße und dann – das war wirklich merkwürdig – musste ich aus dem Auto *springen* und zu Hause anrufen! Mein Partner ging ans Telefon. Ich hörte kein Babygeschrei, deshalb fragte ich ihn panisch: »Wo *ist* er? Was *macht* ihr?« Er sagte erstaunt: »Unser Kind liegt ganz ruhig hier neben mir.« An seiner Stimme hörte ich, dass er dachte, ich übertreibe, wie anstrengend der Alltag mit dem Baby ist. [Sohn, 2 Monate]

Der Vater hat seine ganz eigene verantwortungsbewusste Beziehung zu seinem Kind. Doch keiner der beiden Elternteile im obigen Beispiel schien sich bewusst zu sein, wie anders diese für die Mutter aussieht. Die Mutter »kümmert« sich nicht nur um ihr Kind. Sie fühlt sich sogar während ihrer Abwesenheit dafür verantwortlich.

Das hat für sie alle möglichen Auswirkungen. Da die Bedürfnisse ihres Babys Vorrang haben, vergisst sie beispielsweise leicht sich selbst. Die ersten Wochen sind ermüdend, und die Mutter leidet häufig unter Schlafmangel. Sie kann nicht immer fröhlich und gelassen sein. Vielleicht ist sie selbst überrascht, wie aufgewühlt sie manchmal ist.

> Einmal hob ich meine Tochter ziemlich grob hoch und war selbst überrascht, weil ich nicht damit gerechnet hätte. Wahrscheinlich konzentriert man sich so auf das Baby, dass man sich selbst verliert. [Tochter, 3 Monate]

Ein geschützter Raum, in dem man diesen unerwarteten Gefühlen nachspüren kann, ist dabei hilfreich. Zwei Mütter, die miteinander und mit mir vertraut waren, hatten folgende Unterhaltung:

> *Mutter 1:* Ich schäme mich für das, was ich euch gleich erzähle. Vielleicht haltet ihr mich dann für eine furchtbare Frau. In meinem Kopf tauchten immer wieder diese unglaublich intensiven Bilder auf, wie ich mein Baby aus dem Fenster werfe oder in der Badewanne seinen Kopf unter Wasser drücke. Mir ist bewusst, dass ich die Macht dazu habe. Diese Bilder waren wie Halluzinationen und tauchten immer wieder auf. Erst vor Kurzem hörte es auf. Ich weiß nicht, warum – eigentlich ist mir gerade eben erst bewusst geworden, dass es aufgehört hat. [Sohn, 5 Monate]
>
> *Mutter 2:* Ich kann deine Halluzinationen gut nachvollziehen. Mir ging es genauso. Könnte es sein, dass sie einen irgendwie auf die Sachen vorbereiten, die man nicht tun darf?
>
> *Ich:* Was glaubt ihr?
>
> *Mutter 2:* Ich glaube, es ist eine Art Vorbereitung. [Tochter, 5 Monate]

> Ich wohne im zweiten Stock. Jeden Tag, wenn ich meine Tochter die Treppe hinuntertrage, habe ich diese furchtbaren Visionen, was passieren würde, wenn ich falle. [Tochter, 4 Monate]

> In meiner Vorstellung ist meine Tochter tausend Tode gestorben. [Tochter, 7 Monate]

Diese Albträume und Quasihalluzinationen klingen nach einer Art »selbst gemachter« Vorbereitung, doch man kann sich auch alternative Deutungsansätze vorstellen. Eine Mutter könnte zu dem Schluss kommen, dass sie ihr Kind wirklich verletzen wollte. Freud zufolge sind Menschen sich ihrer eigenen Gefühle oft nicht bewusst; laut dieser Hypothese könnte man annehmen, dass eine Mutter, die sich das Ertränken ihres Babys vorstellt, einen »unbewussten Wunsch« ausdrückt.

Mütter, die sich ihrer Verantwortung langsam bewusst werden, erkennen darin auch ihre unglaubliche Macht. Eine Mutter kann sich entscheiden, ihre Macht im negativen oder positiven Sinn einzusetzen, für das Leben oder den Tod. Manchmal ist es schwierig, verantwortungsvolle Entscheidungen im positiven und lebensbejahenden Sinn zu treffen, nicht für einen selbst, sondern für das Baby. Und es wird noch schwieriger, wenn eine Mutter allein und übermüdet ist. Es leuchtet durchaus ein, dass sie oft Angst bekommt, in einem müden und gereizten Moment ihr Baby in Gefahr zu bringen; sei es durch mangelnde Pflege oder indem sie ihre Wut und Frustration an ihrem Baby auslässt. Die anschaulichen Szenarien, von denen Mütter berichten, klingen wie ein effektives Warnsystem. Vielleicht bereiten sich diese Mütter darauf vor, dass, egal wie müde und gereizt sie sein mögen, sie immer geistesgegenwärtig genug sind, für die Sicherheit ihres Babys zu sorgen.

Nadia und Daniel Stern bestätigen dies in ihren eigenen Beobachtungen von Müttern:

> Die meisten jungen Mütter sorgen sich, dass ihr Baby aufgrund ihrer Unachtsamkeit oder Unzulänglichkeit sterben könnte. Haben Sie nie befürchtet, dass das Baby vom Wickeltisch fallen und sich am Kopf verletzen könnte, während Sie gerade nicht hinsehen, oder dass es Ihnen aus den nassen und seifigen Händen gleitet und in der Badewanne ertrinken könnte? Es könnte mit dem Kopf an den Wasserhahn stoßen, wenn Sie es herausnehmen, oder sich im Schlaf in seiner Decke verfangen oder mit dem Köpfchen unter sein Kissen geraten und ersticken.

Sie nennen weitere mögliche Ängste, die Mütter haben, und folgern: »Dies alles sind ganz natürliche Befürchtungen, die dafür sorgen, dass junge Mütter wachsam bleiben, weil sie damit umso besser ihr Baby beschützen und zugleich ihre neue Verantwortung verinnerlichen und sich zu eigen machen können.«[21] Hier könnte wertvolle Forschungsarbeit betrieben werden. Wenn eine Studie beweisen könnte, dass viele müde Mütter solche unfreiwilligen Visionen haben, wie sie ihre Babys verletzen, jedoch keinerlei Anzeichen zeigen, *tatsächlich* ihre Babys verletzen zu wollen, könnte diese Information Mütter beruhigen. Es ist erschreckend genug, solche Visionen zu bekommen. Wenn sie eher eine Art Warnung für die Mutter sind – mehr nicht – kann sie sich selbst besser verstehen. Wenn ihr allerdings gesagt wird, dass sich hinter ihrer Angst ein unbewusster Wunsch verbergen *muss*, wird ihr aus ihrer Aussage ein Strick gedreht, der sich nicht mehr lösen lässt. (Je mehr eine Mutter protestiert, desto eher wird sie verdächtigt, ihre »unbewussten« destruktiven Wünsche zu »leugnen«.)

Einige Mütter kämpfen allerdings mit der Vorstellung, ihre Babys vernichten zu wollen. Diese Gedanken sind oft *bewusst*. Sie bereiten die Mutter nicht darauf vor, ihr Baby zu beschützen. Mütter mit solchen Gedanken und Gefühlen leben in der ständigen Angst, dass diese eskalieren könnten. Sie haben das Gefühl, sie könnten plötzlich etwas tun, was die Sicherheit ihres Babys gefährdet. Es ist nicht so einfach, die erste Gruppe von Müttern von der zweiten zu unterscheiden. Vielleicht gibt es Überschneidungen. Mütter der ersten Gruppe lernen, wie sie ihre Babys schützen können. Langsam entspannen sie sich. Mütter der zweiten Gruppe lernen nicht und bleiben angespannt. Ambivalente Gefühle gegenüber Babys werden auf den Seiten 102 bis 104 und 219 bis 238 näher ausgeführt. Diese Mütter kommen manchmal eher zur Ruhe, wenn ihre Babys größer werden und sprechen lernen (siehe Seite 239 bis 240).

Mit der Entwicklung des Babys wächst auch das Selbstbewusstsein der Mutter. Sie ist inzwischen zumindest mit einigen Grundlagen vertraut. Doch schon tauchen neue Fragen am Horizont auf. Die Selbstsicherheit einer Mutter mag beeindruckend scheinen – sie ist jedoch meist nur provisorisch. Oft führt schon ein beiläufiger Kommentar dazu, dass die Mutter ihre Ansichten infrage stellt. Meiner Erfahrung nach sind sogar extrem selbstsicher klingende Mütter schnell dabei, sich selbst zu hinterfragen. Das gesamte erste Jahr kann sich als sehr aufreibend erweisen.

Meine Freundin macht alles anders als ich. Sie lässt ihr Baby schreien, aber in mir zieht sich alles zusammen, und ich muss meinen Sohn auf den Arm nehmen. Ich bin jetzt selbstbewusster, also habe ich nicht das Gefühl, ich muss mich vor ihr verteidigen. Doch *sobald* sie geht, fange ich an zu denken, dass sie es richtig macht und ich alles falsch! [Sohn, 8 Monate]

Ich erkläre meiner Tochter gerne alles. Dann gab meine Mutter mir einen Ratgeber von Dr. Spock. Er schreibt, dass zu viele Erklärungen ein Kind verwirren können. Daraufhin fing ich an, mir selbst zuzuhören, wenn ich mit meiner Tochter redete. *Verwirrte* ich sie? Das Dumme ist, dass ich mich jetzt ständig selbst höre und vergessen habe, wie ich vorher mit ihr geredet habe. [Tochter, 10 Monate]

An manchen Tagen bin ich selbstsicher. Und dann lese oder höre ich etwas, das mich vollkommen aus der Bahn wirft, und meine ganze Selbstsicherheit ist wieder dahin. [Tochter, 12 Monate]

Oft erwarten Mütter, dass sie irgendwann einen Zustand vollkommener Selbstsicherheit erlangen. Aber vielleicht ist das unmöglich. Man muss Müttern zugutehalten, dass die meisten von ihnen ihr Leben lang ihre Entscheidungen als Mutter hinterfragen. Dieses Hinterfragen wäre unerträglich, wenn es nicht überraschende Momente gäbe, in denen Müttern klar wird, dass sie doch nicht *vollkommen* verantwortlich für ihre Kinder sind. Babys sind abhängig – jedoch auch extrem unabhängige junge Menschen.

Man muss ihnen nicht mit Sachen vor dem Gesicht rumwedeln. Mein Sohn geht es lieber ruhig an, sitzt einfach da und beobachtet unsere Katze. [Sohn, 4 Monate]

Sie sagen schon Bescheid, was sie brauchen. Wenn man aufpasst, zeigen sie es einem. Man muss nicht allein an alles denken. Ich fand es sehr befreiend, als ich das merkte. [Sohn, 5 Monate]

Meiner Tochter muss man nicht beibringen, neugierig zu sein, sie *ist* es nämlich schon. Und man muss sie nicht stimulieren oder ihr beibringen, wie man spielt oder so. Sie macht das alles selbst! [Tochter, 6 Monate]

Ich setzte meinen Sohn in eine Schaukel und gab ihm eine Weile von hinten Anschwung. Dann ging ich nach vorn, um zu sehen, ob es ihm gefiel. Sein kleines Gesicht war ganz nachdenklich. Er *dachte nach*. Ich sah, dass er seine eigenen Gedanken dachte, auch wenn er noch keine Wörter kennt, also muss es vorsprachlich sein. Er ist *keine* Erweiterung von mir. Er ist *er*. Das erste Jahr war nicht leicht, um ehrlich zu sein. Doch dafür hat es sich gelohnt. Ich sehe seine Intelligenz wie ein kleines Feuer lodern, das immer heller brennt. [Sohn, 15 Monate]

Diese frühen Anzeichen der Unabhängigkeit ihres Babys geben einer Mutter die Gewissheit, dass das Gefühl der vollständigen Verantwortlichkeit ein sich behutsam veränderndes Gleichgewicht ist. Die schwere Bürde wird nicht für immer auf ihr lasten.

VIERTES KAPITEL

Augenblicklich auf Abruf sein

Dieses Thema verdient ein eigenes Kapitel, weil es eines der schwierigsten Dinge betrifft, die Mütter lernen. Auch wenn eine Mutter es zwanzig Mal am Tag tut, ist sie sich dessen vielleicht gar nicht bewusst. Sie merkt vielleicht, dass sie vorher etwas tut – und danach. Doch was dazwischen passiert, bleibt unsichtbar. Obwohl ich Müttern schon so viele Jahre aufmerksam zuhöre, habe ich für dieses Kapitel keine Zitate anzubieten. Wenn ich konkret danach frage, stimmen die meisten Mütter zu, dass es auf sie zutrifft. Sie scheinen es jedoch für nichts Besonderes zu halten.

Stellen Sie sich vor, wie die Mutter eines kleinen Babys in der Küche arbeitet. Das Baby schläft nebenan. Die Mutter flitzt herum und erledigt vier Dinge auf einmal: aufräumen, ein Brot machen, Radio hören, das leise genug gestellt ist, damit sie das Baby hören kann, und schnell etwas auf der Einkaufsliste notieren, weil sie gewöhnlich immer etwas Wichtiges vergisst, wenn sie mit ihrem Baby einkaufen geht.

Vier Dinge auf einmal zu erledigen, während das Baby schläft, ist eine ganz eigene Kunst, die die Mutter gerade erst gelernt hat. Kein Moment darf verschwendet werden. Plötzlich ertönt ein lautes Wimmern aus dem Zimmer nebenan. Die Mutter hört auf zu wischen. Vielleicht schnappt sie sich noch das Sandwich, stellt das Radio aus und versucht, sich den Gegenstand zu merken, den sie gerade auf die Einkaufsliste schreiben wollte. Dann eilt sie zu ihrem Baby.

Diese namenlose Handlung, durch die eine Mutter auf den Ruf ihres Babys hin eine Unzahl eigener Gedankengänge und Tätigkeiten abbricht, verdient eine eigene Bezeichnung. Nicht alle Mütter reagieren auf ein Schreien. Einige sträuben sich gegen die Unterbrechung. Andere reagieren verärgert, sodass der Nutzen für das Kind zweifelhaft ist. Doch Mütter, die – jedenfalls manchmal – zu einer großzügigen Reaktion fähig sind, werden bestätigen, wie anstrengend das sein kann. Immer dann, wenn eine Mutter sich gerade in etwas vertieft hat, wacht ihr Baby auf und ruft nach ihr.

Der Mutter kann es vorkommen, als hätte sie völlig die Kontrolle über ihr Leben verloren. »Das Merkwürdige am Muttersein ist, dass mein Sohn jetzt das Sagen hat«, schrieb mir eine Mutter. Doch ihr Sohn hat nicht das Sagen. Kein Baby hat das. Wenn Babys wirklich diese Macht besäßen, wäre die Bereitschaft ihrer Mütter, sich unterbrechen zu lassen, nicht so bewundernswert. Wer wird schon gerne unterbrochen? Der Grund, weshalb Mütter reagieren, ist weniger ihre Angst, dass ihr Baby nicht warten kann. Die meisten Babys könnten es wahrscheinlich noch einen kleinen Moment aushalten, während ihre Mütter etwas zu Ende bringen. Die Beziehung könnte jedoch darunter leiden. Mütter lernen, dass ihre Babys in Stress geraten, wenn sie nicht schnell reagieren. So gesehen ergibt die Entscheidung der Mutter Sinn. Sie will ihrem Baby beibringen, dass es ihr vertrauen kann. Sie hat die Entscheidungsgewalt über ihre Reaktion, selbst wenn diese für sie selbst eine Unterbrechung bedeutet.

Anfangs werden Mütter vom Ruf ihres Babys überrascht, doch nach und nach lernen sie, darauf vorbereitet zu sein. Sie sind »auf Abruf«. Eine Mutter fängt etwas in dem Wissen an, jederzeit unterbrochen werden zu können. Wenn sie noch unerfahren ist, gleichen die plötzlichen Unterbrechungen dem Abschalten eines Computers, ohne vorher alles gespeichert zu haben. Langsam lernt eine Mutter, einige Sekunden lang zu »speichern«, womit sie gerade beschäftigt war. Das heißt, sie macht sich bewusst, wo sie ihre Handlung unterbricht und wie sie sich mühelos wieder aufnehmen lässt. Die ganzen komplexen kleinen Handlungsstränge werden später weitergesponnen.

Während die Mutter ihr Baby füttert oder beruhigt, kann sie die Wiederaufnahme ihrer Tätigkeit meistens schon gedanklich vorbereiten. Die Arbeit halb fertig liegen zu lassen, gehört zum Leben mit einem kleinen Baby dazu. Sobald ihr Baby sie braucht, muss sich die Mutter möglicherweise eine längere Zeit mit ihm beschäftigen, während der Abwasch nur zur Hälfte gemacht ist und sie mit dem Abendessen angefangen hat. Auch wenn sie ruhig mit ihrem Baby dasitzt, ist sie in ihrer Vorstellung vielleicht beschäftigt und bringt gedanklich diverse Tätigkeiten zu Ende. Es kann sein, dass sich dieses frustrierende Stop-and-go den ganzen Tag fortsetzt. Sobald ihr Baby jedoch in einen tiefen Schlaf gefunden hat, ist sie mental gut vorbereitet. Wenn sie dann noch Energie hat, wird sie ihre Zeit sehr effizient nutzen.

Auch wenn der Vorgang selbst namenlos ist, wurde er immerhin beschrieben. Die wunderbare US-amerikanische Schriftstellerin Tillie Olsen setzt sich mit der Schwierigkeit auseinander, als Mutter Romane zu schreiben:

> Mehr noch als jede andere zwischenmenschliche Beziehung, überwältigend mehr sogar, bedeutet das Muttersein, augenblicklich unterbrechbar, ansprechbar, verantwortlich zu sein. Kinder brauchen dich *sofort*. [...] Allein die Tatsache, dass es sich um echte Bedürfnisse handelt, dass man diese als die eigenen wahrnimmt (Liebe, nicht Pflicht), *dass niemand anderes für diese Bedürfnisse verantwortlich ist,* gibt ihnen den Vorrang.[22]

»Sofort« gebraucht zu werden ist nicht einfach. Wie Tillie Olsen schreibt, ist keine andere Beziehung wie die zwischen Mutter und Kind. Bei der professionellen Kinderbetreuung gibt es Pausen. Der oder die Verwandte einer kranken Person ist vielleicht eher in einer vergleichbaren Position. Ein kranker Mensch lässt sich jedoch meistens beruhigen, wenn er kein Kleinkind mehr ist. Ein älterer Mensch kann, auch wenn er krank ist, normalerweise den Ruf »Komme gleich!« verstehen. Ein kleines Baby wird dagegen schreien und schreien, als ob es glaubt, dass seine Mutter nie wiederkomme.

Da Menschen sehr anpassungsfähig sind, gewöhnen sich einige Mütter daran, »auf Abruf« zu leben. Sie merken, dass sie trotzdem grobe Voraussagen treffen und provisorische Pläne machen können. Nach und nach wird die Bereitschaft, unterbrochen zu werden, zur Normalität. Dann fällt es Müttern viel schwerer, wieder zum alten Modell zurückzukehren, wo sie sich jeweils einer Aufgabe widmen und diese zu Ende bringen.

Vielleicht kommt eine Mutter sich dumm vor, weil sie sich nicht wie früher länger auf eine einzige Sache konzentrieren kann. Ihr Partner macht vielleicht seiner Enttäuschung darüber Luft, wenn ihm auffällt, dass sie ihre Aufmerksamkeit immer wieder unterbricht, während er ihr ausführlich einen Gedanken auseinandersetzen oder eine komplizierte Anekdote erzählen möchte. Sie kann nicht so leicht erklären, dass ihr ungeteilte Aufmerksamkeit inzwischen wie ein Luxus erscheint. Selbst wenn ihr Baby fest schläft, unterbricht sie automatisch das, was sie gerade sieht oder hört, um sicherzugehen, dass es dem Baby *immer noch* gut geht. Das ist kein Zeichen mangelnden Respekts für ihren Partner. Es ist ein Zeichen, dass sie lernt, ihrem Kind eine verlässliche und kompetente Mutter zu sein.

Kann man sich wirklich an diese ständigen unvorhersehbaren Unterbrechungen gewöhnen? Nehmen Mütter ihren Babys die Unterbrechungen nicht übel? Mütter berichten, dass ihre erste Reaktion häufig Ärger ist. Aufschlussreich ist, wenn man untersucht, wie lange ihr Ärger anhält. Was fühlen sie, wenn sie zu ihren Babys eilen und in ihre vom Schreien heißen Gesichter sehen? Angesichts ihres Babys sieht eine Mutter, wie sehr sie gebraucht wurde. Die Verzweiflung ihres Babys macht das deutlich. Also scheint die Unterbrechung die Mühe wert. Einige Mütter – nicht alle – berichten, dass sie in diesen Momenten eine Welle zärtlichen Mitgefühls für ihr Baby überkommt. Diese spült ihren anfänglichen Ärger fort und gibt ihnen Kraft, sich um ihr Baby zu kümmern, ohne Ärger zu verspüren oder das Gefühl, dem Baby ausgeliefert zu sein.

Langsam entwickelt sich das Baby. Seine Mutter merkt, dass es nicht mehr so leidet, wenn es einen Moment darauf warten muss, dass sie fertig ist. Fast unmerklich verlieren seine Schreie ihre akute Note. Am Ende werden sie sehr selten. Doch wenn sie akut klingen, sind die Gründe dafür auch meist ernster. Für den Rest ihres Lebens kann sich ihr Kind plötzlich an sie wenden und ihre sofortige Aufmerksamkeit fordern.

Die rasche Reaktion von Müttern ist keine Banalität. Sie muss einer der Gründe für das Überleben der Menschheit sein. Wir verdanken unser eigenes Leben gewiss den zahllosen unermüdlichen Müttern vor uns, die auf die Schreie unserer Vorfahren im Babyalter reagierten. Wenn sich der Gesundheitszustand eines kleinen Babys überraschend verschlechtert, braucht es seine Mutter. Ihre ständige Abrufbereitschaft war und ist wichtig und wird es auch weiterhin sein.

Doch das ist nicht das einzig Bedeutende, was eine Mutter tut. Ein Baby muss nicht unbedingt krank sein, wenn es nach ihr ruft. Dennoch vermittelt die schnelle Reaktion der Mutter ihrem Kind etwas Grundlegendes über ihrer beider Beziehung. Das verstehen wir besser, wenn wir versuchen, uns in die Lage des Babys zu versetzen.

Wir waren alle einmal Kleinkinder, doch wir können uns nicht so leicht in Erinnerung rufen, wie wir uns damals fühlten. Einst waren wir es, die so klein, unerfahren und hilflos dort lagen. Einst waren wir es, die schrien, weil es um unser Leben ging. Wir hatten unser Leben im Mutterleib aufgeben müssen, wo wir geschützt vor Hunger, hellem Licht, Lärm und plötzlichen Temperaturwechseln waren. Die Geburt hatte uns in eine aufregende Welt gebracht, die jedoch auch diverse körperliche Beschwerden für uns bereithielt. Wir spürten quälenden Hunger oder waren auf einmal von Blähungen geplagt. Die Geräusche waren viel lauter, da sie nicht mehr vom Wasser gedämpft wurden. Vor allem konnten wir uns nicht mehr so unabhängig bewegen wie noch in der Gebärmutter. Nach der Geburt bewegten wir unsere Arme und Beine, doch das Fruchtwasser war verschwunden und die dünne Luft glitt an unseren Händen und Füßen vorbei, ohne unsere Bewegung zu unterstützen. Vielleicht wachten wir in grellem Licht auf, das sich unangenehm von der fleckigen Dunkelheit des Uterus unterschied. Es war zu hell, um etwas zu erkennen. Wir konnten noch nicht einmal unsere Körper bewegen, um uns umzusehen. In unserer Pein schrien wir, und kurz darauf war unsere Mutter bei uns.

Wenn unsere Mutter kam, dann deshalb, weil sie in unserer größten Verletzbarkeit auf uns reagiert hatte. Damit lernten wir eine Form der Beruhigung kennen, die wir aus dem Mutterleib nicht kannten. Im Bauch waren wir allein – es sei denn, wir waren Teil einer Mehrlingsschwangerschaft. Nach der Geburt entdeckten wir ein ums andere Mal, dass wir auf den Beistand eines Erwachsenen vertrauen konnten.

Es stimmt, dass sich mehrere Leute damit abwechseln können, auf ein schreiendes Baby zu reagieren. Es muss nicht immer die Mutter sein. Es hat jedoch einen Vorteil, wenn es stets die gleiche Person ist, auch wenn das nicht immer praktikabel ist. Wir können uns besser in das Baby hineinversetzen, wenn wir uns vorstellen, im Krankenhaus zu liegen. Wenn wir völlig abhängig von denen sind, die uns pflegen, kann ein Wechsel des Pflegepersonals beunruhigend sein. Kaum haben wir ein Verhältnis zu einer Pflegerin oder einem Pfleger aufgebaut, ist Schichtwechsel, und wir müssen unsere wertvolle Energie darauf verwenden, wieder ganz von vorn anzufangen und ein Verhältnis zu jemand anderem aufzubauen. Babys scheinen sich in dieser Position zu befinden.

Es mag zwar banal scheinen, wenn eine Mutter ihr lang ersehntes Butterbrot weglegt, ihren Frust beherrscht und zu ihrem Baby geht, doch die Konsequenzen daraus sind wichtig. Ihr Baby lernt, dass es eine andere Person zur Hilfe rufen kann, egal wie beschäftigt diese ist. Es lernt langsam, durch Wiederholung. Dass es dies gelernt hat, merkt man daran, wie es sich verhält. Anfangs schreit es verzweifelt, als hätte es vergessen, wie schnell seine Mutter erst vor einer Stunde zu ihm gelaufen kam. Monate später ist sein Schreien laut, jedoch weniger verzweifelt, als würde es schon mit einer Antwort rechnen.[23] Jetzt scheint es eine rasche Reaktion zu *erwarten* und aufgebracht zu sein, wenn diese nicht erfolgt. Wenn sie aber deutlich später kommt als gewöhnlich, ist es häufig in einem Zustand der Verzweiflung. Das ist vom Standpunkt des Babys durchaus nachvollziehbar, da seine vertrauensvolle Erwartung an seine Mutter, die auf sein Schreien reagierte, scheinbar enttäuscht wurde. Vielleicht dauert es länger, das Baby zu beruhigen. Sobald es sich jedoch beruhigt hat, scheint es seiner Mutter gerne wieder Vertrauen zu schenken. Ein paar verspätete Reaktionen ihrerseits scheinen keinen großen Unterschied zu machen.

Mütter befürchten manchmal, dass sie ihre Babys »verwöhnen«. Sie befürchten, dass ihre Babys sie manipulieren, weil sie »einfach nur Aufmerksamkeit« wollen, und dass aus ihnen Kinder werden, die von ihren Müttern erwarten, wegen Nichtigkeiten alles stehen und liegen zu lassen. Der Fall scheint nicht einzutreffen. Wenn ein Baby schreiend Aufmerksamkeit verlangt, scheint es sie auch zu brauchen. Wenn sich ein älteres Kind manipulativ verhält, dann liegt es fast immer daran, dass es auf direktem Wege nicht das bekommen konnte, was es braucht. Außerdem lässt sich beobachten, dass aus einem Baby, dem Aufmerksamkeit geschenkt wurde, wenn es schrie, ein großzügiges Kind wird, das Rücksicht auf die Gefühle seiner Mitmenschen nimmt.

An dieser Stelle möchte ich wiederholen, dass ich niemandem mit diesem Buch etwas vorschreiben will. Nicht alle Mütter entscheiden sich, augenblicklich auf Abruf zu sein. Und wenn ja, dann vielleicht nicht ununterbrochen. Das System mancher Mütter scheint es zuzulassen und das von anderen wiederum nicht. Es soll als Beispiel für eine wertvolle Handlung dienen, die namenlos ist. Weil sie namenlos ist, wird sie übersehen.

Wann sie es tun, ist Müttern selbst kaum bewusst. Wir hingegen können uns dieser wunderbaren Handlung stärker bewusst sein und erkennen, wie häufig sich Mütter dafür entscheiden.

FÜNFTES KAPITEL
Die Macht des Tröstens

Trost ist eines der wundervollsten Geschenke, die wir einander geben können. Er kann beiläufig erfolgen, mittels einer Berührung, eines Lächelns, einigen Worten oder sogar Schweigen. Er ist jedoch sehr wirksam. Er hat zwar selten Einfluss auf den Kern unserer Probleme, doch er stärkt uns und gibt uns die Kraft, sich ihnen zu stellen.

Viele Mütter trösten ihre Babys, wenn diese schreien. Das wird oft nicht beachtet. Die Mutter eines Babys, das häufig schreit, wird meistens bemitleidet, weil sie so beansprucht wird. Es wird als »Pech« wahrgenommen, dass ihr Baby sie so sehr braucht. Ihre neuerworbene Fähigkeit, das Trösten, wird dabei übersehen. Dieses Kapitel soll niemandem aufdrängen, Trost zu spenden, sondern unsere Sensibilität für die schärfen, die es tun.

Trost scheint mit der Zeit immer effektiver zu wirken, was jedoch auch bedeutet, dass das Trösten anfangs am schwersten fällt. Besonders Neugeborene scheinen hauptsächlich im Hier und Jetzt zu leben. Wenn sie schreien, klingt das unglaublich akut, was den Umgang damit erschwert. Jede und jeder von uns kann »wie ein Baby« weinen, doch egal, wie heftig wir weinen müssen, wir kehren irgendwann wieder in unsere Erwachsenenperspektive zurück und beruhigen uns. Ein Neugeborenes dagegen hat diese Möglichkeit noch nicht entdeckt.

Das Schreien eines Babys ist unmittelbar und eindringlich. Das hat einen praktischen Vorteil. Ein Baby muss seine Mutter auf sich aufmerksam machen können, da sein tägliches – und nächtliches – Überleben von ihr abhängt. Wer von uns würde Nacht für Nacht aus tiefem Schlaf erwachen, wenn unsere Babys nicht darauf bestünden? Also werden wir wach, erinnern uns daran, dass wir Mütter sind, und werden aufmerksam. Das Schreien fordert uns dazu auf, etwas zu unternehmen.

Die Literatur zu schreienden Babys konzentriert sich eher auf Methoden. Auf ein schreiendes Baby zu reagieren, erfordert jedoch mehr als Methoden. Die Handlungen einer Mutter werden von ihrem Bild der menschlichen Natur bestimmt. Sie mag sich dessen vielleicht kaum bewusst sein, doch es beeinflusst die vielen schnellen Entscheidungen, die sie treffen muss. Grundsätzlich entscheidet sie sich entweder dafür, ihr Baby als gut wahrzunehmen und ihm zu vertrauen, oder es als von Natur aus böse beziehungsweise mit der Erbsünde geboren zu betrachten, woraus folgt, dass sie es erziehen muss. Das macht einen großen Unterschied.

Die Mutter, die ihrem Baby vertraut, nimmt es auf den Arm und hält es fest. Die Mutter, die im Schreien ihres Babys einen Anlass sieht, es zu erziehen, geht auf Abstand. Es hilft, wenn Mütter beider Standpunkte sich bewusst machen, dass die jeweils andere Mutter nicht ignorant oder kurzsichtig ist. Die beiden Mütter haben einfach nicht das gleiche Menschenbild. Wenn sie sich dessen bewusst geworden sind, können Mütter immer noch aufeinander zugehen. Nicht alle Mütter haben eine ganz klare Haltung. Einige sind sich nicht sicher, was sie glauben sollen. Sie probieren erst das eine und dann das andere. Unentschiedenen Müttern hilft dieses Kapitel vielleicht, einige relevante Punkte zu klären.

Die Mutter, die ihr Baby erzieht, erzielt meistens schnellere Erfolge als die, die ihm vertraut. Das erzogene Baby lernt schnell die einheitlichen Regeln, die seine Mutter aufstellt. Infolgedessen ist das Leben seiner Mutter planbarer und geordneter. Sie *fühlt* sich vielleicht nicht mehr wie die Frau, die sie ein Jahr zuvor war, doch ihr Leben verläuft wieder in ähnlichen Bahnen. Dagegen fühlt sich die Mutter, die ihrem Baby vertraut, oft ins Chaos gestürzt. Tage und Nächte haben ihre Kontur verloren. Nichts scheint vorhersehbar. Wir untersuchen diese zweite Gruppe von Müttern, da das Trösten in ihrem Leben eine wichtige Rolle spielt. Und doch kommen sie im Vergleich mit der ersten Gruppe oft schlechter weg. Verglichen mit der Mutter, die ihr Baby erzieht, scheint die tröstende Mutter »nichts zu tun«.

Viele Mütter haben anspruchsvolle Jobs, in denen sie bis zur Geburt ihres Babys arbeiten. Das heißt, dass sich viele von ihnen bis zum Mutterschutz verpflichtet fühlen, ihre Härte, Kompetenz und Konkurrenzfähigkeit unter Beweis zu stellen. In sehr vielen Jobs werden Gefühle als hinderlich betrachtet, und die Frau hat es leichter, wenn sie diese bei der Arbeit außer Acht lässt. Ein schreiendes Baby kann seine Mutter dagegen im Handumdrehen verwandeln. Man sieht ihm seine Qual an; es klingt ängstlich und hilflos. So unangenehm das auch sein mag, kann es ihr Herz sofort erweichen. In ihrer Sorge um das Baby leidet sie mit. Und das sieht man. Ihre Mimik, Gestik und Stimme werden weicher, sanfter und liebevoller. Ihr Ausdruck wird aufmerksam und wachsam. Sie spürt warmes Mitgefühl mit ihrem Baby. Dann weitet sich ihr Mitgefühl aus. Erst beginnt sie, andere Babys zu bemerken, dann andere Mütter und irgendwann alle möglichen verletzlichen Menschen.

> Wenn meine Tochter schreit, klingt das wie ein hoher Schmerzensschrei. Dann schmelze ich dahin. Ich halte sie auf dem Arm und muss auch weinen. [Tochter, 2 Monate]

> Ich denke: »Oh *bitte,* bitte, hör auf«. Aber sie kann ja nicht anders. [Tochter, 2 Monate]

> *Mutter 1:* Mein Sohn schrie während der Mutter-Kind-Gruppe. Nichts, was ich tat, konnte ihn beruhigen. Mir ging es furchtbar. Ich dachte, dass alle Mütter zur Gruppe kamen, um etwas Ruhe und Frieden zu haben, und *mein* Baby hielt sie davon ab. [Sohn, 2 Monate]

Mutter 2: Ich war auch dort und kann dir sagen, wie es mir ging. *Mir* liefen auch Tränen übers Gesicht, nicht wegen deines Sohns, sondern deinetwegen. Ich konnte so gut verstehen, wie du dich fühlen musstest. [Sohn, 3 Monate]

Im Fernsehen sah ich ein Baby unaufhörlich nach seiner Mutter schreien. Ich wusste, dass es Hunger hatte. Und ich merkte, wie meine Handflächen zu schwitzen begannen, mein Herz pochte und meine Brüste brannten, als wenn sie gleich Milch durch das Zimmer schießen wollten. Vor der Geburt meines Sohnes wäre das völlig an mir vorübergegangen. [Sohn, 3 Monate]

Dieses Mitgefühl betrifft nicht nur Mütter, die ihr erstes Kind bekommen haben. Ein unglückliches Baby kann auch einer erfahrenen Mutter zusetzen.

Mein Sohn war anders als meine anderen drei Kinder. Er schrie jeden Nachmittag, besonders wenn die älteren aus der Schule wiederkamen. Es war schrecklich. Ich fühlte mich furchtbar, obwohl ich Erfahrung als Mutter habe. Und obwohl ich hier sitze und euch *erzähle,* wie schrecklich ich mich fühlte, als er schrie, ist das nicht mal *annähernd* so schrecklich, wie ich mich damals fühlte. [Sohn, viertes Kind, 3 Monate]

Man kann es auch nicht der mangelnden Erfahrung einer Frau mit Babys zuschreiben. Frauen, die als Kinderärztinnen, Hebammen, Säuglingskrankenschwestern und Kinderbetreuerinnen gearbeitet haben, erzählen immer wieder, wie wenig dieses Vorwissen ihnen half, sobald sie eigene Kinder bekamen.

Ich habe sechs Jahre in einer Kinderkrippe gearbeitet. Ich dachte: »Du bist mit Babys so vertraut, das wird dir

leichtfallen. Kein Problem.« Aber Mutter zu sein ist etwas ganz anderes. Ich war überhaupt nicht darauf vorbereitet, wie sehr mich das Schreien meiner Tochter
belasten würde. Ich bin so eine *Anfängerin!* [Tochter,
2 Wochen]

In den letzten zwei Monaten habe ich so viel geweint.
Ich habe einen Abschluss in frühkindlicher Pädagogik,
habe mit Kindern gearbeitet und Eltern beraten. Ich kenne die »Antworten« auf viele Probleme, die Mütter haben. Doch jetzt, wo ich ein eigenes Kind habe, ist das
völlig anders. [Sohn, 2 Monate]

Ich dachte, ich kann damit umgehen, wenn meine Tochter schreit. Ich kann damit umgehen, wenn *andere* Babys
schreien. Ich bin Hebamme, deshalb kenne ich das. Aber
wenn meine Tochter schrie, schien sie einen kleinen
Knopf in meinem Hinterkopf zu drücken. Es war furchtbar. Mein Partner und ich hatten solches Mitleid mit ihr.
Wir weinten beide mit. Ich jedenfalls, und ich bin mir
ziemlich sicher, dass auch er weinen musste. [Tochter,
9 Monate]

Es fühlt sich vielleicht merkwürdig an, so weinerlich und sensibel zu sein. Oft wird es als »bloß hormonell« abgetan. Eine
Mutter mag den Wunsch verspüren, sich vor dem Rest der
Welt zu verstecken. Doch die Welt profitiert von der Sensibilität und dem Mitgefühl der Mütter. Einer Mutter fallen plötzlich immer wieder Missstände und Ungerechtigkeiten direkt
vor ihrer Haustür auf, welche sie intensiver zu berühren scheinen, seit sie Mutter geworden ist. Ihr Mitgefühl äußert sie
zwar eher vorsichtig, kann damit aber dennoch anecken.

Wenn ein kleines Baby schreit, klingt das anfangs jedes Mal
akut. Die erste Reaktion seiner Mutter ist meistens, es auf den
Arm zu nehmen und an die Brust zu legen oder ihm schnell

sein Fläschchen zuzubereiten. Der Magen eines Neugeborenen ist ungefähr so groß wie eine Walnuss, aber es muss sein Geburtsgewicht in etwa vier bis fünf Monaten verdoppeln. Ein Erwachsener ist, wie der Name schon sagt, »ausgewachsen«. Wir können kaum nachvollziehen, wie akut Hunger sich anfühlen kann. Eine Mutter ohne Mitgefühl wäre vielleicht genervt, ihr Baby so oft füttern zu müssen. Babys sind sicher empfänglich für die Stimmung, in der sie gefüttert werden. Eine mitfühlende Mutter kann zeigen, dass sie während dieser vielen Momente, in denen sie seine Grundbedürfnisse befriedigt, »für« ihr Baby ist.

Die Schreie eines Babys können – wenn auch nicht oft – schrill und durchdringend klingen. Sie haben offensichtlich nichts mit Hunger zu tun. Sofort wird seine Mutter wachsam. Bei ihrer sorgfältigen Überprüfung würden Anzeichen wie hohe Temperatur, Blässe, schlaffe Muskeln, Atemprobleme oder ein abwesender Blick nicht unentdeckt bleiben. Diese mütterliche Aufmerksamkeit scheint universell zu sein, doch es existiert kein Wort dafür.

Bisweilen scheint ein Baby ohne besonderen Grund zu schreien. Hunger kann es nicht sein. Schmerzen scheinen es nicht zu sein. Vielleicht versichert der Arzt der Mutter, dass das Baby nicht krank ist. Die Leute sagen, dass es »Koliken« hat oder »quengelig« ist. Ein Baby kann bis zur völligen Erschöpfung schreien, ohne dass jemand herausfindet, warum. Wenn ein ersichtlicher Grund fehlt, gibt es auch keine naheliegende Abhilfe für das Schreien. Was kann seine Mutter tun? Es belastet sie, ihr Baby so schreien zu hören. Sie müsste Kleidung waschen und das Abendessen vorbereiten. Doch das kann sie nicht. Sie kann an nichts anderes denken.

Mütter entdecken schnell, dass ihre Babys auf bestimmte Formen des Tröstens reagieren. »Schon in der zweiten Woche«, so Judy Dunn in ihrem einzigartigem Buch *Distress and Comfort*, »kann man sehen, dass sich ein schreiendes Baby effektiver von der menschlichen Stimme beruhigen lässt als von einer Rassel oder einem Ball.«[24] Die mütterliche Fähigkeit, Trost zu spenden, wird schon seit dem Altertum bezeugt. »Wie einen seine Mutter tröstet«, schrieb der biblische Prophet Jesaja, der im achten Jahrhundert v. Chr. lebte.[25] Über Jahrhunderte beobachteten Menschen, wie Erwachsene mit extremen Schmerzen oder unter der Folter nach dem Trost ihrer Mutter schrien. Selbst neuere sozialwissenschaftliche Studien zeigen, dass Menschen sich vom Lächeln und Nicken einer Frau beruhigen lassen, während die gleiche Mimik und Gestik eines Mannes Ängste schürt.[26]

Da verwundert es, wie *wenig* zum Thema »Trösten lernen« geschrieben wurde. Niemand hilft der Mutter, trösten zu lernen, oder feiert sie, wenn sie damit Erfolg hat. Mütter werden gefragt: »Schläft er schon durch?« »Hast du schon mit der Beikost begonnen?« »Hat sie schon Zähne?« Scheinbar stellt niemand die Frage: »Hast du schon entdeckt, was ihn tröstet?« Doch die Fähigkeit, nachts durchzuschlafen, festes Essen zu verdauen oder Zähne zu bekommen, hat wenig mit dem Bemuttern zu tun. Babys erreichen diese Stadien, wenn sie dafür reif sind, wohingegen die Fähigkeit zu trösten vollkommen bei der Mutter liegt.

Jede Mutter befindet sich anfangs in der unsicheren Lage, *nicht* zu wissen, wie sie trösten soll. Jedes neue Kind ist eine unbekannte Person. Wenn eine Mutter mehrere Kinder hat, merkt sie, dass sie sich jedem Kind anpassen muss. Eine Mutter von Zwillingstöchtern erinnerte sich, dass sie die beiden nicht auf die gleiche Art beruhigen konnte. »Rachel hüpfte gerne, und Grace wurde lieber gewiegt«, stellte sie fest.[27] Eine Mutter von Zwillingssöhnen meinte, dass der eine sich beruhigte, wenn er gepuckt wurde, während sich der andere lieber frei bewegte. Das herauszufinden dauert seine Zeit.

Stellen Sie sich vor, wie ein Kleinkind auf dem Spielplatz hinfällt und anfängt zu weinen. »Es braucht seine Mutter«, sind sich alle einig und heben das schluchzende Kind auf den Arm seiner Mutter. Es wimmert. Riesige heiße Tränen rollen über seine geröteten Wangen. Seine Mutter wiegt es einen Moment und streichelt seinen Rücken, und das Kind entspannt und beruhigt sich langsam. »Besser?«, fragt die Mutter, während sie gleichzeitig überprüft, ob es verletzt ist. Es lächelt erst zaghaft, dann breiter und nickt mit dem Kopf. Und dann wendet es sich wieder seinem Spiel zu. Diese wundervolle Verwandlung hat nur wenige Minuten gedauert. Wie hat seine Mutter das nur gemacht?

Offensichtlich war es nicht das erste Mal, dass sie es getröstet hat. Der ganze Ablauf baut darauf auf, dass sich sowohl die Mutter als auch das Kind an frühere Male erinnern. Wenn man jedoch ein imaginäres Video bis zum Anfang zurückspulte, wo das Kleinkind ein Neugeborenes war, und man die Bilder genau unter die Lupe nähme, würde die Mutter ihr Kind dort kaum so effektiv trösten. Sie würde sich wahrscheinlich in der zwar schwierigen, jedoch wichtigen Phase mütterlicher Ungewissheit befinden. Ihr Baby schreit und leidet – und sie weiß einfach nicht, was sie tun soll.

> Unsere Tochter schreit von neun Uhr abends bis mitternachts. Sie schreit sich vollkommen heiser. Es ist schrecklich. Wir fühlen uns so hilflos. Wir geben sie vom einen zum anderen, und keiner von uns beiden kann ihr helfen. [Tochter, 6 Wochen]

> Wenn mein Sohn schreit, habe ich das Gefühl, als würde es ewig andauern. Ich bin verzweifelt. Wenn er *nicht* schreit, weiß ich natürlich, dass das nicht ewig anhalten wird. Doch wenn er es *tut,* verliere ich jegliches Gefühl für die Zukunft. [Sohn, 4 Monate]

Wenn eine Mutter ihr Gefühl für die Zukunft verliert, dann deshalb, weil sie in der Unmittelbarkeit ihres heftig schreienden Babys gefangen ist. In der Gegenwart ohne Sinn für Vergangenheit oder Zukunft zu leben, kann sich ungefiltert, chaotisch und sehr intensiv anfühlen. Doch es hilft der Mutter, ihr schreiendes Baby zu »erreichen«. In dieser Lage finden sich viele junge Mütter wieder, und sie hilft ihnen, ihr Baby zu beruhigen. Ich habe Mütter dabei beobachtet, wie sie sich für eine Form des Tröstens entschieden, die ihr Baby zu brauchen schien (zum Beispiel stillen, schaukeln, wiegen, sanft klopfen, streicheln, mit einen Schlüsselbund klimpern, pfeifen, summen, seinen Namen wiederholen) und gleichzeitig versuchten, die Unterhaltungen mit den anderen Müttern fortzuführen – ohne sich bewusst zu sein, was sie da Wunderbares taten.

Als ich die Literatur nach Berichten über das Trösten durchsucht habe, fand ich außergewöhnlich wenig. Verschiedene Studien behandeln das »Beruhigen«.[28] Dabei scheint es jedoch darum zu gehen, das Baby vom Schreien abzuhalten. Trösten geht noch einen Schritt weiter. Die Mutter versucht nicht nur, das Verhalten ihres Babys zu ändern. Sie fühlt mit ihm mit und wünscht sich, helfen zu können. Das Wort »Trost« hängt etymologisch mit dem indogermanischen Wortstamm »treu« zusammen und bedeutet »innere Festigkeit«. Mütter finden mithilfe ihres Mitgefühls einen Weg, die innere Festigkeit ihres Babys wiederherzustellen.

Da ich keine veröffentlichte Beschreibung gefunden habe, steht an dieser Stelle mein eigener unverbindlicher Bericht. Er soll schildern, was ich bei Müttern beobachtet habe. Er ist nicht dazu gedacht, irgendeiner Mutter vorzuschreiben, was sie tun »sollte«. Es ist gut möglich, dass eine Mutter, die anders vorgeht, alle möglichen Details bemerkt hat, die mir entgangen sind.

Die erste Reaktion einer Mutter besteht darin anzuerkennen, dass ihr Baby gestresst ist und sie braucht. Sie unterbricht, was immer sie gerade tut, und widmet ihrem Baby ihre ganze Aufmerksamkeit. Das allein ist schon eine Meisterleistung. Mütter lernen schnell, mehrere Aufgaben auf einmal zu erledigen, deshalb ist der Einschnitt bemerkenswert. Ihr Baby hat jetzt ihre ganze Aufmerksamkeit. Wie im vierten Ka-

pitel beschrieben, existiert kein Wort für diesen entscheidenden Vorgang.

Ein grundlegender Teil des Tröstens ist ihre Einschätzung,
wie schlimm das Ganze ist. Ein Baby kann das nicht allein.
Wenn wir an unsere Kindheit zurückdenken, erinnern wir uns
an Momente, wo wir unsere aufgeschürften Knie für einen
Weltuntergang hielten. Unsere Mütter reagierten hingegen ruhig und zeigten uns so, dass aufgeschürfte Knie völlig normal
sind. Wahrscheinlich sind Babys für solche Signale empfänglich. Die Einschätzung der Mutter hilft, die Lage zu »beherrschen«. Selbst eine leicht erregbare Mutter beruhigt sich normalerweise ausreichend, um die Lage zu beurteilen. Ihre Be-
urteilung stabilisiert sie und dient ihr als Ausgangspunkt.

Daraufhin scheint der Rest der Welt in den Hintergrund zu
treten, sodass nichts die Zweisamkeit der Mutter mit ihrem
gestressten Baby beeinträchtigt. Sie könnte sich leicht von seiner Verzweiflung anstecken lassen, versucht stattdessen jedoch scheinbar, ihr Baby in einen ruhigeren Zustand zu versetzen. Sie tut das nicht, indem sie selbst unbeweglich wird
oder schweigt. Der antike griechische Philosoph Platon zeigte
sich verwirrt, dass, wenn Mütter ihre Babys beruhigen wollen,
sie diese »nicht etwa ruhig [halten], sondern setzen sie im Gegenteil in Bewegung, indem sie dieselben unaufhörlich auf den
Armen schaukeln, und beobachten dabei auch nicht etwa Still-
schweigen, sondern singen ihnen irgend eine Weise vor«.[29] Es
ist faszinierend, dass Mütter heutzutage genau das Gleiche
tun. »Es ist beileibe nicht einfach herauszufinden, wie genau
eine Beruhigungstechnik funktioniert«, so Judy Dunn in *Distress and Comfort*.[30] Das liegt wahrscheinlich daran, dass es
nicht bloß eine Technik ist. Die Mutter muss sich selbst in einen Zustand der Ruhe versetzen, um ihr Baby aus einem sich
intensivierenden Panikzustand »zurückholen« zu können.

In der letzten Phase des Tröstens scheint eine erneute Hin-
wendung zur Welt zu erfolgen, um dem Baby die Orientierung
weg von der sicheren Zweisamkeit und hin zur kräftezehren-

den Umwelt zu erleichtern, jetzt jedoch mit neu gewonnener innerer Festigkeit. Zwar mag der Trost das Problem nicht behoben haben, vielleicht konnte er nicht mal das Baby vom Schreien abbringen. Die Mutter hört jedoch, dass die Dringlichkeit verschwunden ist. Sie sagt vielleicht etwas wie: »*Du* musstest aber weinen.« »Da hast du aber einen Schreck bekommen!« »Hast du jetzt Hunger?« Das schafft eine Brücke zurück in den Alltag und schließt die Phase des Tröstens ab.

Ein wichtiger Bestandteil des mütterlichen Tröstens hängt davon ab, dass sie die Verzweiflung ihres Babys als begründet ansieht. So kann sie es mit Respekt behandeln. Vielleicht versteht sie nicht, warum es schreit, doch sie vertraut ihm. Sie versucht nicht, seine Verzweiflung zu leugnen oder das »sinnlose Geschrei« um ihrer eigenen Ruhe willen abzustellen. Sie hat echtes Mitleid mit dem Baby und will ihm helfen.

> Wenn mein Sohn in der ersten Zeit schrie und ich wusste, dass er satt war und eine frische Windel hatte, dachte ich immer: »Was hast du denn, was hast du denn?« Es ist schwer zu akzeptieren, dass es vielleicht Kopf- oder Bauchschmerzen sind und man ihnen nicht helfen kann. Man kann nur das machen [wiegt ihren Sohn] und hoffen, dass es vorbeigeht. [Sohn, 4 Wochen]

> Die Leute sagen: »Er ist wirklich anstrengend«. Aber er schreit nicht grundlos. [Sohn, 4 Monate]

> Eine Freundin kam zu Besuch, und ich entschuldigte mich bei ihr, weil meine Tochter nicht besonders gut gelaunt war. Normalerweise ist sie sehr fröhlich. Und dann dachte ich: »*Warum* sollte ich mich entschuldigen? Weshalb sollte meine Tochter immer fröhlich sein und lächeln? Das erwarte ich nicht von ihr. Ich akzeptiere sie so, wie sie ist.« [Tochter, 7 Monate]

Eine Mutter sagte, dass das Schreien ihres Babys sie dazu »zwingen« würde, es auf den Arm zu nehmen. Ich fragte sie, ob sie eine Wahl habe. Sie streichelte seine Haare und antwortete mit fester Stimme:

> Wenn er schreit, habe ich keine andere Wahl, als ihn auf den Arm zu nehmen. Nein, das stimmt nicht. Ich *habe* eine Wahl. Ich könnte ihn den ganzen Tag in die Krippe geben oder ihn schreien lassen. Doch meiner Meinung nach ist das wie eine Versicherung. Dieses Jahr kann man nicht ersetzen. Sein Leben verläuft bestimmt nicht immer glatt. Ich hoffe einfach, dass ihm die anfängliche Geborgenheit hilft, sich sicher und stark zu fühlen, damit er sich seinen späteren Problemen stellen kann. [Sohn, 7 Monate]

Letzteres wird von einer Feststellung in *The Womanly Art of Breastfeeding* von La Leche League International bestätigt: »Wir empfehlen Müttern von besonders bedürftigen Babys: Lassen Sie ihr Baby nicht allein schreien. Der Trost und die Sicherheit, die es in ihren liebevollen Armen findet, sind niemals verschwendet. Liebe erzeugt Liebe.«[31]

Nach dem Herumprobieren der ersten Wochen scheinen Mutter und Baby oft plötzlich vom Dunkeln auf die Sonnenseite zu treten. Beide sind jetzt besser eingespielt. Kaum vorstellbar, dass es einmal eine Zeit gab, in der die Mutter verwirrt, verunsichert und oft den Tränen nahe war.

> Meine Tochter wacht nachts immer noch laut schreiend auf und hat offensichtlich Schmerzen, doch jetzt weiß ich, dass ich sie trösten kann. Ich binde sie in ihr Tragetuch und gehe auf und ab, und dann geht es wieder. [Tochter, 3 Monate]

Es gibt ihr müdes Schreien, da streckt sie die Unterlippe raus. Und dann das hungrige Schreien. Oder das Schreien, weil sie auf den Arm will – und das Schreien aus Langeweile, *das* erkenne ich jetzt auch langsam. [Tochter, 3 Monate]

Eine Mutter legte ihre schreiende Tochter vor sich auf eine Decke und bemerkte: Eigentlich geht mir das gegen den Strich. Ich habe das Gefühl, ich sollte sie auf den Arm nehmen oder füttern. Aber meine Tochter zieht es definitiv vor, allein zu liegen. Nicht wahr? Sie beruhigt sich gleich. [Tochter, 3 Monate] *Ich sah auf die Uhr, und ihre Tochter hörte binnen drei Minuten auf zu schreien und lächelte.*

Meine Tochter hat die ersten drei Monate ihres Lebens nur geschrien. Wenn sie jetzt schreit, ist das nichts im Vergleich zu damals. Ich stand stundenlang und wiegte sie im Arm. Jetzt ertappe ich mich immer wieder beim Wiegen, auch wenn sie gar nicht bei mir ist! [Tochter, 4 Monate]

Wenn meine Tochter jetzt schreit, weiß ich genau, warum. Meistens dann, wenn sie sich etwas vorgenommen hat und sauer auf mich ist, weil ich nicht mitspiele. Oder weil ich zu langsam bin. [Tochter, 5 Monate]

Ich habe gelernt, dass es Momente gibt, in denen ich meinen Sohn schreien lassen muss. Erwachsene kommen manchmal aus dem Büro nach Hause und wollen einfach abschalten. Das Schreien hilft meinem Sohn abzuschalten. [Sohn, 6 Monate]

Nur einmal, als mein Sohn schrie, half nichts. Ich dachte: »Was soll ich bloß machen, wenn ich ihn nicht trösten kann?« Einen Moment lang war ich wirklich in Panik. Mir bedeutet es sehr viel, dass ich seine Signale jetzt deuten kann und weiß, was ich tun muss. [Sohn, 6 Monate]

Sobald eine Mutter ihr Kind »deuten« kann, entspannt sie sich. Die Beziehung zwischen den beiden kann viel lockerer werden. Die Mutter muss nicht jedes Mal aufspringen, wenn ihr Baby schreit:

> Ich bin jetzt abgehärtet. Heute schrie meine Tochter und ich dachte: »Krieg dich ein! Ich weiß, dass du warten kannst.« [Tochter, 4 Monate]

Für Mütter brechen damit einfachere Zeiten an, doch wir sollten im Hinterkopf behalten, dass diese nur aus der anfänglichen Unsicherheit entstanden und nur aus ihr entstehen konnten. Das wird stark unterbewertet. Viele Leute unterschätzen, wie viel eine Mutter getröstet hat. Eine Mutter stellte fest:

> Meine Tochter ist sehr ruhig. Sie spielt und sieht sich kaum nach mir um; sie *weiß*, dass ich da bin. Alle sagen, dass sie ein ruhiges Gemüt habe, aber das glaube ich nicht. Das ist nicht das Gemüt der Kinder, sondern das, was man für sie tut. [Tochter, 11 Monate]

Nach dem ersten Jahr benötigt das Kind den Trost seltener, jedoch sind die Anlässe ernster. Wenn ein älteres Kind verletzt oder krank ist, erfindet seine Mutter oft unterschiedliche Formen des Tröstens.

> Eines Nachts war meine Tochter sehr krank. Ich versuchte alles, doch nichts schien zu helfen. Am Ende konnte ich sie nur halten. Verschiedene Arten, sie zu halten, schienen sie in verschiedenen Momenten zu trösten. [Tochter, 14 Monate]

Obwohl das Trösten so stark mit Müttern assoziiert wird, trösten nicht alle Mütter. Wie schon gesagt, haben manche Mütter eine andere Haltung. Sie glauben, dass Trost ihr Kind für immer »verwöhnen« wird und Mütter, die trösten, sich »kleine Tyrannen« heranziehen. Sie finden das ganze Konzept des Tröstens irritierend und behalten ihren Ärger nicht immer für sich. Viele Mütter, die sich für das Trösten ihrer Babys entschieden haben, scheinen missbilligende FreundInnen oder Verwandte zu haben, die ihnen Erziehungsratschläge aufdrängen.

> Wenn mein Sohn nicht aufhört zu schreien, bekomme ich von allen Seiten Ratschläge: Oh, tu dies, tu das. Aber ich *kann nicht.* Ich kann ihn nicht schreien lassen, wie sie das wollen. Es klingt herzerweichend, und ich kann es nicht ignorieren. [Sohn, 4 Wochen]

> Wenn meine Tochter während des Essens schreit, sagen meine Schwiegereltern [bei denen die Mutter lebt] immer: »Iss du erst *dein* Essen.« Das macht mich innerlich so wütend. [Tochter, 2 Monate]

> Es heißt immer, man soll sein Baby schreien lassen. Aber wie lange? Wenn man seine Zähne putzt, können sich ein paar Sekunden Babygeschrei wie eine Stunde anfühlen. Mein Sohn scheint ununterbrochen getragen werden zu wollen. Ich schaffe es kaum, einen Reißverschluss zuzumachen. Aber ich lasse ihn nun mal nicht gerne schreien. [Sohn, 3 Monate]

> Ich werde gefragt, ob sie brav ist, was eigentlich heißt, ob sie viel schreit. Meine Mutter nennt sie schon eine Tyrannin – und meine Tochter ist erst zwölf Wochen alt! [Tochter, 3 Monate]

Meine Tochter schrie, und meine Mutter riet mir, sie nicht auf den Arm zu nehmen. Doch ich tat es. Das mache ich immer. Für mich erfülle ich damit einfach ihr Bedürfnis. Als ich sie hochhob, sagte meine Mutter: »Sieh sie dir doch nur an!« Ich sah sie an, und sie hatte aufgehört zu schreien. Sie lächelte. Für mich war es ein glückliches Lächeln, weil sie wusste, dass ich auf ihre Bedürfnisse reagiere. Doch meine Mutter dachte offensichtlich, dass das Lächeln *triumphierend* war und meine Tochter mich manipuliert hatte. [Tochter, 8 Monate]

Manchmal wird Müttern klar, dass sie selbst als Babys keinen Trost erhalten haben. Das scheint ihren Entschluss, ihre eigenen Babys zu trösten, nur noch zu stärken.

Meine Mutter sagt immer zu mir: »Lass sie schreien! Es schadet ihr nicht.« Aber ich ertrage es nicht, wenn sie schreit. Und dann denke ich: »Ich wette, das hat sie mit *mir* gemacht. Sie hat mich schreien lassen.« Das macht mich so ... *Sie deutet einen Kloß im Hals an.* [Tochter, 5 Wochen]

Neulich nachts schrie mein Sohn. Er wollte nichts essen und er wollte nicht schlafen. Er wollte dieses unerklärliche Etwas, das Mütter geben: Trost nehme ich an. Es war unheimlich. Meine Mutter starb, als ich ein Kind war. Es fällt mir schwer, gebraucht zu werden. [Sohn, 3 Monate]

Ich habe das Gefühl, ich wurde als Kind verlassen. Nicht wortwörtlich. Meine Mutter legte mich abends ins Bett und das war's. Ich glaube, ich schrie einfach ein bisschen, und dann gab ich auf. Ich weiß es nicht genau. Mir kommt es so vor, aber meine Mutter kann sich nicht erinnern. Ich fühle mich einfach tief in meinem Inneren immer verlassen. [Sohn, 4 Monate.]

Ich werde so wütend, wenn mein Sohn schreit, und ich kann nichts dagegen tun. Ich weiß, dass man mich als Baby schreien ließ, und ich spüre, wie diese Wut in mir aufsteigt, sodass ich weglaufen und ihn schreien lassen will. Ich fühle mich so hilflos. [Sohn, 6 Monate]

Vielleicht neigen diejenigen mit traurigen Erinnerungen mehr dazu, darüber zu reden. Wenige Mütter erwähnen glückliche Erinnerungen. Nur eine Mutter beschrieb mir eine glückliche Erinnerung – jedoch nur auf meine Frage hin. Ihre Geschichte muss für viele ähnliche, jedoch unerzählte Geschichten stehen.

Diese Mutter versicherte mir, dass ihr zweimonatiges Baby nie schrie. Das überraschte mich sehr. Während eines Treffens, an dem wir beide teilnahmen, sah ich ihn mehrere Male schreien. Einer seiner Füße war nicht normal entwickelt, was ihn immer wieder frustrierte. Seine Mutter tröstete ihn immer schnell, wenn er schrie. Später sprach ich sie darauf an, und sie antwortete, dass ihr dieses Schreien kaum auffiel. Es »zählte« nicht. Sie selbst war die Jüngste von sieben Kindern. »Meine Brüder und Schwestern konnten mich so schnell aufheitern«, erzählte sie, »dass sie mich mit Absicht zum Weinen brachten, um zu sehen, wer von ihnen mich am Schnellsten wieder zum Lachen bringen konnte.« Sie lächelte bei dem Gedanken, und ich dachte, dass die Erfahrung ihr das Selbstvertrauen in ihre Fähigkeit gegeben haben musste, ihren Sohn zu trösten.

Dies ist nur eine kleine und willkürliche Auswahl an Geschichten. Sie zeigt jedoch, dass einige Mütter ihre eigenen Reaktionen auf das Schreien ihrer Babys stark damit verknüpfen, wie ihre Familien auf sie selbst als Babys reagiert haben. Sobald sie diese Verbindung hergestellt hatten, wurde diesen Müttern klar, warum sie so heftig reagierten. Sich selbst zu verstehen half ihnen, zur Ruhe zu kommen und sich um ihre Babys kümmern zu können.

Bücher für Mütter, die in den fünfziger Jahren geschrieben wurden, rieten diesen, sich von ihren persönlichen Gefühlen zu lösen, wenn sie sich um ihre Babys kümmerten; doch heutzutage werden Mütter ermutigt, ihre eigenen Gefühle ernst zu nehmen. Dieser relativ neue Ansatz ist Erkenntnissen aus der Psychotherapie und Beratung zu verdanken. Daraus folgt unter anderem, dass Mütter sich auch jene Gefühle eher eingestehen und mitteilen, die eine Mutter in den fünfziger Jahren nicht mal zu denken gewagt, geschweige denn vor anderen Müttern laut ausgesprochen hätte. Diese Aussagen verdeutlichen jedoch, dass Mütter, die ihre Gefühle akzeptieren, sich fähig fühlen, an ihnen zu arbeiten:

> Wenn meine Tochter schreit, halte ich das kaum aus und denke, ich mache alles falsch. Und ich bin mir sicher, dass sie meine Anspannung spürt und deshalb noch mehr schreit. Also setze ich mich hin und rede mit mir selbst, um meine Anspannung loszuwerden. [Tochter, 8 Wochen]

> Ich hatte das Gefühl, eine schlechte Mutter zu sein. Ich hatte das Gefühl, dass mir das alles zu viel, viel zu viel war. Ich legte mich auf den Boden und hatte einen Wutanfall wie eine Dreijährige. Ich trommelte ungefähr fünfzig Sekunden lang richtig heftig mit den Fäusten auf den Boden. Mein Partner war mit unserem Sohn in einem anderen Zimmer. Danach konnte ich ihn wieder nehmen. [Sohn, 3 Monate]

> Mein Sohn schrie nachts, und ich wusste nicht, was ich tun sollte. Mein Partner schlief nebenan und wachte überhaupt nicht auf. Nichts half. Man kann sich so hilflos fühlen. Ich hatte Angst, etwas Falsches zu tun. Also

legte ich meinen Sohn hin, ging ins Badezimmer und weinte selbst. Danach hatte ich das Gefühl, das Ganze besser bewältigen zu können. [Sohn, 6 Monate]

Meine Tochter schrie und ich weinte, und ich war völlig am Ende. Ich legte sie in ihr Bettchen, schloss die Tür und ging dann in die Küche, schloss auch hier die Tür und schmiss einen alten Teller kaputt. Ich musste ihn ungefähr fünf Mal werfen, weil er *einfach nicht* zerbrechen wollte. Doch danach ging es mir viel besser. Ich hatte solche Angst, ich würde ihr etwas antun. [Tochter, 6 Monate]

Diese einsamen Momente zu teilen war ein Trost für die Mütter. Jede von ihnen erhielt von ihren Zuhörerinnen warmherziges Verständnis und (soweit die Babys das zuließen) ungeteilte Aufmerksamkeit sowie die Bestätigung, wie schwer es in solchen Situationen ist, ruhig zu bleiben, und Mitgefühl. Dadurch konnte sich jede Mutter ihrer eigenen schwierigen Situation mit neu gewonnener Kraft stellen. Sie hatten das Wunder menschlichen Trostes gebraucht und es erhalten.

Einige Mütter dagegen berichten über eine verwirrende Reaktion auf ihre schreienden Babys. In solchen Momenten scheint ihr Mitgefühl für ihre Babys komplett abgeebbt zu sein. Stattdessen empfinden sie stumpfe Leere und völlige Antriebslosigkeit oder manchmal überwältigende Wut und Hass in ihnen aufwallen mit Fantasien, wie sie ihre Babys zerstören, die sie so zu lieben glaubten. Eine Mutter kann kaum glauben, dass sie in diesem Zustand ihrem eigenen Baby gegenüber so negative Gefühle hat. Es klingt irrational und vermittelt ihr das Gefühl, die Kontrolle zu verlieren und verrückt zu werden. Für viele Mütter scheint das ein Zustand zu sein, den sie erreichen, wenn ihre Babys lange genug schreien, und den sie anschließend erleichtert wieder hinter sich lassen. Auf Dauer ist es kein angenehmer Zustand.

> Ich glaube, Frauen reden nicht darüber, wie es wirklich
> ist, eine Mutter zu sein. Das war mir selbst nicht klar.
> Manchmal, wenn meine Tochter schreit, könnte ich sie
> rausschmeißen, über den Balkon. Aber ... aber ... das ist
> bloß ein Teil von mir. Ein Teil. [Tochter, 5 Monate]

Viele Mütter können von solchen Momenten erzählen. Einige
AutorInnen behaupten, dass alle Mütter sich dazu bekennen
würden, wenn sie ehrlich wären.[32] Solch ein Anspruch auf All-
gemeingültigkeit bleibt jedoch Spekulation. Nur sehr weniges
scheint auf alle Mütter zuzutreffen. Wahrscheinlicher ist, dass
einige Mütter nie solche zwiespältigen Gefühle entwickeln,
nicht einmal für den kürzesten Augenblick, während andere
Mütter Situationen beschreiben, in denen ihre Gefühle definitiv zwiespältig sind.

Eine Mutter mit stark zwiespältigen Gefühlen ist vom
Schreien ihres Babys zumeist extrem betroffen. Die Intensität
seines Schreiens scheint ihr den Boden unter den Füßen weg-
zuziehen, und zunächst hat sie das Gefühl, alles *tun* und alles
geben zu wollen, damit es zufrieden ist. Zur gleichen Zeit
scheint sie das Schreien ihres Babys auf eine bestimmte Art
wahrzunehmen. Sie hört darin sehr negative, kritische Botschaften über ihren eigenen Wert als Mutter. Seine Schreie
klingen anklagend, als ob es sie angreift, und voller Verzweiflung. Außerdem erwartet sie mehr von ihrem Baby, als dieses
leisten kann. Kaum ein Baby kann auf Kommando aufhören
zu schreien.

Damit beginnt ein problematischer Kreislauf, aus dem
Mütter nur schwer wieder herausfinden. Da sich die Mutter
vom Schreien des Babys angeklagt fühlt, richtet sie ihre Aufmerksamkeit nicht auf ihr Baby, sondern auf sich. Was hat sie
falsch gemacht? Wessen beschuldigt ihr Baby sie? Diese Fragen machen es ihr schwer, sich auf ihr schreiendes Baby einzulassen und sich aufs Trösten zu konzentrieren. »Unentwegt
hinterfragen wir unsere Methoden, konsultieren unsere Rat-

geber und gehen in uns, um Gründe [für ein unzufriedenes Baby] zu finden«, schreibt die australische Autorin Susan Maushart in *The Mask of Motherhood*.[33] Bezeichnenderweise kommt es ihr nicht in den Sinn, die Gründe tatsächlich bei ihrem *Baby* zu suchen. Doch das unentwegte Hinterfragen ihrer Methoden, ihrer Ratgeber und ihrer selbst hilft einer Mutter wahrscheinlich nicht weiter. Die Suche geht in die falsche Richtung.

Verständlicherweise verliert eine Mutter dadurch noch mehr an Selbstvertrauen. Sie unternimmt enorme Anstrengungen und wendet alle ihr bekannten Methoden an, mit denen man ein schreiendes Baby beruhigen kann. Weil sie ihr Augenmerk jedoch nicht genug auf ihr eigenes Baby richtet, hat sie vielleicht noch nicht entdeckt, was ihr Baby bevorzugt. Ihre Anstrengungen laufen ins Leere. Wenn sie es dann noch nicht beruhigen kann, scheint das der »Beweis« zu sein, dass sie als Mutter wirklich nichts taugt. Sie fühlt sich zurückgewiesen, verletzt und verwirrt. Sie strengt sich so an, das Baby zu beruhigen. Doch es ist immer noch unzufrieden mit ihr. Verlangt es noch mehr von ihr? Kann es wirklich so gierig und unersättlich sein? Es muss ein absolutes Monster sein. Wie sie es auch macht, scheint es falsch zu sein. Wenn sie aufhört, sich anzustrengen, dann muss sie als Mutter gescheitert sein, auch in den Augen anderer. Doch wenn sie sich weiter anstrengt, wird sie von den »Bedürfnissen« ihres Babys aufgefressen. Von ihr selbst wird nichts übrig bleiben. Jede Lösung scheint eine Sackgasse zu sein.

Das ist der Moment, in dem sie dazu neigt, ihre Aggression gegen das Baby zu richten. Sie hat völlig aus dem Blick verloren, dass ihr Baby einen Grund haben kann zu schreien und dass sie es möglicherweise trösten könnte, wenn sie mehr über es wüsste. Sie legt den Fokus nicht auf das Baby, sondern auf sich selbst. Das liegt nicht daran, dass sie ein egozentrischer Mensch im herkömmlichen Sinn ist. Eher im Gegenteil. Sie hat keinen festen Halt in sich selbst. Sie kann sich nicht zum

Weinen ins Badezimmer zurückziehen oder einen Teller zerbrechen, um wieder zu sich selbst zu finden. Ihr Selbstgefühl ist unsicher und bedroht. Sie ist der Vorstellung verhaftet, dass sie sich, um ihr Baby zufriedenzustellen, bis zur völligen Erschöpfung anstrengen muss. Wenn ihr Baby weiter schreit, glaubt sie, sich weiter anstrengen zu müssen. In ihren Augen ist es das, was »bessere« Mütter leisten können, und diese Vorstellung ärgert sie.

Ihr Baby wirkt jetzt auf sie wie ein herzloser Gebieter, dessen Sklavin sie ist. Sie fühlt sich vollkommen macht- und rechtlos. Je mehr sie sich von ihrem Baby beherrscht fühlt, desto öfter neigt sie zu Wutausbrüchen gegen es. Sie sieht ihre eigene Handlungsfähigkeit und ihre Eigenverantwortung nicht mehr. Sie nimmt ihr schreiendes Baby beispielsweise schnell auf den Arm, aber eigentlich kann ihr Baby sie nicht dazu zwingen. Wie sie handelt, entscheidet sie selbst. Da sie ihre Wahlfreiheit nicht erkennt, entgeht ihr die kostbare Chance, zufrieden mit sich und ihrer mütterlichen Fürsorge zu sein. Sie erkennt auch nicht, dass es sie nicht zu einer »schlechten Mutter« macht, wenn sie sich dafür entscheidet, der Art, Intensität und Dauer ihrer Fürsorge Grenzen zu setzen.

Einigen Müttern hilft es, sich ihre zwiespältigen Gefühle einzugestehen, anstatt gegen sie anzukämpfen. Dann fühlen sie sich ruhiger und dem Muttersein wieder gewachsen. Einige Mütter können aus diesem Kreislauf ausbrechen. Eine Mutter entdeckte, dass ihre eigene Mutter unerwartet hilfreich dabei war, einen Lösungsweg zu finden:

> Als mein Sohn nicht schlafen wollte, ging ich jeden Tag mit ihm die Treppe hinauf und hinunter, und er schrie und schrie. Irgendwann ging ich zu meiner Mutter. Ich hatte das Gefühl, ihn nicht mehr zu lieben. Sie nahm ihn auf den Arm, und ich sah, wie sie ihn hielt. Ich merkte, wie sein Schreien durch sie *hindurch* ging und nicht in sie *hinein* wie bei mir. Und ich dachte: »Also, *das* kann

ich probieren.« An dem Abend lag er in seinem Bettchen, und ich wollte ihn einfach hochnehmen und drücken. Ich verspürte wieder Liebe für ihn. [Sohn, 6 Monate]

Einer anderen Mutter half es, in schwierigen Situationen ihr Baby anzusehen:

Ich bin sehr ungeduldig, und ich hatte immer Angst, dass ich eine von den Frauen werde, die Babys schütteln. Aber wenn es frustrierend wird, merke ich jetzt, dass es uns *enger* zusammenbringt. Ich sehe meiner Tochter in die Augen und sehe einen anderen Menschen. Dann weiß ich, dass wir das gemeinsam durchstehen. [Tochter, 8 Wochen]

Es kann besonders hart sein, wenn ein Baby sehr häufig schreit. Einige ForscherInnen halten das für entscheidend. Ihrer Meinung nach sieht sich eine Mutter, die ihr Baby nicht beruhigen kann, als Mutter gescheitert. »Wir gehen davon aus«, schreiben zwei amerikanische PsychologInnen, »dass sich ein Zustand der Hilflosigkeit einstellt, wenn eine Mutter in der Vergangenheit erfolglos versucht hat, das Schreien ihres Babys in den Griff zu bekommen.«[34] Wie so viele andere Forschungsergebnisse trifft das sicher auf einige Mütter zu. Menschen können jedoch unglaublich erfinderisch sein. Solch eine Verallgemeinerung wird der harten Arbeit nicht gerecht, die einige Mütter aufwenden, um mit besonders bedürftigen Babys zurechtzukommen. Wenn diese Mütter Glück haben, erhalten sie von ihrem Umfeld Mitgefühl. Doch sie verdienen ganz sicher mehr als Mitgefühl. Sie verdienen unsere Bewunderung.

Um ein einziges Beispiel zu nennen: Es gab eine Mutter, deren kleine Tochter fast drei Monate lang jeden Tag von morgens bis abends schrie (aber nachts glücklicherweise schlief).

Ich erinnere mich, dass jedes Mal, wenn ich sie anrief, und zwar unabhängig von der Tageszeit, ihr Baby laut im Hintergrund schrie. Sowohl während dieser Zeit als auch danach redete sie offen über ihre Verzweiflung. Sie erwähnte jedoch nie Wutgefühle gegenüber ihrer Tochter. Eines Tages brachte ich zu einem Treffen zwei Ratgeber zum Thema »Schreibabys« mit. Als ich sie um ihre Meinung bat, antwortete sie:

> Sogar die Titelbilder wirken herzlos auf mich. Ich verspüre nicht die geringste Lust, sie in die Hand zu nehmen, geschweige denn hineinzulesen. Man könnte meinen, Babys wurden gerade erst erfunden. Es scheinen keine Lösungen zu existieren. Herztransplantationen sind kein Problem mehr, Dreimonatskoliken hingegen schon. Das macht mich so wütend. Meine Tochter konnte nichts dafür, dass sie schreien musste. Ich weiß, dass sie gerne damit aufgehört hätte. Ich habe mich sehr angestrengt, meinen Frust nicht an ihr auszulassen. Ich starrte auf die Wand hinter ihr, oder auf die Tür, wenn ich verzweifelt war. [Tochter, 4 Monate]

Man könnte argumentieren, wie es manche tun, dass Mütter ihre zwiespältigen Gefühle unbewusst verdrängen. Vielleicht. Doch nicht alles lässt sich verdrängen. Gewiss würden sich Anzeichen für das Gefühl finden, vom eigenen Baby angeklagt zu werden. Dieser Mutter ging es jedoch offensichtlich anders. Wie die zuvor zitierte Mutter konnte sie ihre Tochter als Menschen sehen. Auch wenn sie den Grund nicht kannte, aus dem ihr Baby schrie, akzeptierte sie, dass ihre Tochter »schreien musste«. Sie schien weder sich selbst noch ihrer Tochter die Schuld dafür zu geben. Sie betrachtete sich selbst als Anfängerin.

Logischerweise richtete die Mutter ihre Wut deshalb auf Menschen mit mehr Erfahrung, die ihr nicht zu helfen vermochten – auf die HerausgeberInnen von Büchern über

»Schreibabys« mit herzlosen Titelbildern und ÄrztInnen, die sich nicht ausreichend mit besonders bedürftigen Babys auseinandersetzten. Weil ihr außerdem klar war, dass ihr Baby ein leichtes Ziel für ihren eigenen Frust war, entwickelte sie eine Methode, sich abzulenken. Sie stand unter größerem Stress als die meisten Mütter und reagierte sehr einfallsreich. Abgesehen davon erschien ihre Selbsteinschätzung nicht außergewöhnlich.

Ihre ganze Art, ihre kleine Tochter zu halten und mit ihr zu sprechen, wirkte sehr zärtlich und tröstlich, und sie erregte starkes Mitgefühl bei den anderen Müttern. Eine Mutter vertraute mir an: »Ich habe die ganze Woche an die Mutter und ihr schreiendes Baby gedacht. Mich ließ nicht mehr los, was sie durchgemacht hat.« [Tochter, 11 Monate] Nachdem sich ihr Baby also soweit beruhigt hatte, dass die beiden an Treffen teilnehmen konnten, wurde der Mutter viel Wertschätzung und Trost durch die anderen Mütter zuteil.

Nicht jede und jeder erwartet Trost. Menschen, denen beigebracht wurde, kein Aufheben zu machen oder andere mit ihren Problemen zu »belasten«, ziehen sich eher zurück, wenn sie unglücklich sind. Sie fühlen sich allein sicherer, wenn sie »ihre Wunden lecken« können, um sich selbst zu trösten. Es gibt auch unpersönliche Formen des Trostes. Man kann ihn im Alkohol finden, im Essen, Rauchen, in Drogen, Computerspielen oder anderen einsamen Tätigkeiten. Häufig sind sie monoton und machen süchtig. Eine weitere Form des Umgangs mit Traurigkeit besteht darin, sich zu sagen: »Spielt keine Rolle.« »Halb so wild.« »Das macht mir nichts aus.« Wenn man damit seine wahren Gefühle leugnet, fühlt man sich zwar ruhiger, jedoch auf Kosten einer Ebene der natürlichen menschlichen Sensibilität. Menschen, die so reagieren, fehlt eine komplette Dimension potenzieller menschlicher Nähe.

Das ist wichtig, weil es gegen einen – inzwischen veralteten – Ansatz spricht, wie mit schreienden Babys umzugehen ist. Einige Fachleute behaupten allerdings immer noch, dass Babys lernen müssen, von selbst mit dem Schreien aufzuhören.[35] Glücklicherweise ziehen es viele Eltern vor, ihre Babys zu trösten. Täten sie es nicht, fänden wir uns wohl in einer Gesellschaft von EinzelgängerInnen wieder, die gelernt hätten, ihr Unglück zu verbergen, anstatt sich mitzuteilen und dadurch zu stärken.

Ein getröstetes Baby ist in einer spannenden Lage. Ihm wurde noch nicht beigebracht, kein Aufheben zu machen. Es macht Aufheben, wird getröstet und lernt, dies zu schätzen. Mit der Zeit verlässt es sich darauf. Das ist ein gewaltiger Schritt. Im Mutterleib, wo es neun Monate verbracht hat, hat es vielleicht gelernt, sich geschickt im Fruchtwasser zu drehen, doch plötzlich hatte sich die Nabelschnur um seinen Hals gewickelt. Niemand war da, der es befreien konnte. Vielleicht hat es eine interessante Ecke der Gebärmutter erkundet, doch plötzlich steckte sein Kopf so fest, dass es ihn nicht bewegen konnte. Niemand war da, um ihm zu helfen oder es zu bestärken. Das Baby konnte sich bisher nur auf sich selbst verlassen. Neugeborene strahlen eine gewisse Selbstgenügsamkeit aus. Wenn sie lernen, ihren Müttern zu vertrauen, muss das eine enorme Verschiebung ihrer Perspektive bedeuten.

Nach der Geburt vertraut das Baby normalerweise erst nach einigen Monaten darauf, dass seine Mutter kommt, um es zu trösten. Der Prozess dauert seine Zeit. Langsam stellen sich Mutter und Baby aufeinander ein. Die Mutter lernt, dass ihr Baby auf diese oder jene tröstende Handlung reagiert; das Baby lernt, sich auf eine ganze Reihe kleiner Handlungen einzustellen; und die Mutter erkennt an seinem Schreien, wann es sie erwartet. Gegenseitiges Vertrauen wird aufgebaut und setzt sich in der Kindheit fort. Ein Kleinkind erinnert sich daran, dass es in der Vergangenheit getröstet wurde, auch wenn sein Knie einen beeindruckenden blauen Fleck aufweist. Langsam lernt es den Unterschied zwischen harmlos und ernsthaft und wie es die harmlosen Schmerzen selbst in den Griff bekommt. Das ältere Kind, das unter ernsthaften Schmerzen leidet, stützt sich möglicherweise wieder auf die vertraute Stimme, Berührung und den Geruch seiner Mutter; diese scheinen eine außergewöhnliche Kraft zu besitzen. Aus dem ganzen anfänglichen Chaos, der Angst und Unsicherheit ist die Fähigkeit der Mutter entstanden, bleibenden Trost zu spenden.

Das heißt nicht, dass jede Mutter ihr Kind jedes Mal tröstet. Viele Mütter sind sich der Situationen nur zu bewusst, in denen sie versagt haben, weil sie nicht da waren oder zwar da waren, ihnen jedoch nicht bewusst war, dass ihr Kind litt. Rückblickend wünschen sie, sie hätten es getröstet, anstatt ungeduldig zu sein. Keine Mutter ist perfekt. Anscheinend spenden jedoch ausreichend viele Mütter ausreichend Trost, sodass Trost mit Mutterschaft assoziiert wird. Das getröstete Kind lernt von seiner Mutter, mit Leiden umzugehen. Leiden ist ein Teil des Lebens. Das lässt sich nicht vermeiden. Doch die Menschen können sowohl Trost geben als auch empfangen und sich gegenseitig so weit stärken, dass sie es ertragen.

»Kinder sind sicherer Kummer, aber unsicherer Trost«, warnt ein altes englisches Sprichwort.[36] Diese Warnung soll uns daran erinnern, mit unseren kleinen Kindern nicht stillschweigend einseitige Abkommen zu schließen. Doch einige Kinder spenden Trost. Ob Kinder, die als Babys selten getröstet wurden, in ihrem späteren Leben trotzdem selbst Trost spenden, ist nicht bekannt. Doch Mütter, die gelernt haben, ihre Babys zu trösten, berichten, dass diese definitiv eigene Formen des Tröstens entwickelt haben.

> Als wir zu Besuch bei meiner Repetitorin waren, kam ihr Ehemann vorbei und bat sie um die Scheidung. Die ganze Atmosphäre war angespannt; es war, als wäre jemand *gestorben*. Meine Tochter war unglaublich. Immer wieder streckte sie den anderen ihre Hände entgegen und lächelte sie an, sodass sie zurücklächeln mussten. Die Kinder meiner Repetitorin waren älter, und meine Tochter veränderte die ganze Atmosphäre. Alle sagten,

wie froh sie waren, dass sie da war, und ich glaube, sie gab ihr Bestes. Am nächsten Tag merkte ich, wie müde sie war; sie schlief fast den ganzen Tag. Sie hatte wirklich *von Herzen* gegeben. [Tochter, 7 Monate]

Ich erklärte meinem Sohn, dass ich mit ihm reden wolle, und sagte: »Als ich dir heute auf die Hand geschlagen habe, war das falsch von mir. Es tut mir leid. Manchmal treffe ich falsche Entscheidungen, und du hast darunter zu leiden.« Ich sagte das, um mein eigenes Gewissen zu beruhigen. Ich ging nicht davon aus, dass er das verstehen würde. Doch er kam auf die Knie hoch und küsste mich auf den Mund, als ob er sagen wollte: »Ich habe dich verstanden. Es ist in Ordnung. Mach dir keine Sorgen.« [Sohn, 12 Monate]

Mein Sohn hatte Keuchhusten, zwar nicht heftig, er wachte nachts jedoch immer wieder auf, sodass ich sehr wenig Schlaf bekam. Eines Tages saß ich mit den Kopf in den Händen da und weinte, und er kam und legte mir den Kopf in den Schoß. Es war, als wollte er sagen: »Ich weiß, wie du dich fühlst.« [Sohn, 13 Monate]

Meine Tochter ist für mich genau so ein Trost wie ich für sie. Sie klopft mir leicht auf den Rücken, wenn ich traurig bin, genau wie ich ihr auf den Rücken klopfte, als sie damals wegen der Blähungen schrie. Das ist so süß. [Tochter, 22 Monate]

Das Kind mag zwar noch klein sein, doch die Herzlichkeit seiner Gesten kann oft sehr tröstend sein. Sein Trost lässt sich nicht auf Opportunismus zurückführen. Es rechnet nicht mit einer Gegenleistung, sondern erwidert etwas, das es selbst schon erhalten hat. Es hat von seiner Mutter gelernt, wie gut Trost sein kann.

SECHSTES KAPITEL

Ich komme den ganzen Tag zu nichts

Die meisten Leute sind sich darin einig, dass das Muttersein harte Arbeit ist. Doch worin genau besteht die Arbeit einer Mutter? Hier gehen die Meinungen auseinander. Für viele Leute scheint zwischen »bemuttern« und der Arbeit, die Mütter eigentlich zu erledigen haben, ein großer Unterschied zu bestehen.

Nehmen wir beispielsweise eine Mutter, die Babykleidung auswäscht. Sie weiß, dass ihr Baby schläft, aber jederzeit aufwachen kann. Tatsächlich hört sie es kurz darauf schreien; also trocknet sie sich die Hände ab und eilt zu ihm, um es auf den Arm zu nehmen. Es wirkt unruhig, also kuschelt sie etwas mit ihm. Sie fragt sich, ob es schlecht geträumt hat, also singt sie ein Fantasielied, mit dem sie es sonst immer aufheitert. In welchen dieser Tätigkeiten bestand ihre Arbeit?

Die meisten Leute würden sagen, dass das Auswaschen der Babykleidung Arbeit war, wohingegen die Mutter während des langen Zeitraums, den sie mit ihrem Baby auf dem Arm verbracht hat, nicht arbeiten konnte. Mütter sprechen häufig von einem unangenehmen Gefühl des »Versagens«, wenn sie an solche Momente denken, obwohl sie bei näherer Betrachtung genau dann ihre Babys bemuttert haben. Das gilt auch im Umkehrschluss. Wenn eine Mutter gehetzt Haushaltstätigkeiten erledigt, die zwar konkret und sichtbar, für die Arbeit als Mutter jedoch eher zweitrangig sind, sind sowohl sie selbst als auch andere Leute dennoch der Ansicht, dass sie »zu ihrer Arbeit kommt«.

Heutzutage kann sich eine Mutter sehr einsam fühlen. Einer Menge Leute fehlt das Bewusstsein dafür, was sie tut. Das liegt nicht daran, dass sich das Muttersein verändert hat. Der Kern dessen, was eine Mutter ausmacht, scheint zeitlos zu sein. Doch die Umwelt ist großen Veränderungen unterworfen. Mütter können sich jedoch nicht in ein gesellschaftliches Vakuum zurückziehen. Eine Mutter füllt sowohl eine private als auch eine gesellschaftliche Rolle aus. Jede Mutter baut ihrem individuellen Kind eine Brücke, das es mit der Gesellschaft verbindet, an der wir alle teilhaben. Ist ihre Brücke stark, kann ihr Kind darüber seine Umwelt erreichen. Wenn sie eine gute Beziehung zu ihrem Kind aufbauen kann, stehen die Chancen gut, dass aus dem Kind ein Mensch wird, der eine gute Beziehung zu uns aufbauen wird. Unsere ganze Gesellschaft beruht auf der Beziehung, die jede Mutter zu ihrem Kind herstellt. *Das* ist ihre Arbeit als Mutter.

Die meisten Mütter sind extrem sensibel dafür, ob ihre Mitmenschen ihre Kinder akzeptieren. Die beiläufigste Bemerkung eines oder einer Dritten kann eine Mutter den ganzen Tag lang beschäftigen. Doch wie können Mitmenschen ihre Reaktionen verantwortungsvoll kommunizieren, wenn ihnen buchstäblich nicht bewusst ist, worin die Arbeit der Mutter besteht? Es liegt nicht daran, dass es ihnen egal ist. Die meisten Menschen haben klare Vorstellungen, wie ein Kind aufwachsen sollte. Wenn sie jedoch eine Mutter ruhig mit ihrem Baby dasitzen sehen, passiert in ihren Augen nicht viel. Es entspricht nicht der gängigen Vorstellung von dem, was die Arbeit einer Mutter ausmacht.

Das mangelnde Bewusstsein wird deutlicher, wenn wir an ein etwas älteres Kind denken, das gerade dem Babyalter entwachsen ist. Nehmen wir beispielsweise eine Mutter und ihr Kleinkind im Supermarkt. Die Mutter lässt ihr Kind gleichzeitig auf verschiedene Arten teilhaben. Sie leitet es an, sich so zu verhalten, wie es sich ihrer Meinung nach für sein Alter an einem öffentlichen Ort gehört. Sie führt ihm auch konkretes »Supermarkt-Verhalten« vor, wozu gehört, dass man keine Waren aus den Regalen stößt und nicht einfach alles Mögliche in den Korb wirft, sondern eine Auswahl trifft und dafür bezahlt. Das Kind sieht, worauf seine Mutter beim Einkaufen achtet, wie beispielsweise die Preise oder einen schnellen Ab-

lauf, und es registriert, wie sie sich den KassiererInnen gegenüber verhält. Sie unterrichtet ihr Kind nicht ausdrücklich,
sondern lässt es an ihrer Welt teilhaben, und das ist anstrengend. Alles dauert doppelt so lange, und sie muss ständig zwischen der Einkaufswelt der Erwachsenen und der kindlichen
Welt ihrer kleinen Begleitung hin- und herschalten. Wenn ein
Missverständnis auftritt, ist es an ihr, zwischen den beiden
Welten zu vermitteln.

Doch kommen wir nun zum mangelnden Bewusstsein.
Wenn wir die Mutter im Supermarkt fragten, was sie dort gemacht hat, würde sie mit Sicherheit antworten: »Einkaufen.«
Wenn wir andere KäuferInnen und die KassiererInnen fragten, was die Mutter ihrer Meinung nach getan hat, würden die
meisten antworten: »Sie hat eingekauft.« Doch die Mutter hat
so viel mehr getan. Sie hat zwei Sachen auf einmal getan. Die
zweite wird von der ersten verdeckt. Für sie gibt es keine eigene Bezeichnung. Wenn ein Kind ins Kindergartenalter
kommt, reden die ErzieherInnen von der Wichtigkeit der »Sozialisation«. Doch genau dann, wenn eine Mutter ihr Kind allmählich und wirkungsvoll sozialisiert und daneben noch so
viel mehr leistet, zählt das nicht, weil alle der Meinung sind,
sie würde »einkaufen«.

Wenn die Tätigkeit der Mutter auf das Einkaufen reduziert
wird, scheint die Begleitung durch ihr Kind ein Hindernis dar-
zustellen. Es verlangsamt sie und hält sie davon ab, ihre alltäglichen Aufgaben mit der gewohnten Kompetenz zu erfüllen. Wenn wir jedoch anerkennen, dass all das Teil ihrer Arbeit ist, könnten wir ihre Aufgabe als »bemuttern *und* einkaufen« umdefinieren. Damit gestehen wir ihrem Kind einen
legitimen Platz in ihren Handlungen zu. Es würde auch erklären, weshalb eine Mutter so erschöpft und gereizt nach einem Einkauf sein kann. Zwei Aufgaben sind mühseliger als eine. Das Ganze wird sogar noch mühseliger, wenn sie die zweite übersieht und der Meinung ist, nur eine der beiden erledigt
zu haben. Anstatt stolz darauf zu sein, zwei Aufgaben zufrie-

denstellend miteinander verknüpft zu haben, ärgert sie sich am Ende oft über sich selbst, weil sie vermeintlich bloß eine Aufgabe ungenügend erfüllt hat.

Noch ein Beispiel für dieses mangelnde Bewusstsein ist allzu oft zu beobachten, sobald die Mutter und ihr Kind nach Hause zurückkehren. Wenn die Mutter ihre Einkäufe auspackt, kann sie das Ergebnis ihrer Mühe begutachten. Wenn sie hingegen ihr Kleinkind ansieht, scheint es unverändert. Sie hat versucht, geduldig zu sein, doch jetzt ist es wütend, müde und höchstwahrscheinlich hungrig. Was ist das Ergebnis ihres Bemutterns? Wie eine Mutter sich beklagte:

> Bei der Arbeit weiß man, was man den ganzen Tag getan hat. Man hat x Anrufe erledigt, so und so viele Briefe geschrieben und man kann ein Resultat vorweisen. Wenn ich jetzt am Ende eines anstrengenden Tages meinen Sohn angucke, denke ich: »Was ist jetzt der Unterschied? Ich will sehen, was ich als Mutter verändert habe!« [Sohn, 2 Monate]

Es gibt eine Veränderung, doch sie ist nicht so einfach zu erkennen. Sie ist da, vor ihren Augen. Ihr Kind mag tatsächlich wütend sein. Wenn es wütend ist, dann vielleicht *weil* sie es so gut bemuttert hat. Es ist nicht wütend auf sie, sondern *zeigt* ihr seine Wut. Darin liegt ein wesentlicher Unterschied, der jedoch leicht falsch gedeutet werden kann. Ein wütendes Kind vertraut seiner Mutter und hat Erwartungen an sie. Es erwartet von ihr mehr als von anderen Menschen, weil sie ihm nahesteht und es zu verstehen scheint. Oft hat es das vollste Vertrauen, dass seine allwissende Mutter die Dinge geradebiegt. »Ein Baby, das viel schreit, tut dies vielleicht, weil es eine enge Beziehung zu seiner Mutter hat«, beobachteten zwei einfühlsame ForscherInnen an einem Londoner Krankenhaus.[37] Das ist genau das Gegenteil der mehrheitlichen Meinung. In unserer Kultur wird davon ausgegangen, dass ein schreiendes

Baby und ein wütendes Kleinkind Anzeichen für eine *schlechte* Beziehung sind. Also verstehen es die meisten Mütter leider nicht als Kompliment an sich, wenn ihre kleinen Kinder weinen oder wüten. Die Wut von Kindern, die oft beweist, wie groß ihr Vertrauen in ihre Mütter ist, wird meistens als deutliches Zeichen für das mütterliche Scheitern fehlinterpretiert – sowohl von den Müttern als auch von allen Menschen in Hörweite.

> Meine Tochter scheint ihre Schreianfälle für mich zu reservieren. Wenn andere Leute dabei sind, amüsiert sie sich und ist zufrieden. Aber wenn wir beide allein sind, darf ich sie nicht absetzen, nicht mal eine Minute. [Tochter, 7 Monate]

> Mein Partner würde unsere Tochter gerne trösten. Er würde sie liebend gerne ins Nebenzimmer mitnehmen, damit ich mal Pause machen kann. So ist er. Doch wenn sie unruhig ist, will sie nur *mich*. [Tochter, 7 Monate]

> Mein Partner war den ganzen Nachmittag mit unserer Tochter unterwegs. Als sie zurückkamen, waren sie müde, aber sie hatten anscheinend einen Heidenspaß. Er sagte, dass sie nicht einmal geweint hätte. Dann übergab er sie mir, und noch bevor ich sie überhaupt auf dem Arm hatte, ging ihr Mund auf, und sie brüllte. Das liegt daran, dass ich ihre *Mutter* bin. Ich bin die eine Person, zu der sie ehrlich sein kann. Sie zeigt mir ihre wahren Gefühle. Sie weiß, dass ich sie verstehe. Bei meinem Partner benimmt sie sich! [Tochter, etwa 18 Monate]

Gewöhnlich geben Babys keine Rückmeldung an ihre Mütter, wie gut diese sich macht. Für die Mutter wäre es sehr beruhigend, setzte sich ihr winziges Baby nur hin und wieder auf und sagte: »Kopf hoch, Mama! Du baust eine *wunderbare* Beziehung zu mir auf!« Diesen Gefallen können uns Babys jedoch nicht tun. Gerade in diesen schwierigen ersten Wochen fühlt sich eine Mutter oft einsam und kaum gewürdigt.

Die meisten der in diesem Kapitel zitierten Mütter waren zum Zeitpunkt ihrer Aussage in Elternzeit. Doch nicht alle Mütter nehmen Elternzeit. In den folgenden Beschreibungen reden Mütter von längeren Zeitspannen, die sie mit ihren Babys verbringen. Mütter, die ihre Babys nur abends und am Wochenende betreuen, erkennen sich darin vielleicht nicht wieder. Da es nicht den einen idealen Ansatz gibt, ein Baby aufzuziehen, will ich mit diesen Zitaten nicht nahelegen, dass jede Mutter so viel Zeit investieren muss. Doch die Aussagen dieser Mütter könnten sich für alle Mütter als nützlich erweisen. Andere Beziehungsaspekte sind berufstätigen Müttern bestimmt genauso vertraut wie denen, die zu Hause ihre Kinder betreuen. Zumindest trägt eine Mutter die Verantwortung für ihr Kind. Auch wenn sie diese zeitweise delegiert, bleibt sie letztendlich der Heimathafen. Durch ihre Existenz wird ihr Baby nicht allein mit der Welt konfrontiert.

Die Zeit, in der man direkt für ein kleines Baby verantwortlich ist, kann produktiv sein. Müttern kommt das dagegen nicht so vor. Besonders anfangs erleiden sie einen riesigen »Kulturschock«.

> Bei der Arbeit hatte ich Ziele, die ich erreichte, und dann ging es weiter. Zuhause gibt es nichts, was ich zu tun hätte. Also tue ich nichts. Wenn ich abends nichts anderes geschafft habe, als mich anzuziehen, fühle ich mich so nutzlos. [Sohn, etwa 2 Monate]

> Plötzlich läutet *Woman's Hour* [im Radio] wieder den Nachmittag ein, und man denkt: »Was mache ich eigentlich?« Die Uhrzeit hat jede Bedeutung verloren. [Tochter, 2 Monate]

Ich bin Juristin. Vor der Geburt meiner Tochter hatte ich eine Stelle, bei der ich über jede Viertelstunde Rechenschaft ablegen musste. Jetzt verstreicht eine Viertelstunde einfach, und ich habe überhaupt nichts geleistet. [Tochter, 3 Monate]

Ich bin jemand, der gerne Sachen *erledigt*. [Sohn, 3 Monate]

Frauen mit berufstätigen Partnern wissen nur zu gut, wie wichtig der Arbeitsplatz geworden ist. Ihre Partner verdienen jetzt den Lebensunterhalt für die Familie. Da Geld ein eindeutiges Ergebnis ist, »tun« ihre Partner also offensichtlich »etwas«. Viele Mütter sehen ihre eigene Leistung im Vergleich zu der ihres Partners in einem schlechteren Licht. Ihr Partner kommt abends nach Hause und ist zu diesem Zeitpunkt viel geduldiger und ausgelassener mit dem Baby als sie selbst. In ihren Augen ist er als Geldverdiener schon mehr wert, und jetzt scheint er auch noch der bessere Elternteil zu sein. Ihre eigene Leistung, die darin besteht, das Baby den ganzen Tag zu betreuen, kommt ihr eher vor, als würde sie bloß die langen Stunden überstehen.

Dem Vater, der abends nach Hause kommt, mag viel daran liegen, zur jungen Familie zu gehören. Er muss jedoch erst auf den neuesten Stand gebracht werden. Das kann sich als frustrierend für beide Elternteile erweisen. Wie im ersten Kapitel besprochen, fehlen die Worte, die es einer Mutter erlauben, die Bedeutung alltäglicher Geschehnisse zu transportieren. Die Mutter mag sich nur zu bewusst sein, dass das Zusammenspiel zwischen ihr und dem Baby an schwierigen Tagen »aus dem Takt geraten« ist, während am darauffolgenden Tag wieder eitel Sonnenschein herrschen kann; doch das ist schwer zu erklären. Wenn jemand sagt »ich hatte einen furchtbaren Tag bei der Arbeit«, können wir auch ohne weitere Erklärungen ungefähr nachvollziehen, was das bedeutet. Dagegen transportiert ein »ich hatte einen furchtbaren Tag mit meinem Kind« nicht viel.

> Ich bin gerade wirklich deprimiert. Zum Teil liegt es am Wetter. Zum Teil aber auch daran, dass ich einfach nichts schaffe. Ich bin den ganzen Tag für meinen Sohn da und frage mich: »Was ist aus meinem Leben geworden?« [Sohn, 4 Monate]

> Der Tag vergeht und ganz nebenbei bin ich Mutter. Ich sehe darin keine besondere Leistung. [Sohn, 4 Monate]

> Stunden vergehen, in denen ich meinen Sohn einfach nur beobachte. Keine Ahnung, was in meinem Kopf vorgeht. Meine Wohnung versinkt im Chaos. Die Zeit verstreicht einfach. [Sohn, 4 Monate]

> Ich habe so eine Stimme im Hinterkopf, die mich dafür kritisiert, nicht genug zu tun. Besonders wenn ich einfach den ganzen Morgen mit meinem Sohn im Bett herumliege und ihn stille. Wahrscheinlich klingt im Bett herumliegen nach Arbeitslosigkeit oder Studentenleben. Ich bringe es nicht mit dem Muttersein in Verbindung. [Sohn, 5 Monate]

> Ich habe meinen Arbeitgeber getroffen, als ich meinem Sohn draußen Kirschblüten zeigte. Er grüßte mich und fragte, wann ich zurückkommen würde. Er dachte bestimmt, dass ich eine komische Mutter bin, die sinnloses Zeug mit ihrem Kind anstellt. [Sohn, 19 Monate]

Die Begriffe, auf die Mütter in solchen Gesprächen immer wieder zurückkommen, sind »zu nichts kommen« oder »nichts schaffen« oder »nichts tun«. So beschreiben sie ihre Erfahrungen *immer wieder*. Man muss genau hinhören und sich fragen, was »nichts tun« eigentlich heißt. Früher nahm ich an, dass es das Gegenteil davon ist, »etwas zu tun«. Die Aussagen der Mütter erwecken jedoch den Eindruck, als wäre das Nichtstun eine ganz eigene Erfahrung.

Zunächst einmal ist die Handlungsfreiheit, die eine Mutter vor der Geburt ihres Babys genoss, völlig verschwunden oder, falls sie berufstätig ist, stark eingeschränkt. Sie kann sich nicht mehr uneingeschränkt den »Wonnen der Bewegungsfreiheit« hingeben, wie Tillie Olsen ihre Zeit beschrieb, in der sie fort von ihrem Zuhause und den Bedürfnissen ihrer Kinder war.[38] Zeit mit ihrem Baby zu verbringen heißt manchmal, stundenlang still zu sitzen. Dadurch fühlt sie sich möglicherweise auf irritierende Art von der Geschäftigkeit des Alltagslebens abgeschnitten. Das morgendliche Licht signalisiert der Mutter beispielsweise, dass Frühstückszeit ist; da ihr Baby jedoch ihre Aufmerksamkeit verlangt, kann sie das Frühstück nicht »abhaken«. Wenn keine weitere Person anwesend ist, scheint das nicht weiter wichtig. Der Tag schreitet voran, doch ihr eigener Tag scheint stillzustehen. Das Gefühl der Orientierungslosigkeit ist so extrem, dass es selbst dann noch anhält, wenn ihr Baby sie nicht braucht.

> Wenn mein Sohn abends endlich einschläft, weiß ich nicht, was ich tun soll. Ich sitze da und denke: »Was soll ich jetzt machen? Was *jetzt?*« [Sohn, 2 Monate]

> Wenn eine Freundin vorbeikommt und meinen Sohn abholt, habe ich eine ganze Stunde Zeit nur für mich. Manchmal sitze ich einfach nur da und *bin*. Danach denke ich: »Warum habe ich nicht dies und das getan und ein paar Sachen erledigt?« [Sohn, 9 Monate]

In manchen Religionen, wie dem tibetischen Buddhismus, ist die Erfahrung des Nichts einer der am schwierigsten zu erreichenden Zustände. Allerdings liegt der Unterschied wohl schon im aktiven Streben danach. Sich dem ichauflösenden Nichts zu öffnen stellt also vom gegenwärtigen Standpunkt des Buddhisten eine eindeutige und erstrebenswerte Entwicklung dar. Paradoxerweise verwandelt sich das Nichts dadurch in »etwas«. Wenn hingegen eine Mutter die Art, wie sie ihre Zeit nutzt, als »Nichtstun« entwertet, kann sie es auch nicht als Teil einer erstrebenswerten und sinnvollen Entwicklung sehen. Und da sie keine Entwicklung sieht, macht sich schnell das Gefühl breit, ihre mütterliche Tätigkeit (oder Untätigkeit) für ihr Baby sei wertlos.

Das widerspricht der beliebten Vorstellung der Mutter als »tüchtig«. Eine »tüchtige Mutter« ist schon fast ein Klischee. Das Adjektiv suggeriert diverse sichtbare und sinnvolle Beschäftigungen. Doch die ersten sechs Monate des Lebens mit einem Baby sind häufig überhaupt nicht aktiv. Oft sind sie sehr langsam. Eine Mutter kann keinen Vorspulknopf drücken, wenn sie ihr Baby beispielsweise stillt. Es saugt, hält inne, betrachtet eine Weile ihr Gesicht, saugt weiter, schließt die Augen und schlummert ein, immer noch saugend, wacht jedoch sofort auf, falls sie sich auch nur im Geringsten bewegt. Tüchtig? Selbst ihre Gedanken scheinen ihr schwerfällig und langsam. Später muss sie vielleicht tüchtig sein, aufräumen, putzen und Anrufe erledigen. Solche Tätigkeiten haben jedoch nicht direkt etwas mit dem Muttersein zu tun. Sie drehen sich mehr um sie selbst, den Rest ihrer Familie und ihr Zuhause. Die meisten Dinge kann sie erst erledigen, wenn ihr Baby endlich eingeschlafen ist.

Diese ganze Zeit ist sie *bei* ihrem Baby. Es ist diese unsichtbare Beziehung, die sich wie Nichtstun anfühlt. Sie verzichtet darauf, eine lange Aufgabenliste abzuarbeiten, und verlangsamt stattdessen ihr Leben, um es dem Tempo ihres Kindes anzupassen. Für alle, die das dynamische Stadtleben gewohnt sind, ist das eine extreme Umstellung. Sie muss fast ihren aktiven Bewusstseinszustand lockern und sich in etwas Archaisches sinken lassen, um sich der Welt ihres Babys anzunähern. Das ist nicht einfach. Doch genau hier liegt der Ursprung der unschätzbar wichtigen Beziehung zwischen den beiden. Sie tut alles andere als nichts; sie tut alles.

Wie baut eine Mutter eine neue Beziehung auf? In Studien zur Anfangsphase scheinen ForscherInnen zu ähnlichen Ergebnissen zu gelangen. Der Psychoanalytiker Donald Winnicott prägte den Ausdruck »primäre Mütterlichkeit«, was an Daniel Sterns späteres Konzept der »mütterlichen Abstimmung«[39] und Klaus' und Kennells »sensible Phase der Mutterschaft«[40] erinnert. Alle drei scheinen den gleichen Vorgang zu benennen und versuchen, ihn zu beschreiben. Das ist an sich schon sehr hilfreich. Als Psychoanalytiker, Psychiater und Psychologen nutzen sie dies jedoch als Grundlage, von der aus sie alle möglichen Abweichungen von einer guten Beziehung definieren.

Besonders Winnicott und Stern zählen diverse Fälle auf, die sie als Scheitern dieser Beziehung verstehen. Klaus und Kennell beschäftigen sich mit allgemeinen Mustern. Keiner von ihnen scheint sich lange mit Erklärungen aufzuhalten, was in der Vielzahl einzelner Beziehungen geschieht, deren Anfangsphase positiv verläuft. Sie erwecken außerdem den Eindruck, dass es sich um einen kurzfristigen Zustand handelt, den Mütter in den wenigen Wochen nach der Geburt ihres Kindes durchlaufen. Dagegen haben viele Mütter berichtet, sich mindestens während des ersten Lebensjahres ihres Kindes in diesem sensiblen Zustand befunden zu haben.

Wie beschreiben Mütter die erste Kennenlernphase mit ihren Babys? Gewöhnlich eher zögerlich. Selbst eine mehrfache Mutter stellt ihrem reichen Erfahrungsschatz folgende Bemerkung voran: »Natürlich kann ich nur aus meiner eigenen Erfahrung sprechen.« Vielleicht gerade weil sie so bescheiden auftreten und nur aus ihrer eigenen Erfahrung sprechen, zeigen sie uns, wie man großspurigen Theorien über gute und schlechte Beziehungen aus dem Weg geht. Mittels ihrer Beobachtungen können wir uns ein Bild der Vielfalt gelungener zwischenmenschlicher Beziehungen zusammensetzen.

Was also erzählen Mütter? Was tun sie ganz am Anfang? Vielleicht sagen sie, dass sie nichts tun. Doch im Laufe ihrer Erzählungen kristallisieren sich zwei unterschiedliche Formen ihres vermeintlichen Nichtstuns heraus. Eine besteht darin, dass das Baby auf dem Arm seiner Mutter einschläft; doch sie weiß, dass es aufwacht und schreit, sobald sie es ablegt. Also entscheidet sie, lieber zu verharren, damit es ruhig schlafen kann. Oft scheint sie währenddessen in einen Zustand der Benommenheit zu gleiten und ihr Baby fast zu vergessen. Mütter machen sich oft Vorwürfe, dass sie in lange Tagträume verfallen. Mit einem kleinen Baby kann es jedoch ein Luxus sein, sich zurückzuziehen. Die Mutter kann sich nicht immer eine Pause von ihrem Baby gönnen, wenn sie sie brauchte. Im Geiste abwesend zu sein scheint eine praktikable Möglichkeit, wieder Energie zu tanken.

Manchmal vergesse ich einen Moment lang ihre Existenz. Einmal war ich in einem Geschäft und hatte meine Tochter im Kinderwagen dabei. Ich blätterte ganz vertieft durch ein paar Zeitschriften. Auf einmal kam ich wieder zu mir und dachte: »Hey, ich habe ein *Baby!*« Ich glaube, ich hätte einfach eine Zeitschrift kaufen und ohne sie rausgehen können! [Tochter, 4 Monate]

Ich erinnere mich, wie mein Partner unseren Sohn auf dem Arm hielt, als er noch sehr klein war, damit ich duschen konnte. Es war das erste Mal, dass ich wirklich ganz allein war. Unter der Dusche konnte ich mich völlig entspannen. Dann hörte ich ein Baby schreien. Das schien überhaupt nichts mit mir zu tun zu haben. Als mir klar wurde, dass es unser Sohn war, fühlte ich mich wirklich schuldig. Ich hatte die Dusche so genossen, dass ich vergessen hatte, dass er mein Baby war. [Sohn, 13 Monate]

Vielleicht braucht eine Mutter eine Pause, weil eine andere Form des »Nichtstuns« eine Zeit lang ihre ganze Konzentration gefordert hat. Diese zweite Form besteht darin, ihr Baby genauestens zu beobachten, um es besser kennenzulernen. Dazu muss sie sich in einen aufgeschlossenen, unvoreingenommenen Zustand versetzen. Alle ihre Sinne sind geschärft. Das kann sehr ermüdend sein; deshalb ist es nachvollziehbar, dass Mütter Erholungspausen von solchen intensiven Phasen brauchen. Wie ich im siebten Kapitel zeigen werde, pflegen die meisten Menschen ihre geistige Gesundheit, indem sie Arbeit und Freizeit alternieren. Mütter scheinen ihren Alltag zu bewältigen, indem sie zwischen Realität und Fantasie wechseln. Nach einem Tagtraum können sie erfrischt »zurückkehren«. Sie tun alles andere als nichts; sie gönnen sich eine absolut notwendige Ruhepause.

Anfangs gibt es viel zu lernen und vielleicht sogar zu verlernen. Viele Mütter berichten von einer chaotischen Phase in den ersten Wochen, die sie als sehr beängstigend empfinden. Mit chaotisch meinen sie, dass sie in den Handlungen ihres Babys kein System, keine Logik ausmachen können. Sie sind für Neugeborene verantwortlich, ohne sie zu verstehen. Mütter neigen dazu, sich auf die Unberechenbarkeit des Alltags zu konzentrieren und führen diese auf ihr persönliches Scheitern zurück. Unzählige Mütter haben in meiner Gegenwart geäußert:

> Meinem Sohn / meiner Tochter und mir fehlt momentan *jede* Routine. Ich weiß nicht, was wir falsch gemacht haben.

Die Panik der Mütter ist verständlich. Wie im zweiten Kapitel besprochen, wäre eine Frau in einer traditionelleren Gesellschaft durch eine Reihe von »Testläufen« mit anderen Babys darauf vorbereitet gewesen, für ihr eigenes zu sorgen. Sie hätte viele Mütter mit deren Babys beobachten können. Sie hätte eine große Informationsdatenbank im Hinterkopf anlegen können, um darauf zurückzugreifen. Heutzutage müssen Mütter dagegen oft ohne diese Vorteile zurechtkommen. Tage und Nächte fließen ineinander; Chaos scheint zu herrschen. Kein Wunder, wenn eine Mutter denkt, sie sei gescheitert. Wenn sie nur erkennen könnte, dass es *nicht* so ist. Die chaotische Phase könnte ein notwendiger Bestandteil für den Beginn dieser neuen Beziehung sein. Sie hängt mit dem Gefühl der Unsicherheit zusammen, das ich auf den Seiten 62 bis 63 erkläre.

Wenn eine Mutter mitten in dieser chaotischen Phase steckt, blickt sie fassungslos auf andere Mütter, die diese Phase überstanden haben. Wie kann jemand mit einem Baby so gelassen sein? Die gelasseneren Mütter, die die anfängliche chaotische Phase überwunden haben, beruhigen und ermutigen gerne diejenigen, die sich noch abmühen:

> *Mutter 1:* Ich bin so müde. Mein Sohn hat letzte Nacht überhaupt nicht geschlafen. Ich habe stundenlang dagesessen und auf die Uhr gestarrt, gesehen, wie aus zwei Uhr drei Uhr wird und gedacht: »*Wann* darf ich schlafen?« [Sohn, 4 Wochen]
> *Das rief allgemeinen Protest voller Mitgefühl von den anderen Müttern der Gruppe hervor, die Babys im Alter von zwei bis elf Monaten hatten:* Pack die *Uhr* weg! Schau nicht drauf! Du machst dir nur unnötig das Leben schwer. Das gibt sich alles. Irgendwann kannst du den Schlaf nachholen. Ganz bestimmt. Mach dir keine Sorgen!

Der Gedanke, ich hätte alles falsch gemacht, quälte mich so, dass ich erst mal spazieren ging. Und ich bin so froh darüber. Ich habe einen Engel getroffen! *Wie sich herausstellte, war der Engel genau die Mutter, die einst auf die Uhr gestarrt hatte. Inzwischen waren jedoch fünf Monate vergangen, und sie konnte jetzt selbst Zuspruch geben.* Sie erzählte mir, dass sie selbst auch so unglücklich gewesen sei. Sie sagte, dass ich anderer Leute Kritik nicht an mich heranlassen dürfe, weil ich mein Kind am besten kenne. Ich ging nach Hause und war froh über den Spaziergang, weil ich Energie getankt hatte. [Sohn, 4 Monate]

Nach einer Weile kommt und geht das Gefühl des Chaos:

Jetzt wirke ich ganz ruhig. Kaum zu glauben, dass ich noch vor einer Stunde oder so meinen Mann am Telefon angeschrien habe: »Ich *schaffe* das nicht. Es gibt überhaupt keine *Routine*. Alles läuft *schief*. Ich habe versagt!« [Tochter, 6 Monate]

Nach und nach entdecken diese Mütter, dass das überwältigende Maß an Chaos abnimmt. Sie lernen ihre Babys kennen, während gleichzeitig ihre Babys sie kennenlernen. Der Prozess findet weniger bewusst statt als jener im fünften Kapitel, wo eine Mutter auf das eindringliche Schreien ihres Babys reagiert. Ihr Lernen ist jetzt weniger konzentriert. Die Mütter haben kein besonderes Ziel oder keine besondere Absicht vor Augen. Über lange Zeiträume sitzen sie einfach ruhig da, weil ihre Babys damit zufrieden zu sein scheinen. In dem Moment fühlt es sich vielleicht wie Nichtstun an, doch im Nachhinein erkennen Mütter, dass sie einiges gelernt haben. Oft wird das von der Mutter erworbene Wissen als »instinktiv« oder »intuitiv« bezeichnet. Das liegt vielleicht daran, dass es gewöhnlich nonverbal und deshalb *wie* Instinkt und Intuition ist. Instinkt und Intuition sind jedoch schnelle Reaktionen, während das mütterliche Verständnis langsam anwächst.

Ich werde ständig gefragt, wann ich wieder anfange zu arbeiten. Doch ich *arbeite* ja. Ich denke die ganze Zeit über meinen Sohn nach. Ich kann an nichts anderes denken. Das ist zu anstrengend. [Sohn, 4 Monate]

> Ich verbringe die meiste Zeit des Tages damit zu sein,
> nicht etwas zu tun. Ich muss auf Dinge verzichten, die
> ich gerne tue. Aber ich bin die Mutter von meinem Sohn.
> Das heißt nicht, dass ich nicht ich selbst bin, ich lerne
> bloß, in der Gegenwart zu leben. [Sohn, 6 Monate]

Wenn eine Mutter viel Zeit mit ihrem Baby verbringt, fügen sich kleine Bruchstücke plötzlich zu einem Muster zusammen. Zum Beispiel ist ihr Baby abends vielleicht aufgedreht und fängt an zu schreien. Anfangs kennt die Mutter den Grund nicht. Es scheint keinen Auslöser gegeben zu haben. Es hat sich nichts an der Situation verändert, was das Schreien ausgelöst haben könnte. Oft dauert es Wochen, bis sie erkennt, dass das Baby überreizt ist. Ein vernünftiges Baby sollte sagen: »Mir reicht es jetzt. Gönn mir eine Pause und hilf mir einzuschlafen, Mama!« Babys sind jedoch sehr neugierig. Sie geraten in einen Zustand, in dem sie zwar nichts mehr aufnehmen, sich aber auch nicht zurückziehen können. Deshalb das Schreien. Sobald eine Mutter diesen Zustand erkennt, ergibt das Verhalten ihres Kindes einen Sinn, was sie enorm erleichtert. Sie ist so glücklich, als hätte sie Ziffern eines Codes geknackt. Die Entscheidung, was jetzt zu tun ist, ist dann nicht mehr das Problem. Meistens probiert sie einige Ideen aus. Aber immerhin hat sie das Gefühl, die Lage wieder im Griff zu haben.

Es gibt einige interessante Untersuchungen dazu, wie Eltern mit kleinen Babys »interagieren«. ForscherInnen haben versucht, jede Form von Interaktion getrennt zu betrachten. Visuelles, verbales, taktiles und emotionales Verhalten wurde ebenso genau beobachtet wie das Pflegen und Auf-den-Arm-Nehmen.[41] Das könnte den Eindruck erwecken, dass eine Mutter ständig etwas mit ihrem Baby *tun* muss. Doch das wäre für beide Seiten kraftraubend. Oft sind sie ganz ruhig und eher untätig beisammen, dennoch des jeweils anderen sehr bewusst. Man kann sich beispielsweise mit einer stillenden Mutter unterhalten, die entspannt *aussieht,* als würde sie nichts tun. Schließlich wird die Nahrung für ihr Baby von ihrem Körper bereitgestellt. Sie muss sich nicht aktiv darum kümmern. Während ihr Baby trinkt, scheint sie ganz bei der Unterhaltung zu sein. Man merkt ihr jedoch nicht an, wie aufmerksam sie innerlich ist. Ihre Arme sind für jegliche Änderung des Babys sensibilisiert. Eine Mutter kann ihr Baby durch ihre Arme fast hören. Abwechselnd nimmt sie an der Unterhaltung teil und überprüft, wie es ihrem Baby geht.

> Ich habe mich immer zurückgesetzt gefühlt, wenn ich mich mit Müttern unterhielt, weil sie sich auf jede Äußerung ihres Kindes von mir ab- und ihm zuwendeten. Ich dachte immer: »Oh, du findest mich also langweilig.« Doch jetzt, wo ich selbst Mutter bin, sage ich den Leuten, dass ich verstehe, wie sie sich fühlen. Ich erkläre ihnen, dass mich interessiert, was sie sagen. Aber ein Teil von mir *muss* sich um meinen Sohn kümmern. [Sohn, 9 Monate]

Während die Mutter mit der Zeit lernt, es ihrem Baby recht zu machen, findet sie auch heraus, was für sie selbst funktioniert. Die Bedürfnisse beider Seiten müssen befriedigt werden. Das ist das Geheimnis ihrer Beziehung. Es handelt sich um zwei sehr unterschiedliche Menschen, die lernen müssen, sich in der Gegenwart des anderen wohlzufühlen. Die Mutter lernt, mit ihrem Baby zusammen zu sein und dabei selbst nicht zu kurz zu kommen. Eine Mutter, die eine ausgebildete Köchin war, fand heraus, dass sie mit ihrer kleinen Tochter eine Art Abmachung treffen konnte.

> Ich bekomme ständig zu hören, dass ich mal eine Pause von meiner Tochter brauche. Aber das brauche ich nicht. Ich bin gerne mit ihr zusammen. Uns gefallen die gleichen Sachen. Neulich musste ich *unbedingt* einen Fisch

braten, also erklärte ich ihr das und zeigte ihr den Fisch, und sie schien zu verstehen, wie wichtig mir das war. Ich setzte sie in ihren Stuhl und von dort sah sie mir zu, sodass ich den Fisch tatsächlich fertig zubereiten konnte. Dann dachte ich, wo sie schon mal so brav dort sitzt, könnte ich vielleicht noch mehr kochen. Sie fing aber sofort an, sich im Stuhl zu winden, als wollte sie sagen: »Du hast *Fisch* gesagt, mehr nicht.« [Tochter, 5 Monate]

Jede Beziehung ist ganz individuell. Manchmal greifen Mütter Ideen anderer Mütter auf. Aber niemand hat das Rezept für die ideale Beziehung. Der Vorschlag, dass beispielsweise jede Mutter, die einen Fisch braten will, ihr Baby zusehen lassen sollte, wäre absurd. Es geht darum, dass die Mutter einen Weg findet, wie beide Seiten auf ihre Kosten kommen. Wenn die Beziehung gut funktioniert, merkt die Mutter, dass ihr Alltag mehr Spaß macht, sobald sie ihn mit einem leidenschaftlich neugierigen Baby teilt. Für ihr Baby ist selbst die banalste Tätigkeit neu und aufregend. Eine Mutter zerknüllt eine braune Papiertüte, um sie wegzuwerfen, und bemerkt, wie ihr Baby sie mit vor Neugier geweiteten Augen anstarrt, um die Quelle des Knisterns ausfindig zu machen. Der Alltag gewinnt auf einmal an Spannung.

Diesen entspannten Momenten folgen allerdings auch belastende, in denen die Mutter und ihr Baby nicht auf der gleichen Wellenlänge sind. Sie hat das Gefühl, wieder ins Chaos zurückgeworfen zu sein. Das kann ihr den ganzen Tag die Stimmung verderben. Ein Baby benötigt beispielsweise plötzlich keinen Vormittagsschlaf mehr. Eines schönen Tages ist es stattdessen hellwach und energiegeladen. Das klingt vielleicht nach einer minimalen Änderung, aber in der Annahme, dass sie während seines Schlafs eine Pause machen kann, hat die Mutter ihre Energie bereits aufgebraucht. Sie hätte ein anderes Tempo vorgelegt, wenn sie gewusst hätte, dass diese Pause ausfällt. Jetzt reagiert sie müde und gereizt auf diese Änderung.

Einige Mütter klagen, dass sie sich nie auf der gleichen Wellenlänge mit ihrem Baby fühlen, während allen anderen ihrer Ansicht nach die Beziehung mühelos zu gelingen scheint. Das ist meist dann der Fall, wenn die Mutter nach eigener Auskunft hohe Ansprüche an sich selbst hat und oft auch mehr von dem Baby erwartet, als es erfüllen kann. Ihre Erzählungen klingen, als scheuche sie sich und ihr Kind eine Leiter hinauf, deren Ende nicht abzusehen ist. Einigen Müttern in diesem Dilemma hilft es, Erfahrungen mit anderen Müttern auszutauschen. Das beruhigt sie und hilft ihnen, ihre Selbstansprüche zu lockern. Sie können ihre Babys besser verstehen, wenn sie ihre Erwartungshaltung herunterschrauben.

Äußere Umstände können diese Phase des Mutterseins erschweren. Einige Mütter deprimiert ihr Zuhause, ihre finanzielle Situation oder die Beziehung zum Kindsvater. Vielleicht gibt es Krankheits- oder Todesfälle in der Familie oder politische Unruhen, denen sie nicht ausweichen können. Es kann sehr schwierig für eine Mutter sein, sich trotz ihrer Ängste zu entspannen und daran zu arbeiten, ihr Baby kennenzulernen.

Wunderbarerweise schaffen es Mütter trotz aller Widerstände und des mangelnden Verständnisses ihrer Umwelt, aus dem anfänglichen Chaos zu finden. Der Weg vom Chaos zur Ordnung scheint dem normalen Lernprozess des Menschen zu entsprechen. Es scheint eine Besonderheit menschlicher Intelligenz zu sein, in scheinbar willkürlichen Handlungen bedeutungsvolle Muster auszumachen.[42] Wie genau Mütter diese Muster wahrnehmen und worin sie bestehen, könnte Stoff für ein weiteres Buch sein. Hier soll es darum gehen, *dass* sie sie wahrnehmen und nicht herumsitzen und »nichts tun«.

Eine Mutter zweifelt anfangs vielleicht daran, dass das Verhalten ihres Babys überhaupt irgendeinen Sinn hat. Es kann belastend sein, einer Mutter in diesem Stadium des Chaos zuzuhören. Es gab schon Momente, in denen auch ich Zweifel hatte, ob eine extrem verzweifelte Mutter wirklich ihren Weg findet. Doch das tut sie. Es ist eine großartige Leistung. Jedes neue, einzigartige, komplexe Menschenbaby stellt eine Herausforderung für unser Verständnis dar. Eine Richtlinie, die bei einem Baby geholfen hat, stellt sich beim zweiten oft als unbrauchbar heraus. Dennoch fragen GesundheitsexpertInnen die Mutter eines scheinbar kranken Babys, selbst wenn es erst wenige Wochen alt ist: »Benimmt es sich anders als sonst?« Die ExpertInnen haben erkannt, dass sie sich selbst in diesem frühen Stadium darauf verlassen können, dass die Mütter eine Unzahl kleinster und genauer Beobachtungen gesammelt haben, wie sich ihre Babys normalerweise verhalten.

Wenn es keine Mutter oder andere Bezugsperson gibt, hat das Baby niemanden, der versucht, es zu verstehen oder mit ihm zu kommunizieren. Studien über Kinder in verwahrlosten Kinderheimen, wie beispielsweise in Rumänien, zeigen, wie gestört ein Kind sein kann, wenn die mütterliche Pflege fehlt. Die Reaktionsfähigkeit der Kinder ist herabgesetzt; sie beruhigen sich mit monotonen Bewegungen und scheinen oft jedes Vertrauen in ihre Mitmenschen verloren zu haben. Allein diese Studien sollten unsere Aufmerksamkeit auf das Unglaubliche lenken, das so viele Mütter fast unbemerkt in unserer Mitte leisten.

Irgendwann kommen die beiden nach der anfänglich chaotischen Phase an einen Punkt, an dem das Chaos dem gegenseitigen Verständnis weicht. Die Veränderung ist unübersehbar.

> Ich habe diese Woche gar nichts gemacht, außer mich mit meiner Tochter zu beschäftigen, und das ist großartig. Ich bin so gerne mit ihr zusammen, und ich verstehe sie jetzt viel besser. [Tochter, 4 Monate]

> Ich kann meinen Sohn jetzt lesen. Ich weiß, wann er zu müde oder wütend ist oder wann er sich langweilt. Ich weiß, wann er zwar etwas neugierig ist, aber auch etwas Hunger hat, sodass die beiden Gefühle kollidieren. Ich verstehe ihn voll und ganz. [Sohn, 6 Monate]

Ich erkenne ihre Signale, zum Beispiel die kleinen Quietscher, mit denen sie sagen will: »Gib mir die Haarbürste wieder! Ich will darauf herumbeißen!« [Tochter, 7 Monate]

Ich bin wirklich gerne mit meinem Sohn zusammen, und ich glaube, er auch mit mir. [Sohn, 1 Jahr]

Mütter, die überhaupt nicht stillsitzen und »nichts tun« können, finden es bestimmt tröstlich, dass auch die Mütter, die das schaffen, das Bedürfnis haben, Sachen zu erledigen.

Wenn mein Sohn schläft, schaffe ich zehn Sachen in der Zeit, in der ich früher eine geschafft habe. Ich fühle mich schuldig, wenn ich mich hinsetze und eine Tasse Tee genieße. Ich habe das Gefühl, ich müsste etwas tun. [Sohn, 4 Monate]

Einmal *musste* ich einfach den Küchenboden wischen. Ich bat meinem Partner, unseren Sohn zu halten, nur um zu wischen. Es ging nicht darum, dass es so schmutzig war. Es ging darum, dass ich wenigstens mal ein Ergebnis sehen konnte. Ich kümmere mich den ganzen Tag um unseren Sohn und kann keine Veränderung sehen. [Sohn, 7 Monate]

Ich möchte unbedingt wiederholen, dass es nicht das eine Modell gibt, eine gute Mutter zu sein. Einige Mütter bauen ganz andere Beziehungen zu ihren Babys auf, in denen das langsame »Nichtstun« keinen Platz hat. Dieses Kapitel ist nicht dazu gedacht, das Vertrauen dieser Mütter in ihren selbst gewählten Stil zu erschüttern, sondern es soll die Mütter stärken, die sich Vorwürfe machen, weil sie »zu nichts kommen«.

Wenn Mütter von ihren Babys fasziniert sind, erwidern diese das Kompliment großzügig. Die Beziehung trägt Früchte.

Es ist wechselseitig. Er starrt in mein Gesicht hoch und bestaunt mich einfach. Ich bekomme genauso viel zurück, wie ich gebe. [Sohn, 3 Monate]

Ich kann meine Tochter nicht eine Sekunde ablegen. Sie will einfach ständig getragen werden. Wenn ich noch einmal zu hören bekomme, dass das die Zähne sein müssen, schreie ich. Es ist überhaupt kein Zahn in Sicht. Ich muss mir immer wieder vor Augen halten, dass sie intelligent ist. Ich meine, warum sollte jemand immer wieder auf meinen Arm wollen, nur um mich anzusehen? [Pause] Ich kann das wohl bloß nicht glauben. [Tochter, 7 Monate]

Die Beziehung ist jedoch keineswegs sentimental. Wenn Mütter viel Zeit mit ihren Babys verbringen, sehen die Babys ihre Mütter in den verschiedensten Stimmungen.

Mutter 1: Ich sage »Hallo!«, wenn er schreit, und zwar in meiner »lieben« Stimme. Und er sieht mich bloß an, und ich bin mir sicher, dass er Bescheid weiß. Er weiß, dass mir gar nicht nach »lieb« zumute ist. [Sohn, 7 Wochen]
Mutter 2: Ja, ich weiß. Sie schauen einen so groß an. Ich meine, ich kann ihn einfach nicht *anlügen*. Manchmal gehe ich zu ihm und mir geht's nicht so gut, und das kann ich einfach nicht verheimlichen. Ich fände es furchtbar, ihm etwas vorzutäuschen. [Sohn, 4 Monate]

Mein Sohn hat kein Ideal vor Augen. Wenn eine Mutter den ganzen Tag mit ihrem Kind verbringt, sieht es manchmal auch eine deprimierte Mutter, der nicht nach Reden zumute ist, oder es sieht sie weinen. Es sieht alles. [Sohn, 9 Monate]

Das gegenseitige Erkunden ihres Gegenübers zeigt, dass Mutter und Baby klar ist, dass sie einander kennenlernen müssen. Sie wissen nicht automatisch, wie der andere tickt.

> Anfangs ging es ums Kuscheln. Es war eine Kuschelbeziehung. Sie basierte darauf, dass ich meinen Sohn hielt. Ziemlich fest, aber nicht zu fest. So saß ich stundenlang mit ihm. Manchmal hatte ich das Gefühl, mich selbst zu verlieren, als wenn ich er wäre und in sein Bewusstsein eingedrungen wäre. Jetzt kommt mir die Erinnerung daran merkwürdig vor. [Sohn, 8 Monate]

Das »als wenn« der Mutter ist entscheidend. Man kann sich auf ähnliche Weise in einem Film oder Roman »verlieren«. Es ist der Versuch, sich eine fremde Welt zu erschließen. Man kann ein Buch aufschlagen und sich dabei bewusst sein, auf einem bestimmten Stuhl zu sitzen und vielleicht nur wenig Zeit zum Lesen zu haben. Dann ziehen einen Details der Geschichte »in den Bann«. Ab einem gewissen Punkt erlaubt man sich, den Stuhl und die begrenzte Zeit vorübergehend zu vergessen. Auf einer tieferen Ebene verankern wir uns jedoch und können wieder zu uns zurückkehren. Wir sind nicht Elizabeth Bennet oder Darcy; es kommt uns nur eine Zeit lang so vor. Es hat uns ihnen näher gebracht. Mütter scheinen einen ähnlichen Prozess zu beschreiben.

Bis ich selbst Mutter wurde, fehlte mir jede Vorstellung davon, wie viel es über jedes Baby zu lernen gibt. Jahre zuvor hatte ich während des Studiums Winnicotts Bestseller *Kind, Familie und Umwelt* gelesen. Zu der Zeit war ich mir nicht sicher, was ich davon halten sollte, also hob ich es für später auf, »wenn ich selbst Kinder habe«. Als ich mein erstes Baby bekam, fühlte ich mich in dieser fremden neuen Welt völlig orientierungslos. Eines Tages fiel mir Winnicotts Buch ein. Ich weiß noch, wie aufgeregt ich über die Wiederentdeckung war, die ich mit meinem kleinen Baby auf dem Arm lesen konnte.

Der erste Absatz verschreckte mich; irgendetwas klang nicht ganz richtig. Doch dank Winnicotts jovialem und lebendigem Stil verschlang ich die ersten Kapitel, ohne das Buch wegzulegen. Dann zwang ich mich, zum ersten Absatz zurückzukehren. Ich musste alle Sätze einzeln lesen, bis ich die lokalisieren konnte, mit denen ich Schwierigkeiten hatte. Sie lauten: »Ich bin ein Mann und als solcher kann ich niemals wirklich wissen, was es wohl ist, das dort in der Wiege liegt, ein Stückchen von meinem eigenen Selbst, ein Stückchen von mir, der ich ein unabhängiges Leben führe. Aber zugleich ist es auch etwas Abhängiges und wird erst allmählich zur Person.«[43] Der Teil, der mich aufgeschreckt hatte, war »ein Stückchen von meinem eigenen Selbst«.

Ich schaute vom Buch zu dem Baby auf meinem anderen Arm und wieder auf die erste Seite. *War* meine Tochter »ein Stückchen von meinem eigenen Selbst«? Nein. Darin lag der Kern meines Problems. Sie war völlig anders. Sie wurde auch nicht »erst allmählich zur Person«. Sie wirkte schon wie eine echte Persönlichkeit. Sie entwickelte ganz offensichtlich eigene Gedanken und eigene Ansichten. Sie stellte mich ständig vor neue Herausforderungen. Obwohl sie so klein war, fühlte ich mich gezwungen, sie nicht als »Baby« wahrzunehmen, sondern ihr mit dem Respekt zu begegnen, den man einer ebenbürtigen Person entgegenbringt.

Mütter und Babys verhalten sich von Anfang an, als würden sie sich als voneinander getrennte Personen wahrnehmen. Mütter mögen den Anschein müheloser Zweisamkeit erwecken. Sie sprechen vielleicht von sich und ihrem Baby in der Wirform, zum Beispiel in dem Satz: »Wir beide hatten einen wirklich schönen Tag.« Entscheidend in dieser Art von Aussage ist, dass sie zwei unterschiedliche Menschen beschreibt, die lernen, sich gegenseitig Verständnis entgegenzubringen und miteinander auszukommen. Das »wir« der Mutter negiert nicht die Eigenständigkeit ihres Babys, sondern bekräftigt, dass sie trotzdem eine Möglichkeit des Zusammenseins gefunden haben.

Einige Mütter sagen, dass sie ihren Babys kleine Episoden aus dem Alltag erzählen. Die meisten Babys sind aufmerksame Zuhörer. Ihre Augen werden kugelrund, und sie keuchen vor Aufregung. Nicht alle Mütter verwenden im ersten Jahr Wörter. Einige Mütter sagen, dass es ihnen zu peinlich und albern ist, mit einem Baby zu reden. Zu ihnen gehörte auch die Mutter, die sich mit ihrem Baby über das Fischbraten einigte. Sie traf die Abmachung mit einem Minimum an Worten und setzte vorrangig auf Gesten. Wörter sind bei dieser Art von Austausch nicht entscheidend. Wichtig ist, einander Aufmerksamkeit zu schenken und sich abzuwechseln.

Auch wenn Kommunikation als wichtig gilt, kann diese frühe Phase sich immer noch wie »Nichtstun« anfühlen. Sie ist spontan und macht Spaß. Doch Jahre später, wenn das Kind zur Schule geht, baut es auf der von der Mutter geschaffenen Basis auf. Diese mütterliche Vorarbeit muss eine wesentliche Rolle spielen, auch wenn sie zum damaligen Zeitpunkt wahrscheinlich als »nichts« unterschätzt wurde.

Während die Mutter lernt, mit ihrem Baby zu kommunizieren, rückt eine weitere Dimension ihrer Beziehung in den Vordergrund: die moralische Beziehung zwischen den beiden. Einst galt sie als wesentlicher Bestandteil des Mutterseins und stand in einem religiösen Kontext. Jetzt, da die organisierte Religion an Bedeutung verloren hat, scheint uns das Ganze in Verlegenheit zu bringen. Es ist kein leichtes Thema. Zunächst einmal sind Mutter und Baby sich körperlich nicht ebenbürtig. Wir erkennen auf einen Blick, dass die Mutter die bei Weitem Größere, Stärkere und Erfahrenere der beiden ist. Also muss die moralische Ebene im Kontext der Beziehung zwischen einer stärkeren Person und einer schwächeren betrachtet werden.

Die moralische Beziehung zwischen einer Mutter und ihrem Baby ist ein weites und komplexes Feld. Nur ein kleiner Bereich dessen soll in diesem Kapitel eine Rolle spielen. Es geht um einen weiteren wichtigen Punkt des Mutterseins, der selten Erwähnung findet und stattdessen zu einem »Nichts« totgeschwiegen wird. Er ist jedoch ein wesentlicher Bestandteil des mütterlichen Alltags. Sie fragt sich vielleicht des Öfteren, ob sie eine gute Mutter ist. Andere Leute fordern sie mit ihren Ansichten über die beste Form der Kindererziehung heraus. Manchmal wird sie vielleicht auch von Wildfremden auf der Straße angesprochen: »Ist er / sie ein braves Baby?« »Moral« und »urteilen« sind heutzutage unbeliebte Konzepte. Müttern ist vielleicht nicht immer bewusst, wenn sie in moralischen Kategorien denken. Doch sie tun es gewiss.

Die Frage, wie man eine gute Mutter ist, kann während der Schwangerschaft etwas abstrakt wirken. Werdende Mütter erhalten von ihrer Familie, ihren FreundInnen und ExpertInnen zahlreiche Ratschläge, wie sie im Interesse ihres ungeborenen Kindes am besten für sich sorgen. Die werdenden Mütter klagen manchmal, dass sie das ganze Theater nicht verstehen. Doch sobald eine Mutter ihr Baby sehen und auf den Arm nehmen kann, scheint es kein Theater mehr zu sein. Wie durch ein Wunder hat ihr Körper gerade einen völlig neuen Menschen hervorgebracht. Nicht zu fassen, dass ihr dieses Wunder eines neuen Lebens anvertraut wurde! Junge Mütter schildern den leidenschaftlichen Wunsch, ihr Bestes für ihr Baby zu geben. Mutter zu sein allein reicht nicht; die meisten von uns beschließen auf der Stelle, *gute* Mütter zu werden.

Das Gute in alltägliche Handlungen zu übersetzen ist allerdings etwas ganz anderes. Selten erlaubt es die Zeit, Abstand zu nehmen. Eine Mutter hat ununterbrochen Entscheidungen zu treffen. Diese scheinen oft so banal, dass die mütterliche Entscheidung ganz pragmatisch wirkt. Deren moralische Dimension ist dabei leicht zu übersehen. Sie selbst beklagt sich oft, sich nicht mehr wie ein Mensch mit freiem Willen zu fühlen. Was kann sie schon groß entscheiden? Sie hat doch die Zügel aus der Hand gegeben. Ihr eigensinniges Baby trifft alle Entscheidungen. Ist sie ihm nicht quasi ausgeliefert wie eine Sklavin, die auf Befehl zu ihrem Gebieter eilt? Von Wahlfreiheit kann keine Rede sein, hat sie doch ihre einstige Freiheit verloren, selbst über ihren Tag zu bestimmen. Und doch macht sie von ihrer Entscheidungsmacht Gebrauch. Die endgültige Entscheidung über ihr Tun liegt bei ihr, und zwar jedes einzelne Mal. Sie ist die Stärkere. Jedes Mal, wenn ihr Baby etwas will und sie es ihm gibt, hat sie sich dafür entschieden, ihre Macht als Erwachsene human einzusetzen. Diese ganz kleinen Entscheidungsmomente sind ihr nicht bewusst.

Normalerweise muss sie auf dem Sprung entscheiden. Banal klingende Fragen tauchen auf, dicht und schnell. Babys scheinen häufig genau dann einzuschlafen, wenn die Mutter irgendwo einen Termin hat. Soll sie es wecken oder den Termin verpassen? Es trägt keinen körperlichen Schaden davon, wenn sie es weckt. Es scheint jedoch so tief zu schlafen, dass es ihr sehr egoistisch vorkommt, es zu wecken. Sie wägt seine Interessen gegen ihre eigenen ab, sowohl in moralischer als auch in pragmatischer Hinsicht.

> Ich komme mir ein bisschen wie eine Nonne vor, und zwar im positiven Sinn. Ich lasse den Fernseher aus, weil ich glaube, dass er meinem Sohn nicht guttun würde. Solche Sachen könnte ich mir auch einfach sparen. Aber ich bin froh, dass ich sie befolge. [Sohn, 4 Wochen]

> Ich wäge ständig ab, was ihr gut tut und was mir gut tut. Jede Entscheidung fällt mir schwer. [Tochter, 5 Monate]

> Mir gehen so viele Fragen durch den Kopf, wie beispielsweise: Schenke ich meinem Sohn genug Aufmerksamkeit? Vernachlässige ich ihn, wenn ich mich um andere Sachen kümmere? Und wir kommen *immer* zu spät! Schade ich ihm, wenn ich ihm seine kleinen Schuhe immer so hastig anziehe, damit wir zur Abwechslung mal pünktlich kommen? [Sohn, 6 Monate]

> Die Entscheidung, wie weit wir unsere Babys Risiken
> eingehen lassen sollten, ist sehr schwierig. Wären wir
> Männer, würden wir uns dazu gratulieren, an vorderster
> Front der Wissenschaft zu stehen. Aber wir sind Frauen,
> deshalb geißeln wir uns mit Schuldgefühlen. [Tochter, 13
> Monate]

Außerdem gibt es den schwierigen Balanceakt zwischen ge-
schwisterlichen Interessen oder vielleicht den Bedürfnissen eines Haustiers. Um wen sollte sich die Mutter zuerst kümmern
und aus welchem Grund?

> Ich glaube, einer unserer Kater ist seit der Geburt unse-
> rer Tochter regelrecht depressiv geworden. Er verlässt
> den ganzen Tag nicht sein Körbchen. Er sucht meine
> Aufmerksamkeit. Es ist furchtbar. In den ganzen Jahren
> vor unserer Tochter waren die Katzen meine Babys.
> [Tochter, 3 Monate]

> Es ist schwierig, wenn beide Kinder zur gleichen Zeit et-
> was von mir wollen. [Tochter, 5 Jahre; Sohn, 3 Monate]

Diese Beispiele sind moralischer Art, weil die Mutter abwägt,
wie sie am besten handeln sollte. Anstatt nichts zu tun, verfügt
sie also über eine gewaltige Macht. So einfach sich diese
Macht missbrauchen ließe, so unmöglich ist es auch, sie immer richtig einzusetzen. Oft trifft sie ihre Entscheidungen im
Chaos des Moments. Anfangs sind diese vielleicht nicht kon-
sequent. Sie experimentiert, überprüft und ändert manchmal
ihre Meinung. Doch langsam kristallisiert sich ein erkennba-
res Muster heraus. Langsam verbinden sich die kleinen Entscheidungen einer Mutter miteinander. Dadurch bekommt ihr
Baby einen Vorgeschmack von Gerechtigkeit.

Einer derjenigen, die die gewaltige moralische Macht von
Müttern erkannte, war Platon – er beeilte sich jedoch anzu-

merken, dass diese Macht zu kostbar wäre, um sie in Frauen-
händen zu belassen. In seinem letzten Werk, *Die Gesetze,*
stellte er Überlegungen zur bestmöglichen Gesellschaftsform
an und wie Gesetze beschaffen sein müssten, um diese Organisation zu bewahren. Er arbeitete heraus, welche Bürger es
brauchte, um diese ideale Gesellschaft zu verwirklichen. Und
das führte ihn zu der Frage, was für eine Erziehung im Babyalter sie bestmöglich auf ihre Verantwortung als Erwachsene vorbereiten würde. Seine Argumente regen noch heute zum
Nachdenken an. Platon hatte keine Zweifel, dass Erwachsene
von ihrer Kindheit beeinflusst werden. Er ging sogar davon
aus, dass das Ausmaß an körperlicher Tätigkeit einer Schwangeren sich auf ihr Kind auswirke.

Daraufhin stellte Platon sich genau die Fragen, die Mütter
nur zu gut kennen. Sollte ein schreiendes Baby auf den Arm
genommen und beruhigt oder streng erzogen werden? Sollten
Babys mit besonderen Vergnügungen stimuliert oder in Ruhe
gelassen werden? Sollten Jungen und Mädchen unterschiedlich behandelt werden und wenn ja, ab welchem Alter? Auf jede Frage, dessen war er sicher, gäbe es eine ideale Antwort,
die einen großen Einfluss auf den kindlichen Charakter nähme. Die ideale Antwort könnte dann in ein Gesetz gegossen
werden. Vielleicht aber, so Platons Überlegung, würden Mütter und Kindermädchen sich nicht an solche Gesetze halten,
sondern stattdessen über diese spotten: »Dass wir vielleicht
zum Gelächter werden würden.«[44] Also sollte in seinem System der Familienvater die Verantwortung dafür tragen, dass
jedes Kind gesetzeskonform aufwächst.

Zum Glück für uns alle bleibt dieses totalitäre System Platons ein Traum. Mütter verfügen immer noch über ihre moralische Machtstellung. Das heißt nicht, dass ihre Macht unbe-
grenzt ist. Die Mutter teilt sie mit dem Vater des Babys. Es
kann sehr hilfreich sein, gemeinsam Erziehungsfragen zu diskutieren. Auch Familie und FreundInnen haben Einfluss auf
das Paar. Wie am Anfang dieses Kapitels bereits erwähnt, sind

Mütter meist sensibel für die Meinung anderer von ihren Kindern. Außerdem gibt es staatliche Institutionen, die eingreifen können, wenn eine Mutter ihr Kind zu misshandeln oder zu vernachlässigen scheint. Abgesehen davon sind Mütter jedoch auf sich allein gestellt. Eine Mutter kann in ihren eigenen vier Wänden ihr eigenes Moralsystem erschaffen.

Dabei stellen nicht andere Erwachsene die größte Herausforderung dar, sondern ihr eigenes Baby. Babys sind keine leeren Gefäße, in die Mütter ihre eigenen Wertvorstellungen füllen können. Mütter sind oft erstaunt, wie vehement Babys ihre eigenen Vorstellungen durchsetzen, und zwar von Anfang an.

> Meine Tochter hat ganz genaue Vorstellungen, wie ich sie tragen soll. Sie will auf meiner Schulter liegen. Doch als wir zur Botschaft mussten, um meinen Pass zu holen, haben wir uns richtig gestritten, weil ich sie dort nicht so tragen konnte. [Tochter, 6 Wochen]

> Mein Sohn kann mir jetzt seine eigene Meinung mitteilen. [Sohn, 4 Monate]

> Meine Tochter ist sehr willensstark. Wenn sie etwas will, wird ihr Blick ganz entschlossen, und *nichts* kann sie davon abhalten. [Tochter, 6 Monate]

> Einen anderen Menschen kann man nicht kontrollieren. Das ist mir klar geworden. Ich kann meinen Sohn beispielsweise nicht zwingen, etwas Bestimmtes zu essen, selbst wenn es zu seinem Besten ist. [Sohn, 12 Monate]

Über die moralische Erziehung von Kindern – oder den Mangel daran – existieren viele Bücher. Babys sind sensibel. Sie scheinen schon früh für moralische Signale empfänglich zu sein. Wenn eine Mutter ihr Baby mit Respekt behandelt, wird es ihr wahrscheinlich ähnlich begegnen – nicht sofort, aber sobald es alt genug ist. Die Macht der Mutter ist also eher subtil. Sie geht mit gutem Beispiel voran. Das heißt, dass sie sich weniger auf das Verhalten ihres Babys konzentrieren als vielmehr ihr eigenes sorgfältig reflektieren muss.

Das ist nicht so einfach, wie es klingt. Das Leben mit einem Baby kann frustrierend sein, und es sind nicht immer ZeugInnen der Mutter-Kind-Interaktion anwesend. Es wäre für eine frustrierte Mutter nur allzu leicht, sich selbst freizusprechen und die Schuld auf ihr Baby zu schieben. Die Verlockung ist natürlich sehr groß. Bemerkenswerterweise berichten einige Mütter davon, die Geduld mit ihren Babys verloren und dies anschließend bereut zu haben.

> *Mutter:* Ich rede laut mit meinem Sohn. Auf die Weise kann ich hören, was ich mache. Wenn ich etwas Falsches mache, sage ich ihm das auch.
> *Ich:* Entschuldigst du dich auch, wenn du etwas Falsches gemacht hast?
> *Mutter:* Oh, und ob, *und ob,* ich entschuldige mich *ständig.* Ich hoffe, dass ihm später bewusst wird, dass man das tun sollte. [Sohn, 8 Monate]

Babys scheinen Erwachsene genauestens zu studieren, um die Regeln der Erwachsenenwelt zu lernen. Wenn eine Mutter sich bei ihrem Baby dafür entschuldigt, etwas Falsches getan zu haben, lernt es schon von Anfang an, dass sie moralische Prinzipien ernst nimmt. Seine Mutter muss ihm keinen Vortrag über deren Wichtigkeit halten. Es hatte lange Gelegenheit zu beobachten, wie sie diese selbst befolgt. Umgekehrt sprechen sich manche Mütter genau von den Vergehen frei, für die sie ihre Kinder bestrafen. Daraus folgert das Kind logischerweise, dass moralische Normen tatsächlich »nur für Kinder« gelten.

Wenn das Kind zu krabbeln anfängt, entwickelt es oft die Angewohnheit, auf die Mimik seiner Mutter zu achten, bevor es etwas Neues ausprobiert. Es fordert sowohl ihre pragmatischen als auch moralischen Maßstäbe ein. Wenn eine Mutter ihr eigenes Handeln allerdings nicht als wertvoll begreift, übersieht sie diese Gelegenheit leicht. Eine Stufe weiter wäre dann das Zeigen des Babys auf Gegenstände. Seine Mutter stellt deren Namen zur Verfügung und hat auch hier wieder die Gelegenheit, etwas darüber hinaus zu sagen: »Zeitung. Vorsicht, nicht zerknittern! Mama und Papa möchten, dass sie heile bleibt.«

Bald setzt das Kind Wortgruppen und Sätze zusammen. Mit der Zeit ist es in der Lage, ihre Moralvorstellungen mit einer Unzahl von Fragen herauszufordern, von denen die meisten mit einem »Warum?« beginnen. Dabei ist die Erkenntnis wichtig, dass das Kind Details herausfordert. Es stellt bestimmte Regeln infrage. Damit zeigt es, dass es prinzipiell verstanden hat, dass es *einige* Regeln geben muss, um den Umgang der Familienmitglieder miteinander freundlich, fair und höflich zu gestalten. Mütter müssen nicht jede Regel lehren. Schon ein paar Regeln bringen Kindern das Nötige bei. Sie begreifen den Wert von Gerechtigkeit an sich.

Gerechtigkeit ist ein uraltes Konzept. Schon die primitivsten Gesellschaften verfügten über einen Kodex guten und schlechten Verhaltens sowie entsprechende Belohnungen und Strafen. Dies ermöglicht uns das Zusammenleben in komplexen sozialen Gruppen verschiedenster Größen, in denen die Mehrheit Respekt voreinander und vor dem Eigentum Anderer hat. Wir bewegen uns von einem Umfeld zum nächsten und passen uns immer wieder neu an. Wir lernen unterschiedliche soziale Verhaltensregeln für unterschiedliche Situationen und entwickeln unseren eigenen Kodex. Wir müssen lernen, wann wir soziale Normen akzeptieren sollten und wann wir uns gegen ihre Ungerechtigkeit auflehnen müssen. Vor dem kleinen Baby liegt also noch die gesamte soziale Welt in ihrer Größe und Komplexität.

Wer weiß schon, wie die Zukunft eines Babys aussieht? Wenn es erwachsen ist, mag es eine große Verantwortung tragen, es kann sich aber auch in einer Gesellschaft wiederfinden, in der seine Rechte beschnitten werden und es Unterdrückung erfährt. Unter diesen Umständen können die frühen Erfahrungen mit seiner Mutter und die Erinnerung daran, wie sie ihre Macht eingesetzt hat, dazu dienen, es als Erwachsenen zu festigen und zu stützen. In kritischen Situationen kann ihr moralischer Einfluss weit über seine Kindheit hinausreichen, wovon Platon ausging.

Wenn eine Mutter still dasitzt und ihrem Baby ihre Aufmerksamkeit schenkt, mag der sichtbare Anteil ihrer Leistung gering sein. Wenn wir diese Form von Beziehungsarbeit weiterhin als »den ganzen Tag zu nichts kommen« bezeichnen, fällt es den meisten Müttern schwer, auch nur den geringsten Wert in ihrem Tun zu erkennen. Sie erfahren stattdessen nur Wertschätzung für sichtbare Leistungen, die sie erbringen. Sichtbare Leistungen können hingegen banal sein, wie die Soziologin Jessie Bernard betont: »Generationen von Kindern wachsen beschützt, behütet und wohlgenährt zu sozialen Menschen heran, allein durch so banale Handlungen wie Wickeln, Abspülen, Verpflastern und Schaukeln.«[45]

So fühlen nicht alle Mütter, dennoch haben sie Schwierigkeiten, ihre Gefühle zu rechtfertigen. Zu denen, die die Wichtigkeit des Bemutterns am deutlichsten vor Augen haben, gehören die Frauen, die mit jungen Menschen arbeiten, denen eben dieses Bemuttern fehlt. Diese Mütter sind oft aus finanziellen Gründen – und trotz Tränen der Trauer – gezwungen, nach ihrem Jahr Elternzeit ihre Babys in eine Betreuung zu geben, um ihren Vollzeitjobs als Heilpädagoginnen, Schulpsychologinnen, Jugendarbeiterinnen, Psychotherapeutinnen oder in Reha-Kliniken für Suchtkranke nachzugehen. Und dies sind nur einige, die sich um die Probleme junger Menschen kümmern, denen nicht genug Aufmerksamkeit ihrer Eltern zuteilwurde. Durch ihre Betreuungsarbeit kommen jedoch ihre eigenen Kinder zu kurz.

Im Schulalter wird die Beziehungsfähigkeit von Kindern offensichtlicher. Diese wird dann von den LehrerInnen »Sozialisation« genannt, was lediglich ein Versuch ist, den unterschätzten und unsichtbaren Wert von Beziehungen in Worte zu fassen. Wenn ein Kind echtes Verständnis von seiner Mutter genossen hat, kann sein Unvermögen, die Schultoilette zu benutzen oder mit Messer und Gabel zu essen, in wenigen Minuten korrigiert werden. Es wird seinen Respekt für die Mutter auf seine LehrerInnen ausweiten, genau zuhören und motiviert lernen. Wenn ein Kind zu Hause auf einem Schlachtfeld aufgewachsen ist, wo ihm seine Eltern wenig Respekt und kaum Verständnis entgegengebracht haben, wird es an der Schule zuallererst versuchen, sich selbst vor dem aus seiner Sicht endlosen Ansturm von Erniedrigungen zu schützen, anstatt das richtige Verhalten in der Schule zu lernen.

Wenn es erwachsen ist, wird seine Misere noch offensichtlicher. Beziehungen werden immer häufiger zum Problem. Erwachsene verbringen Stunden ihrer Freizeit in Beratung, Einzel-, Paar- und Gruppentherapie, Elternberatung und sogar Workshops in »sozialer Kompetenz«, weil ihnen diese nicht mehr natürlich zufällt. Wenn man Menschen in dieser Situation zuhört, fällt auf, dass die Mütter dieser »KlientInnen«, zu denen sie inzwischen geworden sind, ihnen in frühen Jahren oft nicht genug Respekt entgegengebracht haben. Verständlicherweise ist aus dem Kind ein erwachsener Mensch geworden, dem die Erfahrung einer guten frühen Beziehung abgeht. Er hat noch nie die Freude und den Schmerz kennengelernt, Liebe für einen anderen Menschen zu riskieren. Vielleicht ist ihm nicht klar, dass – auch wenn es beruhigend ist, den eigenen Willen zu bekommen – es noch aufregender sein kann, etwas um der Liebe eines anderen Menschen willen zu tun. Zwei Menschen, die eine stabile Freundschaft oder Ehe verbindet, können sich gemeinsam viel weiter entwickeln, als es einer allein vermag. Es ist möglich, das alles als erwachsener Mensch zu lernen, doch so viel einfacher, mit dieser Erfahrung aufzuwachsen.

Wir verfügen über alle möglichen Rehabilitationssysteme, unterschätzen jedoch nach wie vor die Arbeit, die solche Probleme schon vor ihrem Entstehen entschärfen könnte. Wenn wir die langsamen Phasen des Mutterseins weiterhin mit »Nichtstun« gleichsetzen, dann werden auch die meisten Mütter in ihrem Tun weiterhin »nichts« sehen.

SIEBTES KAPITEL

So müde, dass ich sterben könnte

Die Müdigkeit einer jungen Mutter spielt in einer Liga für sich. Gespräche wie die folgenden sind keine Seltenheit:

>»Wie geht es dir?«
>»Ich bin *hundemüde!*«
>»Ich auch. Wenn ich mich hinlegen würde, könnte ich eine Woche durchschlafen.«
>»Eine *Woche?* Mir würden schon vier Stunden am Stück reichen.«
>»Ich habe mich immer gefragt, was Mütter meinen, wenn sie sagen, dass sie müde seien. Jetzt weiß ich's.«
>»Man ist zu müde, um sich Gedanken zu machen, was gegen die Müdigkeit helfen würde.«
>»In den ersten paar Monaten glaubt man wirklich: Ich werde nie wieder richtig schlafen können.«
>»Man verliert seinen Sinn für Humor, wenn man so müde ist. Ich halte es nicht *aus,* wenn Leute Witze reißen.«
>»Man verliert seinen Realitätssinn. Die ganze Urteilskraft ist dahin, wenn man so müde ist.«

Was genau ermüdet die Mutter eines Babys so sehr? Mütter antworten darauf gewöhnlich: »Ich brauche mehr Schlaf.« Eine längere ununterbrochene Schlafphase ist ein großartiges Stärkungsmittel, das Müttern meistens verwehrt bleibt. Aber das erklärt nicht alles. Eine wichtige Rolle scheint zu spielen, dass Mütter denken, sie *dürften* nicht müde sein.

Das zeigt sich in der Art und Weise, wie Mütter ihre Müdigkeit beschreiben. Sie sind nicht stolz darauf. Sie rechtfertigen sie nicht als lohnenswerte Konsequenz des Mutterseins. Sie verhalten sich wie bei der Beichte; als wären sie irgendwie selbst schuld. Wenn sich eine Unterhaltung um Müdigkeit dreht, hört man Mütter oft sagen, dass sie das Gefühl haben, die »Kontrolle zu verlieren«, oder »momentan keinerlei Routine« zu haben oder dass sie »die Müdigkeit nicht in den Griff bekommen«. Eine Mutter klingt manchmal eher wie eine abgekämpfte Geschäftsführerin, nicht wie die Mutter eines menschlichen Wesens. Das ist verständlich, provoziert doch die Erwähnung ihrer Müdigkeit meistens Ratschläge, wie sie diese vermeiden kann. Sie erntet keine Anerkennung dafür, dass sie aus gutem Grund müde ist. Müdigkeit scheint zu bedeuten, dass sie ihr eigenes Leben nicht im Griff hat.

Erstgebärende verwirrt das besonders. Sie haben vielleicht vorher gehört, dass Babys anstrengend sind, aber schließlich haben die Leute ja immer etwas zu meckern. Vor der Geburt des Babys wirkte die Aufgabenliste nicht allzu anspruchsvoll. Babys schlafen doch viel, oder nicht? Wenn sie wach sind, müssen sie nur gefüttert werden, brauchen Hilfe bei Blähungen und ab und an eine neue Windel, und den Rest der Zeit kann man mit ihnen spielen.

Nach der Geburt ist das Ausmaß der Müdigkeit oftmals eine böse Überraschung. Die Mütter, mit denen ich spreche, betrachten sich selbst eher als kompetente Frauen. Nur wenige Monate zuvor widmeten sich viele von ihnen ausschließlich ihren anspruchsvollen Berufen zum Beispiel in der Schule, im Gesundheitswesen, im Fernsehen oder in der Wirtschaft. Sie waren an Arbeitsstress gewöhnt und stolz darauf, schwierigen Situationen gewachsen zu sein. Sie hatten ein positives Selbstbild.

Solche Selbstbilder lösen sich in den ersten Monaten des Mutterseins häufig in Luft auf. Die Veränderung wirkt unfassbar.

Die Müdigkeit einer berufstätigen Mutter lässt sich leicht erklären, aber was ist mit der Erschöpfung einer Mutter in Elternzeit? Sie verbringt die meiste Zeit zu Hause, einem Ort, der mit Freizeit und Entspannung assoziiert wird. Wie ist es möglich, dass eine Mutter sich beklagt, *zu Hause* müde zu sein? Hier hat sie alles, was sie braucht. Hier kann sie bestimmen. Sie muss sich nicht um Hackordnungen, Deadlines oder eine mögliche Entlassung sorgen. Viele Mütter glauben, dass das Leben zu Hause ein Kinderspiel wird. Vor der Geburt nehmen sie sich vor, es sich nicht zu bequem zu machen (um natürlich auch den Schuldgefühlen entgegenzuwirken), indem sie ein Zimmer umräumen oder einen Kurs oder Studiengang belegen. Wie können sie dann ihren hart arbeitenden PartnerInnen und FreundInnen erklären, wie müde sie sind – obwohl sie doch den ganzen Tag zu Hause verbracht haben?

Warum gehört die Müdigkeit zum Bemuttern eines Babys dazu?

Anfangs sind die meisten Mütter bloß etwas müder als gewöhnlich. Während der ersten Wochen verbringen viele Neugeborene einen Großteil des Tages schlafend. Studien zufolge schläft das durchschnittliche Neugeborene etwa sechzehn der vierundzwanzig Stunden.[46] (Die meisten Babys, die ich kenne, sind nicht so durchschnittlich!) Während dieser Zeit geht eine junge Mutter ebenso wie ihre Umwelt davon aus, dass sie müde ist. In dieser Phase scheint das Muttersein, abgesehen vom anstrengenden nächtlichen Füttern, relativ unkompliziert zu sein, wenn das Baby viel schläft. Die Mutter glaubt dann häufig, ein »einfaches« Baby zu haben, und nimmt einige ihrer alten Tätigkeiten wieder auf. Gerade wenn sie sich sicher ist, dass das Muttersein viel einfacher ist, als alle sagen, und gerade wenn die Hilfsangebote und netten telefonischen Solidaritätsbekundungen nachlassen, scheint ihr Baby in eine neue Phase zu treten. Anstatt nach jeder Mahlzeit einzuschlafen, öffnet es die Augen und schaut sich wachsam und fasziniert um.

In dieser Phase sind Neugeborene nachts oft besonders aktiv. Erwachsene erwarten, sich nachts entspannen und schlafen zu können. Neugeborene scheinen Tag und Nacht anders wahrzunehmen. Viele sind vom hellen Tageslicht und den Alltagsgeräuschen überfordert. Gerade wenn ihre Eltern das Licht ausschalten und ruhiger reden, scheinen sich Neugeborene wohler zu fühlen. Sie öffnen die Augen, schauen sich um und werden lebhafter. Das kann eine Zeit lang unterhaltsam sein.

> Ich mag die Nächte. Dann habe ich meinen Sohn nur für mich, und es ist, als wären wir beide ganz allein auf der Welt. Die Müdigkeit macht mir nichts. Das scheint ein kleines Opfer zu sein. [Sohn, 6 Wochen]

Aber das Opfer wächst. Die meisten Babys müssen nachts essen. Ihre kleinen Mägen müssen häufiger gefüllt werden als die von Erwachsenen, weshalb sie oft hungrig aufwachen. Viele haben eine feste Zeit, in der sie gerne etwas länger schlafen. Häufig ist das der Vormittag – also die Zeit, in der ihre Mütter wahrscheinlich wach sind. In seinem Buch *Sleep Thieves* schreibt Stanley Coren: »Ein neugeborenes Baby kostet [die Mutter] in seinem ersten Lebensjahr 400 bis 750 Stunden Schlaf.[47] Das liegt hauptsächlich daran, dass Mütter nachts aufwachen, um ihre Babys zu füttern, und tagsüber selbst nicht gerne schlafen.

Ein weiteres Problem besteht darin, dass Erwachsene und Babys einen unterschiedlichen Schlafrhythmus haben. Der Schlafzyklus von Erwachsenen soll etwa fünfundachtzig bis neunzig Minuten dauern. Der des Babys ist dagegen mit fünfzig bis sechzig Minuten deutlich kürzer.[48] Wenn also das Baby nach einer Stunde ausgeruht aufwacht, hat seine Mutter vielleicht erst zwei Drittel ihres Schlafzyklus hinter sich. Sie wacht nicht erholt, sondern frustriert auf. Auch wenn ihr das vielleicht nicht bewusst ist, wird der Schlafmangel, der ihr so zusetzt, auch durch ihren gestörten Schlafzyklus verursacht.

Menschen sind jedoch anpassungsfähig. Wir müssen nicht genau die Anzahl von Schlafstunden nachholen, die wir verloren haben. Nathaniel Kleitman beschreibt in seinem bahnbrechendem Buch *Sleep and Wakefulness*, das 1939 erstmals veröffentlicht wurde, einen Prozess, der inzwischen als »Erholungsschlaf« bekannt ist. So schläft beispielsweise »ein durchschnittlicher junger Proband nach drei bis vier Tagen Schlafentzug ungefähr zwölf bis vierzehn Stunden und in der darauffolgenden Nacht möglicherweise eine Stunde länger als gewöhnlich, aber selten mehr.«[49]

Kleitman führte seine Experimente mit Freiwilligen durch, die längere Zeitspannen wach bleiben mussten. Mütter dösen eher oder fallen in einen leichten Schlaf. Darüber findet man nur wenige Informationen. In der Fachliteratur fällt hier gewöhnlich das Schlüsselwort »Erschöpfung«. »Leider wurde bislang nur wenig zu hochgradiger Erschöpfung geforscht«, so die Autorinnen einer Abhandlung.[50]

Einige Studien untersuchen Übermüdung bei ÄrztInnen, Angehörigen des Militärs, KatastrophenhelferInnen, FluglotsInnen, PilotInnen und FernfahrerInnen. Aber bezüglich junger Mütter scheint niemand geforscht zu haben. »Eine Recherche in Pflegezeitschriften der letzten zwanzig Jahre hat ergeben, dass eine Reihe von Studien zu hochgradiger Erschöpfung gesunder und erkrankter Teile der Bevölkerung durchgeführt wurde, aber nur wenige zur Erschöpfung junger Eltern. [...] Hochgradige Erschöpfung junger Eltern wird weiterhin eher ignoriert«, resümieren die Forscherinnen Renee A. Milligan und Linda C. Pugh.[51] Wenn Mütter mehr wüssten, könnten sie sich besser darauf einstellen.

Außenstehende fragen sich sicher, wo eigentlich das Problem liegt. Mütter, Babys und ihr Schlaf haben sich schließlich seit Beginn der Menschheit nicht verändert. Haben Mütter in der Zwischenzeit nicht einen Weg gefunden, mit der Müdigkeit umzugehen? Die Antwort lautet, dass sich die gesellschaftlichen Muster geändert haben. Die Lösungen, die Müttern einst geholfen haben, sind heutzutage oft nicht mehr praktikabel.

Um mit dem Nächstliegenden anzufangen: Anders als zu Zeiten von Öllampen und Kerzen ermöglicht die Elektrizität inzwischen diverse Aktivitäten nach Anbruch der Dunkelheit.

Wir verfügen jederzeit über elektrisches Licht, elektrische Heizungen, Fernseher und Computer. Wir verbringen sicher viel mehr Zeit wach und aktiv, als es Menschen taten, bevor elektrisches Licht weitverbreitet war. Selbst vor der Geburt des Babys gingen die Eltern vielleicht häufig an die Grenzen ihrer Belastbarkeit. Wenn zu diesem labilen Gleichgewicht aus Aktivitäten rund um die Uhr und wenig Schlaf noch ein Baby hinzukommt, überwiegt die elterliche Erschöpfung.

Außerdem schläft ein Baby nicht unbedingt ein, wenn es müde ist. Das moderne Leben stimuliert nicht nur die Eltern; es stimuliert auch ihr Baby. Die Eltern sind mit der Situation vertraut, doch für ein Baby ist das alles neu. Die hellen Lichter eines durchschnittlichen Zuhauses, die verstärkten Geräusche eines Fernsehers und besonders die Geschwindigkeit der elterlichen Stimmen und Bewegungen müssen für ein Baby sehr aufregend sein. Gerade in Städten herrscht eine große Hektik. Selbst Eltern, denen dies bewusst ist, haben oft Schwierigkeiten, ihr Leben zu entschleunigen. Viele Mütter essen mit ihrem Partner, wenn dieser abends von der Arbeit nach Hause kommt, wodurch das Baby mit vielen neuen Geräuschen und Gerüchen konfrontiert wird. Danach fällt es dem inzwischen hellwachen Baby vor Neugier und Aufregung wahrscheinlich schwer, wieder zur Ruhe zu kommen und einzuschlafen.

Viele Alleinerziehende berichten, ihr Baby abends ohne große Probleme ins Bett bringen zu können, da es bei ihnen zu dieser Zeit ruhig ist. Mütter, deren Partner für einige Wochen auf Dienstreise ist, bestätigen diese Erfahrung. Sie sorgen sich zwar anfangs, wie sie das Zubettbringen ohne die Hilfe ihres Partners bewerkstelligen sollen – und merken dann aber, dass es einfacher ist, weil die Abende ereignisloser sind. Einige Mütter stellen fest, dass es ihr Baby zu sehr aufwühlt, wenn ihr Partner und ihre älteren Kinder spätnachmittags geräuschvoll nach Hause zurückkommen, und es deshalb früher am Tag ein Nickerchen braucht.

Manchmal sind Mütter überrascht, was für einen Unterschied es macht, mit dem Baby aus der Stadt in eine ländliche Umgebung zu kommen.

> Wir haben Urlaub in Spanien gemacht. Dort wohnten wir in einem wunderschönen abgelegenen Ferienhaus am Waldrand, nur mein Partner, unser Sohn und ich. Wir taten nicht viel, weil es nicht viel zu tun gab, und entschleunigten unser Leben komplett. Ich stellte fest, dass unser Sohn seinen eigenen Rhythmus hatte, der mir in London nie aufgefallen war, weil ich immer die Uhr im Blick habe und irgendwelche Termine und Verabredungen einhalten will. In London gibt es ein riesiges Angebot, was ich toll finde. Aber in Spanien merkte ich, wie entspannt das Leben sein kann. Wenn unser Sohn sich ausruhte, legten wir uns auch hin, und wir alle waren zur gleichen Zeit ausgeruht. [Sohn, 11 Monate]

> Selbst, wenn man in seinem eigenen kleinen Zimmer für Ruhe sorgt, hört man Flugzeuge und Hubschrauber und Radios und so viele andere Geräusche. In Indien dagegen [wo die Mutter gerade die Familie ihres Mannes in einem abgelegenen Dorf besucht hatte] ist es nachts dunkel und still, und man kann nichts tun außer schlafen. [Sohn, 15 Monate]

In traditionellen Gesellschaften werden die Aufgaben der Mutter gewöhnlich verteilt, und von ihren weiblichen Verwandten wird erwartet, dass sie ihr helfen. In modernen Gesellschaften stehen diese Verwandten dagegen meistens nicht zur Verfügung, da sie in Vollzeit arbeiten. Es kann gut sein, dass auch die Mutter der Mutter – traditionell die erste, an die eine junge Mutter sich wendet – den ganzen Tag arbeitet und erst in mehreren Jahren in Rente geht. Wenn ihre eigene Mutter nah genug wohnt, engagiert die junge Mutter sie gelegentlich für die Kinderbetreuung. Doch das einstmals selbstverständliche familiäre System existiert nicht mehr.

Mütter, die noch in traditionellen Familien leben, berichten, dass die weiblichen Verwandten sich die Aufgaben teilen. Jemand kümmert sich um das Baby, während die Mutter schläft, und sie erhalten viel praktische Hilfe. Aber, so geben sie schnell zu bedenken, das Ganze hat seinen Preis. Diese Mütter haben eine moderne Ausbildung genossen. Sie haben gelernt, eigenständig zu denken – und das tun sie auch. Ihre Verwandten erwarten jedoch häufig von ihnen, bei der Betreuung des Babys die Familientradition fortzusetzen, und sind gekränkt, wenn die Mütter einen anderen Weg einschlagen. Diese Mütter haben den Eindruck, dass an die Unterstützung Bedingungen geknüpft sind. Anders ausgedrückt, ist diese erprobte traditionelle Entlastung müder Mütter nichts für heutige Frauen, die stolz darauf sind, eigene Entscheidungen zu treffen.

Ein weiterer Wandel betrifft die Struktur der Arbeit. Der Großteil der modernen Arbeit ist so beschaffen, dass eine Mutter sie nicht im Beisein ihres Babys erledigen kann. In Großbritannien kehrt inzwischen die Mehrheit der Mütter im ersten Lebensjahr ihres Babys an ihren Arbeitsplatz zurück. Das heißt, dass sie quasi zwei Leben führen: ein Arbeitsleben, allerdings »auf Abruf«, falls ihr Baby sie braucht, und ein Freizeitleben, in dem sie sich nicht wie ihre kinderlosen KollegInnen erholen können, sondern Zeit mit ihrem Baby »nachholen«. »Jede Studie zu berufstätigen Müttern zeigt«, so die Schriftstellerin Melissa Benn, »dass diese an die Grenzen ihrer Belastbarkeit gehen.«[52]

Frauen, die Denkarbeit leisten, stoßen auf eine weitere Schwierigkeit. Noch nie zuvor haben so viele Frauen eine Hochschulausbildung genossen. Wenn diese Frauen Mütter werden, bemerken sie einen dramatischen Wandel.

Ich kann mich nicht mal auf ein *Buch* konzentrieren. [Tochter, 6 Wochen] *Dies berichtete eine Mutter beunruhigt, deren Lebensunterhalt vom Lesen abhängt.*

Ich definiere mich zu einem großen Teil über meinen Intellekt. Mein Hirn ist jedoch völlig *abgestumpft.* Ich muss einfach loslassen und daran glauben, dass es irgendwann wieder funktioniert. Mehr kann ich dazu nicht sagen. [Tochter, 3 Monate] *Es ist vielleicht ein Trost, dass diese Mutter drei Jahre später ihr erstes Buch veröffentlichte und für ihre wissenschaftlichen Erkenntnisse hochgelobt wurde.*

Ich laufe herum wie ein Zombie. [Tochter, 6 Monate]

Neuere Studien belegen die Aussagen der Mütter. »Schlaf ist vom Hirn, mit dem Hirn, für das Hirn«, so J. Allan Hobson.[53] Kein Wunder also, dass sich Frauen mit akademischer Laufbahn besonders orientierungslos fühlen, wenn sie an Schlafmangel leiden. Es wäre ihnen bestimmt eine Hilfe, wenn sie auf diese Veränderung vorbereitet wären und die Gewissheit hätten, dass sie bloß vorübergehend ist. Es ist anstrengend genug, sich um ein Baby zu kümmern – auch ohne die zusätzliche Angst, dass das eigene Hirn dauerhaft abgestumpft sein könnte.

Auch der Schlafplatz des Babys hat sich mit der Zeit deutlich gewandelt. In traditionellen Gesellschaften schlafen Babys neben ihrer Mutter. In westlichen Gesellschaften werden Babys heutzutage jedoch in ihre eigenen Gitterbettchen gelegt, und das in abgetrennten Zimmern. Das kann für Mütter unerwartet ermüdend sein. Wenn ihr Baby nachts hungrig aufwacht, muss sie jedes Mal aufstehen und in ein anderes Zimmer laufen, um es zu füttern. Außerdem schläft sie bestimmt weniger tief, wenn sie ein Ohr offen halten muss, um ihr Baby schreien zu hören oder die Geräusche des Babyfons wahrzunehmen. Viele stillende Mütter »entdecken«, wie entspannt es sein kann, neben ihrem Baby zu schlafen. Manche lernen, fast im Schlaf zu stillen.[54]

Einige Mütter sind extrem gestresst, wenn sie nachts von ihrem Baby geweckt werden. Überraschend häufig stellt sich dann heraus, dass sie selbst einmal als Baby dazu erzogen wurden, nachts durchzuschlafen. Heutzutage wird das Schlaftraining meist etwas vorsichtiger gehandhabt. Doch als diese Mütter selbst Babys waren, wurde ihren eigenen Müttern geraten, außer Hörweite zu gehen und das Baby sich »ausschreien« zu lassen. Nicht alle derart erzogenen Babys werden gestresste Eltern. Einige aber schon.

Wenn sie dann selbst Mutter sind, scheinen sie die Nacht als eine Zeit zu verstehen, in der sie unbedingt eine bestimmte Anzahl an Stunden schlafen *müssen* – und die gewünschte Anzahl von Schlafstunden wird von diesen Müttern meist mit eindringlicher Stimme beschworen. Gleichzeitig setzt ihnen das nächtliche Schreien ihres Babys erheblich zu. Vielleicht reaktiviert es ihren eigenen früh erlittenen Schock, die Nacht allein ohne ihre Eltern durchschlafen zu müssen. Sie können sich nicht bewusst daran erinnern, geschrien zu haben. Aber wenn diese Mütter ihre Eltern um Ratschläge bitten, wie sie ihre Babys zum Schlafen bewegen können, hören sie voller Bestürzung, dass sie selbst schreien gelassen wurden.

> Ich war eins dieser Babys, die nachts durchgeschlafen haben. Ich *brauche* meine acht Stunden. Jetzt kann ich froh sein, wenn es fünf sind. Es ist eine Tortur. Für mich ist das die reinste *Folter*. [Sohn, 4 Monate] *Diese Mutter erfuhr von einer Freundin der Familie, dass sie als Baby nicht automatisch eingeschlafen war, sondern sich in einem abgelegenen Zimmer in den Schlaf geschrien hatte.*

> Tagsüber komme ich gut zurecht und bin so glücklich und stolz darauf, was für eine Mutter ich bin. Aber

nachts bin ich ein anderer Mensch. *Unter Tränen:* Wenn
mein Sohn nicht einschlafen kann, kann ich überhaupt
nicht damit umgehen. [Sohn, 9 Monate]

Diese Mütter fühlen sich also zerrissen. Einerseits quält es sie,
ihre Babys nachts schreien zu hören, und sie wollen einfühl-
sam reagieren; aber gleichzeitig scheinen sie den Zwang ihrer
eigenen rigiden Erziehung zu spüren, um jeden Preis durchschlafen zu müssen. Manche Mütter erklärten, dass ihre Partner ihnen nachts dabei halfen, mit der Situation umzugehen.
Anscheinend hatten sie Männer gewählt, die eine flexiblere
Einstellung zum Schlafen hatten als sie selbst. Sie hatten jemanden an ihrer Seite, der sie unterstützte und tröstete,
während sie ihrer tiefen Überzeugung Luft machen konnten,
dass nächtliches Aufwachen »falsch« ist.

Untersuchungen zu diesem Thema wären interessant. In
welchem Ausmaß ist die mütterliche Stressreaktion auf nächtliches Aufwachen dem Schlaftraining einer ganzen Generation
geschuldet? Menschen sind anpassungsfähig. Eine unserer
überlebensnotwendigen Stärken ist unsere Fähigkeit, in Ausnahmesituationen längere Zeit wach zu bleiben und den
Schlaf nachzuholen, wenn wir uns sicher fühlen. Möglicherweise beeinträchtigt ein Schlaftraining diese Fähigkeit. Man
kann einem Baby einen regelmäßigen Schlafrhythmus anerzie-
hen, um es damit »alltagstauglicher« zu machen. Das mag
zwar zunächst eine Lösung sein; dem Baby erschwert es aber
den Weg zu einem anpassungsfähigen Erwachsenen.

Allerdings setzt der Mutter nachts nicht nur die unmittelbare Müdigkeit zu. Sie sorgt sich auch, nicht genug Energie
für den bevorstehenden langen Tag aufbringen zu können.
Mütter neigen zum Vorausplanen.

Ich denke: Wie halte ich bloß bis heute Abend durch,
und wie halte ich bis zum Wochenende durch? Dann
kommt wieder Montag, dann wieder Dienstag und noch

eine Woche, dann ein neues *Jahr*. Wie schaffe ich das bloß? [Tochter, 2 Monate]

Ich wache morgens auf und muss einen Tag für zwei [Leute] planen. [Tochter, 5 Monate]

Berufstätige Mütter sind sich besonders bewusst, wie anstrengend die Stunden sein können.

Die Betreuerin war krank, weshalb ich nach Hause musste. Schon nach einer Stunde war ich völlig erschöpft. Man kann sich nicht mal kurz einen Kaffee kochen. Meine Arbeit ist so viel einfacher. [Tochter, 7 Monate]

Das Leben der meisten Menschen besteht aus zwei voneinander getrennten Handlungsbereichen. An ihrem Arbeitsplatz wird ein völlig anderes Verhalten von ihnen verlangt als in ihrer »Freizeit«. Selbst Menschen, die zu Hause arbeiten, ziehen gewöhnlich eine klare Grenze zwischen ihrer Arbeitszeit und ihrer Freizeit. Dieser Unterschied kann sehr erholsam sein. Indem wir zwischen zwei Lebensbereichen wechseln, verschaffen wir uns eine Pause von der einen Situation und können uns der anderen mit neuer Kraft stellen. Wenn wir in einem Lebensbereich auf Probleme stoßen, bietet uns der andere die Möglichkeit, darüber zu reden und etwas Trost zu finden. Nach der Geburt ihres Kindes ist die Mutter jedoch häufig auf einen Lebensbereich beschränkt. Das ist gewöhnungsbedürftig.

Wenn eine Mutter mit ihrem Baby eine schwierige Zeit durchmacht, steht ihr möglicherweise kein völlig anderer Lebensbereich zur Verfügung, in dem sie sich besinnen und erholen kann. Sie ist sich dieser Problematik vielleicht nicht bewusst, weil ihr die Worte fehlen, diesen Zustand zu beschreiben. Viele Mütter äußern das Gefühl, Zuhause »festzusitzen«. Womöglich entsteht dieses Gefühl, weil ihr nicht mehr zwei

Lebensbereiche zur Verfügung stehen. Manche Mütter kehren nicht nur des Geldes wegen an ihren Arbeitsplatz zurück, sondern um »nicht verrückt zu werden«. Es kann eine Herausforderung sein, Tag und Nacht in einem Lebensbereich zu bleiben.

Das erklärt vielleicht, warum müde Mütter Krisen sehr gut gewachsen sind. Eine Krise ist naturgemäß außergewöhnlich und unterliegt anderen Regeln. Das mag zwar anstrengend sein, weckt aber oft neue Kräfte. Eine Reihe von Tests mit kinderlosen Männern und Frauen hat gezeigt, dass die ProbandInnen ProbandInnen trotz Schlafentzugs in einem Notfall gut reagierten. Müttern gelingt das *par excellence*. Sie beschreiben selbst, wie sie auf ungeahnte Kraftreserven zurückgreifen – besonders wenn ihr Baby krank ist.

> Ohne Schlaf fühlt man sich furchtbar. Das will ich nicht herunterspielen. Aber als mein Sohn krank war und ich wirklich dachte, er würde es nicht schaffen, war mir ganz egal, *wie* wenig Schlaf ich bekam. [Sohn, 7 Monate]

> Irgendwie holt man alles aus sich heraus. Als meine Tochter krank war, saß ich die ganze Nacht mit ihr auf dem Arm, weil sie das wollte. Sie schrie, wenn ich sie hinlegte. [Tochter, 10 Monate]

Das Alltagsleben ist beständiger und weniger dramatisch. Für diese Kontinuität muss eine Mutter ihre Kräfte einteilen. In der Krise gewinnt das Leben plötzlich an »Struktur«. Ohne Krise scheint das Leben mit einem Baby manchmal strukturlos. Der Tag wird zur Nacht, der Werktag zum Wochenende. Alles geht weiter oder muss wiederholt werden. Nie ist etwas wirklich vollendet.

Das Merkwürdige daran ist, dass den meisten Müttern nicht bewusst ist, auf wie viele Mütter das zutrifft. Wenn eine

Mutter zum Beispiel mit ihrem Baby in den Park oder einkaufen geht, kann das bei beiden die Laune bessern. Sobald sie draußen sind, wirkt das Baby interessiert, und die Mutter ist stolz darauf, mit ihm das Haus verlassen zu haben. Sie vergisst ihre Müdigkeit. Auf andere Mütter wirkt sie also wie eine entspannte Mutter mit einem zufriedenen Baby. Andersherum interpretiert sie höchstwahrscheinlich die einstweilige Gelassenheit der anderen Mütter fälschlicherweise als Dauerzustand. Es kommt ihr nicht in den Sinn, dass sie selbst den Eindruck einer gelassenen Mutter vermittelt. Stattdessen kehrt sie vielleicht entmutigt nach Hause zurück, weil sie die einzige Mutter zu sein scheint, die das Ganze so ermüdend findet.

Ein Baby zu bekommen scheint so alltäglich. Auf den verstopften Straßen der Großstadt und jedes Mal, wenn sie den Fernseher anschalten, sehen Mütter andere Menschen. Logischerweise müssen all diese Menschen einmal Babys gewesen sein – Millionen von Babys. Millionen Mütter müssen sie betreut haben. Das Muttersein kann doch nicht so schwer sein. Kompetente Frauen wie sie selbst sollten doch damit zurechtkommen. Die Welt kann nicht voll erschöpfter Mütter sein. Es ist nur zu offensichtlich, was das bedeuten muss. Sie sind Versagerinnen. Ihre Müdigkeit ist der Beweis.

Es ist aufschlussreich, ihre Gefühle mit denen einer anderen Gruppe müder Menschen zu vergleichen. MedizinstudentInnen und AssistenzärztInnen leiden wie Mütter darunter, dass ihr Schlaf unterbrochen wird, aber es hat andere Auswirkungen auf ihr Selbstvertrauen. »MedizinstudentInnen und AssistenzärztInnen brüsten sich häufig mit den verlorenen Schlafstunden, als wären diese quasi Medaillen, greifbare Symbole ihrer Hingabe an den Beruf und der für alle sichtbare Beweis, dass ihr Opfer das Prestige des Berufs rechtfertigt.«[55] Anders ausgedrückt genießt Medizin ein hohes Ansehen, und es scheint gerechtfertigt, den eigenen Schlaf aus einem so noblen Grund zu opfern. Aber was ist, wenn der Grund ein Baby ist? Eine Mutter hat weder eine Ausbildung, noch hat sie sich durch das Bestehen anspruchsvoller Prüfungen qualifiziert. Sie bezieht als Mutter kein hohes Gehalt. Sie ist nicht für eine Station voller PatientInnen verantwortlich, bloß für ein kleines Baby. Allein diese Tatsache kann sie demoralisieren und erschöpfen, und ihr verringertes Selbstvertrauen vergrößert ihre Müdigkeit noch.

Vielleicht ist das der Grund, weshalb Mütter aus Gesprächen untereinander neue Kraft schöpfen.

Ich könnte euch so viele Dummheiten nennen, die ich aus Müdigkeit gemacht habe. Einmal habe ich mir Kaffee ins Müsli gekippt, und ein anderes Mal bin ich mit meinem Sohn kilometerweit zu einem Laden gelaufen, um einen Rock umzutauschen, und erst dort fiel mir auf, dass ich den Rock zu Hause vergessen hatte! [Sohn, 4 Monate]

Ich will nur noch schlafen. Auch jetzt gerade denke ich nur ans Schlafen. [Tochter, 5 Monate]

Meine Tochter wacht nachts alle anderthalb Stunden auf. Dann bin ich so müde, dass ich mich nicht bewegen kann. Ich will nach einem Glas Wasser greifen [nach dem Stillen], aber ich bin sogar zu müde, den Arm zu heben. [Tochter, 5 Monate]

Das klingt wahrscheinlich furchtbar, aber ich wünschte, ich könnte meine Tochter mal für eine Nacht wegpacken und sie am nächsten Morgen wieder rausholen. Ich sehne mich so nach Schlaf. [Tochter, 6 Monate]

Wenn mein Sohn nicht schlafen will, habe ich das Gefühl, ich müsste sterben. Ich weiß, dass ich nicht wirklich sterbe. Ich fühle mich bloß gefangen. [Sohn, 6 Monate]

> Tagsüber kann ich kaum glauben, dass ich mich nachts wirklich so schlecht fühle. Ich werde so müde, dass ich das Gefühl habe, ich kann nicht weitermachen. Es klingt furchtbar, aber ich habe zu Gott *gebetet,* dass er mich sterben lässt. [Sohn, 6 Monate]

> Man sollte Nichtmüttern *verbieten* zu sagen, dass sie müde sind! [Tochter, 6 Monate]

Diese Aussagen beschreiben *akkumulierte* Müdigkeit. Über ihre Auswirkung auf Mütter ist nur wenig bekannt. Die Studien zu ÄrztInnen sind vielleicht die beste verfügbare Quelle, um eine Vorstellung von den Folgen zu bekommen. Neuere Studien an AssistenzärztInnen zeigen, dass akkumulierte Müdigkeit sie nachteilig betraf, auch wenn sie selbst möglicherweise stolz darauf waren, aus gutem Grund müde zu sein. Erstaunlicherweise waren die AssistenzärztInnen immer noch in der Lage, kurzzeitig gute Leistungen zu erbringen. Aber ihre persönlichen Beziehungen litten.[56] Wie bereits angemerkt, reagieren auch Mütter meistens sehr gut bei Notfällen. Wie ÄrztInnen können sie aber auch ihre Familie und FreundInnen angiften.

> Ich habe meinen Partner angeschrien: »*Du* bist mir völlig egal! Unsere *Tochter* ist mir völlig egal. Ich will einfach nur vierundzwanzig Stunden lang schlafen.« [Tochter, 6 Monate]

Auch wenn sie ihren intensiven Gefühlen Luft verschafften, hatte keine der hier zitierten Mütter einen Nervenzusammenbruch oder konnte nicht mit der Situation umgehen. Ihre Gefühle anzuerkennen war für sie offenbar eine Form, damit umzugehen. Und jeder Mutter, die bei der Mitteilung einer Mutter, wie erschöpft sie sich fühle, versuchte, »positiv« zu klingen (indem sie ihr zum Beispiel empfahl, sich glücklich zu schätzen, anstatt sich zu beklagen), entgegneten andere Mütter höflich mit: »Dir scheint es besser zu gehen.« Die meisten Zuhörerinnen haben vollstes Verständnis für die Klagen einer müden Mutter. Die Mehrheit der Mütter kann Müdigkeit nachfühlen. Sie ist ein gemeinsamer Nenner.

Kann eine Mutter tatsächlich an Schlafmangel oder sogar durch ständige Unterbrechungen ihres Schlafs sterben? Das ist unwahrscheinlich. Eher würde sie kollabieren. Im übertragenen Sinne leuchten die Anspielungen einer Mutter auf den Tod jedoch ein. Als ich meine Notizen durchging, fiel mir auf, wie oft Mütter vom Gefühl redeten, sie würden sterben. Das klang pathetisch, schließlich waren sie trotz ihrer Müdigkeit sehr lebendig. Ihre Aussagen ergeben jedoch Sinn, wenn wir sie nicht bloß auf ihre Körper, sondern auf ihr gesamtes Leben vor der Geburt ihres Babys beziehen. Der Abschied von diesem Leben kann sich wie ein Verlust anfühlen. Nichts ist mehr, wie es einmal war. Es gibt keinen Weg zurück ins alte Leben. Dies ist tatsächlich »gestorben«.

Wenn eine Mutter sagt, sie sei todmüde, heißt das häufig, dass sie diese Tatsache noch nicht akzeptiert hat. Ihr altes Leben kann sich immer noch wie das »eigentliche« anfühlen, und das Baby wirkt wie eine temporäre Abweichung davon. Wenn sie nur mit dem Baby »fertig würde«, könnte ihr Leben wieder seinen gewohnten Gang gehen. Eine Mutter drückte es folgendermaßen aus:

> Wäre man nicht so müde, sondern voller Tatendrang, würde man die ganze Zeit herumhetzen und alles mögliche tun, von dem man glaubt, es tun zu müssen oder zu wollen – und dann wäre man zu müde für das Baby, oder? [Sohn, 4 Monate]

Die Struktur der modernen Gesellschaft erleichtert den Frauen nicht die notwendige Umstellung auf das Muttersein. Sie müssen eine gravierende Veränderung durchmachen. Junge

Mütter reagieren darauf häufig, indem sie sich selbst versichern, das Muttersein sei anfangs anstrengend, werde aber später leichter. Natürlich wird es leichter. Aber nicht automatisch. Es wird leichter, wenn die Mütter sich von ihrem alten Leben verabschieden und sich an das neue anpassen.

Bei einem Treffen ließen sich einige junge Mütter über ihre Müdigkeit aus. Drei Mütter von älteren Babys waren ebenfalls anwesend, deren Kinder zwischen acht und vierzehn Monate alt waren. Wortlos hörten sie den frischgebackenen Müttern zu. Nach einer Weile fragte ich die drei, ob sie anfangs auch so müde gewesen seien (»Natürlich!«) und ob sie immer noch so müde seien (»Nicht mehr«). Da die erfahreneren Mütter das Problem für sich gelöst hatten, fragte ich sie, ob sie einen Vorschlag hätten, was die anderen Mütter tun könnten. Spontan antworteten alle drei im Chor: »*Damit leben!*« Dann sahen sie sich verblüfft an, denn sie hatten sich an dem Tag das erste Mal getroffen. Sie konnten kaum fassen, dass sie exakt die gleichen Worte gewählt hatten.

Als ich sie um eine Erklärung bat, ähnelten sich ihre Antworten:

»Man gewöhnt sich einfach dran. Das *muss* man auch.«

»Sie können ihren Schlafrhythmus nicht an deinen anpassen, also musst du deinen an ihren anpassen.«

»Ich dachte immer, dass ich jede Nacht neun Stunden schlafen muss. *Unbedingt.* Jetzt bin ich froh, wenn es sechs sind. Aber ich komme damit klar. Das muss ich auch, einfach um zu überleben. Ich schlafe zwar sehr ungern tagsüber und denke immer, ich sollte mich lieber um meine Arbeit kümmern, aber wenn meine Tochter schläft, schlafe ich auch. Ich setze den Schlaf bewusst an die erste Stelle.«

Mütter finden alle möglichen Lösungen. Zu schlafen, wenn ihr Baby schläft, ist vielleicht nicht für jede Mutter das Allheilmittel. Es ist nur ein Beispiel. Letztendlich ist es die Einstellung, die einer grundlegenden Veränderung bedarf.

> Wenn man nicht mehr dagegen ankämpft, sondern sich sagt, so ist das Leben jetzt nun mal, dann ist man weniger frustriert und erschöpft. Aber es ist nicht so leicht, sich das dauernd bewusst zu machen. [Sohn, 5 Wochen]

> Ich kann nur für mich sprechen. Ich weiß nicht, ob das auch anderen hilft. Mein Sohn wachte nachts ständig auf, und ich war so müde. Irgendwann hat es dann Klick gemacht. Ich dachte: »Wenn er nachts gestillt werden will, dann ist das eben so. Es steht mir nicht zu, ihn davon abzuhalten.« Und danach schaffte ich es irgendwie und hatte auch die Kraft dazu. Es war nicht mehr so schlimm, nachdem ich die Entscheidung getroffen hatte. [Sohn, 3 Monate]

> Mein Partner, unser Sohn und ich stehen jeden Morgen um acht auf. Wir sind anderthalb Stunden wach und legen uns dann gemeinsam um halb zehn noch mal für zwei Stunden hin. Wir wohnen bei meinen Schwiegereltern, die das bestimmt nicht gutheißen würden, aber die haben das Haus dann schon verlassen. Erst dachte ich: »So kommen wir doch zu *nichts*. Was ist aus meinem *Leben* geworden?« Aber sobald ich mich wegen unseres Nickerchens nicht mehr schuldig fühlte und akzeptiert hatte, dass wir eben so sind, war es viel einfacher. [Sohn, 8 Monate]

Ihren Babys beim Einschlafen zu helfen war danach eher eine Frage der Methode.

Wenn mein Sohn schläfrig wirkt, legen wir uns ins Bett, und ich liege mit meinem Gesicht dicht vor seinem, damit er meine geschlossenen Augen sieht. Dann schließt er seine und schläft ein. [Sohn, 2 Monate]

Ich lege immer ein altes T-Shirt neben sie, das nach mir riecht, und das scheint sie ruhiger schlafen zu lassen. [Tochter, 4 Monate]

Mein Sohn schläft ein, wenn ich ganz laute Schnarchgeräusche mache. Daran sieht man, wie viel bei uns Zuhause *geschnarcht* wird! [Sohn, 6 Monate]

Für einige Mütter bestand die große Änderung darin, Hilfe annehmen zu können. Viele glauben, etwas so Alltägliches wie ein Baby allein meistern zu müssen.

Eine Freundin kam vorbei und wir unterhielten uns nett. Gerade als sie ging, wurde mir klar, dass ich sie hätte bitten können, sich um meinen Sohn zu kümmern. Dafür war es jetzt zu spät, und ich ärgerte mich über mich selbst. Die Leute halten mich für sehr kompetent, weil ich arbeite. Es kommt ihnen einfach nicht in den Sinn, jemandem wie mir Hilfe anzubieten. Die Episode machte mir klar, dass ich meinen FreundInnen gegenüber deutlicher sagen muss, was ich von ihnen brauche. [Sohn, 4 Monate]

Es ging mir jeden Tag schlecht, schlimmer als bei einem Jetlag oder Kater. Meine Schwiegermutter kam für ein paar Tage zu Besuch und übernahm unseren Sohn, damit ich etwas Schlaf nachholen konnte. An zwei Morgen schlief ich zwei Stunden länger und machte nachmittags ein Nickerchen. Ich wusste auch, dass ich so lange schlafen konnte, wie ich wollte, weil sie sehr gerne Zeit mit unserem Sohn verbringt. Ich konnte also Schlaf nachholen, und nun geht es mir besser. [Sohn, 4 Monate]

Eines Tages war ich völlig verzweifelt, deshalb rief ich meinen Partner bei der Arbeit an und *befahl* ihm, sofort nach Hause zu kommen und auf unseren Sohn aufzupassen, damit ich schlafen konnte. [Sohn, 5 Monate]

Mein Partner nimmt unsere Tochter auf den Arm und tanzt sie in den Schlaf. Sie hören Musik, aber unsere Tochter mag keine Babymusik. Sie zieht Jazz vor. [Tochter, 9 Monate]

Einige Mütter schwören auf Methoden wie »Schlaftraining«, »kontrolliertes Schreien-lassen« oder »Selbstberuhigung«. Mir persönlich widerstrebt die Philosophie dahinter, manche Mütter kommen allerdings damit zurecht. Wenn das Training nicht funktioniert oder zwar funktioniert hat, das Baby dem aber inzwischen entwachsen ist, kann das großen Stress für das Kind nach sich ziehen. Oft wenden Mütter jedoch eine Methode an, weil sie sich verzweifelt nach mehr Struktur sehnen, und ihre Entschlossenheit scheint der Methode zum Erfolg zu verhelfen. Dadurch haben sie das Gefühl, wieder Kontrolle über ihr Leben erlangt zu haben.

Ständig kursieren Erzählungen von Müttern, die es so viel einfacher mit ihren Babys haben.

Eine Freundin erzählte mir, dass ihr Baby nachts zehn Stunden durchschlafe. Ich war so neidisch und dachte: »Warum kann *mein Sohn* das nicht?« In der Nacht darauf wachte er auf, genau wie immer, aber ich merkte, wie wütend ich war. Ich stillte ihn, und er schlief wieder ein, aber ich war so wütend, dass ich wach blieb. Inzwischen ist mir klar geworden, dass alles in Ordnung war,

> bis ich anfing, die Babys zu vergleichen. Das sollte man
> niemals tun. Ich komme bestens klar, solange ich meinen
> Sohn so akzeptiere, wie er ist. [Sohn, 5 Monate]

Berufstätige Mütter müssen sich besondere Lösungen einfallen lassen, um ihre Kräfte zu schonen. Oftmals verzichten sie beispielsweise darauf, wie früher Arbeit mit nach Hause zu nehmen oder mit ihren KollegInnen noch etwas trinken zu gehen. Viele Mütter berichten, dass sie ihre Arbeit inzwischen viel pragmatischer betrachten.

> Ich werde komisch angesehen, weil ich mich anders als
> früher nach der Arbeit immer gleich absetze. Punkt siebzehn Uhr bin ich raus aus der Tür, um schnell zu meiner
> Tochter zu kommen. [Tochter, 8 Monate]

Die Liste der kräfteschonenden Strategien, die Mütter sich einfallen lassen, ließe sich fortsetzen. Dies könnte jedoch den Eindruck erwecken, dass sich für Müdigkeit immer eine Lösung finden lässt. Das ist manchmal nicht der Fall. Um seinen ersten Geburtstag herum ist ein Baby tagsüber häufig aktiv und wacht nachts ohne ersichtlichen Grund regelmäßig auf. Die Mutter sehnt sich oft verzweifelt nach Schlaf, hat sich jedoch entschieden, ihr Baby zu trösten, wenn es sie nachts braucht. Ich habe mit vielen Müttern gesprochen, die ihren eigenen Schlaf geopfert haben und nachts unzählige Male aufgewacht sind, weil ihr Baby nach ihnen schrie. Es ist furchtbar, wenn diese engagierten Frauen sich deshalb als Versagerinnen betrachten. Eine Mutter, die entschieden hat, ihren Schlaf zu opfern, verdient für ihr großzügiges Bemuttern Respekt und Bewunderung.

Wenn das Baby älter wird, beschreiben viele Mütter ein wiederkehrendes Muster. Ein älteres Baby kann tagsüber sehr unabhängig sein, doch nachts will es seine Mutter. Mütter erwarten dagegen eine regelmäßigere Entwicklung. Viele nehmen an, dass die Unabhängigkeit während des Tages auch nächtliche Unabhängigkeit bedeuten müsse. Wenn also ein neunmonatiges Baby seine Mutter nachts wieder mehr braucht, klagt die erschöpfte Mutter, dass sie das Gefühl hat, es würde sich »zurückentwickeln«. Aber das tut es nicht. Es verhält sich eher wie mit einem Pendel: Je weiter es in eine Richtung schwingt, desto weiter schwingt es auch zurück.

Viele Mütter schildern, dass sie zwar nicht auf kleine Babys gereizt reagieren, doch auf neunmonatige und ältere Kinder. Das scheint daran zu liegen, dass sie von einem anstrengenden ersten halben Jahr ausgegangen sind und im zweiten halben Jahr eine Verbesserung erwarteten. Aber Kinder entwickeln sich nicht unbedingt in so einem geregelten Tempo. Ein neunmonatiges Baby kann seine Mutter sehr brauchen. An diesem Punkt wird vielen Müttern bewusst, dass sie sich der Änderung in ihrem Leben wirklich stellen müssen. Ein Baby ist keine verlängerte Auszeit vom Alltag. Es *ist* der Alltag. Sobald eine Mutter dies akzeptiert hat, ist sie in der Lage, radikalere Lösungen für den Umgang mit ihrer Müdigkeit zu finden. Sie wird ihrem Kind gegenüber gelassener. Das Leben ist kein Tauziehen zwischen gegensätzlichen Bedürfnissen. Beide befinden sich auf derselben Seite. Das Leben ist langsamer, scheint aber auch harmonischer. Jetzt hat die Mutterliebe den Raum, sich zu entfalten.

> Durch mein ständiges Herumhetzen verausgabe ich mich anscheinend völlig. Ich erledige gerne jeden Tag eine Aufgabe. Aber eines Tages gab ich meiner Tochter nach und ließ sie das Tempo bestimmen. Wir blieben zu Hause, und ich stillte sie, solange sie wollte. Danach verspürte ich ein tiefes Glücksgefühl. [Tochter, 5 Monate]

> Ich habe das Gefühl, einen Riesenschritt gemacht zu haben. Mein Sohn will nachts noch gestillt werden, weshalb mir alle einreden wollen, dass bei uns etwas schief-

läuft. Aber diese Woche habe ich auf einer Seite im Internet gelesen, dass das Verhalten von meinem Sohn *typisch* ist. Er ist ein ganz normales Baby. Ich hatte schon angefangen, seine nächtlichen Stillmahlzeiten zu zählen. Jetzt sehe ich meinen Sohn an und denke: »Du kannst so oft trinken, wie du willst.« Seit ich mir keine Sorgen mehr mache, bin ich auch weniger müde. Ich beobachte ihn beim Saugen und spüre, wie sehr ich ihn liebe. [Sohn, 6 Monate]

Ich suchte einen Aktenordner und war völlig außer mir, weil ich so müde war, dass ich mich nicht erinnern konnte, wo ich ihn hingetan hatte. Mein Sohn jammerte und wollte auf meinen Arm, also nahm ich ihn schließlich mit ins Arbeitszimmer, um dort weiter suchen zu können. Aber ich fand den Ordner nicht. Dann merkte ich, wie mein Sohn mich ansah, und dachte: »Hey, was für ein Quatsch! Was ist denn wichtiger, ein Ordner oder er?« Also hob ich ihn hoch und nahm ihn fest in den Arm und entspannte mich einfach. Und sofort schoss mir durch den Kopf, wo ich den Ordner hingetan hatte. [Sohn, 7 Monate]

Viele Mütter fragen sich, wie sie je mit mehr als einem Kind zurechtkommen sollen. Mit zwei Kindern muss es doch doppelt so anstrengend sein, oder? Ein zweites Kind zeigt der Mutter jedoch, dass der Schlafmangel nicht der alleinige Grund für ihre Müdigkeit sein kann. Beim zweiten Baby bekommt sie vielleicht nicht genug Schlaf und ist müde, jedoch nicht wie beim ersten Mal. Gemeinsam mit ihrem ersten Kind hat sie die Grundlage eines Familiensystems geschaffen. Ihr erstes Kind hilft ihr wahrscheinlich, das jüngere Geschwisterkind »einzugewöhnen«. Die Situation ist also nicht mit der gewaltigen Anpassungsleistung zu vergleichen, die ihr beim ersten Mal abverlangt wurde.

Wenn eine Mutter sich bei ihrer Familie und ihren FreundInnen beklagt, wie müde sie ist, wollen diese ihr vielleicht helfen. Sie mögen der Ansicht sein, dass die Mutter ihre Müdigkeit zum Teil selbst verschuldet. Hilfsbereit weisen sie sie darauf hin. Vielleicht hilft es einer Mutter jedoch am meisten, wenn ihr jemand zuhört. Wenn Sie nicht um Rat gebeten hat, braucht sie vielleicht auch keinen.

Sicher raubt die intensive Betreuung eines Babys den Schlaf und die Kräfte. Aber Mütter könnten wahrscheinlich besser damit umgehen, wenn ihre Mitmenschen die Komplexität und Schwierigkeit ihrer Aufgabe anerkennen würden. Wenn eine Mutter über Schlafmangel klagt, kann das ein Zeichen dafür sein, dass sie nicht versagt, sondern wie gut sie bemuttert. Ich glaube, dass das eigentlich *Zerstörerische* der mütterlichen Müdigkeit ihrem Gefühl geschuldet ist, gegen die vorherrschende Geringschätzung ankämpfen zu müssen. Das Baby raubt ihr vielleicht den Schlaf; wir dagegen rauben ihr die Kraft, wenn wir nicht aufpassen.

ACHTES KAPITEL

Was wollen Babys eigentlich?

Lassen sich die Bedürfnisse von Babys verallgemeinern? Manche Leute können zwischen zwei Babys nicht den geringsten Unterschied feststellen. Aber Menschen, die jeden Tag mit Babys zu tun haben, fallen schon von deren Geburt an alle möglichen Unterschiede auf. Ist es überhaupt möglich, allgemeine Aussagen über Babys zu treffen?

Babys sind geheimnisvolle Wesen. Der Großteil unserer Kenntnisse über sie hängt davon ab, was wir ihnen anbieten. Wir können nur abwarten, wie sie auf unsere Angebote reagieren. Da wir nicht alles anbieten können, muss es eine Menge Dinge geben, die wir einfach nicht über sie wissen. Unsere Kenntnisse sind zwangsläufig beschränkt. Aber wenigstens bekommen wir immer eine ehrliche Antwort. Neugeborene lassen ihren Gefühlen freien Lauf. Schreie und Körpersprache signalisieren uns unmissverständlich »Wonne!« oder »ich weiß nicht so recht« oder »schrecklich!«. Jahre vorher war das auch unsere Sprache. Als Mütter sind wir plötzlich auf der Empfängerseite dieser uralten Sprache.

Müttern zufolge werden die Verständnisschwierigkeiten nicht durch die Ausdrucksweise des Babys verursacht, welche ziemlich klar ist, sondern durch ihre eigenen Erwartungen.

> Meine Tochter kam ohne Gebrauchsanweisung zur Welt. Ich las jedes Buch, das ich in die Finger bekam, und fragte alle meine Bekannten aus. Erst vor Kurzem ist bei mir der Groschen gefallen, und mir wurde klar, dass ich *im Grunde* weiß, was sie will. Ich dachte bloß, dass sie diese Sachen nicht wollen dürfte. Sie war überhaupt nicht wie das Baby in den Büchern. Seit ich gelernt habe, meine Tochter mit ihren Bedürfnissen zu akzeptieren, ist alles viel einfacher geworden. [Tochter, 8 Monate]

Keine Mutter weiß anfangs sicher, was ihr Baby will. Jedes Baby überrascht seine Mutter mit neuen Bedürfnissen. Einmal rief mich eine Mutter an, die meinen Rat als Stillberaterin brauchte, um das Verhalten ihres Babys verstehen zu können. »Keines meiner anderen Kinder hat sich so benommen«, sagte sie. Ich konnte im Hintergrund einige Kinderstimmen hören, deshalb fragte ich die Mutter, wie viele Kinder sie habe. »Zehn«, antwortete sie, »aber er ist anders als die anderen neun.« Diese erfahrene Mutter hatte in ihrer Bescheidenheit erkannt, dass auch sie noch etwas lernen konnte.

Wenn das Baby erst wenige Wochen alt ist, verkündet seine Mutter vielleicht stolz: »Das hat ihm schon *immer* gefallen.« Diese Form der Beobachtung unterscheidet sich von den systematischen Studien, die PsychologInnen an einer Gruppe von Babys durchführen würden. Mütterliche Beobachtungen sind eher willkürlich und detailreich. Der Vorteil dabei ist, dass Mütter ihre minutiösen Beobachtungen in einem natürlichen Umfeld und nicht in einer besonderen Testsituation machen. PsychologInnen äußern jedoch manchmal ihre Skepsis, wie weit sie den Aussagen der Mütter trauen können: »Verbale Äußerungen [sind] vielfach extrem verzerrte Hinweise auf die zugrundeliegende Eigenschaft, die der Wissenschaftler gern in wenig verhüllter Form kennen würde«, so Professor *Jerome Kagan im ersten Kapitel seines Buchs Die Natur des Kindes.*[57]

Aber sind Mütter unwissenschaftlich? In gewisser Hinsicht ist eine Mutter gezwungenermaßen eine vollkommen seriöse Wissenschaftlerin. Genau wie diese ist sie anfangs relativ unvoreingenommen – abgesehen davon, dass ihr vielleicht ein oder zwei Koordinatenachsen ihres Weltbilds Reibungsfläche bieten. Ein Baby sorgt jedoch schon dafür, dass sie sich dieser Achsen sehr schnell entledigt. Oft genug muss sie feststellen, dass eine ihrer lang gehegten Überzeugungen nicht auf ihr spezielles Kind zutrifft. Wie eine gute Wissenschaftlerin muss sie ihre Ansichten dann modifizieren. In Gesprächen unter Müttern taucht das Thema immer wieder auf.

Ich musste alle meine Vorstellungen von meiner Tochter über Bord werfen. Mal ist sie ganz ruhig. Dann dreht sie plötzlich total auf. Damit hatte ich nicht gerechnet. [Tochter, 2 Monate]

Irgendwie hatte ich die Illusion, dass ich meinen Sohn huckepack nehmen und überall mit ihm hinreisen könnte. Aber von der Vorstellung habe ich mich verabschiedet. Er ist schnell überreizt und wird weinerlich, und dann müssen wir nach Hause. [Sohn, 5 Monate]

Unser Sohn wirft uns jetzt aus dem Bett. Er braucht seinen Raum. Ich hatte gedacht, dass er uns ständig in seiner Nähe haben will – aber das tut er nicht. [Sohn, 13 Monate]

Ich wünschte, meine Tochter würde aufhören, »Nein« zu sagen. Sie antwortet mir auf jede Frage mit Nein. Ich finde, sie sollte das nicht sagen. In meiner Kultur benutzen wir das Wort kaum. Wir sagen: »Das könnte schwierig werden.« [Tochter, 16 Monate]

In meinem Kopf habe ich eine feste Vorstellung davon, was meine Tochter will. Sie ist aber nicht festgelegt. Sie entwickelt sich weiter. Es fällt mir schwer, mit ihr mitzuhalten. [Tochter, 2 Jahre]

Anders gesagt: Eine Mutter, die auf die Signale ihres Babys achtet, merkt bald, dass sie sich von ihren eigenen Erwartungen verabschieden muss. Sie kann uns viel über ihr spezielles Baby erzählen. Aus den Beobachtungen vieler Mütter können wir uns ein geschlossenes Bild der Bedürfnisse vieler Babys machen. Natürlich kann dieses Bild nicht als Schablone für irgendein bestimmtes Baby dienen, doch als Orientierung ist es hilfreich. Zu meiner Überraschung ist das Bild, das ich mir durch die mündlichen Berichte machen konnte, auffallend klar umrissen. Die Informationen, die Mütter mir vermittelt haben, stimmen im Wesentlichen miteinander überein.

Wie wir wissen, fordern Babys das, was sie wollen, vehement ein. Und was wollen sie am allermeisten? Aus allen Einzelheiten der für dieses Kapitel zusammengetragenen Berichte kristallisiert sich ein Muster heraus. Es ist unmissverständlich. Müttern zufolge wollen Babys – mehr noch als Unterhaltung, mehr noch als spielen, vielleicht sogar mehr als Sicherheit, Nahrung und Trost – von uns, dass wir ihnen in unserem hektischen Leben Raum geben. Sie wollen von uns willkommen geheißen werden; sie wollen uns zuhören und selbst gehört werden, unsere guten und schlechten Momente mit uns teilen, alles sehen, was wir so treiben, und in unseren Alltag einbezogen werden – wie richtige Menschen. Es gefällt ihnen weniger, wie »Babys« behandelt zu werden. Sie scheinen nicht mal ununterbrochen unsere hundertprozentige Aufmerksamkeit zu fordern. Babys zeigen großes Interesse daran, ihre Eltern zu beobachten, die nebenbei mit den typischen Belangen Erwachsener beschäftigt sind. Anders ausgedrückt: Babys das zu geben, was sie wollen, mag uns manchmal schwerfallen, ist aber nicht unmöglich.

Einem Baby Raum zu geben ist insofern ein flexibles Ziel, als es nicht von bestimmten Voraussetzungen abhängt und Mütter es je nach ihren Lebensumständen interpretieren können. Dahinter treten alle Differenzen zurück, die so häufig für Meinungsverschiedenheiten unter Müttern sorgen können, zum Beispiel ob sie stillt oder Muttermilchersatznahrung füttert,[58] ob das Baby im Familienbett schläft oder dazu erzogen wird, jeden Abend zu einer bestimmten Zeit in einem Gitterbett einzuschlafen. Ein gesundes Baby scheint genug Kompetenz und Intelligenz mitzubringen, um sich an jegliche Kombination dieser Möglichkeiten anzupassen. Babys wollen offensichtlich etwas viel Grundlegenderes von uns. Es geht dabei weniger um Einzelheiten unserer Betreuung, sondern um das Gefühl, dass sie uns sehr viel bedeuten und dass wir sowohl ihre Interessen als auch unsere eigenen berücksichtigen.

Elternratgeber zeichnen oft ein anderes Bild. Manchmal werden Babys als anspruchsvoll, gierig oder schlichtweg unersättlich dargestellt. Es stimmt, dass ein Baby sehr viel von dem verlangt, was ihm angeboten wird. Auf den ersten Blick scheint das gierig. Doch selbst das bedürftigste Baby ist irgendwann zufriedengestellt. Ein Baby kann auf die Mutter »zu anspruchsvoll« wirken, wenn sie ihr Gehör eher Fachleuten als ihrem eigenen Baby schenkt. Nur das Baby weiß sicher, wann es essen will und wann es schlafen kann. Wenn eine Mutter ihr Baby beobachtet, merkt sie, dass dieses seine Essens- und Schlafzeiten nicht nach der Uhr, sondern nach seinem inneren Rhythmus richtet. Dann kommt der Mutter ihr Baby nicht unersättlich, sondern vernünftig vor.

Es existiert scheinbar kein Wort für den Prozess, die Bedürfnisse eines Babys zu entschlüsseln. Doch wie schon im dritten Kapitel beschrieben, ist er ein elementarer Bestandteil des Mutterseins. Vielleicht genügt uns das Wort »Achtsamkeit« vorerst. Eine junge Mutter versucht darauf zu achten, zu welchen Zeiten ihr Baby hungrig, aktiv und schläfrig ist. Ihr Baby wiederum achtet auf seine Mutter, um sie kennenzulernen. Müttern zufolge setzen Babys, die verstanden werden, ihre Kommunikation fort, während Babys, deren Schreie als bedeutungslos abgetan werden, ruhiger werden.[59] Nicht, dass das gegenseitige Verständnis immer perfekt funktionieren würde. Doch manchmal kommt es zu Momenten unverfälschter Kommunikation. Diese frühen, einfachen Formen, sich über das Essen, Wachsein und Schlafen auszutauschen, legen den Grundstein für die späteren, komplexeren Bedürfnisse des Babys.

Im Verlauf der Jahre hatte ich das Privileg, mir von Müttern die Ergebnisse ihrer Achtsamkeit schildern zu lassen. Die unglaubliche Materialmenge macht es natürlich nicht einfach, dem Thema gerecht zu werden. Deshalb sollen einige wenige Bereiche als Beispiel für die von Müttern gesammelten Daten dienen. Dabei geht es mir nicht um Objektivität, sondern um Anschaulichkeit. Vor allem hoffe ich, dass die Auswahl mütterlicher Beobachtungen das Klischee des gierigen, egozentrischen Babys infrage stellt.

Direkt nach der Geburt muss ein Baby lernen, wie es überlebt. Die grundlegenden Fähigkeiten wie atmen, saugen und schlucken (ohne dabei zu spucken und zu würgen) müssen erlernt werden. Mütter berichten, wie sich ihre Babys entwickeln und sich selbst über ihre körperlichen Leistungen freuen.

> Mein Sohn ist ganz rastlos. Er will sich unbedingt hinsetzen und dabei ständig von mir gestützt werden. Wenn ich ihn hinlege, wird er bitterböse, als wollte er sagen: »Das kannst du mir nicht *antun!* Ich bin doch kein *Baby!*« [Sohn, 4 Monate]

> Ihm machen viele Sachen Spaß. Er steht zum Beispiel gerne und er spannt gerne seine Beinmuskeln an. [Sohn, 5 Monate]

> Mein Sohn krabbelte schon fast, deshalb setzte ich ihn ab und wollte gerade sagen: »Na los, du *kannst* das!« Doch dann sah ich, dass er vor dem Krabbeln andere Fähigkeiten perfektionieren wollte. Er überwand Hindernisse. Und er brachte sich zurück in Sitzposition, egal in welche Richtung er umgekippt war. Es war faszinierend. Ich hielt mich zurück und sah gebannt zu. Ich war froh, ihn nicht zum Krabbeln animiert zu haben, sonst hätte ich das alles verpasst. [Sohn, 6 Monate]

> Ist euch aufgefallen, wie entspannt Babys sind? Meine Tochter probiert ständig etwas Neues aus. Wenn sie es nicht schafft, sucht sie sich etwas anderes. Sie ist nicht so *... die Mutter deutet Verbissenheit an.* Und wenn sie es

schafft, ist sie nicht mal besonders aufgeregt. So, als hätte sie schon immer gewusst, dass sie es kann. [Tochter, 8 Monate]

Manche Leute sind der Meinung, dass so kleine Babys nichts »wollen«. Sie würden schreien, weil sie etwas brauchen. Ein eifriger Befürworter dieser These war Sigmund Freud. Ihm zufolge seien Babys in dieser Phase rein triebgesteuert. Anschaulich wie immer schreibt Freud: »Wenn der Säugling sich äußern könnte, würde er gewiß den Akt des Saugens an der Mutterbrust als das weitaus Wichtigste im Leben anerkennen.«[60] Babys wurden schon von weniger aufmerksamen Menschen als Freud damit abgetan, »nur an Nahrung interessiert« zu sein.

Können Mütter dies bestätigen? Mütter verbringen viel Zeit mit dem Füttern ihrer Babys sowie Gesprächen darüber, wie sie gefüttert werden sollten. Man würde meinen, dass sie Freuds Theorie bekräftigen. Doch das tun sie nicht. Mütter sagen etwas ganz anderes. Natürlich müssen Babys essen. Sie müssen ihr Geburtsgewicht bis etwa zum vierten, fünften Lebensmonat verdoppeln. Demzufolge hat die Nahrungsaufnahme einen großen Stellenwert und macht den meisten Babys glücklicherweise Spaß. Trotzdem scheinen sie noch Raum für viele andere Interessen zu haben, und zwar schon in den ersten Wochen.

Während der Schwangerschaft hörte ich jeden Tag zur Entspannung ein wunderschönes Cellostück. Wenn ich es jetzt abspiele, entspannt sich meine Tochter sofort, selbst wenn sie vorher geschrien hat. [Tochter, 3 Wochen]

Mein Sohn lag unter seinem Spielbogen. Dann schaffte er es plötzlich, sich genug zu konzentrieren, um etwas zu berühren. Das tat er eine ganze Stunde lang. Danach schlief er ein. Er schlief so lange, dass ich mir Sorgen machte. Er hätte schon lange vor Hunger aufwachen müssen. Ich rief die Hebamme an, und sie kam vorbei. Sie versicherte mir, dass alles in Ordnung sei. Er sei nur müde, weil er so viel gespielt habe! [Sohn, 7 Wochen]

Eine Mutter beschrieb ihren Besuch bei einer Freundin, deren Baby blind war. Als sie gingen, sagte ihre Freundin: »Mein Baby lächelt dich an.« *Die Mutter reflektierte:* Ich wäre nie auf die Idee gekommen, weil ihr Baby mich nicht ansah. Aber ich hatte vergessen, dass es blind war. Inzwischen glaube ich, dass es lächelte, weil es unsere Stimmen hörte. Also hatte es *tatsächlich* mich angelächelt. [Ihr eigenes Baby und das ihrer Freundin waren beide etwa 3 Monate alt]

Wegen eines Brustabszesses riet mir meine Ärztin, abzustillen und Muttermilchersatznahrung zu füttern. Zuerst dachte ich, dass es die Beziehung zwischen mir und meiner Tochter komplett verändern werde. Ich dachte, ich sei dann nichts Besonderes mehr für sie. Aber das bin ich noch. Unsere Beziehung beruht nicht auf Nahrung. Sie beruht auf Zuwendung und gegenseitigem Verständnis. Ich bin die, die sie wirklich *versteht*. Sie zeigt mir, was sie will. [Tochter, 4 Monate]

Es sind keine kleinen Instinktbündel, zu denen diese Mütter eine Beziehung aufgebaut haben, sondern komplexe Menschen, so jung sie auch sein mögen. Sich um jemanden zu kümmern, den man als Person wahrnimmt, ist etwas völlig anderes, als einem Instinktbündel zu assistieren. Mit einer Person kann man sich verbunden fühlen. Dieses Zusammengehörigkeitsgefühl hilft Eltern, die Bedürfnisse ihres Babys auch dann zu erfüllen, wenn diese kraftraubend und ermüdend sind. Das Zusammengehörigkeitsgefühl gibt den Eltern die Kraft, Dinge zu tun, weil sie sich damit wohlfühlen, nicht etwa, weil sie mühelos sind.

Die meisten Babys übermitteln ihren Müttern eine simple Botschaft. Diese lautet, dass sie am glücklichsten sind, wenn ihre Mutter bei ihnen ist. In der Theorie klingt das leicht. In der Praxis kann das sehr frustrierend sein. Das Baby scheint überall dabei sein zu wollen, weshalb die Mutter es oft auf einem Arm halten und ihren Alltag einhändig bewältigen muss. Hielte sie eine Puppe, würde das absurd anmuten. Aber eine echte Person, mit der man sich verbunden fühlt, ist etwas völlig anderes. Mütter sprechen oft sehr respektvoll über ihr Baby, fast wie über einen anderen Erwachsenen.

> Meine Tochter wird ungern allein gelassen, deshalb nehme ich sie mit aufs Klo. Ich bin mittlerweile sehr geübt darin, mir mit einer Hand die Hose herunterzuziehen und sie auf meinem Knie zu balancieren. [Tochter, etwa 3 Monate]

> Unsere Tochter schläft im Familienbett und zieht morgens an meiner Nase, um mich aufzuwecken. Ich kann mich erinnern, früher als Kind im Gitterbett aufgewacht zu sein und mich wie im Niemandsland gefühlt zu haben. Ich glaube, Babys fühlen sich erst so richtig lebendig, wenn jemand für sie da ist. [Tochter, 8 Monate]

Ein Baby lernt unglaublich viel durch das Beisammensein mit seiner Mutter.

> Mein Sohn sagt ständig »asssss!«, und ich dachte: »Wo hat er denn *das* her?« Da wurde mir klar, dass ich ziemlich häufig »*das*« sage. Ich merkte, wie genau er mich beobachtet und wie er es verarbeitet. [Sohn, 7 Monate]

Eines Abends fragte ich meinen Partner: »Wie spät ist es?« Unsere Tochter sah augenblicklich auf ihr Handgelenk. Sie hat natürlich keine Uhr, aber ich war erstaunt, wie viel sie mitbekommt. [Tochter, 15 Monate]

Eine Mutter erzählte mir, wie sie einmal mit ihrer knapp zweijährigen Tochter nach Hause kam. Der Mutter fiel plötzlich etwas ein, das sie am Klavier ausprobieren wollte. Ihre Tochter schien sehr langsam zu laufen, sodass die Mutter es kaum abwarten konnte, zu Hause anzukommen. Sie warf ihren Mantel hin und setzte sich sofort ans Klavier. Eigentlich hatte sie erwartet, dass ihre Tochter sich neben sie setzen würde, weil diese normalerweise genau das tun wollte, was ihre Mutter tat. Aber das kleine Mädchen ging ins Schlafzimmer und schien dort herumzuwühlen. Schließlich tauchte sie voller Stolz mit einer uralten Mütze auf dem Kopf auf. Sie lief schnell zu ihrer Mutter, zwängte sich auf die Klavierbank und fing an zu spielen. Der Mutter wurde plötzlich bewusst, dass sie zwar ihren Mantel ausgezogen hatte, aber immer noch ihre Mütze trug. Ihre Tochter musste das bemerkt und daraus geschlossen haben, dass Mützen zum Klavierspielen dazugehören. Dies zu hinterfragen stand ihr nicht zu. Wenn ihre Mutter eine Mütze trug, musste sie das auch.

Es fehlt anscheinend ein Begriff dafür, was die Mutter tut, nämlich sich von ihrem Kind beobachten lassen. Diese Lebensweise verlangt der Mutter ein hohes Maß an Selbstdisziplin ab. Ich füge gleich hinzu, dass das keine Vorschrift sein soll. Ich will damit nicht sagen, dass jede Mutter ihrem Kind den ganzen Tag zur Verfügung stehen muss, damit die Beziehung perfekt läuft. Diese Beispiele sollen nur veranschaulichen, dass Mütter, die viel Zeit mit ihrem Kind verbringen, ihm mehr als Nahrung geben. Sie bauen eine vielseitige Beziehung auf. Eine Mutter, die tagsüber nicht zu Hause ist, findet natürlich andere Wege, eine Beziehung zu ihrem Kind aufzubauen.

Babys müssen heutzutage beängstigend viel Neues lernen. Sie scheinen ununterbrochen zu lernen, indem sie die von ihnen geliebten Menschen genauestens beobachten. Ihre vielfältigen Lernprojekte verfolgen sie oft parallel. Babys trennen das Lieben nicht vom Lernen, sondern kombinieren beides miteinander. Dieser Prozess ist offenbar sehr wichtig für Babys.

Wenn einer Mutter auffällt, wie viel ihr Kind lernt, ist ihr vielleicht nicht immer klar, wie viel es über sie lernt. Die beiden haben eine enge Partnerschaft. Auch wenn sie sich dessen nicht immer bewusst ist, legt sie Regeln fest, was erlaubt und was verboten ist. Sie hat außerdem eine Toleranzgrenze, und wenn diese überschritten wird, verliert sie die Geduld. Mittels ihrer Mimik, ihrer Tonlage und ihrer Reaktionen drückt eine Mutter dazu noch ihre Wertvorstellungen aus. Unter diesen Rahmenbedingungen lernen Babys.

Zu den ersten geteilten Freuden gehört die Entdeckung der Musik. Sie beginnt gewöhnlich mit Gesang. Selbst Mütter, die normalerweise keinen Ton singen, scheinen ihrem Baby trotzdem etwas vorzusingen. Ich habe noch keine Mutter getroffen, die nie gesungen hat. Wenn ich Mütter frage, ob sie singen, antworten sie meistens: »Also, nicht richtig.« »Na ja, man kann es vielleicht nicht *singen* nennen, aber meinem Sohn gefällt es!« »Ich singe meiner Tochter einfach Fantasielieder vor. Ich würde *sterben,* wenn mich jemand hören würde.«

> Ich mache es, wenn mein Sohn etwas missmutig ist, wie zum Beispiel nach dem Baden. Dann singe ich so was wie: »Jetzt zieh ich dir die Socken an, Socken an, Socken an.« Das gefällt ihm. [Sohn, 3 Monate]

> Wenn ich meiner Tochter ein Kinderlied vorsinge, singt sie es mir nach! [Tochter, 3 Monate]

> Ich singe über alles, was ich tue. Es wäre mir furchtbar peinlich, wenn das jemand hören würde. Die Leute wür-

den mich für bekloppt halten. Aber meinem Sohn gefällt es, und ich kann dann mehr Dinge erledigen, weil er hört, wo ich bin. [Sohn, 3 Monate]

Wenn das Radio läuft, streckt meine Tochter ihre Hände nach den Lautsprechern aus und wedelt sie durch die Luft, als wolle sie die Töne fangen. [Tochter, 6 Monate]

Das hier ist seine Trommel. Sein *absolutes* Lieblingsspielzeug. [Sohn, 14 Monate]

Das Verlangen nach Musik scheint angeboren zu sein. In vielen Städten existieren diverse Musikgruppen für Babys. Eine Gruppe, selbst wenn sie nur aus Babys besteht, kann vielfältigere Geräusche produzieren als eine einzelne singende Mutter. Es ist dennoch spannend, dass Mütter nicht gleich zu festen Zeiten an solchen Musikgruppen teilnehmen, sondern das Singen von Anfang an in ihren Alltag integrieren.

Laut Aristoteles sind »Melodie und Rhythmus [...] unserer Natur gemäß« und führten seiner Meinung nach zur Geburt der Dichtkunst. Ihm fiel auf, dass Menschen von Kindheit an gerne nachahmen und Freude daran haben, Abbilder von Dingen anzufertigen.[61] Die Dichtkunst, so schreibt er, basiert auf unserer Fähigkeit, einen Gegenstand als repräsentativ für einen anderen zu erkennen.

Mütterliche Beobachtungen zeigen, dass uns das schon sehr früh gelingt. Noch bevor wir zeichnen oder die großartige Komplexität unserer Gedanken in Sätze fassen können, sind wir scheinbar in der Lage, die Ähnlichkeit zwischen zwei Dingen zu erkennen. Das beste Beispiel, das ich dafür anzubieten habe, lieferte mir ein einundzwanzig Monate altes Kind. Es drehte einen Plüschfrosch auf seinem Finger, sodass dieser alle vier Beine horizontal von sich streckte. »'Ubschauba!« rief der Junge und sah seine Muter an. »Ja, genau wie ein Hubschrauber«, stimmte seine Mutter zu, woraufhin er zufrieden aussah.

Angesichts von Berichten, dass die Computertechnologie die kindliche Fantasie abtöte, ist das besonders beruhigend. Die Vorstellungskraft scheint sich schon zu entwickeln, bevor sich ein Kind an einem Computer ausprobieren kann. Müttern zufolge entwickeln Babys schon vor dem zweiten Lebensjahr die Voraussetzungen, später MusikerInnen und LyrikerInnen zu werden.

Ein anderes weites Interaktionsfeld ist der Humor. Genau wie das Bewusstsein für Musik und die Freude an der eigenen Vorstellungskraft scheint der menschliche Sinn für Witze schon sehr früh vorhanden zu sein. Interessanterweise war Freud, der ein faszinierendes Werk über Witze geschrieben hat, fest davon überzeugt, dass »dem Kinde das Gefühl für Komik ab[geht]«.[62] Er begründet seine These zwar, dennoch ist es schade, dass er es für nötig hielt, so kategorisch zu urteilen. Wenn man Müttern zuhört, staunt man, wie früh Babys einen Sinn für Humor entwickeln. Wir lernen das Lachen lange, *lange* bevor wir sprechen können.

> Mein Partner hatte sich gerade die Haare gewaschen, deshalb kam er mit einem roten Handtuch auf dem Kopf ins Zimmer. Unser Sohn sah sehr verwirrt aus. Als mein Partner das Handtuch abnahm, brach unser Sohn in lautes Lachen aus [weil er seinen Vater erkannt hatte]. [Sohn, 2 Monate]

> Mein Partner spielte mit einer Handpuppe. Er zog sie auf die Hand und verstellte seine Stimme, um sie sprechen zu lassen. Da habe ich unseren Sohn das erste Mal aus vollem Halse lachen hören. Wenn er so laut lacht, müssen wir mitlachen. [Sohn, 7 Monate]

> Unser Sohn macht Witze, indem er zum Beispiel so tut, als müsse er husten. Dann lacht er über sich und erwartet, dass wir mitlachen. [Sohn, 14 Monate]

Meine Tochter hat ihre privaten Witze. Neulich nahm sie ihre kleine Baumwollmütze und setzte sie der Katze auf. Dann stand sie einfach da und lachte. Wenn ich nicht gerade hingesehen hätte, hätte ich das verpasst. Dann nahm sie der Katze die Mütze wieder ab und widmete sich etwas anderem. [Tochter, 15 Monate]

Eine andere Entdeckung ist die, wie früh Babys schon kommunizieren. Unsere Fähigkeit dazu scheint angeboren. Einige Bücher und Artikel empfehlen spezielle Methoden, mit denen Eltern ihr Baby zu Reaktionen animieren können. Aber braucht es dazu wirklich ausgefeilte Methoden? Müttern zufolge sind es die Babys selbst, die »Gespräche« initiieren. Die Gespräche entwickeln sich mit der Zeit, wobei Sprache nur eine Stufe auf einer großen Skala darstellt.

Mutter: Mein Sohn hat mich gerade gebeten, ihn hochzuheben. *Ich:* Wie hat er das getan? *Mutter:* Seinen Rücken durchgedrückt. [Sohn, 4 Monate]

Mein Sohn machte immer sehr laute Geräusche, als ob er gerade seine Stimme entdeckt hätte. Aber jetzt spricht er mit einem richtigen Tonfall. Er sagt einen vollständigen »Satz« und macht dann eine kleine Pause, bevor er weiterbrabbelt. [Sohn, 7 Monate]

Ich hatte das Gefühl, dass ich meinem Sohn das Essen aufdränge. Vielleicht wollte er gar nicht, schließlich schrie er nie danach. Ich bot ihm einfach immer gleich meine Brust an. Als ich jedoch den Gegenversuch machte [also ihm nicht die Brust anbot], merkte ich, dass er nie schreien musste, weil ich auf all seine kleinen Signale, wie beispielsweise Grunzlaute, gleich reagierte. [Sohn, 7 Monate]

> Wenn meine Tochter aus der Badewanne herausmöchte, zeigt sie auf das Handtuch. Oh, und morgens zeigt sie auf die Vorhänge, damit ich sie aufziehe und der Tag beginnen kann. Wenn sie jedoch auf etwas zeigt und ich sie nicht verstehe, wird sie fuchsteufelswild. Sie erwartet von mir, dass ich sie verstehe. [Tochter, 11 Monate]

> Mit meiner Tochter kann man sich richtig unterhalten. Sie ist zwar erst drei, aber man hat nicht das Gefühl, mit einem Kind zu sprechen. Sie drückt tatsächlich aus, was sie *denkt!* [Tochter, 3 Jahre; Sohn, 3 Wochen]

Der ganze Prozess hängt davon ab, dass Mütter (oder andere Betreuungspersonen[63]) sich dieser Kommunikation bewusst sind und daran teilnehmen. Mütter werden Expertinnen darin, die Äußerungen ihres Kindes zu interpretieren, während Außenstehende völlig entgeistert zuhören. Für die Mutter ist die Kommunikation ihres Kindes dagegen glasklar. Wenn es also mit seiner Mutter interagiert, kann das Kind darauf vertrauen, verständlich zu kommunizieren.

Babys kommunizieren nicht bloß, was sie wollen. Sie kommunizieren genauso leidenschaftlich, was sie *nicht* wollen. Schon früh können Mütter Angst- und Wutschreie ihres Babys unterscheiden. Anfangs mutet ein Angstschrei wie eine unwillkürliche Reaktion an. Erst nach einigen Monaten scheinen Babys zu lernen, dass ihre Mütter sie verstehen können. Danach entwickelt sich der Angstschrei zu einer Kommunikation.

> *Mutter 1:* Eines Nachts schrie meine Tochter plötzlich vor Angst auf. *Ich:* Woher wusstest du, dass es Angst war? *Mutter:* Ich *wusste* es. Ich konnte ihre Angst in meinem ganzen Körper spüren. [Tochter, 6 Wochen]
> *Mutter 2:* Meine Tochter hat auch nachts geschrien. Ich dachte, sie hätte Hunger. Erst danach kam ich auf den

Gedanken, dass sie einen Albtraum gehabt haben muss. Sie war nicht aufgewacht. [Tochter, 2 Monate]

Ein Freund von mir machte immer »*Buh!*«, und mein Sohn lachte sich schlapp. Aber mit einem Mal wurde er sensibler und jetzt weint er. [Sohn, 8 Monate]

Ich beschloss, Knochenmarkspenderin zu werden. Ich war ganz entspannt und hatte überhaupt keine Angst. Meine Tochter saß auf meinem Schoß, und ich glaubte nicht, dass sie etwas mitbekommt. Aber als der Pfleger mich mit der Nadel stach, schrie sie los, als hätte sie Schmerzen. Sie wollte nicht, dass *mir* jemand wehtut. [Tochter, 13 Monate]

Diese Mütter hatten Verständnis für ihre Babys und konnten sich in deren Ängste einfühlen. Andere Mütter haben dagegen Verständnis, aber kein solches Mitgefühl. Eine Mutter fand es inakzeptabel, dass ihre achtmonatige Tochter »fremdelte«: »Ich mache mir Sorgen, dass das zur Gewohnheit wird, deshalb musste es im Keim erstickt werden.« Sie zwang ihre Tochter, Zeit mit Fremden zu verbringen, und das »heilte« sie, so die Mutter.

Viele Mütter wurden als kleine Mädchen selbst dazu erzogen, ihre Wut nicht zu zeigen. Wenn ihre Babys wütend sind, können sie schlechter damit umgehen, als wenn diese Angst zeigen.

Ich kann meine Wutgefühle nicht gut ausdrücken. Wenn meine Tochter wütend wird, liegt mir immer auf der Zunge, was ich von meiner Mutter zu hören bekam: »Geh in dein Zimmer und komm erst raus, wenn's dir besser geht.« Sie hörte mir nie zu. [Tochter, 6 Wochen]

Mutter 1: Meine Tochter wird jetzt richtig wütend, und manchmal kann ich nichts tun, damit es ihr besser geht. [Tochter, 5 Monate]

Mutter 2: Ich bin aber zu dem Schluss gekommen, dass es manchmal wichtig ist, sie wütend sein zu lassen und ihnen gedanklich Raum dafür zu geben. Es ist wichtig, sie nicht damit allein zu lassen. Schließlich ist es selten persönlich. Manchmal hat mein Sohn sich einfach über etwas geärgert. [Sohn, 18 Monate]

Wenn Babys zu kommunizieren beginnen, können sie sich verständlicherweise auch langweilen, wenn ihre Intelligenz nicht ausreichend gefordert wird. Es ist viel darüber geschrieben worden, wie Babys stimuliert werden sollten. Viele Mütter haben Schuldgefühle, wenn sie sich einen »faulen« Tag zu Hause gemacht haben oder der einzige Ausflug dem Einkauf diente. Aber vielleicht müssen Babys gar nicht tagtäglich stimuliert und unterhalten werden. Sie scheinen zufrieden zu sein, wenn sie ihre Mütter beobachten und später in deren Anwesenheit spielen dürfen. Die beiden sind sich körperlich nah, jedoch mit verschiedenen Dingen beschäftigt.

Das eigenständige Spiel entwickelt sich gewöhnlich, sobald das Baby ohne umzukippen sitzen kann. Dann hat es beide Hände frei, um Dinge zu untersuchen. Müttern zufolge braucht es nicht viel, um das Interesse eines Babys zu wecken. Wie viele Leute haben einem Baby schon ein teures Spielzeug geschenkt, um dann festzustellen, dass es viel größeres Interesse an der Verpackung als am sorgfältig ausgewählten Inhalt zeigt? Die Fähigkeit, mit Spielzeug zu spielen, scheint sich erst viel später zu entwickeln.

Meine Tochter beschäftigt sich gerne mit Reiskochbeuteln. Sie knistern und sind hubbelig. Gekauftes Spielzeug langweilt sie schnell. [Tochter, 5 Monate]

Meine Tochter spielt mit einer Müslipackung, die so groß wie sie selbst ist. Das gefällt ihr am besten. [Tochter, 6 Monate]

Bei meinem Sohn geht es nicht mehr um »brauchen«, sondern um »wollen«. Ein neugeborenes Baby braucht einfach bestimmte Sachen und kann nicht warten. Jetzt beobachte ich, wie sich mein Sohn etwas in den Kopf setzt und sich furchtbar aufregt, wenn ich es ihm wegnehme. Als Neugeborenes hätte ihm das nichts ausgemacht. [Sohn, 7 Monate]

Wenn mein Sohn etwas haben will und ich es weglege, kann er sich noch Stunden später genau erinnern, wo ich es hingetan habe. Dann steht er davor und zeigt darauf. [Sohn, 12 Monate]

Meine Tochter ist sehr willensstark. Wenn sie ein Messer halten will und ich es ihr wegnehme und versuche, sie abzulenken, *lässt* sie sich nicht ablenken. Sie wird ganz wütend. Sie will das Messer und sonst nichts. [Tochter, 13 Monate]

Die zunehmende Begeisterung des Babys dafür, unabhängig agieren zu können, sorgt immer wieder für Interessenkonflikte. Missverständnisse können entstehen. So bietet eine Mutter ihrem Baby beispielsweise ihre Hilfe an, woraufhin dieses tief gekränkt reagiert, weil es ohne Hilfe zurechtkommen wollte. Genauso kann ein Baby nicht verstehen, warum seine Mutter ihm die Windeln wechseln und seine Zähne putzen muss und noch weniger, weshalb sie diesen Tätigkeiten so viel Bedeutung beimisst. Am schwersten fällt es ihm, die unterschiedlichen Regeln der Mutter für »drinnen« und »draußen« nachzuvollziehen. Oft kommt es zu heftigen Auseinandersetzungen, bevor die Mutter ihre elterliche Autorität feinfühlig durchsetzen kann.

In einem Laden fing mein Sohn an, Bücher aus den Regalen zu ziehen. Zuhause darf er das, aber jetzt sagte ich: »Das darfst du hier nicht.« Ich stellte die Bücher zurück, und er rastete völlig aus. Ich versuchte, ihn hochzuheben, aber er wand sich heraus. Später dachte ich lange darüber nach. Ich habe eine Sockenschublade, die er gerne ausräumt. Dann macht er einen speziellen Laut und räumt alle Socken zurück. Ich *glaube,* er wollte die Bücher im Laden wieder zurückstellen. Aber sie waren schließlich zum Verkauf – das verstand er nicht. [Sohn, 11 Monate]

Die Aufgabe der Eltern ist es, Verantwortung für das Kind zu übernehmen und ihm nach und nach Bereiche zu überlassen, die es ihrer Einschätzung nach nicht überfordern. Kinder betteln ständig um mehr Unabhängigkeit, aber dies kann reiner Wagemut sein. Manchmal bürdet eine Mutter ihrem kleinen Kind zu viel zu früh auf.[64] Das scheint besonders für anspruchsvolle Konzepte wie jene zu gelten, ein Kind in einem Zimmer voller Fremder zu lassen, während seine Mutter mal eben »nur für eine Minute« verschwindet (die das Kind allerdings nicht einschätzen kann); oder das Kind warten zu lassen, bis es »an der Reihe« ist, während es einem anderen Kind beim Spielen mit dem heiß begehrten Spielzeug zusehen muss; oder »sich zu entschuldigen«, dass es einer anderen Person wehgetan hat. Ein kleines Kind ist immer noch ein Anfänger, was die Komplexität des Soziallebens betrifft. Mütter verkalkulieren sich oft, weil ihnen nicht klar ist, dass ein ihrer Ansicht nach selbstverständliches Konzept für ihr Kind aus völlig neuen Ideen besteht, die es erst noch begreifen muss.

Wenn Babys einigen der vielschichtigen Regeln des Zusammenlebens auf die Spur kommen, erwarten sie auch eine gewisse Logik und Einheitlichkeit. Wenn sie Ungerechtigkeiten zu entdecken glauben, protestieren sie. Oft richtet sich ihre Wut auf etwas, das ihren Gerechtigkeitssinn stört. Noch bevor

Babys sich erklären können, widersetzen sie sich vehement, wenn ihre Mutter ihre Meinung ändert oder sich zu widersprechen scheint.

Vielleicht gibt das etwas Aufschluss über Trotzanfälle. Häufig werden diese als besonders heftige Wutausbrüche charakterisiert. Aber das verfehlt ihren eigentlichen Kern. Das Kind ist hysterisch. Oft schlägt es Trostversuche aus. Es schluchzt vielleicht etwas wie: »Noch mal schaukeln! Bitte, Mama! *Bitte!* Schaukeln! Noch mal!« Aber will es wirklich bloß weiterschaukeln? Natürlich, das sagt es selbst. Vielleicht ist die Situation jedoch so kompliziert, dass es noch nicht in der Lage ist, seine Gefühle auszudrücken.

Wenn man nachfragt, stellt sich meistens heraus, dass sich das Kind missverstanden fühlt. Es fühlt sich als »böse« oder »ungezogen« abgestempelt, obwohl es das überhaupt nicht sein wollte. Das Kind hat vielleicht schon lange geschaukelt und bittet vertrauensvoll darum, weiterschaukeln zu dürfen; doch es hört von seiner Mutter plötzlich ein verärgertes »*Nein!*«. Ihr Tonfall ist es, der das Kind beunruhigt, nicht der Verlust der Schaukel. Es spürt, dass seine Mutter plötzlich ohne ersichtlichen Grund die Geduld mit ihm verloren hat. Das findet es ungerecht, allerdings kann sein einfaches Vokabular dieser Nuance nicht gerecht werden. Um sein Dilemma verständlich zu machen, scheint ein Anfall das geeignete Mittel. Wenn seine Mutter es missversteht und eine schlechte Meinung von ihm hat, hält es das für eine Katastrophe. Es versucht verzweifelt, die Beziehung wieder herzustellen. Es geht meistens um ihre gewöhnlich gute Beziehung und selten um das materielle Objekt, das diesen Gefühlsausbruch hervorzurufen scheint.[65]

Wenn sie ihr Kind gut genug kennt, kann eine Mutter dieses Gefühlschaos entwirren. Wenn es ihr dann noch gelingt, das Dilemma aufzuklären, beruhigt sich das Kind wie durch Zauberhand. Wenn Mutter und Baby mehr Verständnis füreinander entwickeln, werden sie Phasen voller Harmonie erleben. Diese können so selbstverständlich wirken, dass sie den Eindruck erwecken, das Muttersein sei mühelos. Die Harmonie basiert jedoch auf der anfänglichen Arbeit der Mutter.

Ist diese harmonische Beziehung nicht eine Art von Freundschaft, selbst wenn das Kind so viel jünger und unerfahrener ist? Aristoteles, der das Wesen der Freundschaft eingehend untersuchte, beobachtete: »Die Natur selbst scheint sie dem Erzeuger gegen das Erzeugte, und umgekehrt, eingepflanzt zu haben.«[66] Mary Wollstonecraft, die große Feministin aus dem achtzehnten Jahrhundert, kam zu einem ähnlichen Schluss.[67] Diese verlässliche Freundschaft scheint genau das zu sein, was Kinder von ihren Eltern wollen.

Wenn eine Mutter, die solch eine Freundschaft aufgebaut hat, plötzlich krank wird, lernt sie deren großen Wert besonders schätzen. Sie ist überrascht, wie sensibel ihr Kind schon in so jungen Jahren ist.

> Letzte Woche hatte ich eine Grippe. Ich hatte mich immer gefragt, wie ich eine Mutter sein kann, wenn ich krank bin. Aber mein Sohn schien zu verstehen, dass ich zu erschöpft war. Er spielte einfach ruhig auf dem Boden neben meinem Bett und verlangte überhaupt keine Aufmerksamkeit. [Sohn, 11 Monate]

> *Eine Mutter, die sich während ihrer zweiten Schwangerschaft mehrmals täglich übergeben musste, merkte, dass ihr Kleinkind selbst dann gerne bei ihr war:* Mein Sohn kommt immer mit. Er hat sein eigenes kleines Ritual. Er nimmt ein Taschentuch und hält mir die Hand, wenn ich vor der Toilette stehe. Dann spülen wir und klappen den Deckel zu, und er hilft mir, meine Nase zu putzen. Sobald ich kann, schenke ich ihm ein kleines Lächeln. [Sohn, 12 Monate]

Ich war einen Monat lang ernsthaft krank und musste zwei Wochen das Bett hüten. Ich dachte, mein Sohn wäre wütend, weil wir nicht in den Park gehen und gemeinsam etwas Schönes unternehmen. Ich war überrascht, wie anpassungsfähig er war. Er schien zu verstehen, dass ich nicht rausgehen konnte, und jetzt ist er *völlig* aus dem Häuschen, dass es mir wieder besser geht. [Sohn, 15 Monate]

Diese Mütter bewiesen noch während ihrer Erkrankung Feingefühl. Ich war beeindruckt, dass keine von ihnen ihrem Kind das Gefühl vermittelt hatte, dass es eine Belastung sei.

Eher selten berichten Mütter – weil es so häufig passiert – wie glücklich ihre Kinder sind, wenn sie sich verstanden fühlen. Ihre Augen leuchten auf, sie lachen und hauen sich auf die Schenkel und zeigen alle Anzeichen, dass dies für sie eine wertvolle Erfahrung ist. Es macht sie sehr glücklich, Teil unseres Lebens zu sein und mit uns zu kommunizieren. Sicher wollen sie uns mitteilen, dass wir ihnen geben, was sie wollen.

NEUNTES KAPITEL

Was ist Mutterliebe?

Es existieren zwei Definitionen von Mutterliebe, eine alte und eine neue. Beide behaupten von sich, wahr zu sein.

Die alte Definition meint eine Liebe, die Hass ausschließt. Die neue steht für eine Liebe, die auch Hass einschließen kann. Wenn also eine Mutter sagt, dass sie ihr Baby hasst, wäre dies der alten Definition zufolge ein Versagen ihrer Liebe, während es der neuen Definition zufolge Teil ihrer Liebe wäre. Das mag nach Haarspalterei klingen. Allerdings steht Mutterliebe unbestritten im Mittelpunkt des Bemutterns, und eine junge Mutter kann sich durchaus ängstlich fragen: Liebe ich mein Baby genug? Manche Leute erwarten von ihr, völlig vernarrt in ihr Kind zu sein, während andere ihr versichern, dass selbst liebevolle Mütter ihr Baby gelegentlich hassen.

Bisher wurde überraschend wenig über die alte, traditionelle Auffassung von Mutterliebe geschrieben. Wahrscheinlich deshalb, weil sie als so selbstverständlich vorausgesetzt wurde. Sie galt als einzigartig und nicht mit der Liebe eines Vaters oder einer anderen Person zu einem Kind vergleichbar. Gemeint war das besondere Verhältnis, das eine Frau zu ihrem Baby hat, wenn es in ihrem Bauch herangewachsen ist, sie es geboren und (meistens mit ihrer eigenen Milch) ernährt hat. Mutterliebe galt als aufrichtig, innig und stabil genug, um alles zu überdauern. Die Liebe einer Mutter wurde als schützende und moralische Kraft verstanden, die ausschließlich *für* das Wohlergehen ihres Kindes sorgte. Mütter wurden dafür bewundert, dass sie die Interessen ihres Kindes vor ihre eigenen stellten. Mutterliebe im traditionellen Sinne wurde sogar als Inbegriff von Liebe überhaupt betrachtet. Sie umschloss nicht nur Zärtlichkeit, sondern auch Strenge. Wenn sich ein Kind etwas zuschulden kommen ließ, war es Aufgabe der Mutter, es eines Besseren zu belehren. Sie sollte sich also auf die Missetat konzentrieren, ohne dabei ihre zugrunde liegende Liebe aus den Augen zu verlieren. Mutterliebe galt als unantastbar.

Im Laufe der oft chaotischen Menschheitsgeschichte scheint diese Vorstellung von Mutterliebe als unveränderte Konstante im Hintergrund überlebt zu haben. Sie tauchte schon in den unwahrscheinlichsten Situationen auf und gedeiht überraschenderweise auch noch in Gesellschaften, die Müttern überhaupt keine Solidarität entgegenbringen. Wir können uns dessen so sicher sein, weil Mutterliebe sich darin manifestiert, was Mütter tun. Jahrhundertelang wurden die sichtbaren Zeichen der Mutterliebe in Malerei und Schriften festgehalten. Diese Zeugnisse vermitteln uns ein deutliches und stimmiges Bild.

Ein ägyptischer Vater schrieb beispielsweise vor über dreitausend Jahren seinem erwachsenen Sohn:

> Verdoppele das Brot, das du deiner Mutter gibst und trage sie, wie sie [dich] trug. Sie hatte viele Last mit dir und ließ sie mir nicht. Als du geboren wurdest nach deinen Monaten, trug sie dich wieder auf dem Nacken und drei Jahre lang war ihre Brust in deinem Munde. Sie hatte nicht Ekel vor deinem Kot, sie ekelte sich nicht und sagte nicht: »was tue ich?«[68]

In diesem Auszug finden wir typische Beispiele dessen, wofür Mütter bewundert werden.

Andererseits wurden Mütter auch kritisiert, wenn sie diesen hohen Ansprüchen nicht genügten. Im Laufe der Jahrhunderte wurde eine Vielzahl von Gedichten und Aufsätzen veröffentlicht, in denen sich die meist männlichen Urheber beispielsweise darüber beklagen, dass »moderne« Mütter ihre Babys zu Ammen schicken. Gute Mütter, beriefen sich diese Kritiker häufig auf frühere Zeiten, würden ihre Babys als Zeichen ihrer Liebe selbst stillen. Mütterliche Praktiken waren immer wieder Gegenstand solcher Kritik. Das eigentliche *Konzept* der Mutterliebe wurde dagegen nie hinterfragt.

Die ersten wirklichen Herausforderer dieser uralten Vorstellung waren große Denker wie Darwin und Freud, denen zufolge es den Menschen quasi nur ums eigene Überleben geht. Die alte Definition von Mutterliebe passte nicht in diese Theorie. Besonders Freud fragte sich, wie es einer Mutter möglich sei, ihr Kind so hingebungsvoll zu lieben. Seine Antwort darauf lautete, dass es ihr gelingen müsse, ihre ursprünglich narzisstischen Gefühle (Teil einer seiner früheren Theorien) auf ihr Baby zu übertragen.[69] Damit definiert er Mutterliebe zu einer Form von *Selbstliebe* um. Später waren PsychoanalytikerInnen der Ansicht, Mutterliebe entstehe, wenn das Baby seine Mutter mit einem scheinbar liebevollen Lächeln verführe.[70] Weitere Theorien lauten, dass sie eine biologische Reaktion sei, ausgelöst durch Hormonausschüttungen im Körper der Mutter, besonders bei stillenden Frauen.[71]

Es gibt noch ein anderes, weitverbreitetes Erklärungsmodell, das ich in einem Kinderbuch zusammengefasst fand. *The Way Mothers Are* handelt von einem Kätzchen, das seine Mutter immer wieder fragt, warum sie es auch dann liebe, wenn es ungezogen sei. »Also«, antwortete die Katzenmutter schließlich, »glaubst du etwa, dass ich dich nur liebe, wenn du brav bist, und dich nicht mehr liebe, wenn du ungezogen bist? So sind Mütter nicht. Ich liebe dich immer, weil du mein bist.«[72] Hier wird Mutterliebe mit Besitzdenken erklärt. Alle genannten Ansätze suchen nach einer Erklärung dafür, wie es eine Mutter schafft, ihre Interessen denen ihres Kindes unterzuordnen.

Freuds Frage ist berechtigt. Wie *schafft* es eine Mutter, an ihrer Liebe festzuhalten – weniger dann, wenn ihr Kind ungezogen ist, sondern tagtäglich, und während all der Zeiten, in denen es krank ist? In der Malerei erfreute sich das Motiv des kranken Kindes eine Zeit lang großer Beliebtheit, besonders in Nordeuropa mit seinen langen Wintern. Im Kerzenschein liegt ein fieberndes Kind im Bett, an seiner Seite die Mutter, die unermüdlich über es wacht. Wie schafft sie das bloß?

> *Mutter:* Mein Sohn zahnt und lässt sich keinen Moment ablegen. Das geht schon seit zwei Wochen so. Er schreit ununterbrochen, und ich halte ihn auf verschiedene Weisen, erst *so,* dann *so.* Ich fühle mich so hilflos. Ich kann nichts tun, damit es ihm besser geht. *Ich:* Was hilft dir, diese schwere Zeit durchzustehen? *Die Mutter sah auf ihren Sohn herunter, lächelte scheu und sagte etwas. Ich:* Ich habe dich nicht verstanden. *Die Mutter, kaum hörbar:* Mutterliebe, nehme ich an. [Sohn, 7 Monate]

Wenn es wirklich der Mutterliebe zu verdanken ist, dass eine Mutter Stunde um Stunde in schweren Zeiten durchhalten kann, beruht sie dann auf echter Zuneigung, oder hängt sie von der mütterlichen Veranlagung ab? Wenn eine Frau Mutter wird, hat sie meistens schon Erfahrungen mit Beziehungen gesammelt. Sie kennt eine Vielzahl unterschiedlicher Personen. Manche mag sie sehr viel lieber als andere. Den meisten Müttern ist von Anfang an bewusst, dass ihr Baby eine Person ist.[73]

Das muss doch heißen, dass die Liebe, die eine Mutter ihrem Baby schenkt, nicht instinktiv, sondern persönlich ist. Sie lässt sich weder ausschließlich mit Hormonen noch als Reaktion auf das Lächeln ihres Babys oder sogar Besitzdenken erklären. Die Biologie trägt sicher ihren Teil dazu bei, aber eben nur einen Teil. Wenn Mutterliebe bloß eine Sache der Biologie wäre, dann wäre »Liebe« das falsche Wort, und wir müssten stattdessen von einem Instinkt reden. Nicht von ungefähr bezeichnen alle Weltsprachen die Gefühle einer Mutter als Liebe. Um von Liebe reden zu können, muss die Möglichkeit – oder das Risiko – existieren, dass sie ihr Kind *nicht* hätte lieben können. Demnach ist ihre Liebe ein leidenschaftliches »*Ja!*« zu ihrem Baby. Wenn sie dieses spezielle Kind liebt, dann deshalb, weil es ihre Entscheidung ist. Die biologischen

Theorien können, so provokant sie auch sein mögen, immer noch vom althergebrachten Konzept der Mutterliebe absorbiert werden. Die Mutter scheint veranlagt zur Mutterliebe, nicht dazu gezwungen.

Eine viel grundlegendere Herausforderung der traditionellen Definition von Mutterliebe wurde im Laufe des zwanzigsten Jahrhunderts formuliert. (An dieser Stelle folgt eine Zusammenfassung. Im zweiten Teil des Kapitels gehe ich genauer auf das Thema ein und führe Verweise an.) Zum ersten Mal erhob sich Protest dagegen, dass das traditionelle Konzept die negativen Gefühle einer Mutter ausspart. Keine Mutter, so die Kritik, könne ihr Kind bedingungslos lieben. Die beiden werden gegeneinander ausgespielt. Dem Kind werden bodenlose Ansprüche unterstellt, die seine Mutter durchaus zerstören können.

Traditionelle Mütter, sind sich die KritikerInnen sicher, wurden vom gesellschaftlichen Druck eingeschüchtert. Sie hatten sich den Ansprüchen eines unerreichbaren gesellschaftlichen Ideals zu unterwerfen. Sie mussten ihre eigenen Bedürfnisse sublimieren und verleugnen, um sich den Anschein unterwürfiger Hingabe an ihre Kinder zu geben. Nun ermutigen diese KritikerInnen Mütter, sich nicht schuldig zu fühlen, wenn sie den hohen Idealen nicht gerecht werden. Eine Mutter solle ihre eigenen Bedürfnisse berücksichtigen und sich ihrer unabhängigen Identität vergewissern. Diese müsse sie jedoch gegen die Interessen ihres Kindes durchsetzen. Deshalb werde sie, selbst wenn sie ihr Kind liebe, es phasenweise aufrichtig hassen. Ihr Kind und sie selbst stünden im Interessenkonflikt. Ihr Hass wird demnach als unvermeidlicher Bestandteil ihrer Liebe betrachtet. Dieser Auffassung zufolge ist ihre Liebe erst dann ehrlich, wenn sie ihren Hass anerkennen und akzeptieren kann.

Es ist immer spannend, wenn eine althergebrachte Vorstellung plötzlich hinterfragt wird. Die Vorstellung von Mutterliebe muss wohl eine der ältesten sein, die es gibt. Nun steht sie vor Gericht, der Scheinheiligkeit angeklagt. Der Vorwurf muss untersucht werden. Die Mutterliebe verdient einen fairen Prozess, in dem sowohl Anklage als auch Verteidigung Raum haben. Bisher wurde jedoch erst die Anklage gehört. Niemand hat auf diesen speziellen Vorwurf gegen die Mutterliebe geantwortet.

Weshalb haben sich bisher nicht einzelne Mütter zu Wort gemeldet, wenn sie so eine andere Erfahrung gemacht haben? Ein Grund könnte sein, dass Mütter, die ihre zwiespältigen Gefühle eingestehen, meistens überfordert klingen. Es könnte herzlos wirken, wenn eine Mutter diesen antwortet, dass es ihr anders ginge. Die Mutter aus dem obigen Zitat gestand ihre Liebe nur zögernd ein und hätte sie wohl nie angesprochen, wenn ich sie nicht gefragt hätte. Aber noch schwerwiegender sind wahrscheinlich die Selbstzweifel. Eine Mutter kann sich für naiv halten, weil sie glaubt, ihr Baby nie zu hassen. Vielleicht haben die KritikerInnen mehr Ahnung als sie. Vielleicht würden sie ihre Mutterliebe infrage stellen und ihr weismachen, dass sie sich ihres Hasses nicht bewusst ist, weil sie ihn unterdrückt. Wie kann sie sich da sicher sein?

»Ambivalente Mutterliebe« tauchte erstmals in einigen Büchern und Zeitungsartikeln auf, worauf ich noch zurückkommen werde. Inzwischen werden Mütter in Geburtsvorbereitungskursen routinemäßig darauf hingewiesen, dass sie ihr Baby zeitweise hassen könnten. Wie reagieren sie darauf? Fühlen sie sich dadurch befreit? Um es kurz zu machen: Mütter reagieren unterschiedlich. Die alte Definition wurde durch die neue bestimmt nicht abgelöst. Die alte bleibt uns erhalten.

Viele Mütter sorgen sich die gesamte Schwangerschaft über, dass sie ihr Baby vielleicht nicht lieben können. Sobald ihr Baby jedoch geboren ist, empfinden sie eher Liebe im traditionellen Sinn statt zwiespältiger Gefühle. Unter Berücksichtigung individueller und kultureller Unterschiede schildern Mütter gewöhnlich mehrere konkrete Gefühle, die ihrer Liebe eine erkennbare »Gestalt« verleihen. Diese Gefühle scheinen universell zu sein. Das heißt nicht unbedingt, dass sie von den eigenen Müttern erlernt wurden. Heutzutage entdecken viele Mütter ihre Mutterliebe offenbar erst, wenn sie sie selbst erfahren.

An den mütterlichen Berichten wird deutlich, dass der Beziehung anfangs ein Ungleichgewicht innewohnt. Ein Neugeborenes akzeptiert seine Mutter wahrscheinlich vorbehaltlos, da sie die einzige Mutter ist, die es kennt. Seine Mutter hat sich dagegen vielleicht Hals über Kopf in ihr Neugeborenes verliebt. Wenn es ihre Gefühle doch nur erwidern könnte! Aber in den ersten Monaten sieht es nicht so aus. Ihr Baby scheint nur mit seinen Körperfunktionen beschäftigt zu sein. Begreift es nicht, was für ein besonderer Mensch sie ist?

Bald beginnt das Baby, seine Mutter zu erkennen und sich auf sie zu verlassen, doch es scheint ihre großzügige Liebe und ihre Strapazen tatsächlich für selbstverständlich zu halten. Nach einigen Wochen kann es vielleicht strahlend lächeln – doch es lächelt fast alle Menschen so an. Das kann ein merkwürdiges Gefühl sein. Es dauert oft noch viele Monate, bis das Baby in der Lage zu sein scheint, seiner Mutter seine innige Liebe zu zeigen. Wenn es soweit ist, beschließt die Mutter angesichts seiner aufrichtigen Liebesbezeugung wahrscheinlich auf der Stelle, dass es das Warten wert war. Davor kann sie sich auch gelegentlich einsam und unsicher fühlen.

Das heißt, dass die Liebe einer Mutter nicht auf eine sofortige Erwiderung angewiesen ist. Anfangs ist sie einseitig und sehr intensiv. Allein die Intensität ihrer Liebe kann junge Mütter überraschen. Sie beschreiben den Eindruck, ihr Herz würde sich weit öffnen. Selbst wenn sie zuvor das Gefühl hatten, ihr Herz schon ihrem Partner, ihren älteren Kindern oder einem geliebten Haustier »geschenkt« zu haben, hat ein neues Baby die Macht, unerforschte Winkel zu öffnen. Das mag für Menschen, die eine solche Erfahrung noch nicht gemacht haben, erschreckend klingen; Mütter hingegen schildern ihre Empfindungen voller Ehrfurcht und Stolz.

Die Nächte sind anstrengend. Aber dann sehe ich sie an und bin unglaublich verliebt. Die Zeit steht still. [Tochter, 2 Wochen]

Eben denke ich noch, dass ich bereitwillig für meine Tochter sterben würde. Im nächsten Moment frage ich mich: »Liebe ich sie wirklich genug?« Dann denke ich: »Moment! Wenn ich für sie *sterben* würde, *muss* ich sie ja genug lieben.« [Tochter, 2 Wochen]

Die ersten Wochen verbrachte ich in völliger Panik bei dem Gedanken, dass meinem Sohn etwas zustoßen könne. Ich weinte viel. Das tue ich immer noch. Ohne ihn könnte ich *nicht* mehr leben. [Sohn, 2 Monate]

Ich mochte Babys nicht mal besonders, bevor ich selbst eins bekam. Sie interessierten mich einfach nicht. Ich hatte keine *Ahnung*, dass ich so starke Gefühle für meine Tochter entwickeln würde. Ich war vollkommen überrascht. [Tochter, 3 Monate]

Die Geburt war furchtbar. Ich war danach wie betäubt. Erst nach sieben Wochen begann ich mich langsam in meinen Sohn zu verlieben. Dann war es genau so, wie ich mich in meinen Mann verliebt hatte. [Sohn, 3 Monate]

Ich liebe meine Tochter *so sehr.* Das war nicht gleich so. Es hat eine ganze Weile gedauert. [Tochter, 7 Monate]

Diese Aussagen klingen nicht, als würden die Mütter etwas nachplappern, um bestimmte Klischees zu erfüllen. Sie schildern Gefühle, die ihre eigenen Erwartungen offenbar übertrafen. Es klingt anfangs wenig überraschend, wenn Mütter beschreiben, völlig von der Liebe zu ihrem Baby überwältigt zu sein, und sich selbst zu vernachlässigen scheinen. Wie schon gesagt, kann das für Menschen, die diese Erfahrung nicht gemacht haben, erschreckend klingen. Das mütterliche Gefühlsleben scheint jedoch dem Milcheinschuss zu entsprechen, der stillende Mütter quasi mit Muttermilch überflutet. Die Muttermilch reguliert sich nach sechs Wochen von selbst, während die Mutter etwas länger braucht, um die Interessen ihres Babys gegen ihre eigenen abwägen zu können. Doch dank der anfänglichen Fülle verspürt sie nun Mutterliebe im Überfluss.

Obwohl Mütter so viel geben, erhalten sie auch etwas zurück, selbst ganz am Anfang. Ein Neugeborenes ist fremd in unserer Welt. Indem seine Mutter beginnt, sein Verhalten zu deuten, nimmt sie es als Person war, und es antwortet ihr als Person. Seine Augen werden vor Aufregung ganz groß, wenn sie mit ihm redet. Dann fühlt sie sich nicht wie »irgendeine Mutter«, sondern wie »*die* Mutter« ihres Kindes. Liebe scheint von diesem persönlichen Austausch zu leben.

Zur universellen »Gestalt« mütterlicher Liebe gehört auch, dass Mütter sich so in ihre Babys verlieben, wie diese sind. Das widerspricht einer Theorie von Dr. Brazelton, Professor für Pädiatrie, und Dr. Cramer, Professor für Kinderpsychiatrie. Sie schreiben: »Alle Eltern sind von ihrem Baby mehr oder weniger stark enttäuscht; diese Enttäuschung gehört zur Entwicklung ihrer elterlichen Identität.«[74] Auf einige Eltern mag das zutreffen; doch selbst wenn sie Tausende von Eltern befragt haben, gibt es ihnen nicht das Recht, für alle zu sprechen. Da ihr Anspruch jedoch so dogmatisch ist, reicht schon ein Gegenbeispiel, um es zu entkräften. Es lässt sich leicht finden. Diverse Mütter berichten aus eigenem Antrieb, mit ihren Neugeborenen rundum zufrieden zu sein. Wenn die hier zitierten Mütter »mehr oder weniger stark enttäuscht« gewesen wären, hätten sie dies ganz sicher erwähnt, um ihren Geschichten mehr Dramatik zu verleihen.

Ich stellte meine Ernährung um, damit ich ein Mädchen bekomme. Anscheinend gibt es eine achtzigprozentige Erfolgsrate. Ich wollte keinen Sohn. Dann war ich beim Ultraschall und fand heraus, dass es ein Junge war. Aber ich sagte mir, dass auch ein Ultraschall irren kann. *Natürlich* würde ich ein Mädchen bekommen. Die ganzen Wehen hindurch redete ich mein Baby als Mädchen an. Als sie mir dann einen Jungen in den Arm legten, war das ein Schock. Dann sah ich ihn an – und plötzlich war mir ganz egal, ob er ein Junge oder Mädchen oder sonst wer war. Was für ein *wunderschönes* Baby! Er ist *genau* das Baby, das ich wollte. [Sohn, 6 Wochen]

Mein Sohn ist perfekt; er scheint eine richtige Ausstrahlung zu haben. Alles an ihm ist wunderbar, bis hin zu seinen kleinen Seufzern. [Sohn, 2 Monate]

Vor der Geburt meiner Tochter hatte ich Angst, so selbstsüchtig zu sein, dass ich nur ein perfektes Baby lieben könne. Aber als ich meine Tochter neulich badete, fiel mir plötzlich auf, dass sie Hängeschultern hat. Ihr Vater hat auch keine, und ich dachte: »Oh *nein!* Die Schultern hat sie von ihm!« Dann dachte ich: »Aber ich *liebe* sie trotzdem«. Ich war richtig froh, weil das bewies, dass ich sie *wirklich* liebe! [Tochter, 8 Monate]

Begeisterung für das eigene Baby scheint ein wichtiger Bestandteil der Mutterliebe zu sein. Viele Mütter haben Angst, ein Kind mit einer Behinderung zu bekommen. Würden sie ein Baby lieben können, dessen Körper nicht vollkommen ist? Manche Mütter, deren Baby eine Behinderung hat, schildern ihre Gefühle jedoch mit bewegenden Worten. Sie erklären, wie sie ihr Kind als getrennt von dessen Behinderungen wahrnehmen. Sie lieben und respektieren es als Person und werden wütend, wenn Außenstehende ihr Kind nicht für voll nehmen.[75]

Körpernähe scheint diese Gefühle zu begünstigen. Wenn sie ein Baby erwartet, kann die Mutter seine Wärme in sich spüren. Nach der Geburt beschreiben Mütter ihr dringendes Bedürfnis, den engen Körperkontakt beizubehalten.

> Bei der Geburt habe ich mein Steißbein verletzt. Aber ich liebe es, meinen Sohn zu tragen. Meinem Mann geht es auch so. Es ist ein herrliches Gefühl. Es scheint alles wieder gutzumachen. [Sohn, 6 Wochen]

> Sie ist mein Kumpel. Egal wo ich hingehe, sie ist immer dabei. [Tochter, 3 Monate]

> Das Bedürfnis, in seiner Nähe zu sein, spüre ich körperlich. Meine Arme *tun weh*, wenn ich nicht bei ihm sein kann. [Sohn, 7 Monate]

Mutterliebe mag das Bild einer Mutter zeichnen, die völlig in ihr Baby vertieft ist. Doch angenommen, wir unterhalten uns mit einer Mutter, die ihr Baby auf dem Arm hat und uns gleichzeitig sehr interessiert zuhört. Ignoriert sie dann ihr Baby? Sehr unwahrscheinlich. Wie bereits erwähnt, lernen die meisten Mütter, sich auf die kleinsten Signale ihres Babys »einzustellen«. Die eben beschriebene Mutter kann sich deshalb so entspannen und anderen ihre Aufmerksamkeit schenken, weil sie ihr Baby auf ihrem Arm *spüren* kann. Wenn ihr Baby woanders wäre, selbst wenn ihr *Gegenüber* es auf dem Arm hielte, wäre sie deutlich angespannter und könnte sich weniger konzentrieren. Die enorme Entspannung einer Mutter, die ihr Baby hält, ist ein charakteristisches Anzeichen mütterlicher Liebe.

Die biblische Geschichte »Das Urteil des Königs Salomo« beschreibt, wie stark sich diese mütterlichen Gefühle körperlich auswirken. In der Geschichte behaupten zwei Frauen mit den exakt gleichen Worten, dass sie die Mutter eines Neugeborenen seien und die jeweils andere ihr eigenes Neugeborenes habe sterben lassen. Der weise Salomo verschwendet keine Zeit darauf, mit ihnen zu diskutieren. Er befiehlt, das Baby in zwei Teile zu schneiden und jeder der beiden ein halbes Baby zu geben. Diese List entzweit jedoch nicht das Baby, sondern die Mütter. Die echte Mutter verzichtet sofort auf ihren Anspruch und fleht Salomo an, der falschen Mutter das unversehrte Baby zu geben. Aus irgendeinem Grund hat sie es sich anders überlegt.

Im Hebräischen wird dieser Grund verdeutlicht, doch den Übersetzern schien die Wortwahl nicht geläufig. Luther schrieb: »Ihr mütterliches Herz entbrannte in Liebe für ihren Sohn.« Damit geht die ursprüngliche Bedeutung verloren. Wörtlich übersetzt heißt es im Hebräischen, dass die echte Mutter *ihre Gebärmutter heiß werden spürt*. Sie hat schließlich erst wenige Tage zuvor entbunden. Es fiel ihr sicher nicht leicht, Salomo anzuflehen, ihr Baby der Frau zu geben, die eben ihr eigenes hatte sterben lassen. Aber der überwältigende Eindruck ihres heißen Mutterleibs ließ ihr scheinbar keine andere Wahl. Das Interessante an der Geschichte ist, dass Salomo von der echten Mutter offenbar genau diese Reaktion erwartete. Der weise König verstand das Wesen von Müttern. »Die ist seine Mutter«, verkündet er, und wir erfahren, dass sein weises Urteil »ganz Israel« mit Ehrfurcht erfüllte.[76]

Mütter verspüren *mehr* als bloß ein starkes Bedürfnis, ihr Baby selbst zu halten. Sie schildern ihr Unbehagen, wenn eine andere Person ungefragt ihr Baby auf den Arm nimmt. Manche Leute fragen »Darf ich dein Baby mal halten?« oder strecken einfach die Arme nach ihm aus. Die Mutter erschiene ihrer Ansicht nach taktlos, würde sie entgegnen: »Nein danke, ich will mein Baby selber halten.« Das ist eine dieser Situationen, in denen eine Mutter sich aufgrund ihrer heftigen Reaktion als »besitzergreifend« oder sogar »neurotisch« charakterisiert. Doch den Zeitpunkt bestimmen zu wollen, zu dem ihr Baby ihrer Meinung nach einen fremden Arm akzeptiert, ist sicherlich eine verständliche mütterliche Reaktion. Eine Mutter ist noch lange nicht besitzergreifend, wenn sie schlicht und einfach sensibel für die Bedürfnisse ihres Babys ist.

Die Erinnerung macht mir immer noch zu schaffen. Als mein Sohn zwei Wochen alt war, besuchte ich mit ihm meine Schwiegermutter. Die Exfrau meines Partners war dort und fragte, ob sie meinen Sohn halten dürfe. Ich *kenne* die Frau nicht mal. Und dann sagte meine Schwiegermutter: »*Natürlich* darfst du ihn halten!« Ich wollte nicht, aber dann wäre ich die Zicke gewesen. Sie hatte meinen schlafenden Sohn eine gefühlte Ewigkeit auf dem Arm. Diese Erinnerung ist für mich *extrem* unangenehm. [Sohn, 12 Monate]

Ständig fasst irgendwer meine Tochter an, ohne mich zu fragen. Einmal beugte sich so eine grell geschminkte Frau zu ihr hinab und küsste sie, und ich schrie nur noch [gestikuliert panisch] *HÄNDE WEG VON MEINEM BABY!* [Tochter, 5 Monate]

Ich weiß noch, wie ich mal auf einer Party war und eine Frau meine Tochter halten wollte. Ich traute mich nicht, nein zu sagen. Sobald ich sie ihr gegeben hatte, wollte ich sie zurückhaben. Mir fielen keine taktvollen Worte ein, das auszudrücken. Ich kam mir so albern vor, weil ich ihr durch das ganze Zimmer hinterherlief. Am Ende sagte ich ganz zaghaft: »Äh, ich glaube, ich brauche sie jetzt zurück.« Sie gab sie mir zurück, aber mit der Bemerkung: »Du musst dir *wirklich* ab und an mal eine Pause gönnen.« Ich kam mir wie eine Idiotin vor. [Tochter, etwa 6 Monate]

Das klingt zwar gemein, aber wenn meine Schwiegermutter meinen Sohn auf dem Arm hatte, riecht er nach ihrem Parfum. Das ist irrational, aber es stört mich. [Sohn, etwa 6 Monate]

Das sind heftige Reaktionen. Aber sie sind wichtig. Mutter Teresa, die in Kalkutta von der Gesellschaft Ausgestoßenen half und auf Müllhalden ausgesetzte Neugeborene aufnahm, sagte immer: »Die schlimmste Krankheit ist es, ungewollt zu sein.«[77] Die bewegenden Worte einer Waisen, die in einem Heim aufwuchs und nie die Liebe einer Mutter erfahren hatte, bezeugen dies: »Mutterliebe vermittelt einem Kind Zugehörigkeitsgefühl. Wenn man wie ich keine Liebe erfahren durfte, fühlt man sich immer wie Treibgut, das in anderer Menschen Leben hinein- und wieder herausgeschwemmt wird.«[78] Die heftigen körperlichen Reaktionen sind also zweifellos wichtiger Bestandteil der mütterlichen Liebe. Würde ein Mensch sich wie Treibgut fühlen, wenn seine Mutter es genossen hat, ihn auf dem Arm zu halten?

Zum Zeitpunkt, da ich dies schreibe, ist diese unmittelbare Form der Mutterliebe nicht in Mode. Mütter bekommen von ihren Verwandten und medizinischem Fachpersonal häufig zu hören, dass sie eine »gesunde« Distanz zwischen sich und ihrem Baby schaffen sollten. Dieser Rat geht praktischerweise mit den Interessen der ArbeitgeberInnenseite konform. Doch auch wenn heutzutage manche Mütter neue Kraft tanken, indem sie sich eine Pause von ihrem Baby gönnen, sagen viele Mütter, dass sie das nicht wollen. Sie wollen diese körperliche Nähe, zumindest den Großteil des ersten Jahres über. Das gilt auch für Mütter, die wieder an ihren Arbeitsplatz zurückkehren müssen. Diese Entscheidung, die oft aus finanziellen Gründen getroffen wird, kann sich als schmerzlich erweisen.

Mein Sohn ist ganz zufrieden, aber ich verlasse ihn ungern, auch wenn es nur für zwei Stunden ist. Es ist ein ungutes Gefühl. Ich bin völlig vernarrt in ihn. [Sohn, 2 Monate]

Ich will meine Tochter nicht verlassen. Mein Partner und ich besuchten eine Kinderkrippe in der Nähe, weil ich in fünf Monaten wieder zu arbeiten anfange. Nachher saß ich auf einer Bank davor und konnte nicht aufhören zu *weinen*. Ich fühlte mich, als sollte sie mir gleich am nächsten Tag weggenommen werden. [Tochter, 6 Monate]

Ich muss lachen, wenn ich daran denke, was für eine Mutter ich zu sein *glaubte*. Ich dachte, meine Tochter wäre nach drei Monaten in der Kinderkrippe, und ich würde wieder arbeiten und am Wochenende auf Partys gehen. [Tochter, 11 Monate]

Ich will weiter an meiner Dissertation arbeiten und habe eine nette Betreuung für meinen Sohn gefunden. Aber [unter Tränen] ich weiß nicht, was mit mir *los* ist. Ich gebe ihn überhaupt nicht gerne her, und er ist auch gerne bei mir. [Sohn, 13 Monate]

Es geht bestimmt nicht allen Müttern so. Das Interessante daran ist jedoch, dass heutzutage Mütter, deren Beziehung weniger körperbetont ist, gemeinhin als »normal« gelten, während Müttern, die eine enge Beziehung zu ihrem Baby pflegen, eher Probleme unterstellt werden. Diese Mütter hören häufig, dass sie diejenigen sind, die »ein Problem« damit haben, wenn sie zögern, ihr Baby in der Obhut anderer zu lassen. Ihrem Baby würde die Fremdbetreuung nichts ausmachen.

Das stimmt wahrscheinlich nicht. Nur wenige Mütter würden etwas Zeit für sich ausschlagen, wenn sie wirklich davon überzeugt wären, dass es ihrem Kind damit gut ginge. Die Mütter, die ihr Baby nur ungern abgeben, bekommen meiner Erfahrung nach fast immer von diesem signalisiert, dass es noch nicht so weit ist. Es mag zwar sein, dass das Baby in Abwesenheit der Mutter fröhlich ist, diese zahlt jedoch häufig als Einzige den Preis dafür. Sie ist es, die die emotionalen Folgen aushalten muss, wenn die beiden wieder zusammen sind. Im Beisein seiner Mutter entspannt sich das Baby und kann die Gefühle zeigen, die es nicht unbedingt anderen offenbart.

> Zehn Stunden Trennung von ihr sind viel zu viel. Ich meine, mir ist es schon zu viel, aber das ist nicht das Problem. Es ist *viel* zu lang für meine Tochter. Nach sechs Stunden *sehnt* sie sich nach mir. Sie hat zwar ihren Spaß, aber sie sehnt sich nach ... ich weiß nicht, nach was. Sie vergräbt ihr Gesicht in mir und saugt, aber es geht ihr nicht nur um die Nahrung. [Tochter, 12 Monate]

Die abfälligen Kommentare anderer können der Mutter dann besonders zusetzen. Anstatt dass man ihre Sensibilität ihrem Kind gegenüber anerkennt, wird ihr eigentlich mütterliches Verhalten als »neurotisch« kritisiert.

Sehr viel von dem, was einst als typisch für warmherziges mütterliches Verhalten galt, wird heutzutage oftmals als »neurotisch« oder »ungesund« abgestempelt. Dabei haben uns psychologische Studien aus dem zwanzigsten Jahrhundert gezeigt, wie sehr ein Kind darunter leidet, wenn seine Mutter ihre Liebe missbraucht. Wenn sie ihrem Kind beispielsweise nur sporadisch Liebe zuteilwerden lässt oder sich dabei manipulativ verhält. Wenn sie ihm ihre Liebe wie einen Köder hinhält und unmögliche Bedingungen daran knüpft oder diese nur ihrem Lieblingskind zuteilwerden lässt. Wenn sie ihre Liebe hinter einer gleichgültigen oder sogar spöttischen Fassade verbirgt. Wenn sie allen weismacht, ihr Kind »wahnsinnig« zu lieben, jedoch viel mehr damit beschäftigt ist, ihr Kind an Erwartungen anderer anzupassen, anstatt es so zu respektieren, wie es ist.

Solche widersprüchlichen Botschaften können Kinder verletzen und verwirren und ihre Vorstellung von Liebe lebenslang prägen. Das letzte Jahrhundert hat unsere Wahrnehmung dafür geschärft, was in Mutter-Kind-Beziehungen alles schief laufen kann. Leider scheint es nun einen zu großen »Topf« für Beziehungen zu geben, die als schädlich gelten. Dorthinein wurden auch alle möglichen intakten Mutter-Kind-Beziehungen geworfen.

Ist traditionelle Mutterliebe wirklich so ein unerreichbares Ideal? Rein intellektuell betrachtet wirkt es entmutigend. Muss eine Mutter ihr Kind ununterbrochen herumtragen und sich schuldig fühlen, wenn sie ein paar Stunden zur Arbeit geht? Wie kann sie wissen, ob sie ihm das »Richtige« in der »richtigen« Menge zuteilwerden lässt? Mütter neigen dazu, ihre Gefühle zu hinterfragen. Liebe ist jedoch eine Herzensangelegenheit. Tief empfundene Gefühle sind *aufrichtig*. Sie sind schlicht und spontan und weniger von Zweifeln belastet.

Liebe ist noch lange nicht einfach. Es braucht Mut, auf das eigene Herz zu hören. Liebe kann auch niemanden in eine perfekte Mutter verwandeln. So eine Mutter existiert nun mal nicht. Mutterliebe lässt Mütter wahrscheinlich ihrer Unzulänglichkeiten bewusst werden. Doch perfekte Liebe wäre für ein Baby wohl kaum zu ertragen. Unsere aufrichtige Liebe scheint schon auszureichen. Kinder blühen auf, wenn sie geliebt werden. Sie können sich entspannen und ihre Fähigkeiten entfalten. Jeder neue Mensch steckt voller Potenzial. Doch ohne die aufrichtige Liebe seiner Mutter scheint es ihm schwerer zu fallen, dies zu nutzen.

Manche glauben, dass die Liebe mit der Zeit abnimmt. Häufig werden Mütter gefragt, ob ihr Baby sie langweile, sobald der Reiz des Neuen verflogen sei. Das scheint bei einigen

Müttern der Fall zu sein. Zwar öffnen sie dem Neugeborenen voller Zärtlichkeit ihr Herz, doch scheinen sie es bald wieder zu verschließen. Wenn ihr Baby älter wird, verhalten sich diese Mütter weniger zärtlich und mit gereiztem und ruppigem Unterton. Andere Mütter berichten dagegen, dass ihre Liebe für ihr Baby glücklicherweise nicht abnehme. Sie vertiefe sich. Auch dies scheint ein allgemeingültiges Merkmal mütterlicher Liebe zu sein. Im Idealfall ist sie so stark, dass sie nicht nur wenige Wochen, sondern ein Leben lang hält.

> Ich war völlig hin und weg, als sie geboren wurde. Aber wenn jemand reingekommen wäre und gesagt hätte »Haha, war nur ein Witz!« und meine Tochter mitgenommen hätte ... Wovon rede ich eigentlich? Ich meine nicht ... ich *liebe* sie, aber *damals* konnte ich noch nicht fassen, dass ich wirklich ein Baby hatte, dass sie wirklich *mir gehört.* Wenn jemand also gesagt hätte ... Als würden in einem Laden zwei Frauen an den Ärmeln eines Pullis zerren. Es hätte mir nicht so viel *ausgemacht,* wie es mir jetzt ausmachen würde. [Tochter, etwa 4 Monate]

> Meine Liebe ist gewachsen. Als mein Sohn noch in meinem Bauch war, bedeutete er mir schon viel, und als er geboren und so klein und hilflos war, liebte ich ihn. Aber jetzt, wo er wie ein Kumpel ist, mit dem ich Dinge teilen kann, ist meine Liebe unermesslich geworden. [Sohn, 7 Monate]

> Man kann sich kaum vorstellen, dass man sie noch mehr lieben könnte, aber dann passiert etwas. Ich glaube, unsere Liebe vertieft sich. Sie wächst mit dem Kind. [Tochter, 11 Monate]

> Es ist herrlich. Liebe wird nicht rationiert, und bei zwei-
> en ist mehr Liebe im Haus als je zuvor. [Tochter, 23 Mo-
> nate; Sohn, 6 Wochen]

Was passiert, wenn die Liebe wächst? Sie wird nicht unbedingt augenfälliger. Ein kleines Baby wird von der Mutter eher
mehr geküsst, gestreichelt und geknuddelt. Aber wenn das Baby wächst, zeigt sich ihre Liebe in ihrer anhaltenden und fort-
währenden Sorge. Ihre Sinne sind ständig geschärft.

> Ich habe inzwischen sehr gute Reflexe. Mein Sohn greift
> beispielsweise plötzlich nach einer Vase voll Wasser, von
> der ich nicht gedacht hätte, dass er sie erreichen kann.
> [Sohn, 9 Monate]

> Mein Sohn hat heute seinen ersten Satz mit sechs Wör-
> tern gesagt. Mein Verstand muss sich beeilen, um ihn
> verstehen und mit ihm mithalten zu können. Wenn er
> abends um halb neun einschläft, bin ich meistens so mü-
> de, dass ich auch ins Bett falle. [Sohn, 20 Monate]

Mütter lernen, verschiedene Aufgaben zu erledigen, während
sie sich um ihr Baby kümmern. Dann sorgen sie sich, dass ihre Gesellschaft nicht anregend genug sein könnte. Sie erzählen, wie unzulänglich und ausgebootet sie sich fühlen,
wenn ihre Partner nach Hause kommen oder BesucherInnen
voller Energie ausgelassen mit dem Baby toben. Daran kann
man meistens Leute erkennen, die nicht viel Zeit mit dem Baby verbringen müssen. Man kann nicht den ganzen Tag mit einem Baby herumtoben und es unterhalten. Mütter sorgen für
eine stabile, dauerhafte Form der Zuwendung. Der unschätzbare Wert ihrer langsamen und stetigen Liebe wird von ihnen
selbst leicht verkannt.

Einen großen Teil ihrer Liebe investiert die Mutter in die Sicherheit ihres Babys. Dessen Verletzlichkeit ist ihr nur zu be-

wusst. Es gibt so viel zu lernen, und ständig tauchen neue Situationen auf.

> Als meine Tochter klein war, stolperte ich mit ihr auf dem Arm und hätte sie fast in ein Feuer fallen lassen. In diesem Sekundenbruchteil wurde mir klar, dass ich alles tun würde, absolut *alles,* damit es ihr gut geht. Sonst denke ich gar nicht an so was. [Tochter, 8 Monate]

Viele Berichte belegen, welch außergewöhnliche Anstrengungen Mütter unternommen haben, um ihre Kinder zu beschützen.[79] Mütter müssen jedoch auch im Alltag zurechtkommen, der häufig genug banal scheint. Das führt manchmal zu Irritationen und Frustrationen – besonders, wenn die Mutter das Gefühl hat, sie sollte ihn besser bewältigen. Eine Mutter erzählte, eine »nörgelnde oder kritische Stimme« im Ohr zu haben, die nie mit ihr zufrieden war. Ihr half die Erkenntnis, dass sie selbst die Urheberin der Stimme war. Ihr Baby schien sich nicht zu beschweren.

Manche Mütter sind sehr redegewandt. Sie können ihre Gefühle ausdrücken und laufen weniger Gefahr, überstürzt zu handeln. Mütter, die sich weniger gut ausdrücken können, haben damit vielleicht eher Probleme. Doch eine weniger eloquente Mutter kann ebenso sensibel sein. Mich schockieren herzlose Aussagen über Mütter wie die eines Arztes: »Jede Mutter, die angeblich noch nie den Drang verspürt hat, ihr Kind zu schlagen, ist entweder eine Lügnerin oder ein Engel«.[80] Man kann sich nur wundern, weshalb manche VertreterInnen aus dem medizinischen Bereich so gerne für sich beanspruchen, alles über Mütter zu wissen. Es gibt tatsächlich Mütter, die von sich sagen, nie diesen Drang verspürt zu haben. Sie als Lügnerinnen abzustempeln entbehrt jeder Grundlage, und sie Engel zu nennen ist sicher auch nicht angebracht. Es sind ganz normale Frauen, die den Gründen für ihre Wut nachgehen konnten, anstatt ihr Baby dafür verantwortlich zu machen. Manche Mütter können ihre Gefühlsausbrüche darauf zurückführen, wie sie selbst erzogen wurden:

> *Mutter 1:* Ich wurde als Kind nie geschlagen. Aber wenn ich etwas falsch machte, wurde ich mit Nichtbeachtung gestraft. Dieser Liebesentzug war für mich unglaublich bedrohlich. Jetzt habe ich Angst, so etwas weiterzugeben. [Tochter, 8 Wochen]
> *Mutter 2:* Das kenne ich. Ich mache das manchmal mit meinem Sohn, obwohl er noch so klein ist. Das geht so schnell wie ein Reflex. *Ich:* Was machst du dann? *Mutter 2:* Na ja, da ich es selbst merke, ist es schon etwas anderes. Aber ich entschuldige mich. Ich sage: »Tut mir leid, Schatz, Mama macht wieder den alten Quatsch. Sie hat dich ganz doll lieb, wirklich.« [Sohn, 7 Monate]

Beiden Müttern war es eine große Hilfe, sich den Einfluss ihrer eigenen Erziehung auf ihre Gefühlswelt als Erwachsene bewusst zu machen. Selbst wenn sie sich dabei ertappten, Verhaltensmuster zu wiederholen, konnten sie es danach wenigstens wiedergutmachen.

Die Beziehung zwischen Mutter und Baby entwickelt sich erst allmählich durch gegenseitiges Kennenlernen und Verständnis. Dieser Prozess ermöglicht zwei sehr unterschiedlichen Menschen das Zusammenleben. Verständnis erzeugt Vertrauen, und Vertrauen erzeugt eine entspannte Zweisamkeit. Wir alle sind so komplexe und empfindsame Individuen, dass es jedes Mal an ein Wunder grenzt, wenn sich solch eine großartige Beziehung entwickelt.

Mutterliebe ist auch paradox. Eine Mutter mag zwar das Gefühl haben, alles »für das Baby« zu tun. Aber auch sie profitiert von ihrem neuen Leben. Viele Mütter sagen von sich, dass ihre Liebe sie sowohl bodenständiger als auch spiritueller hat werden lassen. Die Intensität der Mutterliebe kann fast religiöse Züge tragen. Wenn die Mutter ihr Baby betrachtet, verspürt sie vielleicht eine Art ehrfürchtiges Staunen. Ihre Liebe kann sie mit einer neuen Wertschätzung des Lebens an sich erfüllen. Ich habe Mütter sagen hören, dass sie sich von etwas außerhalb ihrer selbst, von etwas Gutem und Ewigem, Heilem und Bedeutendem berührt fühlen. Mutterliebe scheint zwei Extreme miteinander zu verbinden: viel zu geben und viel zu bekommen.

Allerdings geht es nicht allen Müttern so. Einige Mütter schrecken vor dem Gedanken zurück, so viel für ihr Baby zu tun. Einige ihrer Gefühle habe ich bereits im fünften Kapitel beschrieben: Das Schreien ihres Babys vermittelt diesen Müttern das Gefühl, seine Bedürfnisse würden sie auffressen. Dieses Gefühl ist es auch, das das Ausmaß ihrer Liebe stark beeinflusst.

Mütter, denen es so geht, signalisieren ihre Lage mit vier einfachen Worten: »Ich liebe sie / ihn, aber ...« Ihre Liebe hat eine Grenze. Über diese Grenze hinaus haben sie das Gefühl, nicht mehr auf die Harmlosigkeit des gegenseitigen Gebens und Nehmens mit ihrem Baby vertrauen zu können. Es fühlt sich an, als würden sie nur geben. Sie ziehen sich zurück. Damit scheinen sie eine Trennlinie zwischen sich und ihrem Baby zu ziehen, sodass beide Parteien das Gefühl haben, die eigenen Bedürfnisse gegen den Willen der anderen durchsetzen zu müssen.

Genau dieses Dilemma haben SchriftstellerInnen beschrieben, die mittels des psychoanalytischen Konzepts der »Ambivalenz« die traditionelle Vorstellung von Mutterliebe hinterfragen. Einige ihrer Ideen scheinen ineinanderzugreifen und eine eigene Anschauung zu ergeben. Diese Ideen haben sich verbreitet und ein »Meinungsklima« geschaffen, das Mütter mindestens einer Generation beeinflusst hat. Ich erinnere mich, selbst davon betroffen gewesen zu sein. Als eines meiner Kinder wenige Tage alt war, sagte ich zu meinem Mann, dass ich wütend auf das Baby sei. Er fragte mich, weshalb, und ich brachte einen Grund vor. Als ich ihn jedoch laut aussprach, klang er etwas fadenscheinig. Der wahre Grund war, dass ich glaubte, Mütter *müssten* Wut verspüren. Ich hatte das Gefühl, wütend auf mein Kind sein zu müssen, um zu zeigen, dass ich eine moderne »aufrichtige« Mutter sei. Eine merkwürdige Erinnerung.

Im Laufe meiner Recherche wurde mir klar, woher die Idee stammte. Es gibt mehrere einflussreiche Bücher und Artikel zur mütterlichen Hassliebe. Da weiterhin Texte zum Thema veröffentlicht werden, habe ich diesen Abschnitt mehrmals umgeschrieben und weitere Zitate angeführt. Ich zitiere eher aus Publikationen als die Aussagen von Müttern – einmal, um genug Beispiele anführen zu können, und zum anderen, damit die Quellen nachprüfbar sind. Es gibt mehr Material, als hier Raum findet. Es lassen sich jedoch einige Leitmotive ausmachen.

Wenn diese neuen Ideen stichhaltig sind, muss die althergebrachte Vorstellung von Mutterliebe revidiert werden. Wenn allerdings die Vorstellung falsch ist, dass Ambivalenz ein allgemeingültiges Merkmal mütterlicher Liebe sei, dann sollte jemand die Fehlerquelle herausarbeiten. Ich habe bisher keine explorative Studie zu dieser Literatur gelesen, weshalb ich dieses Kapitel zum Anlass nehme, mich näher mit dem Thema zu befassen.

Wenn eine Mutter einen Satz mit den Worten: »Ich liebe ihn / sie, aber ...« einleitet, folgt darauf meistens etwas wie »ich muss auch an mich denken« oder »irgendwann ist auch mal Schluss« oder »man muss Grenzen ziehen«. Diese Grenzen erlauben es einer Mutter, sich zurückzuziehen. Ihre Aufmerksamkeit richtet sich nicht mehr auf ihr Baby, sondern auf sich selbst. Wenn diese Verlagerung vorübergehend ist, kann sie hilfreich sein. Wahrscheinlich ist sie sogar eine uralte Methode, mit einer scheinbar ausweglosen Situation fertig zu werden. Wenn die Mutter nicht ergründen kann, was ihr Baby will, verwandelt sie das Baby im Geiste in ein lästiges Objekt, rollt ihre Augen und stößt einen tiefen Seufzer der Sympathie mit allen leidgeprüften Müttern aus.

Wenn die Mutter nach zehn Minuten in der Opferrolle wieder zu Kräften gekommen ist, denkt sie möglicherweise: »Vielleicht ist er aufgebracht, weil ich den ganzen Vormittag so in Eile war.« Und sie beginnt wieder, das Verhalten ihres Babys nachzuvollziehen. Einem anderen Menschen Verständnis entgegenzubringen ist ein wesentlicher Bestandteil der Liebe. Aber angenommen, eine Mutter versucht ihr Bestes, das Verhalten ihres Babys nachzuvollziehen, und es gelingt ihr trotzdem nicht? Dann ist sie vielleicht verzweifelt. Sie sucht weiter nach dem Grund, oder sie kommt an einen Punkt, an dem sie aufgibt. Sie beschließt, dass das Baby grundlos schreit, und sieht keinen Sinn mehr darin, weiter nach einem Grund zu suchen. Daraufhin liegt ihr Ziel nicht mehr darin, es zu verstehen, sondern es zu kontrollieren.

Die australische Schriftstellerin Susan Johnson drückt diesen Zustand der Verzweiflung in einem Appell aus, den sie mit Großbuchstaben und minimaler Zeichensetzung an ihr Baby richtet:

WARUM HÖRST DU NICHT AUF? HÖR AUF HÖR AUF HÖR AUF ICH TUE ALLES WAS ICH KANN ALLES WAS ICH WEIß ICH SETZE MEIN GANZES ICH EIN TUE MEIN BESTES VERSUCHE MEIN MÖGLICHSTES GEBE MEIN GANZES LEBEN UND DU KOOPERIERST TROTZDEM NICHT LEGST DICH NICHT EINFACH HIN UND SCHLIEßT DIE AUGEN. WAS WILLST DU VON MIR? WO KOMMST DU HER, DER DIR ZEIT UND RAUM UND ENERGIE NICHTS BEDEUTEN?[81]

Man spürt deutlich ihre Verzweiflung darüber, dass sie das ununterbrochene Schreien ihres Babys nicht deuten kann. Als Mutter empfinde ich Mitgefühl mit einer Frau, die völlig am Ende ist und ratlos, wie sie ihrem Baby helfen kann. Doch könnte es sein, dass ihr Baby nicht grundlos schreit? Im Buch selbst gibt es Hinweise.

Zwei Seiten zuvor nennt Susan Johnson ein kleines, jedoch wichtiges Detail. Sie erwähnt, dass ihr Baby »sogar an der Brust kämpft«. Das lässt darauf schließen, dass sie es beim Stillen vielleicht nicht richtig angelegt hat. Wenn Babys ihre Position als unangenehm empfinden, mühen sie sich ab, in eine andere Position zu gelangen, was leider häufig fälschlicherweise als »gegen die Brust kämpfen« gedeutet wird. Wenn ein Baby schlecht angelegt wird, kann es nicht stark genug saugen, was heißt, dass die Milchproduktion der Mutter nicht genug angeregt wird, was wiederum heißt, dass sie nicht ausreichend Milch produziert.

Tatsächlich erwähnt die Autorin wenige Seiten später ihre Sorge, nicht genug Milch produzieren zu können. Aus meiner Tätigkeit als Stillberaterin weiß ich, wie schwierig das richtige Anlegen sein kann. Enorm hilfreich ist es jedoch, das Problem benennen zu können. Wenn ein Baby nicht richtig angelegt ist, hat es jeden Grund, unruhig zu sein. Sein Verhalten scheint nicht mehr irrational. Seine Mutter mag immer noch verzweifelt sein, weil das richtige Anlegen schwierig sein kann, doch sein Protest ergibt nun wieder einen Sinn. Das macht es ihr leichter, ihr Kind weiter zu lieben.

Susan Johnson schien nicht mehr darauf zu vertrauen, dass ihr Baby aus einem Grund schrie. Sie schloss das für sie Naheliegende daraus: »Meiner Erfahrung nach sind kleine Kinder wie Tinte auf Löschpapier; sie sickern bis an den Rand deiner Existenz, sodass kein Leerraum mehr bleibt.«[82] Sie war nicht die Erste, die diese Angst zum Ausdruck brachte. Adrienne Rich erinnert sich in *Von Frauen geboren* daran, dass ihre eigenen Bedürfnisse als Mutter »immer abgewogen gegen die des Kinds [werden mussten] und immer verlierend«[83]. Kate Figes verkündet in *Babyblues*: »Die Ansprüche eines Kindes kennen keine Grenzen, denn Kinder sind von Natur aus selbstsüchtig, und sie werden zwangsläufig erleben, daß ihre Mütter ihre Bedürfnisse zuzeiten befriedigen, zuzeiten aber auch nicht, weil nicht alle ihre Ansprüche erfüllt werden können und sollen.«[84] Außerdem schreibt sie: »Wir koexistieren mit Bedürfnissen, die einander häufig zu widersprechen scheinen, denn die Ansprüche unserer Kinder sind grenzenlos. Sie würden uns aussaugen, wenn wir es zuließen.«[85] Rachel Cusk beschreibt in *A Life's Work, On Becoming a Mother* sehr plastisch: »Fünf Minuten später schreit sie [ihr Baby] wieder, und ich starre in ihren Mund, diesen unersättlichen roten Schlund.«[86]

So formiert sich eine eigene Haltung Babys gegenüber. An sich ist dieses Dilemma nichts Neues. Wenn in der Vergangenheit Mütter ihr Baby »unersättlich« fanden, weil sie dessen Bedürfnis nicht nachvollziehen konnten, wurden sie darin bestärkt, es als ungezogen und verdorben zu betrachten. Von Eltern wurde hartes Durchgreifen erwartet, sobald ihre Kinder alt genug waren, um diesen Geduld und Gehorsam beizubringen. »Maßvolles« Züchtigen diente sicher auch frustrierten Müttern als Ventil, zumal der Anlass dafür als ehrenwert galt.

Heute wird zivilisierter vorgegangen. Sigmund Freud eröffnete eine ganz neue Perspektive auf Mütter und Babys. Er machte sich für die – wie er sie nannte – instinktiven Bedürfnisse kleiner Kinder stark. Damit wies er den Müttern eine neue Rolle zu. Sie waren nicht mehr weise Frauen, die ihrem Kind den steinigen Weg zur Erwachsenenmoral wiesen. Freud betrachtete sie als Vermittlerinnen, die von PsychoanalytikerInnen angeleitet die Entwicklung der kindlichen Instinkte begleiten sollten. Damit hatte der Wandel der mütterlichen Stellung begonnen.

Dieser Wandel wurde von einem britischen Psychoanalytiker weiter vorangetrieben. Dr. D. W. Winnicott war engagierter Kinderarzt und fasziniert von der Psychoanalyse. Leider geriet er unter den Einfluss von Melanie Klein, deren pseudowissenschaftliche Interpretationen vom Verhalten von Babys den kinderlosen Dr. Winnicott außerordentlich zu beeindrucken schienen.

Er übernahm ihre sämtlichen Ansichten über Babys, um auf deren Grundlage Behauptungen zu mütterlichen Gefühlen aufzustellen. In einem Aufsatz, in dem er untersuchte, warum PsychoanalytikerInnen ihren PatientInnen gegenüber Hassgefühle verspüren können, schreibt er eher am Rand über die Gefühle von Müttern. Seine Thesen fanden jedoch große Beachtung. Verfasst waren sie im für ihn typischen leichten und neckenden Ton: Das Baby »ist erbarmungslos, behandelt sie [die Mutter] wie Dreck, wie eine unbezahlte Magd, eine Sklavin«.[87] Damit stellt er die traditionelle Vorstellung von Müttern und Babys auf den Kopf. Früher verfügten die Mütter zu Hause über Macht, und Kinder wurden gelegentlich wie unbezahlte Mägde behandelt.

Andere PsychoanalytikerInnen begannen, sich für die ungewöhnliche Sicht auf Babys zu interessieren. Eine von ihnen war die Feministin Rozsika Parker, die eine höchst originelle Studie zur Stickerei veröffentlicht hatte, bevor sie sich den Dogmen der Psychoanalyse unterwarf. Sie kommentierte: »Paradoxerweise erscheint ihnen [den Müttern] das abhängige Kind wie ein mächtiger Tyrann.«[88] Interessanterweise spricht sie von den Müttern in der Vielzahl, erwähnt jedoch bloß *einen* Tyrannen. Das vermittelt den Eindruck, ein einziges Kind könne es leicht mit einer Vielzahl von Müttern aufnehmen.

Die Vorstellung vom dominanten Baby schien Feministinnen anzusprechen. Jane Lazarre fragt sich in *Der Mutterschaftswahn:* »Wer war dieser ungeheuer mächtige Jemand, der unverständlich schrie und an meiner Brust saugte, bis ich so erschöpft war, wie ich es vorher nie auch nur annähernd erlebt hatte?«[89] Kate Figes beklagt sich: »Es [das Baby] muß immer noch angezogen und gefüttert werden, doch wenn Sie Ihr Ziel auch nur annähernd erreichen wollen, brauchen Sie jetzt die Kraft eines Berufsringers, die fromme Geduld einer Mutter Teresa und ein Verhandlungsgeschick, mit dem Sie in der UNO reüssieren könnten.«[90] Susan Maushart entwirft in *The*

Mask of Motherhood düstere Szenen: »Die meisten von uns merken jedoch bald, dass angesichts der monströsen Bedürfnisse eines Kleinkindes selbst unsere heldenhaftesten Versuche, die Oberhand zu behalten, zum Scheitern verurteilt sind.«[91] Auch Rachel Cusk zeichnet ein anschauliches Bild: »Wie ein triumphierender Mini-Napoleon sitzt unsere Tochter nun zwischen unseren gebrochenen Körpern auf dem Bett und schwenkt siegesgewiss ihre Rassel.«[92] Hier wird die traditionelle Sicht völlig umgekehrt. Heute werden Babys als diejenigen dargestellt, die Befehle erteilen und mit der Peitsche knallen.

Dies hat zur Folge, dass die Mütter sich ihrer Macht, über die sie als Erwachsene verfügen, nicht bewusst sind. Sie fühlen sich von ihren Babys kontrolliert. In ihren Büchern präsentieren diese Mütter sich als Opfer, bezeichnen sich aber andererseits als emanzipierte Feministinnen. Sie sind gebildet und redegewandt. Adrienne Rich argumentiert in *Von Frauen geboren,* dass Mütter vom Patriarchat versklavt wurden. Nun scheinen sie also der Meinung zu sein, eine Form der Sklaverei gegen eine andere getauscht zu haben.

Rozsika Parker versucht, dieses Paradox in *Torn in Two* näher zu erklären: »Mütter sind größer, stärker und erwachsen, jedoch gesellschaftlich und politisch betrachtet immer noch das unterworfene Geschlecht – und ihren Kindern gegenüber emotional sehr verwundbar.«[93] Schon der Titel des Buchs, *Torn in Two* [Entzweigerissen], ist interessant. Es ist eine passive Formulierung ohne Subjekt. Wer wird hier von wem zerrissen? Bei der Lektüre erfährt man, dass diese Formulierung von einer Mutter stammt, die dadurch ihre zwiespältigen Gefühle zum Ausdruck bringen will.[94] Aber wer oder was zerreißt ihre Gefühle so? Wenn sie so fühlt, muss darin ein innerer Konflikt zum Ausdruck kommen. Doch in der Wortwahl der Mutter klingt unausgesprochen mit, dass der Urheber des gewaltsamen Reißens ihr (mächtiges) Kind sein muss.

Sobald das Baby als unersättlich und mächtig betrachtet wird, beginnt die Beziehung sich anzuspannen. Adrienne Rich gesteht: »Meine Kinder bereiten mir den heftigsten Schmerz, den ich je erfahren habe.«[95] Hier ist bemerkenswert, dass sie ihre Kinder als aktive Verursacher und sich selbst als die passiv Leidende sieht. Kate Figes teilt diese Ansicht: »Meine Kinder rufen mitunter ungeahnten, erschreckenden Zorn in mir hervor, nicht nur sichtbare Verärgerung.«[96] Wie Adrienne Rich sieht sie ihre Kinder als das Subjekt, das ihre Wut hervorruft, und sich selbst in der Opferrolle. Susan Maushart überlegt: »Wenig überraschend also, dass das Baby eine eiserne Willkür entwickelt – und damit das mütterliche Hamsterrad konstant in Schwung hält. Irgendwie zwingt uns unsere Schuld immer wieder in die Knie.«[97] Susan Johnson formuliert noch nachdrücklicher: »Ein Baby verlangt nichts Geringeres als seine Mutter in ihrer Gesamtheit; die Arme der Mutter, den Körper der Mutter, die Milch der Mutter, den Schlaf der Mutter. Ein Baby nimmt dir den Schlaf aus den Augen, den Atem aus der Lunge, ein Baby fordert, dass du ihm deinen Körper als Brücke zu Füßen legst.«[98] Verständlicherweise wird eine Mutter, die sich von ihrem Baby unterworfen fühlt, es nicht von ganzem Herzen lieben.

In den Berichten dieser Mütter taucht immer wieder das Wort Hass auf. Der Begriff wird nicht näher definiert und hat für die einzelnen Autorinnen möglicherweise unterschiedliche Bedeutungen. Er klingt jedoch viel heftiger als die vorübergehende Wut einer Mutter, die voller Frust herausschreit, dass sie ihr Kind hasst, und ihre harte Wortwahl sofort im Anschluss bereut. Die Autorinnen bringen eine leidenschaftlichere und dauerhaftere Form des Hasses zum Ausdruck, die aus ihrem frustrierenden Gefühl der Unzulänglichkeit und Machtlosigkeit erwächst.

Die oben erwähnte psychoanalytische Abhandlung von D. W. Winnicott scheint die Schleusen geöffnet zu haben. Er schreibt: »Ich bin der Meinung, daß die Mutter das Baby haßt, bevor das Baby die Mutter haßt und bevor es wissen kann, daß die Mutter es haßt. [...] Die Mutter jedoch haßt ihren Säugling von Anfang an.« Und weiter: »Ich möchte einige der Gründe nennen, warum eine Mutter ihr Baby haßt.«[99] In scherzhaftem Ton folgt eine Liste von achtzehn Gründen. Der erste lautet: »Das Baby ist nicht ihres eigenen Geistes Kind« und der letzte: »Sie darf es nicht vor Liebe auffressen oder sich sexuell mit ihm befassen«. Die Liste provoziert und fungiert als clevere Ablenkung. Wenn wir die Gründe einmal beiseitelassen, behauptet Winnicott, dass gewöhnliche Mütter ihr Baby sowohl lieben als auch hassen. Auf der nächsten Seite fügt er hinzu, dass eine Mutter masochistisch oder sentimental werden kann, wenn sie sich vor ihrem eigenen Hass fürchtet. Doch wo bleiben die Beweise für seine Behauptungen? Vielleicht ist genau das der Grund, weshalb der leichte und neckende Stil solche Wirkung entfalten konnte. Beweise liefern zu müssen ist viel zu seriös und mühselig. Winnicott führt keine Beweise an. Sein Aufsatz nennt bloß »einige der Gründe«. Da der Aufsatz viel zitiert wurde, war er offensichtlich überzeugend genug. Trotz des vollständigen Fehlens an Beweisen stützen sich seine BewunderInnen völlig selbstverständlich darauf, um mütterlichen Hass als die Norm und vorteilhaft sowohl für Mütter als auch für Babys zu etablieren.

Wenn Mütter selbst gestehen, ihren Kindern gegenüber eine Hassliebe zu empfinden, tun sie das weder leichthin noch neckend. Sie klingen gequält. Adrienne Rich schreibt in ihrem Tagebuch, dass sie sich »erfasst von Wellen der Liebe und des Hasses, sogar Eifersucht auf die Kindheit des Kindes«[100] fühlt. Außerdem behauptet sie: »Jede Mutter kennt die überwältigende, unannehmbare Wut auf ihre Kinder.«[101] Woher sie weiß, was »jede Mutter kennt«, erklärt sie nicht. Auch Jane Lazarre verwendet das Wort »Hass«, wenn ihr Baby lange Zeit schreit: »Manchmal haßte ich ihn dafür, daß er mich so völlig ablehnte.«[102]

Sowohl Adrienne Rich als auch Jane Lazarre erwähnen, dass sie ihren Kindern gegenüber jähzornig wurden. Susan Johnson beschreibt ähnliche Gefühle: »Er war ein erstklassiger Plärrer, er konnte stundenlang plärren, ununterbrochener und sintflutartiger Regen. In solchen Momenten wollte ich ihn schütteln, bis seine Zähne klappern und ihm das Maul stopfen, damit er aufhörte, mein Leben zu ruinieren.«[103] Die britische Romanautorin Joanna Briscoe beschreibt ihre Gefühle so: »Im Morgengrauen wollte ich vor Hass kotzen, genau wie ich Stunden zuvor fürchtete, meine Liebe wäre so groß, dass ich sie durch Kannibalismus ausdrücken müsse.«[104]

Diese Mütter scheinen mit ihren Momenten des Hasses nicht im Reinen zu sein. Sie alle sind intellektuelle Frauen, deren Karrieren größtenteils noch vor ihnen liegen. Winnicott fasst ihr Dilemma in einem Satz zusammen: »Das Baby ist eine Störung ihres Privatlebens; sie kann sich um nichts anderes mehr kümmern.«[105] Alle hier zitierten Frauen sind anerkannte Schriftstellerinnen, und sie alle beschreiben den alltäglichen Konflikt zwischen dem Wunsch, mehr Zeit für ihre Arbeit zu haben, und dem Gefühl, sie sollten sich um ihre Kinder kümmern. Dabei müssen wir uns vor Augen halten, dass dies nicht unbedingt einen Konflikt darstellen muss. Eine andere Autorin, Julia Darling, bemerkt: »Zu der Zeit wurde mein Schreiben von der großen Liebe für meine [kleinen] Töchter befeuert.«[106] Ihr fiel das Muttersein zwar nicht leicht, doch sie spricht weder von Hass noch von dem Eindruck, dass ihre Babys grenzenlose Forderungen an sie stellten. Susan Maushart ist dagegen nüchterner: »Wir hegen keine Zweifel, dass das Bemuttern unserer Kinder unendlich wertvoll ist. Nur würden wir letztlich lieber etwas anderes tun.«[107]

Hassliebe ist kein neues Konzept, in der Vergangenheit wurde sie jedoch stets als extrem unangenehm dargestellt. Niemand beförderte sie zu einem wünschenswerten Zustand. Der klassische römische Dichter Catull goss die Erfahrung in zwei kurze Zeilen:

Haß erfüllt mich und Liebe. Weshalb das?, so fragst du
vielleicht mich.
Weiß nicht. Doch daß es so ist, fühl ich und quäle mich
ab.[108]

»Qual« ist eine natürliche Reaktion darauf, Hass auf eine ge-
liebte Person zu verspüren. Doch VerfasserInnen psychoanaly-
tischer Abhandlungen haben darauf gedrängt, dass Menschen
sowohl ihrer Liebe als auch ihren Hassgefühlen Raum geben
sollten, um aufrichtiger zu lieben. Es schien wohl nur logisch,
dies auf die Mutterliebe auszuweiten, wie Winnicott es tat.

Zum ersten Mal in der Geschichte werden Mütter ermutigt,
ihre zwiespältigen Gefühle als naturgegeben zu betrachten.
Viele Mütter, so die AutorInnen dieser Literatur, fürchten sich
vor ihren negativen Gefühlen und verspüren Schuldgefühle,
wenn sie sich diese eingestehen. Sie brauchen die Erlaubnis,
Hass empfinden zu dürfen. Winnicott: »Eine Mutter muß fähig
sein, ihren Haß auf ihr Baby zu ertragen. Ohne ihn in ihre Handlungen einfließen zu lassen.«[109] Jane Lazarre: »Das einzige, was
mir an der Mutterschaft als ewig und natürlich erscheint, ist
Ambivalenz.«[110] Winnicott nennt achtzehn Gründe, weshalb eine Mutter ihr Baby hasse. Rozsika Parker dagegen hinterfragt
Winnicotts Bedürfnis, Gründe zu liefern: »Und wieder unter-
teilen wir Mütter in die guten, beherrschten, bei denen nichts
weiter hinzugefügt oder unternommen werden muss, und die
Mütter, bei denen Erklärungsbedarf besteht. Es ist zwar nicht
einfach, aber umso wichtiger, an der Vorstellung festzuhalten,
dass Mütter naturgemäß zwiespältig empfinden.«[111]

Rozsika Parker und Susan Maushart streiten fast wie zwei
Missionarinnen dafür, dass Mütter ihre zwiespältigen Gefühle anerkennen müssen. Rozsika Parkers Buch *Torn in Two*
widmet sich diesem Thema: »Die mütterliche Zerrissenheit
auszuspinnen und anzuerkennen ist die Voraussetzung für
Selbsterkenntnis.«[112] Später erklärt sie, was sie damit meint:
»Meiner Meinung nach aktivieren Hass und Zorn Verlassens-

und Trennungsfantasien mit möglicherweise kreativen Ergebnissen. Die Schuldgefühle, die durch Verweigerungsfantasien ausgelöst werden, können zu produktiver Sorge führen – wenn diese Fantasien stattfinden dürfen.«[113]

Susan Maushart geht es in erster Linie um die gesellschaftliche Anerkennung: »Zwiespältige Gefühle gegenüber der Mutterschaft zu empfinden ist das eine. Sie auszudrücken – und damit zu legitimieren – etwas ganz anderes. Die Maske der Mütterlichkeit sorgt dafür, dass jegliche Ambivalenz, sei sie noch so weitverbreitet und tief empfunden, schuldbewusst verschwiegen wird. [...] Alles deutet darauf hin, dass die Bereitschaft, Hassliebe und Unsicherheiten zuzugeben – der Mut, die Maske fallen zu lassen – nicht [...] von Schwäche, sondern von außergewöhnlicher Reife und Anpassungsfähigkeit zeugen.«[114]

Diese Literatur stellt einen Fortschritt gegenüber dem Verstecken oder Leugnen solcher Gefühle dar. Jedes dieser Bücher könnte eine Mutter ermutigen, sich ihren zwiespältigen Gefühlen zu stellen. Hassliebe ist jedoch sehr schmerzvoll. Rozsika Parker und Susan Maushart behaupten, den Grund dafür zu kennen. Er lautet, dass diese Gefühle gesellschaftlich verpönt und deshalb beängstigend seien.

Doch diese Behauptung klingt fadenscheinig. Mütter überwinden alle möglichen Ängste und verstoßen gegen gesellschaftliche Normen, wenn sie darin einen Nutzen für ihr Kind sehen. Was spricht dafür, dass sie sich vor Hassliebe fürchten müssten? Mütter, die ihre zwiespältigen Gefühle beschreiben, klingen weniger verängstigt als vielmehr mit sich selbst uneins. Wir alle waren einmal Babys. Ein schreiendes Baby zu hassen ergibt irgendwie keinen Sinn. Natürlich ist es wichtig, dass sich eine Mutter ihre Gefühle ehrlich eingestehen kann. Aber das geht nicht weit genug. Es führt weder zu mehr Verständnis noch zu einer Lösung für das Dilemma der Mutter.

Doch worin genau *besteht* das Dilemma, das diese Mütter beschreiben? Anscheinend hassen sie ihr Baby immer dann, wenn es ein Störfaktor ist. Typischerweise spürt die Mutter Hass, wenn das Baby nicht einschlafen will, sie selbst jedoch darauf brennt, an ihrem Buch, Gedicht oder Artikel weiterzuarbeiten. Geht es hier also um eine Gruppe von Frauen, die mit der Ambivalenz ein komplexes psychoanalytisches Konzept aufgegriffen haben, um die Tatsache zu verschleiern, dass sie egozentrisch sind? Sind sie zu selbstsüchtig, um liebevolle Mütter zu sein?

Zunächst mag es so scheinen. Sie beklagen sich seitenweise darüber, wie schlecht es ihnen aufgrund ihres Babys geht. Doch eine wirklich selbstsüchtige Frau würde eine Betreuungsperson anstellen und sich ohne Bedenken an die Arbeit machen. Diese Schriftstellerinnen scheinen sich zu quälen. Sie sind nicht kaltherzig. Sie haben starke Gefühle für ihr Baby. Doch ist ihre Hassliebe für uns alle anderen wegweisend? Oder sind die Autorinnen möglicherweise irgendwo »falsch abgebogen«?

Sie beschreiben eine sehr konkrete Form der Qual. Obwohl die Frauen so unterschiedlich sind, beschreiben sie ihre Gefühlslage als Mutter sehr ähnlich. Um beispielsweise ein schreiendes Baby zu beruhigen, schätzt eine Mutter – wie im fünften Kapitel beschrieben – normalerweise ein, wie dramatisch das Ganze ist. Dafür muss sie sich selbst beruhigen und etwas Distanz einnehmen. Aber den zitierten Schriftstellerinnen ist es nicht möglich, sich zu distanzieren. Sie scheinen das Schreien ihres Babys nicht einordnen zu können. Für sie klingt das Schreien *immer* dramatisch. Es wirkt fast, als spiele sich das Geschrei für sie auf der gleichen Ebene ab wie für ihr Baby.

Jede dieser Schriftstellerinnen beschreibt das Gefühl intensiver Nähe zu ihrem Kind. Adrienne Rich schreibt, sie fühle sich »immer und überall, im Körper und in der Seele mit dem Kind – weil dieses Kind ein Stück von einem selbst ist«.[115] Jane Lazarre: »Dennoch hielt ich ihn eng an mich gedrückt, streichelte seine Haut und stellte mir vor, wir seien noch eine

Person.«[116] Im Vorwort schreibt sie: »Denn die Trennung ist niemals vollständig.«[117] Kate Figes formuliert es so: »Meine Empfindungen verschmelzen mit denen meiner Kinder, ihr Fleisch fühlt sich wie eine Erweiterung meines eigenen an.«[118] Susan Johnson findet noch drastischere Worte: »Die beiden Körper, die einst in mir lebten, leben jetzt außerhalb von mir. Doch solange ich lebe und fühle, werden sie immer ein Teil von mir bleiben, ein verlorenes Teil meiner selbst.«[119] Rachel Cusk erinnert sich: »Der kleine Körper meiner Tochter wird mir in Decken gewickelt überreicht, und als ich sie nehme, erlebe ich einen Moment völliger, fast visionärer Klarheit. In diesem Moment wird mir bewusst, dass nun eine Person existiert, die zwar ich, jedoch nicht auf meinen Körper begrenzt ist.«[120]

Unabhängig voneinander beschreiben diese Autorinnen einen ähnlichen Zugang zu ihrem Baby. Dabei handelt es sich nicht um das auf den Seiten 203 bis 205 von Müttern beschriebene überwältigende Gefühl, das eigene Herz öffne sich. Jene Mütter eröffneten ihrem Baby einen emotionalen Freiraum. Die hier zitierten Mütter scheinen ihr Baby dagegen als ihnen selbst so nah zu erleben, dass diesem kein eigener Freiraum bleibt, den es ausfüllen könnte. Da drängt sich die Frage auf, ob ihre Babys so viel schrien, weil sie das spürten. Ein Baby ist eine eigene Persönlichkeit mit seinem eigenen Willen, der sich hauptsächlich ums Überleben dreht. Es wird hartnäckig, wenn es nichts oder zu wenig von dem bekommt, was es braucht. Aber es klingt, als ob die Hartnäckigkeit des Babys die *Folge* dessen sei, wie sich die Mutter ihm gegenüber verhält, nicht der Auslöser.

Jede der Autorinnen fand das Ausmaß an Nähe unerträglich. Sie hinterfragten jedoch nicht ihre Haltung ihrem Kind gegenüber. Stattdessen strebten sie alle nach einigen Monaten danach, sich zu befreien. Jane Lazarre nahm ihr Studium wieder auf und ließ ihr Baby zu Hause in New Haven betreuen, sodass sie für »zwei Tage pro Woche [...] von nun an in New

York sein [würde], um an Vorlesungen teilzunehmen.«[121] Kate Figes setzte ihre Arbeit fort, »um mich wieder mit der realen Welt verbunden zu fühlen.«[122] Daraufhin wurden die Nächte mit ihrer Tochter deutlich anstrengender. Am Ende wandte sich Kate Figes an die Schlafklinik in Hackney und trainierte sich an, die Schreie ihrer Tochter zu ignorieren.[123] Susan Johnson ging mit ihrem viermonatigen Baby Caspar in ein Heim für erschöpfte Mütter. »Caspar wurde in ein Gitterbett in einem winzigen Zimmer gelegt, das sich auf der gegenüberliegenden Seite des Flurs befand. Mir wurde gesagt, dass ich mich nicht darum kümmern solle, wenn er schreit.«[124] Rachel Cusk ließ ihren Mann die dreimonatige Tochter mit der Flasche füttern, hatte jedoch weiterhin das Gefühl, ihre Tochter sei »überall; wie ein süßes, aber auch klebriges Etwas hing sie an meinem Leben, wie Sirup, wie Kleber. [...] Im Grunde wollte ich sie an jemand anderen gewöhnen«.[125] Am Ende gab ihr Mann seine Arbeit auf, um »die Kinder zu betreuen, während Rachel ihr Buch über Kinderbetreuung schreibt«.[126]

Heutzutage stellen es viele Fachleute als Tatsache dar, dass Mütter das Bedürfnis hätten, Zeit ohne ihr Baby zu verbringen. Die Vorstellung, dass Mütter sich aktiv abgrenzen sollen, erhält vonseiten der Psychoanalyse Beifall. Winnicott schreibt beispielsweise, dass Mütter ihr Baby im Alter von neun Monaten abstillen sollten, da dies seine Bereitschaft dafür signalisiert. Gleichzeitig ermutigt er jedoch die Mütter angesichts der wütenden Reaktion ihres Babys auf die Entwöhnung, nicht klein beizugeben.[127] Ich frage mich, woher seine Wut rühren soll, wo es doch seine Bereitschaft signalisiert hat. Die US-amerikanische Psychoanalytikerin Louise J. Kaplan beschreibt sorgfältig die – ihrer Ansicht nach – verschiedenen Trennungsstadien eines Babys von seiner Mutter.[128]

Doch diese Diskussionen darüber, wie sich die Mutter von ihrem Baby zu trennen hat, beruhen auf einer falschen Annahme. Die beiden sind nämlich ohnehin schon getrennt. Eine Mutter mag sich mit ihrem Baby eins *fühlen*. Doch das ist eine Illusion. Sie ist es nicht. Wir alle sind autonome Wesen. Mutter und Baby lernen einander kennen und miteinander leben. Doch dabei überraschen sie einander immer wieder. Ein Baby ist und bleibt eine eigenständige Person. Mütter, die die körperliche Nähe zu ihrem Baby genießen, haben daran meist keinerlei Zweifel. Wenn sie ihr Baby beispielsweise nah am eigenen Körper in einer Babytrage oder einem Tuch tragen, ermöglicht ihnen diese Nähe, sensibel für die Signale ihres Babys zu sein. Diese Mütter befinden sich nicht in einem Zustand seliger Einheit mit ihrem Baby, wie einige der Autorinnen annehmen. Sie bleiben unterschiedliche Menschen, die einander unablässig Aufmerksamkeit schenken und sich kennenlernen.

Die Mütter, die über ihre Hassliebe schreiben, missverstehen das häufig. Rastlos sehen sie sich um, ob auch andere Mütter im Muttersein einen ständigen Kampf sehen, und sind erleichtert, wenn sie Leidensgenossinnen finden. Verwirrend ist für sie jedoch der Anblick von Müttern, die ihre Rolle mehr auszufüllen scheint. Sie beschreiben ihren Neid und ihre Verachtung für die vermeintlich herablassende Selbstgefälligkeit. Die begabten Schriftstellerinnen machen von ihren sprachlichen Fähigkeiten Gebrauch, um diese anderen Mütter zu karikieren. Häufig scheinen sie sich dabei selbst wie im Scheinwerferlicht auf einer Bühne zu erleben, wo ein Publikum verächtlicher Mütter sie anstarrt. Diese vermeintlich missbilligenden Mütter wecken ihren Zorn.

Jane Lazarre sprach mit einer Mutter aus der Nachbarschaft, die »immer [...] ausgeglichen, gelassen, undurchdringlich [schien]. Einmal lauschte ich nachts am Fenster ihres Kindes, ob es schrie. Ich hörte nichts. Ich begann sie und ihren Säugling zu hassen.«[129] Rozsika Parker zitiert eine Mutter mit den Worten: »Ich denke da an eine Frau, die ich kenne. [...] Sie scheint immer sehr ruhig und gefasst. Sie backt jedes Wochenende Kekse mit ihren Kindern. Und sie scheinen ihr nie lästig zu werden [...] und ich denke bloß BÄH!«[130] Allison

Pearson, deren fiktiver Charakter Kate Reddy auf ihren eigenen Erfahrungen sowie denen ihrer Freundinnen und Kolleginnen basiert, lässt Kate einen spöttischen Vergleich zwischen einer »Übermutter« und einer »Untermutter wie mir« ziehen.[131] Der Roman handelt unter anderem von Kates Schuldgefühlen der »örtlichen Müttermafia« gegenüber, der sie vorzutäuschen versucht, sie sei eine kompetente Mutter.[132]

Insgesamt spielen Schuldgefühle, weil man in den Augen anderer eine unfähige Mutter sein könnte, in diesen Büchern eine wichtige Rolle. Doch diese sind eben immer die Gefühle der Mutter und lenken ihre Aufmerksamkeit auf die eigene Person. Echte Schuld dagegen ist nicht nur nach innen gerichtet. Echte Schuld ist das schmerzhafte Bewusstsein, konkret etwas falsch gemacht zu haben. Die eigene Aufmerksamkeit richtet sich also eher auf die Person, die man ungerecht behandelt hat. Dazu gehört, das Unrecht zu identifizieren, die eigene Verantwortung daran zu übernehmen, es zu bereuen und möglicherweise wieder gutzumachen. Es geht hier nicht darum, sich von einem feindlich gesinnten Publikum kritisiert zu fühlen. Wenn ein Mensch echte Schuld empfindet, erkennt er diese selbst. Die Anerkennung der Schuld lässt uns handeln. Schuld*gefühle* dagegen lösen sich nicht auf.

Adrienne Rich schien sich später von ihrer Hassliebe zu distanzieren. »Ich konnte erst daran denken, ein Buch über Mutterschaft zu schreiben, als ich mich stark genug fühlte und weniger ambivalent in der Liebe zu meinen Kindern«, schreibt sie in ihrem Vorwort.[133] Sie kam zu dem Schluss, dass das »Patriarchat« schuld an ihren Problemen war, nicht ihre Kinder. Sie erklärt, die Wutausbrüche gegenüber ihren Kindern sehr zu bereuen. An gleicher Stelle beschreibt sie, wie sie später ihren Mann verließ, dieser dann Selbstmord beging und ihr endlich bewusst wurde, dass ihre Kinder eigenständige und interessante Persönlichkeiten waren. Ihr Schreibstil ist persönlich und schonungslos. *Von Frauen geboren* enthält jedoch intensive Schilderungen mütterlicher Hassliebe. Trotz ihres Vor-

worts muss das Buch vielen Leserinnen als Katalysator ge-
dient haben.

Susan Maushart ist der Meinung, dass eine Mutter, die sich
zu ihren zwiespältigen Gefühlen bekenne, »außergewöhnliche
Reife und Anpassungsfähigkeit« erkennen lasse.[134] Allerdings
scheint eher das Gegenteil der Fall zu sein. Mütter in dieser
Lage scheinen relativ unreif und festgefahren. Eine Mutter
muss über eine gewisse Reife und Anpassungsfähigkeit verfügen, um sich ihrem Baby öffnen und es willkommen heißen zu
können. Mütter mit zwiespältigen Gefühlen sind vielleicht
nicht so egozentrisch, wie sie zu sein scheinen. Ihre Ängste
sprechen dafür, dass sie nicht zu viel, sondern zu wenig Selbstwertgefühl haben.

Laut Rozsika Parker wäre »die Voraussetzung für Selbsterkenntnis«, dass Mütter ihre Hassliebe reflektierten.[135] Einige
dieser Autorinnen grübeln jedoch endlos über sich und ihre
Gefühle und scheinen dennoch auf der Stelle zu treten. Grü-
belei scheint sie wohl nicht automatisch schlauer zu machen.
Selbsterkenntnis lässt sich wahrscheinlich kaum durch »Fan-
tasieren« erreichen.[136] Wir profitieren davon, wenn wir uns
von Gesprächen mit anderen anregen lassen. Doch die Autorinnen verhöhnen just jene warmherzigen Mütter, von denen
sie etwas lernen könnten.

Es scheint also, als seien nicht alle Mütter gleich. Einige
werden von zwiespältigen Gefühlen geplagt, andere dagegen
nicht. Lassen sich diese Unterschiede durch Variablen wie ge-
netische Veranlagung oder soziale Stellung erklären? Ohne
umfassendere Informationen lässt sich das kaum feststellen.
Eine der Mütter, die ihre Hassliebe beschreiben, liefert jedoch
genug Hintergrundinformationen, anhand derer wir ihre Geschichte rekonstruieren können. Eigens solche Daten zu erhe-
ben wäre wohl indiskret. Doch Jane Lazarre gibt einige intime
Details preis. In *Der Mutterschaftswahn* findet sich eine mögliche Erklärung für die ambivalenten Gefühle, die Jane Lazarre gegenüber ihrem schreienden Baby hegt.

Sie berichtet, dass sie bei der Geburt ihres Sohnes Benjamin laut schrie. »Diese Art von Schreien hatte ich schon einmal gehört, damals, als ich als Kind verrückt geworden war und meine an Krebs gestorbene Mutter in meinem Kopf so schreien gehört hatte, daß mir die Trommelfelle von innen platzten.«[137] Die Geburt ihres Kindes schien sehr schmerzvolle Erinnerungen aus ihrer eigenen Kindheit wachzurufen. Wenn ihr Sohn später schrie, was er häufig tat, verzweifelte sie. Sie schrie ihn an, dass er ruhig sein solle. Dabei fiel ihr auf, dass sie nicht seinen Namen, sondern den ihrer Schwester schrie.[138]

Sie deutet jedoch erst ganz am Ende ihres Buchs die mögliche Verbindung zwischen diesen Erinnerungen an. Sie erinnert sich daran, wie ihre Schwester, ebenfalls noch ein Kind, »sich weinend an mich klammerte, weil [sie] sich nicht mehr erinnern konnte, wie [ihre] Mutter aussah. Sie fragte mich, ob ich ihre Mami sein könnte. Ich lachte bitter, schon mit neun, bei dem Gedanken, daß in einem solchen Alter all dies von mir erwartet wurde. Aber ich sagte ja.«[139] Das hilft uns, ihre Verzweiflung nachzuvollziehen. Anscheinend war sie die ältere der beiden Schwestern. Sie war sieben Jahre alt, als ihre Mutter starb; ihre kleine Schwester weinte häufig, als Jane neun Jahre alt war. Die beiden Mädchen müssen zwei Jahre lang die Trauer (und Janes »Verrücktheit«) ohne ausreichenden Trost durch einen verständnisvollen Erwachsenen ertragen haben. Ihre kleine Schwester erbat sich von ihr Trost, den Jane im zarten Alter von neun Jahren offenbar selbst dringend brauchte.

Dieses Gefühl qualvoller Trauer, der sich niemand annimmt, schien Benjamin durch sein Schreien wieder hervorzurufen. Kein Wunder, dass sie automatisch den Namen ihrer Schwester rief. Doch Benjamin schrie natürlich nicht, weil seine Mutter gestorben war. Ein Neugeborenes schreit meistens aus einfachen Gründen, die eine Mutter entdecken und beheben kann. Jane Lazarre schien dazu nicht in der Lage, weil sie das durchdringende Schreien mit den mutterlosen Jahren in ihrer Kindheit assoziierte. Dies scheint eine mögliche Interpretation für ihre Gefühle als Mutter zu sein. Vielleicht empfand sie ihrem Sohn gegenüber nicht unbedingt Hassliebe. Vielleicht war sie aus gutem Grund verzweifelt. Sie war der Auffassung, dass viele Mütter ihrem Baby gegenüber zwiespältige Gefühle hegen. Doch die meisten anderen Mütter mussten in jungen Jahren keinen solchen Verlust erleiden, Trost entbehren oder ihre kleine Schwester trösten.

Es wird nicht klar, ob Jane Lazarre diese Verbindung selbst hergestellt hat. In ihrer Geschichte scheint dieser Zusammenhang jedenfalls durchaus plausibel. Zugegeben, hier geht es nur um eine einzelne Frau. Wenn es allerdings relativ einfach ist, die Verzweiflung dieser einen Frau zu erklären, ließe sich nicht auch die anderer Mütter anhand ihrer Lebensumstände erklären? Falls Hassliebe durch besondere Umstände ausgelöst würde, ist sie kaum universell zu nennen. Nicht jede Mutter müsste sich dazu bekennen, zwiespältige Gefühle zu hegen, um als »ehrlich« zu gelten. Eine Mutter in Jane Lazarres Lage könnte dann begründeterweise davon ausgehen, ein Problem zu haben. Sie könnte in Erwägung ziehen, Hilfe zu suchen, und vielleicht mit einer verständnisvollen Freundin über ihre Schwierigkeiten sprechen oder eine Beratung aufsuchen.

Wie brauchbar ist also das Konzept mütterlicher Hassliebe? Die Vorstellung hat sich verbreitet und spiegelt offenbar die Erfahrung einiger Frauen wider. Doch wie an der autobiografischen Literatur deutlich wird, tauchen zwiespältige Gefühle dann auf, wenn eine Mutter das Gefühl hat, ihr Baby sei eine Erweiterung ihrer selbst. Auf der ganzen Welt gibt es jedoch Mütter, die diese Haltung ihrem Baby gegenüber *nicht* teilen. Für sie ist das Konzept der Ambivalenz mit Sicherheit unbrauchbar. Es befreit sie nicht, da sie sich nie in dieser Form mit ihrem Baby verschmolzen fühlten. Dieses Konzept hat einigen Müttern geholfen, ihre eigenen Gefühle einzuordnen. Das rechtfertigt jedoch nicht, es allen Müttern aufzudrängen.

Mittlerweile sind zahllose Babys ins Leben gestartet, deren Mütter ihnen gegenüber zwiespältige Gefühle hegen. Wie fühlt sich das wohl für ein Kind an? Mütterliche Ambivalenz ist etwas anderes als ein Wutausbruch, dem eine Entschuldigung folgt. Letztere zeigt dem Kind, dass die Mutter ihre Wut als Versagen ihrer Liebe betrachtet. Dagegen empfängt das Baby, das mit Hassliebe aufwächst, widersprüchliche Signale. Mal liebt seine Mutter es, mal hasst sie es, weil es ihr zuviel abverlangt. Ein Baby ist sensibel, kann seine Eindrücke jedoch noch nicht verbalisieren. Seine Reaktion lässt sich nur erahnen. Es gibt Zeiten, in denen seine Mutter es zu lieben scheint. Dann wiederum ändert sich ihre Stimmung abrupt, und sie zeigt ihm entweder offen ihren Zorn oder zieht sich von ihm zurück. Doch sie signalisiert ihm, dass sie diese Schwankungen nicht als Versagen, sondern als Bestandteil ihrer Liebe betrachtet.

Dies muss ein sensibles Baby nicht nur verwirren, sondern richtiggehend verängstigen. Durch seine Mutter sammelt es seine erste Erfahrung mit einer engen zwischenmenschlichen Beziehung und lernt, was es von einer anderen Person zu erwarten hat. Diese Form der Beziehung kann es durchaus lehren, dass Liebe bedeutet, auf unerklärliche Stimmungsschwankungen des geliebten Menschen gefasst sein zu müssen. Statt sich um seiner selbst willen angenommen zu fühlen, ringt das Baby ununterbrochen mit seiner eigenen Mutter. Je mehr sich diese neue Definition von Mutterliebe durchsetzt, desto zahlreicher wird sie Erwachsene hervorbringen, die sich sowohl nach Liebe sehnen, sich von dieser aber auch verwirrt und verängstigt fühlen.

Liebe von ganzem Herzen ist eine eindeutige Angelegenheit. Babys scheinen schon von Anfang an riesige Mengen davon zu brauchen. Geht man mit einer anderen Erwartung an sie heran, wirken sie vielleicht gierig oder unersättlich. Wenn es einer Mutter jedoch gelingt, ihr Baby (fast) so sehr zu lieben, wie es das will, wird ihr plötzlich bewusst, dass es ihre

Zuneigung erwidert. Dann scheint etwas Unfassbares zwischen ihnen zu geschehen, das ein Leben lang hält. Dies muss der Grund sein, weshalb Menschen selbst im hohen Alter noch mit Tränen in den Augen von ihrer Mutter sprechen. Diese letzten Beobachtungen von Müttern wurden alle sehr emotional vorgebracht:

> Unser Sohn liegt auf dem Bett und *badet* uns in seinem herrlichen Lächeln. [Sohn, 2 Monate]

> Wenn ich meinen Sohn küsse, genießt er das so sehr, dass er einen Moment lang die Augen schließt. [Sohn, 6 Monate]

> Mein Sohn, der jetzt ziemlich gut läuft, nahm meine Hand, als wir spazieren gingen, und wir sahen eine Brücke hinunter. Ich dachte: »Das ist himmlisch. Es gibt nichts Besseres. Das ist einer dieser perfekten Momente.« [Sohn, 15 Monate]

Aufrichtige Liebe ist im Grunde unverkennbar. Ein Kind, das aufrichtig geliebt wird, hat in der Regel Freude daran, sich anderen Menschen zu öffnen. Aus Erfahrung rechnet es mit einer freundlichen Reaktion. Deshalb ist es schon als Baby oft kontaktfreudig. Tatsächlich reagieren PassantInnen auf den wachen und offenen Blick eines interessierten Babys. Seine Mutter vernimmt dann plötzlich die lebhafte Stimme einer völlig Fremden, die nicht sie, sondern ihr Kind anspricht. Zugegebenermaßen fallen mir auch Kinder ein, die in ihren schüchternen Phasen ihr Gesicht in der Mutter vergraben, um keine anderen Menschen ansehen zu müssen. Auch das lässt sich schlecht verallgemeinern. Ein Kind, das reichlich aufrichtige Liebe erfahren durfte, strahlt jedoch eine gewisse Stabilität und Würde aus. So jung es noch sein mag, wirkt es doch wichtig, und die Leute behandeln es in der Regel respektvoll.

Wenn wir ein solches Kind bemerken, können wir durchaus davon ausgehen (wenn uns nicht das Gegenteil bekannt ist), dass seine Mutter ihm sehr viel Liebe geschenkt hat. Viele Mütter müssen alle möglichen Hürden meistern, um dies zu vollbringen.

Manche Mütter, die in den ersten Monaten oft frustriert waren, stellen fest, dass sich die Beziehung zu ihrem Kind sehr verbessert, sobald es zu sprechen anfängt. Ihre getrennten Identitäten werden dadurch greifbarer. Damit tritt die ganze Beziehung in eine neue Phase ein. Sie wird gewöhnlich weniger körperbetont, was einigen Müttern entgegenkommt. Auf Außenstehende kann die Beziehung dann fast beiläufig wirken. Doch sie gründet nach wie vor auf großer Vertrautheit. Die typische Mutter will wissen, wie der Schultag ihres Kindes war. Sie hat immer noch ein Auge auf sein Wohlergehen, allerdings nicht mehr in allen Einzelheiten. Wenn ihr Kind viele Jahre später auszieht, hält eine Mutter es auch eine Zeit lang ohne Neuigkeiten von ihm aus. Mit der Zeit nimmt jedoch das wohlbekannte Interesse zu. Es existiert natürlich ein schmaler Grat zwischen dem Wunsch, etwas über das Leben des erwachsenen Kindes wissen zu wollen, und der Gefahr, aufdringlich zu sein. Trotzdem ist das Interesse der Mutter im Idealfall eine Form, in der eine ältere Mutter ihre Liebe zum Ausdruck bringt.

In diesem Stadium kann die Beziehung mühelos wirken. Doch die Mutterliebe ist auch einer solchen Mutter nicht in den Schoß gefallen. Die anfängliche einseitige Kommunikation kann fast schmerzhaft sein, weil das Baby zu einer Antwort einfach noch nicht in der Lage ist. Die Mutter selbst verspürt jedoch unzweifelhaft Liebe. Sie liebt es trotz ihrer unsagbaren Müdigkeit, trotz möglicher Krankheiten und trotz aller möglichen Formen gesellschaftlichen Drucks. Indem bald von der einen, bald von der anderen Seite an der Mutterliebe gerüttelt und gezerrt wird, scheint diese fast einem Test unterworfen, ob sie auch dauerhaft und stark genug ist, um der innigen Liebe eines Babys gerecht zu werden. Vielleicht liegt das Geheimnis zur lebenslangen Festigkeit ihrer Liebe in diesen ersten aufreibenden Monaten.

ZEHNTES KAPITEL

Ich war überrascht, dass mein Name noch derselbe war

Wenn eine werdende Mutter in der Bücherei fragt »Wie wird sich mein Baby entwickeln?«, könnte ihr der Bibliothekar oder die Bibliothekarin diverse Bücher zum Thema Kindesentwicklung zeigen. Fragt sie jedoch »Was ist mit mir? Wie werde *ich* mich als Mutter entwickeln?«, wird sie wahrscheinlich überraschte Blicke ernten. Die Vorstellung, dass *Mütter* sich entwickeln, ist als Buchthema eher ungewöhnlich.[140] Ganz im Gegenteil: Viele Leute scheinen der Meinung zu sein, dass Mütter Gefahr laufen, auf der Stelle zu treten. Besonders von Vollzeitmüttern wird allgemein angenommen, dass diese zu Hause »festsitzen« und dort ohne Anregungen von außen die immer gleichen stumpfsinnigen Aufgaben erledigen müssen.

Sicher gibt es Mütter, die diesen Eindruck von ihrem Leben vermittelt haben. Doch sehen es alle so? Oder haben es die fragmentarischen Schilderungen der Mütter, die ihr Leben völlig anders wahrnehmen, einfach nie in die offizielle Darstellung geschafft?

> Neulich musste ich einen Scheck unterschreiben und war überrascht, dass mein Name noch derselbe war. Ich dachte: »Habe ich wirklich immer noch denselben Namen, nachdem ich all das durchgemacht habe?« Na ja, vielleicht nicht mit exakt diesen Worten. Aber so fühlte ich mich. [Sohn, 4 Wochen]

> Ich werde dauernd gefragt: »Hat sich bei dir wieder alles normalisiert?« Nein, nichts hat sich normalisiert. Damit rechne ich auch gar nicht. Die Geburt hat alles verändert. *Normal* ist jetzt etwas anderes. [Sohn, 6 Wochen]

Durch mein Baby entwickele ich mich weiter. Das Muttersein erschließt mir völlig neue Bereiche. [Tochter, 7
Monate]

Ich habe das Gefühl, in eine andere Umlaufbahn geraten
zu sein. Früher bewegte ich mich in anderen Kreisen und
bemerkte Dinge nur *dort*. Jetzt bin ich in *dieser* Umlaufbahn und existiere in einem grundverschiedenen System.
[Sohn, 9 Monate]

Es ist, als würde man einen Stein in einen Teich werfen,
der immer größere Kreise zieht. Der Stein ist das Baby,
dessen Geburt diese ganzen Änderungen auslöst. Es ist
überwältigend. [Sohn, 12 Monate]

Diese Aussagen klingen nicht, als seien die Mütter in ihrer
Entwicklung stehengeblieben. Das von ihnen beschriebene
Ausmaß an Veränderungen scheint sie fast zu überfordern.
Welcher Art sind die Veränderungen, und weshalb wirken sie
so radikal?

Müttern fällt es schwer, das zu benennen. Sie spüren den
Wandel eher, als ihn bewusst zu erkennen. Wie so häufig fehlen uns die Worte. Vielleicht tun es vorerst gewöhnliche Worte wie »öffnen« und »Raum geben«. Damit könnten wir den
Prozess beschreiben, den eine junge Mutter durchläuft, sich zu
öffnen, um ihrem wachsenden Baby genug Raum zu geben.

Dieser Vorgang beginnt unverkennbar bereits in der
Schwangerschaft. Die Mutter muss dem Baby buchstäblich
Raum in ihrem Körper zur Verfügung stellen. Diese Entwicklung geschieht von selbst und ohne ihr Zutun. Ihre Gebärmutter wächst immer weiter, um ihrem ebenfalls wachsenden
Baby genug Raum zu bieten. Bei der Geburt muss sich der
Muttermund enorm öffnen. Zu diesem Zeitpunkt kann die
bewusste Mitarbeit der Mutter hilfreich sein. Besonders
während der Austreibungsphase ermöglicht ihr aktives und

präzises Pressen dem Kind, sicher geboren zu werden. Danach schließt sich der Muttermund wieder, und die Gebärmutter bildet sich zurück. Doch jetzt ist die bewusste Mitarbeit der Mutter essenziell. Sie muss sich nun im übertragenen Sinne öffnen. Ähnlich wie zuvor ihr Körper scheint sich nun, bildlich betrachtet, ihr Bewusstsein weit zu öffnen, um das Baby zu umfassen.

Mit der Zeit wächst das Baby, sodass die Intensität der mütterlichen Aufmerksamkeit langsam abnimmt. Die Entwicklung einer Mutter wurde häufig als Prozess des »Loslassens« beschrieben. In gewisser Weise lässt sie jedoch nie völlig los, genauso wenig wie sie wieder die Frau werden kann, die sie einmal war. Sobald sie sich ihrem Kind geöffnet hat, bleibt etwas in ihr offen. Sie hat sich von Grund auf verändert, und zwar für immer.

Viele Mütter finden ganz eigene Worte dafür, wie sie ihren Wandel wahrnehmen.

> Ich denke immer wieder an so alltägliche Dinge wie »Ich muss mir jetzt die Haare bürsten und meine Jeans anziehen«, und das kommt mir merkwürdig vor. Ich habe das Gefühl, jemand anders zu sein. Ich glaube, das ist das eigentlich Erschreckende. Es ist nicht die Isolation. Es geht darum, dass ich mich in einen neuen Menschen verwandle, den ich noch nicht kenne. [Sohn, 8 Wochen]

> Ich entdecke immer wieder neue Seiten meines neuen Ichs. Ich weiß überhaupt nicht mehr, wie ich wirklich bin. [Sohn, 4 Monate]

> Ich habe das Gefühl, ich hätte ein neues Ich, und zwar mein mütterliches Ich. Aber was ist mit meinem alten berufstätigen Ich und meinen ganzen anderen Ichs? Wie bekomme ich sie wieder? Bekomme ich sie *überhaupt* irgendwann wieder? [Tochter, 7 Monate]

Eines Abends weinte ich um die Person, die ich einmal war. Sie ist weg. Ich hatte das Gefühl, ich müsste ihr Ableben gebührend würdigen. Als Mutter muss ich mich ganz neu definieren. Wer bin ich? Ich weiß es einfach nicht. Und wo ist der Mensch, der ich mal war? [Sohn, 16 Monate]

Es geht nicht nur Müttern mit ihrem ersten Kind so:

Es scheint brutal. Ich finde es großartig. Aber es scheint, ja, brutal. Und ich frage mich: Wo ist mein Ich? Ich weiß, dass ich irgendwo da drin sein muss, doch ich kann mich nicht finden. Neulich sagte ich zu meinem Mann: »Erinnerst du dich noch an mich, du weißt schon, die Frau, in die du dich verliebt und die du geheiratet hast?« [Tochter, 3 Jahre; Sohn, 6 Monate]

Es ist bezeichnend, wie Mütter ihren Wandel ausdrücken. Sonst heißt es immer, dass ein Ereignis das eigene *Leben* verändert hat. Mütter erzählen einander hingegen ganz spontan, dass die Geburt ihres Babys sie *selbst* verändert hat. Was hat das zu bedeuten?

Es scheint jedenfalls nicht zu bedeuten, dass das Leben einer Frau als Mutter kontinuierlich weiterläuft, nur mit dem Unterschied, dass ihrem Leben ein Baby hinzugefügt wurde. Stattdessen verändert das Baby sie vom Moment seiner Geburt an.[141] Um ihrem Baby in ihrem Leben genug Raum zu geben, scheint sie einen entscheidenden Wandel zu vollziehen. Eine Mutter kann es sich nicht mehr leisten, nur ihre eigenen Interessen in den Vordergrund ihres Bewusstseins zu rücken. Jetzt muss sie diesen speziellen Raum mit ihrem Baby teilen. Teilen ist nicht einfach, besonders am Anfang, wenn sie den Bedürfnissen ihres Neugeborenen immer wieder den Vorrang geben muss.

Manche Frauen lehnen einen solchen Wandel prinzipiell ab. Einige weigern sich, ihn zu vollziehen, und umgehen ihn lieber. Doch vielen Müttern gelingt es, ihrem Neugeborenen den Teil ihrer Aufmerksamkeit einzuräumen, der bis dahin ihnen allein gehörte. Auf gute Neuigkeiten, die ihr Baby betreffen, reagieren sie mit intensiver Freude und voller Stolz. Jegliche Sorge löst die schrillsten Alarmglocken aus. Selbst wenn ihr Neugeborenes schläft oder von einer anderen Person betreut wird, ist sich die Mutter ihres Kindes sehr wohl bewusst. Wenn eine Mutter Mehrlinge, ältere Kinder oder Stiefkinder hat, dauert es etwas, bis sie gelernt hat, wie und wann sie Prioritäten setzen muss.

Anfangs behandelt sie sicherheitshalber alles, was ihr Neugeborenes betrifft, als ginge es um Leben und Tod. Das Verhältnis scheint dann unangenehm häufig von den Interessen des Babys bestimmt zu werden. Oft wollen die FreundInnen der Mutter diese davon überzeugen, an sich selbst zu denken. Das Gleichgewicht ändert sich jedoch mit der Zeit, wenn Mutter und Baby sich aneinander gewöhnen. Irgendwann kann die Mutter einen Teil ihres Privatlebens wieder aufnehmen. Bei einem Notfall kann sie jedoch wieder in diesen Zustand zurückkehren, in dem die Interessen ihres Kindes für sie Vorrang haben. Wenn ihr älteres Kind, ihr fast oder sogar ganz erwachsenes Kind dringend ihre Aufmerksamkeit braucht, scheint die Mutter ebenfalls in der Lage, die gleiche riesige Menge an Aufmerksamkeit für dieses Kind zu erübrigen. Die vertraute Stimme und besonders die Tränen ihres Kindes können den altbekannten starken Beschützerinstinkt wieder wachrufen.

Dies erklärt sicher, weshalb sich Müttern zufolge ihr innerstes Selbst verändert. Einen solchen Wandel zu vollziehen und dem Baby diesen zutiefst persönlichen Raum zu geben ist ein komplexer Prozess. Doch was die Mutter daran wohl am meisten verstört, ist der Mangel an positiven Begriffen, die diese Leistung würdigen. Wahrscheinlich übersieht sie häufig ihre

eigenen Erfolgsmomente. Sie ist vielleicht mit sich selbst unzufrieden, weil sie nicht »mehr schafft«, obwohl sie ganz nebenbei eine der größten Herausforderungen des Mutterseins
meistert.

> Ich bin ein sehr visueller Typ und verdiene sogar mein
> Geld damit, wie gut ich sehe. Doch jetzt ist mein Blick-
> feld völlig geschrumpft. Ich sehe das Gesicht meiner
> Tochter zwanzig Zentimeter vor meiner Nase, und mehr
> interessiert mich nicht. Ein Freund von mir redete von
> der herrlichen Gegend, in der wir waren – und ich hatte
> sie nicht mal *bemerkt*. [Tochter, 2 Monate]

Diese persönliche Veränderung wurde zwar wahrgenommen,
allerdings fast immer negativ beurteilt. Viele Feministinnen
werten sie als Beispiel mütterlicher Selbstaufopferung ab.[142]
Manche PsychoanalytikerInnen haben den Prozess als mütterlichen »Masochismus« tituliert.[143] Einerseits tut das Bild einer
sich unglücklich aufopfernden Mutter dem komplizierten Interessen*ausgleich* unrecht, mit dem die Mutter eine funktio-
nierende Beziehung aufbaut. Andererseits haben die Feministinnen und PsychoanalytikerInnen möglicherweise eine von
vielen Herangehensweisen ans Muttersein erkannt.

Eine strenge Erziehung kann dazu führen, dass man sich
selbst sehr wenig Aufmerksamkeit schenkt. Dies kann den
Wandel, durch den das Baby an die erste Stelle rückt, fast zu
einfach machen. Es ist, als würde man dem Baby ein Zimmer
herrichten, das schon immer leer war. Auf den ersten Blick
mag eine Mutter in dieser Situation ihrem Neugeborenen gegenüber enorm großzügig scheinen. Allerdings benutzt sie
möglicherweise ihr Kind, um ihren eigenen »Leerraum« zu
füllen. Dadurch nimmt ihr Baby vielleicht zu viel Raum in
ihrem Leben ein. Es spürt dann häufig, dass es ihren Mangel
an Selbstverwirklichung kompensieren soll. Das scheint keine
besonders gute Grundlage für eine Beziehung zu einem Kind

zu sein. Ein Baby kann jedoch ein Anlass für die Mutter sein, dies zu reflektieren und sich zu fragen, ob sie ihre Einstellung vielleicht ändern sollte.

Doch angenommen, der »Raum« der Mutter ist nicht frei: Profitiert sie überhaupt davon, ihrem Baby so viel Aufmerksamkeit einzuräumen? Lässt sie sich dadurch nicht selbst völlig aus dem Weg räumen?

> Meine Generation ist selbstsüchtig. Ich habe gelernt, »ich will es« mit »her damit« gleichzusetzen. Doch das Muttersein hat mich eine andere Haltung gelehrt. Mein Sohn gibt mir Gelegenheit, all meine Ansichten zu hinterfragen. [Sohn, 8 Monate]

Das klingt weniger nach einer Selbstaufopferung der Mutter als nach einem Schritt, der zu größerer Reife führen könnte. Sie sieht sich nicht mehr als selbstgenügsames »Ich«. Sie baut eine Beziehung zu ihrem Baby auf, die viele Aspekte ihrer Persönlichkeit infrage stellt. Beim Muttersein geht es nicht darum, eine Reihe von Aufgaben abzuarbeiten. Die Beziehung ist existenziell. Man muss sich erst daran gewöhnen, den Großteil des eigenen Lebens zu teilen, und kann dabei an die eigenen Grenzen stoßen.

> Irgendwann erreicht man den Punkt, an dem man nicht mehr kann. So anstrengend ist es. Und dann macht man irgendwie doch weiter. [Sohn, 7 Monate]

Diese Mutter hat mit einfachen Worten eine uralte Entdeckung ausgedrückt. Viele Mütter berichten, dass, wenn sie aufzugeben glauben, sie aufhören zu kämpfen. In dem Moment scheinen sie in der Lage, sich leichter hingeben und vorankommen zu können.

Worin besteht dieses Aufgeben und Hingeben? Ein Baby zu betreuen heißt gewöhnlich, das eigene Lebenstempo zu drosseln. Diese Verlangsamung beginnt, genau wie das Raumgeben, meistens bereits in der Schwangerschaft. Es ist schwer, den ganzen Tag herumzuhetzen, wenn im Bauch das Baby tritt und man eine schwere Fruchtblase mit sich herumschleppt. Nach der Geburt ist die Mutter möglicherweise versucht, wieder eine schnellere Gangart einzulegen. Bald muss sie jedoch feststellen, dass ihr Baby es nicht mag, gehetzt zu werden. Es nimmt sich gerne Zeit, seine Umwelt zu untersuchen und kennenzulernen und ist deshalb zufriedener, wenn seine Mutter entschleunigt. Doch das heutige Lebenstempo ist enorm hoch. Wenn die Mutter schnell und aktiv ist, kann sie mit dem Mainstream Schritt halten, was sich positiv auf ihre Stimmung auswirkt. Ihr Tempo zu drosseln kann dagegen dazu führen, dass sie sich aufs Abstellgleis geschoben und dadurch entmutigt und deprimiert fühlt. Es war wohl noch nie so schwer, für ein Baby zu entschleunigen.

Auf eine berufstätige Mutter mag das Ganze etwas befremdlich wirken. Für sie klingt das Konzept des Entschleunigens vielleicht wie ein ausgeschlossener Luxus, doch irgendjemand muss sich schließlich um ihr Baby kümmern. Da ArbeitgeberInnen Müttern selten erlauben, ihr Baby mit zur Arbeit zu bringen, müssen berufstätige Mütter es von einer anderen Person betreuen lassen. In dem Fall existieren in der Mutter-Kind-Beziehung eine oder sogar mehrere wichtige Dritte. Diese dritte Person könnte dann diejenige sein, die entschleunigen muss. Manche berufstätige Mütter berichten, dass sie ihre BetreuerInnen genauso bemuttern wie ihr Baby – »wie eine ältere Schwester«, wie es eine Mutter formulierte – selbst, wenn diese älter als sie selbst sind. Vielleicht ist es also hilfreich, in Erwägung zu ziehen, dass die betreuende Person nicht unfassbar faul ist, sondern bloß versucht zu entschleunigen. »Berufstätige Mütter« ist natürlich keine festgelegte und unveränderliche Kategorie. Viele Mütter entscheiden sich, ihr Arbeitsleben neu zu ordnen. Sie kündigen, nehmen die Arbeit wieder auf oder arbeiten nur noch in Teilzeit. Wenn sie in

Vollzeit arbeiten, haben sie nur begrenzt Zeit, an Besprechungen teilzunehmen. Die meisten der in diesem Kapitel zitierten Mütter waren in Elternzeit, selbstständig, arbeitslos oder arbeiteten in Teilzeit. Einige ihrer Erfahrungen kommen den meisten Müttern vielleicht bekannt vor. In Vollzeit arbeitende Mütter mögen allerdings andere Erfahrungen als die gemacht haben, die im Folgenden beschrieben werden.

> Sobald ich mich ans Stillen gewöhnt hatte, flitzte ich ständig durch die Gegend und besuchte alle möglichen Leute. Dann sagte mir die Ärztin, dass meine Tochter nicht genug zunehme. Ich war völlig entsetzt. Also lasse ich es langsamer angehen und bin viel mehr mit ihr im Einklang. Das habe ich als Mutter gelernt – im Einklang sein. [Tochter, 2 Monate]

> Normalerweise marschiere ich immer *so*, um schnell irgendwo hinzukommen. Aber das geht mit meiner Tochter nicht. Ich habe mich stark verlangsamt. Das ist schön. Mein Körper fühlt sich gesetzter an. [Tochter, 5 Monate]

> Manchmal habe ich eigentlich viel zu tun, doch dann nehme ich ihn einfach auf dem Arm und entspanne mich. Das ist herrlich. [Sohn, 5 Monate]

> Mein Partner und ich sind seit sieben Monaten in der Babyblase. Neulich kam uns eine Freundin besuchen, mit der ich zusammen studiert hatte. Sie redete ganz hektisch über ihre letzten Prüfungen, und ich dachte: »Hat sie sich verändert? Oder war *ich* mal so? [Tochter, 7 Monate]

> Ich habe mich sehr verändert. Früher war ich sehr ungeduldig und hasste es, auf irgendjemanden zu warten. Mein Sohn hat mir beigebracht, geduldiger zu sein. Das

fiel mir nicht leicht – aber was blieb mir anderes übrig?
[Sohn, 11 Monate]

Nichts vermittelt den Wert von Geduld so schnell und gründ-
lich wie das Muttersein. Eine Mutter lernt bald, dass sie mit
Geduld rascher ans Ziel kommt, als wenn sie ihr von ihrer
Ungeduld gestresstes Baby erst lange beruhigen muss. Die
meisten Mütter üben sich also in Geduld. Ließe sich die mütterliche Geduld sammeln und sichtbar machen, könnte man
damit wahrscheinlich *Ozeane* füllen. Sie ist unersetzlich. Geduld kommt zum Ausdruck, wenn eine stärkere Person einer
schwächeren nicht mit Gewalt ihren Willen aufzwingt, sondern deren Wünsche respektiert. Dies schafft nicht nur eine
bessere Atmosphäre (und gewöhnlich kommen Mütter doch
noch an ihr Ziel, nur etwas später), sondern hat auch eine
Vorbildfunktion für das Kind. Geduld gehört zweifellos zu
den Grundpfeilern zivilisierten Verhaltens. Die meisten Menschen erfahren sie mit Sicherheit zuallererst von ihren Müttern. Selbst eine Mutter, die sich für »sehr ungeduldig« hält,
übersieht wahrscheinlich all die winzigen Momente des Alltags, in denen sie eine impulsive Reaktion unterdrückt und
sich selbst daran erinnert hat, wie klein und unerfahren ihr
Kind noch ist.

Geduld ist Teil des wichtigen Entschleunigungsvorgangs.
Das Entschleunigen spielt insofern eine große Rolle, als es der
Mutter ermöglicht, sich zu entspannen und in einem ähnlichen Tempo wie ihr Baby zu leben. Dadurch hat sie Zeit, alle
möglichen Details zu bemerken, die ihr oft wichtige Hinweise
zum Verständnis ihres Babys liefern. Viele Mütter sagen von
sich, früher nie so eine Ruhe gespürt zu haben. Angesichts ihrer jetzigen großen Verantwortung mag das merkwürdig klingen. Doch durch das langsamere Tempo kann eine Mutter
besser einschätzen, *wann* sie sich Sorgen machen muss. Sie ist
eher auf einer Wellenlänge mit ihrem Baby. Langsamkeit führt
zu einem ganz neuen Bewusstsein.

Ältere oder chronisch kranke Menschen entschleunigen ebenfalls und wissen wieder die einfachen Dinge des Lebens zu schätzen. Sie haben allerdings nicht unbedingt ein Baby an ihrer Seite, das ihnen dabei hilft. Die stürmische Begeisterung ihres Babys für etwas ganz Alltägliches, das sie selbst fast übersehen hätte, kann der Mutter wie ein Wunder erscheinen.

Einem flach auf dem Rücken liegenden Neugeborenen mag die Zimmerdecke spannend erscheinen. Ein älteres Baby, das neugierig das Tun seiner Mutter verfolgt, reagiert vielleicht auf den Klang von trockenem Reis, der in einen Metalltopf rieselt, oder von Wasser, das aus dem Wasserhahn rauscht, die flatternden Flügel einer Taube oder die Krümmung im Schwanz einer Katze. Für ein Kind, das krabbelt oder gerade laufen lernt, gewinnt alles auf Bodenhöhe neue Bedeutung. Einer Mutter, die ihrem Kind Verständnis entgegenbringt, wird vielleicht plötzlich die überraschende Schönheit eines gewöhnlichen Schotterwegs bewusst. So betrachtet ist das Tempo der anderen kaum nachvollziehbar. Wozu die ganze Eile?

> *Mutter:* Ich war gestern mit meiner Tochter spazieren. *Ich:* Gestern? Seid ihr nicht klitschnass geworden? *Mutter:* Ja, aber sie liebt Regen. Sie nimmt ihre kleine Kapuze ab, schaut in den Himmel und macht: »Aaahhhh!« [Tochter, 6 Monate]

> Man lernt, die Dinge langsamer anzugehen und Kleinigkeiten zu genießen. [Sohn, 12 Monate]

Manche Frauen haben Angst, verrückt oder dumm wie Stroh zu werden, wenn sie entschleunigen und ihr Leben mit ihrem Baby teilen. Es gibt durchaus Mütter, die das frustrierend finden. Andere dagegen sagen, dass ihnen das langsamere Tempo eine neue Sicht auf das Leben an sich eröffnet.

Wenn sich meine Gedanken mal wieder überschlagen, sehe ich einfach meine Tochter an. Es beruhigt mich, wie fest sie in der Gegenwart verankert scheint. Wenn sie einen Stift untersucht, ist sie ganz bei diesem Stift und bei nichts anderem. [Tochter, 5 Monate]

Als Mutter kämpft man ständig gegen den eigenen inneren Widerstand an. Zum Beispiel wenn mein Sohn etwas von mir will und ich denke: »Willst du etwa *schon wieder* was?« Aber so ist es. Problematisch wird es erst dann, wenn ich dagegen ankämpfe. [Sohn, 8 Monate]

Zuerst fühlte ich mich wie eine völlige Versagerin als Mutter. Ich dachte, ich hätte es einfach nicht drauf. Alle redeten immer von Esszeiten und von Schlafenszeiten. Ich konnte das einfach nicht. Ich konnte meinen Sohn auf gar keinen Fall schreien lassen. Und ich bin so froh, dass ich durchgehalten habe. Jetzt sehe ich, wie er sich ganz von selbst ändert. Ich muss nichts tun, das jemandem wie mir grausam erschienen wäre. Ich glaube, ich bin einfach nicht besonders vertrauensvoll – und ich habe gelernt, ihm zu vertrauen. [Sohn, 15 Monate]

Ich habe das Gefühl, sie ist wie eine kleine Nuss, die in ihrer Schale heranwächst. [Tochter, 21 Monate]

Ich habe die letzten zwei Jahre so oft an mir gezweifelt. Jetzt habe ich das Gefühl, das zwischen uns ein unglaublich großes Vertrauen herrscht. [Sohn, 24 Monate]

Anfangs machen Mütter sich häufig Sorgen und fühlen sich für alles verantwortlich. Die hier zitierten Mütter stellten fest, wie vernünftig ihre Babys waren, als sie sie mit der Zeit besser kennenlernten. Sie verlangten einfach, was sie brauchten. Es *war* tatsächlich möglich, ihnen zu vertrauen. Das steht häufig im Widerspruch zu dem, was in der Kinderbetreuung Mode ist. Momentan herrscht die Ansicht vor, dass Eltern ihren Kindern das Schlafen beibringen müssen. In anderen Generationen ging es hauptsächlich darum, dass die Kinder zu einem bestimmten Zeitpunkt feste Nahrung zu sich nehmen mussten. Und in manchen Generationen waren viele Fachleute von der Sauberkeitserziehung besessen. Wahrscheinlich wird immer irgendjemand behaupten, dass Babys etwas anerzogen werden muss, was Menschen früher oder später von allein lernen können.

Dies wird zur selbsterfüllenden Prophezeiung. Wenn ein Kind unaufhörlich zu etwas gedrängt wird, übernimmt seine Mutter für eben diese Fähigkeit die Verantwortung, und ihr Kind wird sich folglich wahrscheinlich darauf verlassen, dass sie die Verantwortung trägt. Das wiederum »überzeugt« sie davon, dass es ohne sie niemals diese Fähigkeit erlernt hätte. Dagegen machen Mütter, die lernen, wann sie ihren Kindern vertrauen können, die wertvolle Entdeckung: Kinder sind individuell. Sie wollen selbst unabhängig werden und brauchen keinen Druck von außen. Sie erreichen zu ganz unterschiedlichen Zeitpunkten bestimmte Meilensteine. »Das Gras wächst nicht schneller, wenn man daran zieht«, wie uns ein afrikanisches Sprichwort warnt.

Eine Mutter, die ihrem Baby vertraut, traut sich *selbst* zu, ihm zu vertrauen. Plötzlich lernt die weltgewandte Frau, die das schnelllebige Großstadtleben zu beherrschen glaubt, eine langsamere Lebensart kennen, die sowohl älter als auch naturverbundener ist. Sie stellt eine harmonischere Form des Zusammenlebens dar, in der Menschen respektvoll miteinander umgehen. Sobald eine Mutter merkt, dass sie sich zutrauen kann, ihrem Kind zu vertrauen, verspürt sie eine ganz neue Ruhe.

Dies muss die mütterliche Gelassenheit sein, deren Schönheit Künstler der Renaissance in Gemälden und Skulpturen einzufangen suchten. Allerdings scheinen nur wenige Mütter damit geboren zu sein oder permanent über diese Eigenschaft zu verfügen. Dieses harmonische Gleichgewicht ist ein vorübergehender Zustand, der sich völlig unerwartet einzustellen und genauso zu verschwinden scheint, um sich zu einem späteren Zeitpunkt wieder zu erneuern.

Wenn die Mutter müde und verschwitzt ist, fühlt sie sich Lichtjahre von Raffaels *Madonna* entfernt. Mit einem kleinen Baby fehlt den meisten Müttern die Zeit, sich Gedanken über ihr Aussehen zu machen. Häufig fällt der Kommentar, dass sie nicht mehr versuchen, »irgendwen zu beeindrucken«. Manche Mütter legen Wert darauf, jeden Tag zu duschen, die Haare zu waschen und sich zu schminken; allerdings tun sie dies für sich selbst, wie sie versichern. Andere stellen erleichtert fest, nicht mehr den Druck gesellschaftlicher Erwartungen zu verspüren.

> Früher bin ich nicht ohne Lippenstift aus dem Haus gegangen. [Sohn, 2 Monate]

> Meine Prioritäten haben sich rasant verändert. Vor der Geburt war mir meine Frisur wahnsinnig wichtig. Letzte Woche begleitete mich dann meine Schwester zum Frisör, um meinen Sohn zu halten, und ich wurde gefragt, ob ich einen Pony wolle. Das wäre früher eine *Riesenentscheidung* für mich gewesen, aber plötzlich war es mir ganz egal! [Sohn, 2 Monate]

> Den Leuten auf der Straße, die so viel Wert auf ihr Äußeres legen, will ich zurufen: »Warum macht ihr euch die Mühe?« Ich will nicht arrogant klingen, aber ich habe das Gefühl, ich bin darüber hinweg. [Sohn, 6 Monate]

Manchmal wird Müttern unterstellt, jegliches Interesse an ihrem Äußeren verloren zu haben und sich »gehen zu lassen«. Das mag auf einige Mütter zutreffen. Der inoffizielle Dressco-

de für Mütter scheint schlicht aus T-Shirts und Jeans zu bestehen. Die weichen fließenden Musselinkleider wie jene, die
die Mütter in Mary Cassatts Gemälden tragen, sind aus der
Mode gekommen. Schließlich handelt es sich um eine Generation von Frauen, die dazu erzogen wurde, in der Berufswelt
Männern die Stirn zu bieten. Wenig überraschend also, dass
ihre Kleidung geschlechtsneutral ist. Ihr Gesichtsausdruck ist
es allerdings nicht. Als Mütter können sie sich nicht mehr den
Anschein kühler und distanzierter Eleganz geben, auf die
heutzutage so viel Wert gelegt wird. Stattdessen leuchten ihre
Gesichter vor Wärme und Zärtlichkeit. Vielleicht würde Mary
Cassatt sie letztendlich doch wiedererkennen. Mir scheint,
dass die heutigen Mütter gerade deshalb so unglaublich weib-
lich wirken, *weil* sie sich so schlicht kleiden.

Das Muttersein ist zweifellos der Höhepunkt unserer sexuellen Entwicklung. Dies ist es, worauf die ganzen Veränderungen in der Pubertät, in der uns Brüste wuchsen und wir unsere erste Periode hatten, hinausliefen. Als Mütter haben wir
die sexuelle Fruchtbarkeit erreicht. Manche Mütter scheinen
dies zu spüren, die Mehrheit dagegen offenbar nicht. Die meisten Mütter entschuldigen sich für ihr Äußeres, als müssten sie
makellose Erscheinungen in staubfreien Wohnungen abgeben.
Zu diesem Thema komme ich aber noch im nächsten Kapitel.
Es fällt auf, wie selten Mütter sich schön und begehrenswert
fühlen, wenn sie so erhitzt und zerzaust auftreten. Gelegentlich unternimmt eine Mutter ein paar zaghafte Schritte, um
sich in eine für sie unbekannte Richtung zu entwickeln.

> Als Kind war ich eher jungenhaft. Meistens spielte ich
> mit Jungen, und wenn ich mit Mädchen spielte, dann
> war ich immer die Burschikose. In der Schule wurde ich
> dazu ermutigt, mich mit den Jungen zu messen und zu
> zeigen, dass ich in einer Männerwelt bestehen konnte.
> Als ich schwanger war, hatte ich Angst davor, ein
> Mädchen zu bekommen, weil ich glaubte, ihr kein Vor-

bild sein zu können. Doch als Mutter fühle ich mich jetzt zum ersten Mal in der Lage, meine unterdrückte weibliche Seite auszuleben. Ich habe sogar neulich einen Rock angezogen, was ich fast nie tue. Ich fühle mich – irgendwie *erleichtert!* [Sohn, 2 Monate]

Eine junge Mutter sehnt sich vielleicht danach, solche tief greifenden Veränderungen einer anderen Frau anzuvertrauen. Ihre alten FreundInnen sind jetzt wichtig. Sie können der Mutter Halt geben, weil sie wissen, wie diese vor der Geburt ihres Babys war. Sie helfen der Mutter, sich an ihr »altes Ich« zu erinnern. Wenn eine Frau Mutter wird, fügt das der Freundschaft allerdings häufig eine unerwartete Dimension hinzu.

Als mich ein Freund fragte »Wie geht es *dir?*«, brach ich in Tränen aus. Ich bin nicht mehr mein unerschütterliches, unverwundbares Selbst. Daran muss ich mich erst gewöhnen. [Tochter, 4 Wochen]

Meine Freundin kann kein Baby bekommen. Ich hatte Angst davor, sie wiederzusehen; aber ich wollte unsere gute Freundschaft nicht aufgeben. Am Ende traf ich sie, und sie und mein Sohn verstanden sich großartig. Ich war so erleichtert. [Sohn, 5 Monate]

Ich glaube, die Leute halten mich für stärker, als ich tatsächlich bin, und bieten mir deshalb keine Hilfe an. Wenn Leute bei mir klingeln, reiße ich mich zusammen, sodass sie nicht merken, wie niedergeschlagen ich eben noch war. Mir ist jetzt klar geworden, dass es an mir ist, sie um Hilfe zu bitten. [Sohn, 5 Monate]

Nicht alle Freundschaften bleiben bestehen. Mit der Geburt des Babys entwickelt man häufig eine starke Überzeugung,

dass die eigenen Erziehungsmethoden die richtigen sind.
Wenn Mütter Frauen kontaktieren, mit denen sie einst eine
enge Freundschaft verband, müssen sie manchmal feststellen,
dass sie einander fremd geworden sind. Beide Seiten haben
das Gefühl, sich mit ihren Haltungen unversöhnlich gegen-
überzustehen.

> Ich war gestern Abend mit einer langjährigen Freundin
> essen, aber ich glaube, unsere Freundschaft ist vorbei.
> Mit treuherzigem Blick erzählte sie mir, wie sie ihr vier-
> monatiges Baby schreien lassen und sich am Fuß der
> Treppe gezwungen hatte, nicht hochzugehen. »Ich *musste*
> das tun. Ich wollte mein Leben zurück«, sagte sie. »Wir
> können nicht alle so sein wie *du*.« Ich lag fast die ganze
> Nacht wach und dachte darüber nach, was ich hätte ent-
> gegnen können. Ich war so aufgewühlt. [Sohn, 14 Mo-
> nate]

Eine Frau hat gewöhnlich sowohl Bekannte als auch einige
gute FreundInnen. Doch just wenn sie sie am meisten braucht,
wird ihr bewusst, wie viele von ihnen den ganzen Tag arbeiten. Einige ihrer FreundInnen haben vielleicht entschieden,
keine oder erst später Kinder zu bekommen. Andere sind
möglicherweise zwar schon Eltern, allerdings wieder berufstätig und haben nur wenig Zeit zu reden. Das großartige all-
gegenwärtige Netzwerk, das Frauen sowohl flexiblen als auch
zuverlässigen und effektiven Beistand gewährte, scheint sich
an den Arbeitsplatz verlagert zu haben.[144] Junge Mütter schil-
derten mir fast unter Tränen die Weihnachtsfeiern im Büro, zu
denen sie nicht mehr eingeladen wurden.[145] Sie werden vielleicht auf der Straße von Müttern aus der Gegend angesprochen, als wären sie einem informellen Club beigetreten. Es ist
jedoch etwas anderes, einem Netzwerk von Menschen anzugehören, das täglich zusammenkommt. Zu wem gehört sie
nun?

Es fällt mir sehr schwer, Zweisamkeit und Geselligkeit auszubalancieren. Ich muss genug Zeit allein mit meinem Sohn verbringen und ihn kennenlernen. Aber wenn wir stundenlang nur aufeinanderhocken, bis sein Vater zurückkommt, ist das zuviel. [Sohn, 3 Monate]

Es war ein herrlicher Tag, deshalb ging ich mit meiner Tochter in den Park. Dort begegnete ich dauernd kleinen Gruppen von Müttern, die alle so glücklich schienen. Plötzlich war ich selbst ganz unglücklich. Ich sah mich von außen als Mutter, die *allein* im Park spazieren geht. [Tochter, 3 Monate]

Was mir in diesem Jahr wirklich geholfen hat, war, mich mit anderen Müttern anzufreunden. Anfangs war ich eher zurückgezogen und fühlte mich niemandem so richtig zugehörig. Doch dann merkte ich, wie aufgeschlossen und großzügig die anderen waren. Das half mir, selbst auch aufgeschlossener und großzügiger zu sein und viele Frauen zu finden, mit denen ich reden kann. [Sohn, 12 Monate]

Solche solidarischen Kontakte zu anderen Müttern sind von entscheidender Bedeutung. Sie drehen sich eher um die praktischen Seiten der Kinderbetreuung als um so etwas Persönliches wie die Identitätssuche der Mutter. Doch wenigstens kann die Mutter hier Verständnis, Bestätigung und Trost finden. Es werden unausgesprochene Verhaltensregeln festgelegt, so zum Beispiel, ob die Mütter Dinge teilen und einander ausleihen oder wie spät sie einander anrufen dürfen, wenn sie sich Sorgen machen. Es ist kein Geheimnis, dass eine Mutter in Bezug auf ihr eigenes Kind leicht panisch wird, bei einem anderen jedoch einen kühlen Kopf bewahren kann. Diese flexiblen Müttergruppen sind so warm und solidarisch wie eh und je. Eine Mutter lernt den Wert von Frauensolidarität oft ganz neu schätzen.

Zu den Hauptthemen solcher Mütterrunden gehört der Gesundheitszustand des Babys. Viele junge Mütter haben sich noch nie in ihrem Leben Gedanken um die Gesundheit eines Kindes gemacht. Plötzlich sehen sie sich damit konfrontiert, besonders mit der komplexen Impfthematik. Nur wenige Mütter sind entsprechend ausgebildet. Alle paar Jahre tauchen neue Wahlmöglichkeiten auf, die Laien vor die Frage stellen, auf wessen Urteil sie vertrauen können. Mütter informieren sich so gut sie können, doch häufig fehlen die Fakten, auf deren Grundlage sie eine fundierte Entscheidung treffen können. Immer wieder müssen sie trotz unvermeidlicher Unwissenheit schwierige Entscheidungen treffen – Entscheidungen, für die sie verantwortlich sein werden und die unvorhersehbare Folgen für ihre geliebten Kinder haben können. Das ist unglaublich schwer. Dazu kommen die alltäglichen Gesundheitsfragen. Manche Mütter holen mehrmals wöchentlich eine ärztliche Meinung ein. Ein Arzt oder eine Ärztin kann zumindest beurteilen, ob sie sich Sorgen machen müssen.

> Mein Sohn hatte einen Ausschlag. Sein Gesicht war ganz rot, aufgequollen, und er schrie. Es war furchtbar. Ich glaube, ich bin zu sensibel, um Mutter zu sein. [Sohn, 8 Wochen]

> Ich habe Literatur pro und contra das Impfen gelesen. Die Argumente haben mich ganz nervös gemacht. Beide Alternativen scheinen gefährlich. [Tochter, 2 Monate]

> Ich bin zwar Krankenpflegerin, doch als mein Sohn letzte Woche krank war, konnte ich nicht sein Fieber messen. Ich traute meinem eigenen Urteil nicht. Ich ging mit ihm ins Krankenhaus und sagte zur Ärztin: »*Sie* müssen das machen!« [Sohn, 4 Monate]

Mein Sohn war einen Monat lang ziemlich krank. Es fällt mir so schwer, mich um ihn zu kümmern, wenn er krank ist. Ich stelle mir dann ständig vor, wie er stirbt. Vor seiner Geburt war ich quasi ein kleines Mädchen, das ständig andere um Hilfe bat, obwohl ich fast vierzig bin. Durch ihn bin ich gereift. [Sohn, 15 Monate]

Eine Mutter mit körperlicher Behinderung schilderte, wie morgens ihr Duschsitz zusammengebrochen war, »fast auf das Baby«. Wie nebenbei erwähnte sie, dass sie selbst sich nicht mehr bewegen konnte, weil sie völlig eingeklemmt war. Sie stand immer noch unter Schock und konnte nicht aufhören, sich auszumalen, was ihrem Sohn hätte passieren können. Ich fragte sie drei Mal, ob bei ihr selbst alles in Ordnung war. Sie reagierte überhaupt nicht auf meine Frage.

Es ist wirklich ein Jammer, dass diese Einstellung als »Sorgen machen« abgewertet wird. Denn wenn das Kind krank ist, können sich alle Gedanken der Mutter über seine Sicherheit und Gesundheit als lebensnotwendig herausstellen. Früher wandten sich die Mitglieder eines Haushalts an die Mutter, so wie wir heute Ärzte und Ärztinnen konsultieren. »Es war die Hausherrin, auf die alle Augen gerichtet waren, wenn im Haus oder auf dem Bauernhof ein Unfall passierte, wenn in der Kinderstube oder Küche fieberhafte Infekte ausbrachen oder jemand unter Schüttelfrost oder epileptischen Anfällen litt«, so Christina Hole in *The English Housewife in the Seventeenth Century*.[146]

Ich hielt das zuerst für ferne Vergangenheit. Mütter merken jedoch, dass das nicht so ist. Oft sind sie wie damals ganz auf sich gestellt. Bei kleinen Kindern kann es schnell zu einem Notfall kommen. Vielleicht ist weder der Kinderarzt oder die Kinderärztin sofort verfügbar, noch hat die Mutter Zeit, die Symptome im Internet nachzulesen. Dann muss sie nach bestem Wissen und Gewissen handeln, wie Mütter es schon immer getan haben. Hier erweisen sich all die früheren Krisen, bei denen andere sie dafür kritisierten, »immer so ein Theater um das Baby« zu machen, als wertvolle Erfahrungen und helfen ihr, im Rahmen ihrer Möglichkeiten auf die neue Situation zu reagieren.

Wenn das Baby zum Kleinkind heranwächst, vertraut seine Mutter vielleicht mehr auf sein unmittelbares Überleben. Doch sie fängt an, sich Gedanken über seine Zukunft zu machen.

> Ich war krank und fühle mich immer noch etwas geschwächt und niedergeschlagen. Ich musste weinen, als ich an all die Schmerzen dachte, die mein Sohn in seinem Leben noch wird durchstehen müssen. Niemandem bleiben Schmerzen erspart. [Sohn, 10 Monate]

> Direkt vor unserer Haustür wurde ein Mann von einem Auto überfahren. Plötzlich fing ich an, mir darüber Sorgen zu machen, was meinem Sohn alles zustoßen könnte. Es war erdrückend. Ich konnte nicht lange darüber nachdenken. [Sohn, 12 Monate]

Sie sorgt sich nicht nur um ihr Baby. Ihr Baby ist von *ihr* abhängig. Wenn ihr das bewusst wird, tauchen ganz neue Ängste auf. Mütter machen sich zwangsläufig Gedanken darüber, was aus ihrem Baby wird, wenn ihre eigene Gesundheit sie im Stich lässt. Gedichte und Tagebücher von Müttern aus vergangenen Jahrhunderten zeigen uns, dass ihre eigene Gesundheit immer einen hohen Stellenwert hatte. Heutzutage stehen die Chancen, dass die Frau die Entbindung überlebt, sehr gut. Bevor sie Mutter wurde, hat sie vielleicht kaum einen Gedanken an die eigene Sterblichkeit verschwendet. Ein Baby kann dieses Thema jedoch in den Vordergrund rücken.

> Als mein Sohn geboren wurde, hatte ich auf einmal furchtbare Angst davor zu sterben. Mir wurde schlagartig bewusst, wie schrecklich das für *ihn* wäre. [Sohn, 5 Monate]

Diese Sorgen werden häufig als morbid abgetan, doch die Mütter stellen sich nur der Realität. Typischerweise vergegenwärtigen sie sich eine ganze Reihe beängstigender Szenarien. Diese im Kopf durchzuspielen scheint eine Form der Vorbereitung zu sein, sollten sie sich je damit befassen müssen.

Mütter verbringen viel Zeit damit, sich Gedanken über die Zukunft zu machen. Besonders stillende Mütter können Stunden mit ihrem schlafenden Baby im Arm dasitzen. Ihre Augen wandern unzählige Male über seinen Körper. Wer ist diese einzigartige und sensible kleine Person? Ihre Neugier lässt sie detaillierte Beobachtungen machen. Diese können mindestens ebenso phänomenologisch wie die Daten aus der psychologischen Forschung sein. Die wenigsten Mütter haben einen Abschluss in Kinderpsychologie und schildern ihre Ansichten vielleicht sehr zurückhaltend. Doch wenn sie ihre genauen Beobachtungen und Einblicke mitteilen, sind diese oft überraschend.

> Als Psychologin fallen mir Dinge bei meinem Baby auf, die dem widersprechen, was ich im Studium gelernt habe. [Tochter, 6 Wochen]

> *Mutter:* Mein Sohn wacht nachts auf und denkt ans Krabbeln. *Ich:* Woher weißt du das? *Mutter:* Er geht auf die Knie und schaukelt sich vor und zurück. [Sohn, 5 Monate]

> Warum berühren alle Babys einander am Kopf? Das scheint universell zu sein. [Sohn, 7 Monate]

> Ich glaube, ein Kind kann einen nicht ansehen, wenn es ungezogen ist. Wenn mein Sohn unsicher ist, sieht er mich an. Aber wenn er *weiß,* dass er etwas tut, das ich ihm nicht erlaube, sieht er mich nicht an. [Sohn, 14 Monate]

Indem sie ihr Baby kennenlernt, lernt die Mutter auch sich selbst besser kennen. Sie ist ein wesentlicher Bestandteil der Interaktion.

> Ich weiß noch, wie ich meinen Sohn ansah und dachte: »Geht's dir gut?« Dann überlegte ich: »Nein, das ist doch Quatsch. Ich denke, dass es *mir* nur gut gehen kann, wenn es *ihm* gut geht.« Also habe ich das Ganze umgedreht. Und es funktioniert. Wenn es *mir* gut geht, lässt er sich davon anstecken, und es geht ihm auch gut. [Sohn, 6 Monate]

> Wenn ich schlechte Laune habe, ist mein Sohn unglücklich, mein Partner unglücklich, die Katze unglücklich, meine *Pflanzen* sind unglücklich; aber wenn ich glücklich bin, geht's allen gut. [Sohn, 14 Monate]

> Ich habe gelernt, in mich hineinzuhorchen. Oft *verschlimmern* meine Gefühle ein Problem noch. Als mein Sohn vier Monate alt war, starb mein Vater. Das machte mir sehr zu schaffen, und ich weinte viel. Mein Sohn verweigerte acht Stunden lang meine Brust. Ich legte ihn an, doch er drehte sich einfach weg. Im Nachhinein wurde mir klar, dass er sensibel auf meine Stimmung reagierte. [Sohn, 2 Jahre; Tochter, 4 Monate]

Babys können verblüffend sensibel für die Gefühle ihrer Mütter sein. Sie sind nicht distanziert oder neutral, sondern oft sehr warmherzig. Viele Mütter spielen selbstkritisch ihre Leistungen herunter. Durch ihr Baby lernt sie das Gefühl kennen, voll und ganz von einem anderen Menschen angenommen zu werden. Ihr Baby kann ihr dabei helfen, ihre eigenen wahrhaft guten Seiten zu erkennen und wertzuschätzen.

Auf Außenstehende mag das allzu sehr nach Innenschau klingen. Befassen sich Mütter nicht ohnehin zu intensiv und zu ängstlich mit ihrem Baby? Machen sie nicht aus jeder Mücke einen Elefanten? Man hört förmlich die Ungeduld in Dr. John Cobbs Anweisung an Mütter: »Widmen Sie sich jeden Tag einer babyfreien Sache. [...] Selbst wenn Sie nur eine halbe Stunde in ein anderes Leben eintauchen – reißen Sie sich wenigstens einmal von dem Baby und ihrem Alltag los und genießen Sie eine Ebene ihres Lebens, die nichts mit Mutterschaft zu tun hat.«[147]

Dr. Cobbs Reaktion ist zwar nachvollziehbar, aber seine Wortwahl zeigt, wie falsch er die enorme Veränderung einschätzt, die Mütter durchmachen. Vielleicht widmet sie sich »einer babyfreien Sache«, dennoch fällt es ihr schwer, sich zu konzentrieren. Die Mutter wird nicht immer ausschließlich mit ihrem Baby beschäftigt sein, doch in dieser Anfangsphase lernt sie ihr Baby erst kennen. Ihr gesamtes Bemutterungssystem nimmt allmählich Form an. Dr. Cobb war indes nicht der Einzige, der diese intensive Auseinandersetzung absurd fand. Tschechow schuf mit der Natascha in *Drei Schwestern* eine Parodie solch einer Mutter. Natascha taucht immer wieder auf der Bühne auf, ohne jedoch Notiz von dem Familiendrama um sie herum zu nehmen, weil sie nur Augen für ihr Baby Bobik hat.[148]

Tschechow ist ein großartiger Schriftsteller, dessen Natascha Generationen von ZuschauerInnen zum Lachen gebracht hat. Doch wird er Müttern damit gerecht? Können Mütter wirklich zu sehr in ihre Babys vertieft und zu blind ihrer Umwelt gegenüber sein? Wir brauchen ihnen nur zuzuhören. Die Sorge um ihr Baby verstärkt gewöhnlich ihr Bewusstsein für die Verletzlichkeit aller Menschen. Anstatt ihre Augen vor der

Außenwelt zu verschließen, sind Mütter häufig extrem sensibel für gesellschaftliche Missstände.

> Wenn ich die Obdachlosen auf der Straße sehe, denke ich: »Sie waren auch mal *Babys*.« Dann frage ich mich, wer wohl ihre Eltern waren. [Sohn, 8 Wochen]

> Ich ging mit meiner Tochter in die Anne-Frank-Ausstellung zu einer Diskussion. Das nahm mich sehr mit, und zwar nicht nur, weil meine Tochter jüdische Wurzeln hat. Mit ihr auf dem Arm klang das Ganze einfach anders. [Tochter, 11 Wochen]

> Ich habe mich als Mutter sehr verändert. Ich bin viel entschlossener und zielbewusster. Wenn ich morgens aufwache, denke ich darüber nach, wie ich für meinen Sohn die Welt verbessern kann. Früher waren meine Vorstellungen eher verschwommen, doch jetzt sind sie ganz klar. [Sohn, 9 Monate]

Diese Gefühle bedürfen einer Erklärung. Sie treten möglicherweise nicht bei großen und abstrakten Themen auf. Da die Mutter sich einem bestimmten Baby widmet, sieht sie die Welt auf einer sehr persönlichen Ebene. Verallgemeinerungen erscheinen ihr unglaubwürdig. Stattdessen konzentrieren sich Mütter eher auf bestimmte Formen der Ungerechtigkeit. Ihr Baby hilft ihnen, die Gesellschaft aus einer anderen Perspektive zu betrachten und ein stärkeres Bewusstsein für die Verletzlichkeit Einzelner zu entwickeln.

Mütter können ein Misstrauen gegenüber hohen Idealen entwickeln. Schließlich hat das Muttersein sehr viel damit zu tun, auf den Boden der Tatsachen zurückzukommen. Die meisten werdenden Mütter haben neun Monate Zeit, sich darüber Gedanken zu machen, was für eine Mutter sie sein wollen. Die meisten von uns fassen edle Vorsätze, um geduldig mit unseren Kindern zu sein und ihnen Dinge zu geben, die wir selbst nicht hatten. Als Mutter wird man jedoch bald von allzu heldenhaften Zielen kuriert. Wir lernen unsere Lektionen, was möglich ist und was nicht.

> Bevor mein Sohn geboren wurde, kaufte ich ein paar herrliche Stoffe zum Nähen. Ich wollte Brot backen. Ich dachte, man kann sein Baby einfach ablegen und so viel erledigen. Aber ich schaffe es gerade mal, mich anzuziehen! [Sohn, 5 Wochen]

> Mit meinem Sohn geht es mir wie mit einem neuen Kleid, das ich nicht anziehen will, damit es nicht schmutzig wird. Doch leider kann ich ihn nicht für immer sicher verpackt in einem Schrank aufbewahren. [Sohn, 3 Monate]

> Ich habe längere Zeit getrauert – einmal um die natürliche Geburt, die ich nicht hatte, und zum andern um das Stillen, das mir nicht gelang. Erst hatte ich einen Kaiserschnitt und dann bekam ich eine Anämie, sodass ich eine Bluttransfusion brauchte. Ich hatte einfach nicht genug Milch. Aber langsam fange ich an, das Muttersein zu genießen. [Sohn, 4 Monate]

> Ich habe die neun Monate vor ihrer Geburt versucht, mich in die perfekte Gefühlslage zu versetzen. Aber sie muss mich wohl einfach nehmen, wie ich bin. [Tochter, 6 Monate]

Ein zweites Baby kann diese Erkenntnis verdeutlichen.

> Bei meinem ersten Baby »wusste« ich, dass ich schwanger bin, und erlebte alle Veränderungen bewusst. Jetzt muss ich meine Arbeit und die Betreuung meines Sohns

miteinander vereinbaren. Außerdem ist mein Vater krank, sodass ich überhaupt keine Zeit habe, an das Baby zu *denken*. Es läuft einfach so nebenher. [Sohn, 15 Monate; im 5. Monat schwanger]

Mir ist klar geworden, dass es nicht den einen richtigen Weg gibt. Bei meinem ersten Kind musste ich ständig Grundsatzentscheidungen treffen. Jetzt bin ich viel entspannter und gestehe mir auch mal zu, Fehler zu machen. [Tochter, 2 Jahre; Tochter, 3 Monate]

Aussagen wie letztere hießen jedoch offenbar nicht, dass Mütter immer mit sich im Reinen sind, ganz gleich, was sie tun. Viele Mütter scheinen sehr viel Zeit darauf zu verwenden, sowohl ihr Handeln als auch ihren moralischen Einfluss kritisch zu überdenken. Die meisten werdenden Mütter fürchten sich insgeheim davor, eine schreckliche Mutter zu werden. Diese Ängste sind selten begründet. Was geschieht jedoch, wenn sie eines ihrer Grundprinzipien verrät? Sie kann nicht so tun, als sei nichts geschehen.

Es gibt angemessene und unangemessene Schuldgefühle. Man muss schon sehr selbstzufrieden sein, wenn man diese überhaupt nicht kennt. [Tochter, 7 Monate]

Man kann sehr viel aus seinen Fehlern lernen. Man muss sich diese nur bewusst machen. [Sohn, 13 Monate]

Die meisten von uns unterschätzen, wie viel Energie eine Mutter die ständige Selbstbeherrschung kostet. Die Versuchung, ihrer Ungeduld nachzugeben und ihren Frust an ihrem Kind auszulassen, ist oft groß. Genauer gesagt ist es einfacher, Ärger gegenüber einem Neugeborenen als falsch zu erkennen. Doch je älter und lebhafter das Kind wird, desto eher kann es einem ebenbürtig erscheinen. Nur allzu leicht könnte die Mutter übersehen, wie jung es noch ist und wie sehr ihre Wut es verletzen würde. Mütter erhalten nicht die Anerkennung, die sie dafür verdienen, sich tagein, tagaus in Selbstbeherrschung zu üben.

> Mein Sohn verpasste mir neulich einen Kopfstoß, dass ich fast bewusstlos wurde. Es tat echt weh. Da ich sonst ziemlich impulsiv bin, war ich wirklich von mir überrascht, dass ich nicht zuschlug. Ich *kenne* ihn ja. Es war ein Unfall. Es war nicht seine Schuld. Er wollte mir nicht wehtun. [Sohn, 8 Monate]

> Ich stand mit dem Auto im Stau, und meine Tochter schrie. Ich musste pinkeln und dachte: »Ich kann nicht anhalten, sonst mache ich mir in die Hose.« Ich hielt ihr Geschrei nicht aus. Ich wurde so wütend, dass ich Angst bekam, ich würde ihr wehtun. Schließlich kurbelte ich das Fenster runter und schrie nach draußen: »Halt endlich die KLAPPE!« Der Mann im Auto neben mir sah mich komisch an. Ich fühlte mich zwar etwas besser, aber meine Tochter hatte von meinem Geschrei Angst bekommen und wimmerte den ganzen Heimweg über. Anscheinend können Babys ihre Gefühle rauslassen, wenn sie sauer werden, aber wir dürfen das nicht tun. [Tochter, 9 Monate]

> Ich wurde wütend auf meinen Sohn, und dann bekam ich einen Heulanfall. Er hatte es geschafft, meine Waschmaschine zwei Stunden lang im Trocknungsmodus laufen zu lassen. Darin waren die einzigen Jeans, die mir passten, und ein Pulli, den meine Mutter gestrickt hatte. Beide sind eingelaufen. Es war nicht seine Schuld, bloß seine natürliche Neugier. Ich war trotzdem wütend und traurig, ich konnte nicht anders. [Sohn, 11 Monate]

Dass die Mutter lernen muss, ihr Temperament zu zügeln, mag ihr schwerfallen; doch es zeigt, dass sie nicht unbedingt zu Hause mit ihrem Baby »festsitzt« und »auf der Stelle tritt«. Der Umgang mit ihrem Baby motiviert sie, sich auf verschiedenen Ebenen weiterzuentwickeln.

Genauso wenig ist sie vom Rest der Gesellschaft isoliert. Manche Leute sind der Meinung, dass eine nicht berufstätige Mutter irgendwie außerhalb der Gesellschaft steht und keine soziale Funktion hat. Doch ihre soziale Funktion ist genau umrissen. Da kein spezielles Wort dafür existiert, erkennen Mütter diese vielleicht nicht. Sie sind sich häufig nicht nur nicht bewusst, wie oft sie diese Funktion erfüllen, sondern merken ebenso wenig, wie oft sie sich fragen, ob sie dies gut genug tun. Sie sind Vermittlerinnen. Sie beziehen sich sowohl auf ihre Kinder als auch auf andere Leute. Oft müssen sie ihren Kindern mit einfachen Worten subtile gesellschaftliche Sachverhalte erklären. Nicht selten werden sie wiederum anderen Erwachsenen das Verhalten ihrer Kinder erklären und manchmal ihnen gegenüber entschuldigen müssen.

Mütter tun dies ständig. Hier ein Zitat einer Mutter mit ihren Zwillingstöchtern vor einem Café im Park Hampstead Heath. Erst hörte ich sie einer Frau namens Maggie die Gefühle einer ihrer Töchter erklären, und dann versuchte sie, dem Mädchen ihre Unterhaltung mit Maggie zu erklären.

> Meine Tochter möchte deinem Hund Hallo sagen. Sie hat Angst vor Hunden, aber versucht auf ihre Art, sie zu überwinden. Komm her, Schatz, *braver* Hund, so ist brav, so ist brav! Alles klar, Maggie, wir sehen uns später auf dem Spielplatz. Mach's gut, bis später! O Schatz, Schatz, so ein Jammer! Ja, ich weiß, der Hund ist weg. Der Hund ist mit Maggie gegangen. Das ist in Ordnung, wir sehen den Hund später beim Spielplatz. Wir sagen dem Hund wieder Hallo. Ja, das machen wir. Oh, du Arme, wie schade, dass der Hund weg ist! Kommt, wir

packen schnell alles zusammen und gehen zum Spielplatz. [Zwillingstöchter, etwa 2 Jahre]

Mütter geraten häufig in diese Position. Sie erfordert Beobachtungsgabe, Sensibilität und Taktgefühl. Ein schnelles Reaktionsvermögen hilft, Missverständnisse zu bemerken, und ein klarer Kopf, diese zu beheben.

> Als Mutter wird man *durchlässig*. Ich hätte mir nie träumen lassen, dass ich so sensibel dafür sein könnte, wie andere auf mich und mein Kind reagieren. [Tochter, 7 Monate]

Manchmal sind Geduld, Sensibilität und Taktgefühl jedoch dahin. Eine Mutter, die überrascht von ihrer Geduld ihrem Kind gegenüber ist, macht häufig die nicht minder überraschende Erfahrung heftiger Wut auf andere Menschen, wenn sie ihr Kind verteidigen will. Viele Mütter berichten, dass sie solche Gefühlsausbrüche nie für möglich gehalten hätten.

> Ich bin bestimmter geworden. Die kleinen unwichtigen Dinge fallen weg. Ich habe sogar meinem Vater gesagt, was ich von ihm halte. Vor der Geburt meines Kindes war ich sein Liebling! [Sohn, 9 Monate]

> Ich bugsierte gerade meinen Sohn im Buggy in den Bus, als plötzlich zwei ältere Damen aus dem Nichts auftauchten und anfingen, mich zur Seite zu schubsen. Mein Sohn landete fast auf der Straße. Es war völlig irre. Ich wurde richtig wütend und versperrte ihnen mit den Armen den Weg. Das hätte ich vor einem Jahr niemals gewagt. [Sohn, 10 Monate]

Mütter bekommen manchmal zu hören, dass es ihnen guttäte, etwas ohne ihr Baby zu unternehmen, um mal eine Pause von der ganzen Betreuungsarbeit und Verantwortung zu machen. Das ist zwar nett gemeint, doch während des ersten Lebensjahres des Babys nicht immer praktikabel. Im neunten Kapitel habe ich gezeigt, wie stark das Bindungsgefühl vonseiten der Mutter sein kann. Wenn sie ohne ihr Baby ausgeht, nimmt sie sich oft weiterhin intensiv als Mutter wahr.

> Ich ging mit einer Freundin in eine Bar. Es war das erste Mal, dass ich ohne meine Tochter draußen war. Erst nach einer halben Stunde schaffte ich es wirklich, meiner Freundin zuzuhören – so sehr war ich mit dem Baby beschäftigt. Und sie wies mich darauf hin, dass uns ein paar Typen anhimmelten. Das war mir überhaupt nicht aufgefallen. Ich bin nicht zu haben. Ich bin *Mutter!*
> [Tochter, 7 Wochen]

> Als meine Tochter noch jünger war, war ich mit einer Freundin unterwegs und sagte zu ihr: »Ich muss jetzt zurück. Sie schreit.« Dann hörte ich erst, was ich da sagte. Ich war selbst überrascht. *Woher* hätte ich wissen können, dass sie schrie? Aber als wir zu mir nach Hause gingen, schrie sie tatsächlich. [Tochter, 7 Monate]

> Ich ging in eine Eisenwarenhandlung und fühlte mich ohne meine Tochter ganz merkwürdig. Am Ende kaufte ich von allem das Falsche: die falsche Farbe, den falschen Farbentferner und die falschen Pinsel. [Tochter, 7 Monate]

Genau dann, wenn eine Mutter versucht, eine Brücke zwischen ihren beiden Welten zu schlagen, wird ihr ihre eigene Entwicklung bewusst. Sie mag viele ihrer früheren Vorstellungen überdacht haben. Ihr Lebenstempo ist vielleicht langsamer, und sie hält sich für praktischer, bodenständiger und eher in der Lage, sich auf die Dinge zu konzentrieren, die ihr wichtig erscheinen. Ihr Arbeitgeber oder ihre Arbeitgeberin mag dem keine Aufmerksamkeit oder Wertschätzung entgegenbringen. Jean Baker Miller vertritt in ihrem Buch *Die Stärke weiblicher Schwäche: Zu einem neuen Verständnis der Frau* die Ansicht, dass Mütter neue Fähigkeiten entwickeln, die ihnen auch als Arbeitnehmerinnen sehr zugutekommen.[149] Doch nur selten scheint ihr alter Arbeitgeber oder ihre alte Arbeitgeberin sie als *Mutter* willkommen zu heißen. Sehr viele Mütter haben den Eindruck einer unüberbrückbaren Kluft zwischen dem Muttersein und der, wie es eine Mutter formulierte, »schroffen und präzisen Arbeitswelt«.

> Ich musste zu einer Besprechung bei meinem alten Job. Ich war völlig überfordert. Es war, als würden meine beiden Leben aufeinanderprallen. Ich konnte sie nicht miteinander in Verbindung bringen. Es war wirklich überwältigend. [Sohn, 4 Monate]

> Ich habe mein Selbstbewusstsein völlig verloren. Das hat das Muttersein bei mir bewirkt. Wenn ich an mein altes Leben denke – ich habe unter anderem geschauspielert – das könnte ich überhaupt nicht mehr! [Tochter, 6 Monate] *Sie lag allerdings falsch. Kurz darauf bekam sie die Rolle einer Mutter in einem Theaterstück, was der Anfang einer steilen Karriere war.*

> Ich ging für ein paar Wochen wieder arbeiten, nachdem ich vier Jahre lang ausschließlich Mutter gewesen war. Ich arbeite mit vielen Geräten, die ich alle schnell aufbaute. Die anderen gingen es dagegen ganz gemächlich an und fragten mich, ob ich einen Kaffee wolle. Dann – ich konnte es nicht fassen – beschlossen sie, dass sie alle rausgehen könnten, um was zu trinken. Mein Chef hat drei Kinder unter fünf Jahren, und ich wette, dass seine Frau zu Hause von ihm denkt, er arbeite hart. Ich dach-

te früher, ich würde hart arbeiten. Aber jetzt, wo ich Mutter bin, kommt mir die Arbeit unglaublich entspannt und leicht vor. [Sohn, 4 Jahre; Tochter, 1 Jahr]

Ein wesentlicher Unterschied besteht darin, dass im Beruf meistens zu vereinbarten Terminen und Zeiten gearbeitet wird. Das langsame Leben mit einem Baby wirkt dagegen eher von einem Rhythmus denn von einer Uhr bestimmt.

> Früher liebte ich meine Arbeit. Jetzt ist es nicht mehr das Gleiche. Ich sehe meine Klienten eine Stunde lang, und zwar in einem Zimmer, das nur am Ende des Flurs liegt. Aber wenn die Stunde zu Ende ist, sehne ich mich schon verzweifelt danach, meinen Sohn in den Arm zu nehmen. Es hat sich etwas verändert. Ich brauche eine halbe Stunde, um wieder runterzukommen und ganz bei ihm zu sein. Ich denke immer, dass es doch nur eine Stunde Arbeit ist und ich mich nicht so aufregen sollte. Aber schon am Vorabend »klinke« ich mich aus. Ich denke: »Ich sollte mir meine Kleidung zurechtlegen und früh ins Bett gehen. Ich *arbeite* morgen. Also bin ich nicht ganz bei meinem Sohn. Und dieser Tag kehrt nie wieder. Ich hoffe zwar, in ein paar Jahren noch ein Baby zu bekommen. Aber noch ein Baby ist ein anderes Baby, nicht er. Das Leben mit einem Baby verläuft in Wellen, wie das Meer. [Sie deutet mit ihrer Hand Wellenbewegungen an.] Und die Arbeit ist ganz ... [Sie macht mit ihrer Hand hackende Bewegungen.] [Sohn, 6 Monate]

Auch diese Veränderung ist natürlich nicht permanent. Das Mutterwerden verleidet einer Frau nicht ihre Arbeit für den Rest ihres Lebens. Viele Mütter schildern Momente des »Auftauchens«. Sie scheinen ihre sanftere Gemütslage abzulegen, um mit neuer Kraft an ihre Arbeit zurückzukehren. Das ist offenbar dann der Fall, wenn ihr Kind in ihren Augen ein bestimmtes Maß an Selbstständigkeit erreicht hat. Mütter, die nicht wieder an die Arbeit zurückkehren wollen, scheinen dagegen zu spüren, dass ihre Kinder sie brauchen. Wir sollten nicht davon ausgehen, dass sie sich neurotisch an ihre Mutterrolle klammern. Sie gehören einer Generation an, für die es selbstverständlich ist, arbeiten zu gehen. Wenn sie sich wieder für ihren Beruf bereit fühlen, klingt oft ihre Begeisterung durch.

> Ich arbeite ein paar Stunden die Woche. Das macht ungeheuer viel aus. Es ist, als würde ich aus einer Blase auftauchen. Es ist ein völlig anderer Blickwinkel. [Tochter, 7 Monate]

> Ich habe das Gefühl, dass mein Sohn jetzt eine richtige Persönlichkeit ist. Er ist anders als ich. Und zum ersten Mal seit seiner Geburt denke ich nicht ständig nur an ihn. Ich habe angefangen, über mich nachzudenken und darüber, was ich mit meinem Leben anfangen will. [Sohn, 9 Monate]

Mütter, die bereit sind, wieder ihrem Beruf nachzugehen, haben seit dem anfänglichen Schock, Mutter eines Neugeborenen zu sein, einen weiten Weg zurückgelegt.

> Jede Woche sage ich mir: »Jetzt ist es besser«. Nächste Woche werde ich das bestimmt wieder sagen. [Tochter, 4 Monate]

> Es ist, als würde man nach einer Krankheit feststellen: »Jetzt geht es mir *viel* besser.« Einen Monat später wird einem klar, dass es einem selbst da noch nicht wirklich besser ging. So ist das Muttersein. Ich habe das Gefühl, es ist jetzt viel einfacher. Aber wir entwickeln uns wahrscheinlich weiter, und dann sage ich wieder das Gleiche. [Sohn, 11 Monate] *Und genau so war es auch.*

Zu dieser Veränderung gehört auch, ihre neue Identität zu akzeptieren. Oberflächlich betrachtet ist sie eine Mutter geworden, was eine unleugbare Tatsache sein sollte. Doch daran muss sie sich erst gewöhnen.

> Meine Mutter kam mit mir ins Krankenhaus, als mein Sohn geboren wurde. Kurz vor seiner Geburt hörte ich eine Ärztin sagen: »Heben wir die Mutter auf das Entbindungsbett.« Das klingt jetzt zwar komisch, aber ich dachte: »Warum wollen sie meine *Mutter* auf das Entbindungsbett heben?« Ich sah mich selbst nicht als Mutter. [Sohn, 4 Monate]

> Ich fühle mich noch gar nicht als Mutter. Dann höre ich mich selbst sagen: »Tut mir leid, Liebling, Mama wechselt dir jetzt die Windel. Ich weiß, dass du das nicht magst. So eine dumme Mama, dass sie so was mit dir macht!«, und ich stutze. Irgendwie bin ich *doch* ihre Mama. [Tochter, 3 Monate]

> Das Mutterwerden kommt mir wie ein Traum vor. Ich kann kaum glauben, dass ich es bin. Jetzt sagt meine Tochter »Mama!«, und langsam dringt es auch zu mir durch, dass sie nicht *meine* Mutter meint. Sie meint *mich!* [Tochter, 16 Monate]

Wenn Mütter jetzt auf ihr Leben vor der Geburt ihres Babys zurückblicken, wirkt es weit entfernt und unwirklich.

> Wenn ich jetzt zurückblicke, weiß ich nicht mehr, was ich vor seiner Geburt an den Wochenenden getan habe. [Sohn, 4 Monate]

Ich habe keine Ahnung, wie ich mal war. Was habe ich eigentlich abends gemacht, bevor meine Tochter geboren wurde? Ich muss so viel Zeit gehabt haben. [Tochter, 12 Monate]

Das Ganze ist nicht mit einem Gedächtnisverlust zu erklären. Mütter ändern sich so grundlegend, dass es ihnen schwerfällt, sich an die Frauen zu erinnern, die sie einst waren.

Es ist, als würde man sich häuten. Ich bin völlig verblüfft, wer ich jetzt bin. [Sohn, 7 Wochen]

Ich liebe meinen Beruf und dachte immer, dass ich kein Kind will. Doch in dem Moment, als meine Tochter geboren wurde, dachte ich: »Das hier ist das wahre Ich. [Tochter, 5 Monate]

Ich bin dadurch ein netterer Mensch geworden. Jetzt bin ich anderen Leuten gegenüber viel verständnisvoller. [Tochter, 10 Monate]

Ich fühle mich erfüllt. Ich wollte mich meiner Tochter zwei Wochen lang widmen und mich dann selbstständig machen, wovon ich schon länger träume. Ich habe allerdings noch nicht damit angefangen. Als Mutter denkt man ganz anders, und wie ich gemerkt habe, hilft es zu akzeptieren, dass diese Veränderung das ganze Leben betrifft. [Tochter, 13 Monate]

Es klingt paradox, dass eine Mutter am Anfang ihrer Entwicklung das Gefühl haben kann, sie verliere sich selbst in ihrem neuen Leben mit dem Baby. Doch nur wenige Monate später wird ihr oft bewusst, dass sie sich selbst besser kennengelernt hat.

Die letzten vier Monate waren die schönsten meines Lebens. Ich habe noch nie so ein tiefes Glücksgefühl verspürt. [Sohn, 4 Monate]

Ich bekam oft zu hören, dass ich keinen Sinn für Humor habe. Ich weiß nicht. Als ich jünger war, schien es nicht viel zum Lachen zu geben. Aber jetzt lache ich jeden Tag. Meine Tochter bringt mich zum Lachen. Wir haben solchen *Spaß* zusammen. [Tochter, 9 Monate]

Wenn ich allein wäre, würde ich nicht singen. Ich würde wahrscheinlich auch nicht durch das Haus tanzen und »Oh, du bist ein *hübsches* Baby« trällern. [Sohn, 11 Monate]

Ich bin so gerne mit meinem Sohn zusammen. Seit seiner Geburt habe ich so viel gelacht wie sonst nie in meinem Leben. Jeden Tag macht er etwas Neues, und ich liebe ihn so sehr. [Sohn, 11 Monate]

Ich habe schon in allen möglichen Jobs gearbeitet, und ich habe sie gern gemacht. Aber Muttersein ist das Erste, das ich von Herzen mache. Ich bin zwar nicht perfekt, aber ich habe das Gefühl, ich gebe mein Bestes. Ich bin so *dankbar,* dass es das Muttersein gibt und ich die Chance habe, auf diese Weise zu arbeiten. [Sohn, 2 Jahre; Sohn, 6 Wochen]

Ich würde diese Veränderung gerne zusammenfassen, doch mir fehlen die richtigen Worte. Immer, wenn ich mit einer Gruppe von Müttern zusammensitze, scheint alles so offensichtlich, dass es keiner weiteren Erklärungen bedarf. Zu Hause an meinem Schreibtisch sieht es dagegen ganz anders aus.

Einzig der Gedanke an die negativen Kommentare, die über die Erfahrungen des Mutterseins veröffentlicht wurden, macht mich wütend und mitteilsam. Da ist beispielsweise das Buch der Psychiaterin und Psychotherapeutin Jane Price mit dem Titel *Motherhood: What It Does to Your Mind*. Das neunte Kapitel heißt »Die vernichtenden Folgen der Mutterschaft«.[150] Es findet sich kein ausgleichendes Kapitel zu den vorteilhaften Folgen der Mutterschaft auf die Haltung und den Verstand der Frau. Ein unfassbares Versäumnis.

Babys und Kinder sind hochintelligent. Es ist ihre Aufgabe, nichts, aber auch *gar nichts* als selbstverständlich zu betrachten. Der Versuch, mit ihren Gedankengängen mitzuhalten, ist für unseren Verstand von großem Vorteil. »Die Natur spricht mit tausend Stimmen, und wir haben eben erst begonnen zuzuhören«, so Ilya Prigogine und Isabelle Stengers in *Order out of Chaos*.[151] Mütter hingegen haben bestimmt nicht »eben erst begonnen zuzuhören«. Mütter, die ihre Babys genau beobachten, haben schon Jahrtausende vor den heutigen ChaosforscherInnen Strukturen im Chaos erkannt. Wenn die Kinder älter werden, stellen sie ihre Mütter vor die erstaunlichsten Fragen zu den Themen Technik, Spiritualität (besonders das Leben nach dem Tod), Semantik, Moralphilosophie – zu allem. Das muss bedeuten, dass wir unseren Verstand nicht abstumpfen lassen. Wir *benutzen* ihn.

> *Kind:* Mama, warum ist die Stufe [aus Beton] so platt? Macht das eine Walze?
> *Mutter:* Ja. Nein, ich weiß es nicht. Ich kann das nicht erklären. *Warum* ist sie so platt? Mein Sohn stellt mir ständig Fragen, die ich nicht beantworten kann. [Sohn, 3 Jahre]

Die Weisheit, die uns unsere Kinder vermitteln, ist die, dass wir nicht über lexikalisches Wissen verfügen müssen. Wir müssen nicht perfekt sein. Die Mutter nahm die Frage ihres Kindes ernst und gab ihm eine ehrliche Antwort. Als ich hinter den beiden die Stufen hinunterging, sah ich, wie völlig entspannt und zufrieden der Junge war. Ich spürte seine warmherzige Zuneigung für seine Mutter. In seinen Augen war sie perfekt genug.

Das ist ein kleiner Einblick in ein aufregendes Feld. Es gibt noch so viel mehr zu sagen. Wir können jedoch mit Sicherheit anerkennen, dass ein Baby zu haben *keinesfalls* bedeutet, dass eine Frau »auf der Stelle tritt« oder »zu Hause festsitzt« und »stumpfsinnigen« Tätigkeiten nachgeht. Der Umgang mit ihrem Baby bietet endlose Möglichkeiten, sich weiterzuentwickeln.

Außerdem ändern sich mit ihrer eigenen Veränderung auch ihre Beziehungen zu anderen Menschen. Jungen Müttern zufolge sind dies besonders häufig die zum Vater ihres Babys und zu ihrer eigenen Mutter. Ich werde beide in den nächsten zwei Kapiteln untersuchen.

ELFTES KAPITEL

Meinen Partner angiften

Viele Frauen berichten, erst im Nachhinein erkannt zu haben,
wie wenig sie auf das Muttersein vorbereitet waren. Gilt das
auch für Männer? Nachdem der Soziologe Brian Jackson einhundert Väter nach der Geburt ihres ersten Kindes befragt
hatte, resümiert er: »Es war atemberaubend, wie völlig realitätsfern ihre Vorbereitung auf das Elternsein war.«[152] Was passiert bloß, wenn solch ein unvorbereitetes Paar sein erstes Baby bekommt?

Dank meiner Gespräche mit Müttern und deren Schilderungen war es mir möglich, einige allgemeine Schlüsse zu ziehen. Mit diesem Kapitel möchte ich einen kleinen Einblick in
ein komplexes Thema geben. Die Unterhaltungen unter Müttern sind naturgemäß parteiisch, da die Väter nicht anwesend
sind, um ihre Sicht der Dinge zu schildern. In der Geborgenheit
der Gesprächsrunde machen viele Mütter intensiven negativen
Gefühlen Luft. Gelegentlich fügen sie hinzu: »Das ist natürlich
nur ein Teil des Ganzen.« Diese Einschränkung gilt auch für
das folgende Kapitel. Ich bin mir sicher, dass viele Mütter davon ausgehen, dass ihre Liebe zu ihrem Partner von ihren
Zuhörerinnen nicht infrage gestellt wird. An Liebe scheint es
nicht zu mangeln, deshalb wird sie selten thematisiert.

Viele Mütter beschreiben, wie nah sie sich ihrem Partner
vor der Geburt ihres ersten Kindes fühlten und welch zärtliche
Gefühle sie hegten. Sie sahen in dem erwarteten Baby eine
natürliche Bestätigung ihrer Liebe. Außerdem waren viele
Schwangere schon vor der Geburt ihres ersten Kindes von mütterlichen Gefühlen beseelt, mit denen sie dann ihren Partner
überschütteten. Aufmerksamkeit heischende Schlagzeilen wie
beispielsweise »EIN BABY KANN IHRE EHE RUINIEREN«
schockierten sie. Bestimmt würde ihre Liebe, mit der sie ihr
Baby gezeugt hatten, durch eben dieses Baby nur noch stärker.

Nach der Geburt entdecken die Paare jedoch bald, wie dürftig ihre Vorbereitung ist. Während eines Hausbesuchs, den ich als Stillberaterin unternahm, drückte der Vater die Lage sehr klar aus:

> *Vater:* Wir waren sehr gut auf die Geburt vorbereitet. Wir hatten alles Mögliche gelesen, einen Geburtsvorbereitungskurs besucht und alle Eventualitäten miteinander besprochen. Aber wir hatten nicht umgeblättert und das nächste Kapitel bedacht. Die Realität hat uns plötzlich eingeholt. [Tochter, 1 Woche]

Der Vater redete von »wir« und »uns«. In den kommenden Wochen würde er höchstwahrscheinlich eher »ich« und »sie« sagen. Häufig fühlt sich das Paar, als würde es getrennte Wege gehen. So unglaublich das scheinen mag, kann das gemeinsame Kind sie eher trennen, als in Liebe vereinen. Manche haben ein Baby schon mit einem Keil verglichen, der das Paar auseinandertreibt. Es ist jedoch zu einfach, dem Baby die Schuld zu geben. Es stimmt zwar, dass sich die Beziehung anders anfühlt. Allerdings lässt sich das Ganze auch anders erklären. Nur wenige Eltern erwähnen die einschneidende Veränderung, die damit einhergeht, wenn sich eine Paarbeziehung plötzlich in eine Dreierbeziehung verwandelt. Die Entdeckung, wie stark die Präsenz eines Neugeborenen ist, kommt häufig überraschend. Es handelt sich eindeutig um eine Person, die vom Augenblick ihrer Geburt an Beachtung fordert.

Eine Paarbeziehung ist etwas völlig anderes als eine Dreierbeziehung. Eine Paarbeziehung zeichnet sich durch eine ausgewogene Symmetrie aus, wohingegen die asymmetrische Dreierbeziehung komplex ist. Mit ihrem Kind haben beide Eltern eine Verwandtschaftsbeziehung, miteinander dagegen eine Liebesbeziehung auf freiwilliger Basis. Dazu kommt, dass die Dreierbeziehung als drei Einzelpersonen figurieren kann, desgleichen als Dreiergruppe oder als drei Zweiergruppen (Mutter-Vater, Mutter-Kind und Vater-Kind). Mit weiteren Kindern nimmt die Komplexität zwar zu, doch die Veränderung ist nicht mehr so grundlegend wie die einer Zweier- in eine Dreierbeziehung. Das muss keinen »Keil« in die Partnerschaft treiben. Doch sie verändert sich mit Sicherheit.

Jungen Eltern ist dieser Wandel häufig nicht bewusst. Da sie sich gewöhnlich auf praktische Dinge konzentrieren, bewegen sie sich gedanklich oft noch monatelang in ihrem Zweiersystem. In diesem ist die »andere« Person von besonderer Wichtigkeit, während es in einer Dreierbeziehung *zwei* andere Menschen sind. Häufig hält der junge Vater weiter an der alten Paarbeziehung fest, wie sie vor der Geburt des Babys existierte, während die junge Mutter ein exklusives Paarverhältnis mit ihrem Baby eingeht, das ihren Partner ausschließt. In dieser Situation kann sich leicht der oder die eine von dem oder der anderen zurückgesetzt fühlen.

Das Ganze ist deshalb so verwirrend, weil die Mutter meistens versucht, dem Neugeborenen in ihrem Bewusstsein genug Raum zu geben (siehe Seiten 244 bis 250). Vor der Geburt könnte der Vater selbst in den Genuss dieser gesteigerten Aufmerksamkeit gekommen sein. Seine schwangere Partnerin hat ihn vielleicht mit ihren mütterlichen Gefühlen überschüttet und seinen Wünschen viel Aufmerksamkeit geschenkt. Mit der Geburt des Babys fühlt sich der Vater dann oft unsanft und für ihn unerklärlich abgeschoben. Plötzlich scheint das Baby »seinen« besonderen Platz zu besetzen. Anstatt dass die Eltern gemeinsam versuchen, die neue und einzigartige Position des Vaters in diesem Dreieck herauszufinden, sehen möglicherweise beide im Vater denjenigen, der mit seinem Baby um Zuneigung konkurriert.

> Mein Partner kam auf mich zu, um mich zu küssen, aber ich sah nur dieses pockennarbige faltige Gesicht. Daran erkennt man meinen Bezugspunkt. Ich bin völlig ver-

narrt in meinen Sohn. Ich habe das Gefühl, ich hätte einen Mann in meinem Leben gegen einen anderen ausgetauscht. [Sohn, 2 Monate]

Vor der Geburt standen wir uns so nah. Jetzt gehört meine ganze Liebe ihr. Mein Partner geht leer aus. [Tochter, 6 Monate]

Manchmal sagt mein Partner: »Oh, das hast du *früher* immer gekocht.« Früher habe ich öfter ihm zuliebe etwas gekocht. Wenn ich jetzt koche, dann für meinen Sohn. [Sohn, 12 Monate]

Wenn sich die Mutter und ihr Partner nur über die Struktur ihrer Beziehung im Klaren wären, könnten sie vielleicht sinnvolle Kompromisse eingehen. Schließlich gehen Paare allerlei ähnliche Kompromisse ein. Zum Beispiel mag sich eine stillende Mutter entscheiden, ihr Baby bei sich im Bett schlafen zu lassen. Das ist eine sichtbare Veränderung. Der Vater kann sehen, was die Mutter entschieden hat. Er kann die Entscheidung hinterfragen, sich daran gewöhnen oder die neue Situation sogar genießen. Manche Väter kuscheln sich dazu, während andere sich dafür entscheiden, ungestört auf dem Sofa zu schlafen. Das Problem kann jedoch nicht gelöst werden, bevor es nicht *identifiziert* worden ist. Den Müttern zufolge begreifen viele Partner die enge Mutter-Baby-Beziehung als persönlichen Affront. Dieses Missverständnis löst sich nicht unbedingt in den ersten Monaten auf.

Ich glaube, bei meinem Partner ist die Veränderung nicht angekommen. Für mich ist unsere Tochter der Mittelpunkt unseres Lebens. Für ihn ist sie immer noch eine Ergänzung. [Tochter, 7 Monate]

Vor einiger Zeit waren ich und mein Partner im Kino. Auf der Fahrt zurück erzählte er mir eine Geschichte, und wir stritten uns fast, weil ich nicht zuhören konnte. Ich wollte nur schnell ... *sie bewegt die Arme, als würde sie rennen* ... zu unserer Tochter zurück. [Tochter, 8 Monate]

Mein Mann beschwert sich immer darüber, dass ich, wenn er mir gerade etwas erzählen will, mich beim geringsten Geräusch unseres Sohnes nach ihm umdrehe. Aber ich *muss* nachsehen, ob es dem Kleinen gut geht. [Sohn, 14 Monate]

Das ist bestimmt nicht einfach für den Vater. Anfangs glaubt er vielleicht, dass nur seine Partnerin ihrem Baby nahesteht und er selbst nicht. Doch das Baby hat schon der Stimme seines Vaters gelauscht, als es noch im Bauch war. Es gibt viele Gründe, aus denen der Vater sich seinem Neugeborenen verbunden fühlen kann. Diese sind jedoch den Wenigsten bewusst. »In unserer Kultur«, so Ursula Owen, »ist die Mutterschaft eine Aufgabe – die Vaterschaft ist ein Hobby«.[153] Es ist durchaus möglich, dass die Väter früherer Generationen ihre Kinder nur in ihrer Freizeit gesehen haben. Heutzutage streben Väter jedoch eine viel aktivere Rolle an. Der Psychologe Charlie Lewis, der eine Forschungsstudie an Vätern durchführte, schrieb, dass »die Erfahrung von Vaterschaft meistens als sehr intensiv wahrgenommen wird«.[154] Wenn der Vater also seine Vorreiterrolle einnimmt, kann er durchaus Schwierigkeiten haben, sich diese anzueignen.

Ein junger Vater mag sich ungeliebt fühlen. Er arbeitet vielleicht tagsüber und kommt abends müde nach Hause, an einen Ort, den er zweifelsohne mit Erholung assoziiert. Er ist sich nicht bewusst, dass sich seine Partnerin ihrem Baby gegenüber stundenlang in Liebe, Geduld und Selbstbeherrschung geübt hat, ohne die Anteilnahme und Bestätigung einer weiteren erwachsenen Person. Vielleicht ist sie mit sich unzufrieden, weil sie den ganzen Tag »nichts getan« hat. Sie ist zwar froh, ihren Partner zu sehen, auf einer anderen Ebene erscheint er ihr jedoch wie der personifizierte Vorwurf. Er kehrt aus der »Arbeitswelt« zurück, der sie einst beide angehörten. Er hat einen ganzen Tag hinter sich, an dem er »etwas« getan hat. Viele Frauen sind erstaunt, wie viel Zorn sie ihrem Partner gegenüber verspüren können. Der Partner dagegen ist sich keiner Schuld bewusst und versteht nicht, womit er diesen Empfang verdient hat.

> Ich zähle die Minuten, bis mein Partner nach Hause kommt. Aber sobald er da ist, falle ich über ihn her: »Hol mir was zu Essen! *SOFORT!*« Jetzt, wo ich es erzähle, wird mir klar, dass ich das Gleiche mit ihm mache, was unsere Tochter den ganzen Tag mit mir macht. Ich gebe es weiter. Ich will von meinem Partner bemuttert werden. [Tochter, 5 Wochen]

> Mein Partner gehört der Arbeitswelt an. Er kommt erst nach halb sechs nach Hause und will sich hinfläzen und entspannen. Aber jetzt, wo ich Mutter bin, gibt es für mich kein halb sechs mehr! [Sohn, 4 Monate]

> *Mutter 1:* Ich war so wütend auf meinen Partner, dass ich mit dem Messer auf ihn losgegangen bin. Er macht Karriere. Er hat keine Ahnung, was ich mache. [Sohn, 2 Monate]
> *Mutter 2:* Sex auf dem Sofa, Essen auf dem Tisch und anregende Unterhaltung? [Sohn, 4 Monate]
> *Mutter 1:* Genau!

> Ich beneide meinen Partner. Er steht auf, duscht und zieht seinen Anzug an. Und dann geht er. Ich kann das nicht. [Sohn, 7 Monate]

Wie schon beschrieben, muss eine Mutter viel über ihr Baby lernen. In Momenten der Angst steht ihr vielleicht nicht mehr das traditionelle Netzwerk weiblicher Unterstützung tröstend zur Seite. Der Mangel an Worten, die Anerkennung dafür ausdrücken, wie gut sie diese unbekannte Situation meistert, könnte ihr vermitteln, dass sie eigentlich besser zurechtkommen sollte. Sie hat vom »Trotzalter« und pubertärem Verhalten gehört. Doch nun versagt sie schon beim »einfachen« Teil, bei der Betreuung eines winzigen Babys. Viele Mütter geben zu, ihr Gefühl der Unzulänglichkeit an ihrem Partner auszulassen.

Wenn unser Sohn schreit, scheint sich mein Selbstvertrauen zu verabschieden, und ich schreie meinen Partner an. [Sohn, 3 Monate]

Wir haben uns heute Morgen gestritten, weil mein Partner mir vorwarf, ich sei schroff gewesen. Ich sagte: »Ich weiß, dass ich schroff war. Ich kann nichts dafür. Ich mache mir Sorgen um unsere Tochter.« [Tochter, 4 Monate]

Unsere Tochter ist gestern Nacht ständig aufgewacht, und als ich heute Morgen aufwachte, wollte ich meinen Partner *umbringen*. [Tochter, 7 Monate]

Wenn unsere Tochter nicht zu schreien aufhört und ich es nicht schaffe, sie zu beruhigen, will ich meinen Partner einfach angiften. [Tochter, 14 Monate]

Oft sind Mütter von der Intensität ihrer Gefühle schockiert. Vielleicht ist an den Schlagzeilen doch etwas dran? Besonders kompliziert wird es, wenn ein Paar seine Erschöpfung und Gereiztheit als Dauerzustand anstatt als Übergangsstadium betrachtet. Viele Mütter beruhigt es, untereinander Erfahrungen auszutauschen. Dadurch nehmen sie der Situation das Bedrohliche und können über sich selbst lachen.

> Ich bin ein neuer Mensch, und mein Partner ist ein neuer Mensch. Ich wünschte, diese beiden neuen Menschen hätten Zeit, einander kennenzulernen. [Sohn, 6 Monate]

> Männern fällt es schwer, sich ans Vatersein zu gewöhnen – aber darüber redet keiner, und sie bekommen keine Unterstützung. [9 Monate]

> Ich weiß natürlich, dass mein Partner genauso müde ist. Ich sehe ja, dass er alles gibt, um uns finanziell abzusichern. Ich wünschte, ich könnte mir das Gemecker verkneifen. [Sohn, 11 Monate]

Junge Eltern entschuldigen sich häufig untereinander für ihre Wutausbrüche. In vielen Fällen besteht ihr eigentliches Problem darin, dass sie sich noch nicht an die neue Dreierkonstellation gewöhnt haben. Nicht selten verharren sie in diesem Zustand, weil den müden Eltern mit ihrem angekratzten Selbstbewusstsein die Energie fehlen kann, sich auf etwas Neues einzulassen. Sich anzuschreien fällt dagegen leichter.

Viele Paare versuchen, ihren Ärger in Gegenwart ihres sensiblen Babys im Zaum zu halten, allerdings reduziert dies die Gelegenheiten, sich auszusprechen. Auch der letzte Ausweg, die Flucht aus der gemeinsamen Wohnung, würde nun dieser neuen und unschuldigen kleinen Person wehtun.

> Ich hatte mich heftig mit meinem Partner gestritten. Nachdem er zur Arbeit gegangen war, wollte ich am liebsten abhauen und ihm einen Zettel mit den Worten »BIN IN PARIS« hinterlassen. Dann sah ich meine Tochter an – und mir wurde plötzlich klar, dass das nicht ging. [Tochter, 7 Monate]

Es ist eine Herausforderung, das Elternsein zu lernen. Vor der
Geburt des Babys wurde das Paar wahrscheinlich mit Herausforderungen fertig, indem es einander Rückhalt gab. Als Eltern sind sie jedoch beide unsicher. Vielleicht fühlt sich keiner
der beiden stark genug, um dem oder der anderen den Rücken
zu stärken. Mutter und Vater können einander leicht Verlet-
zungen zufügen.

> Manche Väter ignorieren ihre Babys. Bei meinem Part-
> ner ist es genau andersherum. Nach der Arbeit stürzt er
> herein, gibt mir einen flüchtigen Kuss auf die Wange und
> sagt dann: »Oh, Schätzchen, Papa ist wieder da!« Unse-
> re Tochter wird richtig geküsst und geknuddelt, und ich
> sitze da und denke: »Mehr bekomme ich nicht?« [Toch-
> ter, 7 Monate]

> Als wir dachten, unsere Tochter hätte Keuchhusten, war
> ich mir sicher, sie würde sterben. Es war ganz furchtbar.
> Aber als wir aus dem Krankenhaus wieder nach Hause
> kamen und die Krise überstanden war, fielen mein Part-
> ner und ich übereinander her. Er schrie mich an: »War-
> um musst du bloß alles so dramatisieren?« Und ich
> schrie zurück: »Warum kannst du nicht etwas mehr Mit-
> gefühl haben?« Und am nächsten Tag redeten wir über
> Scheidung. Es war furchtbar. [Tochter, 8 Monate]

> Mein Partner kommt immer völlig erledigt nach Hause
> und kümmert sich dann zuerst um seine Post und E-
> Mails. Ich *verstehe* das ja. Und ich versuche, mich zu be-
> herrschen, obwohl ich will, dass er sich mir zuwendet.
> Das gelingt mir ungefähr eine Minute lang. Und schon
> rutscht mir etwas Schreckliches heraus, wie beispiels-
> weise, dass ich und unser Sohn für ihn an letzter Stelle
> kommen. Aber er arbeitet so hart, dass ich heulen könn-
> te. Die wenige Zeit, die uns als Paar noch bleibt, ver-

bringen wir damit, einander die Köpfe einzuschlagen.
[Sohn, 12 Monate]

Doch auch das lebhafteste Baby muss irgendwann schlafen.
Können sich seine Eltern dann nicht versöhnen, ins Bett springen und miteinander schlafen? Junge Eltern sind oft überrascht, dass ihr Sexualleben, das sie schließlich in den meisten
Fällen erst zu Eltern gemacht hat, eine weitere Quelle für Missverständnisse geworden ist. Es kann einer Frau manchmal
schwerfallen, sich in ihren Partner hineinzuversetzen oder sich
vorzustellen, warum er ihr so wenig Verständnis entgegenzubringen scheint.

Das Leben des Vaters ändert sich mit der Geburt des Babys
meist nicht radikal. Er geht in der Regel weiter seiner Arbeit
nach. Insbesondere sein Körper ist unverändert. Für ihn gibt
es mehr Kontinuität. Verständlicherweise kann ein Vater im
Sex auch eine Bestärkung der früheren Paarbeziehung sehen.
Müde und desorientiert sehnt er sich nach der Bestätigung
und Befriedigung, die der Geschlechtsverkehr ihm gibt.

Die Mutter dagegen war neun Monate lang schwanger und
hat vor kurzem entbunden. Damit geht eine enorme körperliche Veränderung einher. Manche Frauen haben schon bald
nach der Entbindung wieder Lust auf Sex und sind gereizt,
weil ihr Baby ihnen kaum Gelegenheit dafür lässt. Doch die
Mehrheit der jungen Mütter muss sich nach der Geburt erholen, sowohl körperlich als auch emotional. Viele von ihnen
äußern den Eindruck, sie würden ihren Partner nicht mehr sexuell begehren. Dieses fehlende Verlangen könnte eine Art
Selbstschutz sein, damit Frauen nicht von Lust überwältigt
mit ihrem Partner schlafen, bevor sie sich erholt haben. Manche Frauen haben Angst davor, wieder Sex zu haben – besonders dann, wenn sie nach der Geburt genäht werden mussten.
Typischerweise eskalieren Konflikte dann, wenn das Paar einen Moment der Nähe und Zärtlichkeit erlebt, sodass der Vater vorschlägt oder zeigt, dass er gerne mit seiner Partnerin

schlafen würde. Die Mutter antwortet oder zeigt, dass ihr noch nicht danach ist. Der Vater schließt daraus, dass er sie nicht mehr erregen kann, während sie davon überzeugt ist, dass es ihm nur um sein Vergnügen und nicht um ihr körperliches Wohlbefinden geht.

> Wo ist das Pärchen hin? Mein Partner und ich sind zwar ein gutes Team, was die Kinderbetreuung angeht. Aber das *war's*. Für Romantik bleibt keine Zeit. [Sohn, 5 Monate]

> Wenn ich während einer Unterhaltung das Gefühl bekomme, dass er mich gleich in den Arm nehmen will, habe ich solche Angst vor dem, was danach kommen könnte, dass ich schnell aufspringe, um irgendwas zu holen. Meinem Partner liegt viel mehr an Sex als mir. Aber ich denke auch an all die Mütter, die nach der Geburt ihres Babys von ihrem Mann verlassen wurden. Mir schoss durch den Kopf, dass uns das passieren könnte. Ich möchte nicht so enden. [Sohn, 6 Monate]

> Wenn ich unseren Sohn die ganze Nacht gestillt habe, sehne ich mich nach einer Berührung von meinem Partner, aber keine lustvolle oder reizende Berührung. Die Lust ist verschwunden. Ich schreie ihn an, wenn er das versucht; ich kann nicht anders. Ein fester Griff ist in Ordnung. [Sohn, 9 Monate]

> Mein Sexualtrieb ist völlig dahin. Mein Partner ist sehr verständnisvoll. Er ist nicht wütend. Er spricht es nicht mal mehr an. Aber ich fühle mich schrecklich. Mir ist einfach nicht danach. Jeden Abend denke ich: »Heute Abend mach' ich's.« Aber dann habe ich doch keine Lust. [Tochter, etwa 12 Monate]

> Mein Partner denkt, dass wir nie wieder Sex haben wer-
> den. Ich erkläre ihm dauernd, wir *werden*, wenn ich
> nicht mehr so müde bin. [Sohn, 12 Monate]

Viele Mütter beklagen sich, dass sie »zu müde« für Sex sind.
Der unterbrochene Schlaf erschöpft sie. Wenn man sie über
Sex reden hört, wird jedoch klar, dass sie außerdem verzagt
und verwirrt sind. In traditionelleren Kulturen ist die Mutterschaft ein erstrebenswerter Zustand, auf den eine Frau stolz
sein kann. Eine Mutter gilt als Verkörperung weiblicher Rät-
selhaftigkeit und Schönheit. Demzufolge stärkt die Geburt eine Frau sowohl spirituell als auch körperlich. Das Stillen beweist ihre Fähigkeit, ihr Kind zu ernähren. Während sich also
die Beziehung der Eltern öffnet, um das Baby einzubeziehen,
findet auch eine neue und spannende Entwicklung zwischen
den Eltern statt.

In unserer heutigen westlichen Kultur scheint dies nicht
mehr auf viele Mütter zuzutreffen. Als Mädchen wurden sie
ermutigt, die gleichen Kompetenzen wie Jungen zu entwickeln. Wenn sie Mütter werden, fühlen sie sich nicht schön,
sondern häufig übergewichtig, nicht in Form, müde und un-
gepflegt. Wie soll eine Frau, die einen so negativen Blick auf
ihren veränderten Körper hat, sich selbst respektieren? Wie
soll sie Lust auf Sex haben? Eine Mutter betrachtete das Thema aus feministischer Perspektive:

> An der Art, wie mein Partner mich ansieht, merke ich,
> dass er denkt: »Meine Frau hat dieses Baby geschaffen.«
> Er ist stolz auf etwas, das einfach passiert ist. Und ich
> kann das Spiel mitspielen. Ich sage: »Oh, Schatz, die Si-
> cherung ist durchgebrannt.« Und er fühlt sich geschmei-
> chelt und kümmert sich drum. Wenn ich allein wäre,
> würde ich das natürlich selbst machen. [Sohn, 8 Mona-
> te]

Allerdings hat ihr Partner durchaus Recht, wenn er stolz auf sie ist. Die Entbindung ist teils »etwas, das einfach passiert«, teils aber auch nicht. Es gibt vielerlei Gründe, stolz auf eine Entbindung zu sein. Aus meiner Arbeit als Beraterin weiß ich, dass es auch bei einer schwierigen Geburt meist reichlich Gründe gibt, die der Frau neues Selbstvertrauen schenken und sie erkennen lassen, wie gut sie auf die Herausforderung reagiert hat. Eine Geburt ist ganz alltäglich – und doch jedes Mal ein Wunder. Der Stolz eines Paares auf ihre Initiation in die Elternschaft ist durchaus gerechtfertigt.

Leider empfindet möglicherweise keiner der beiden so, am wenigsten die junge Mutter. In unserer Kultur scheint Reife nicht besonders geschätzt zu werden. Wir hegen endlose Bewunderung für das Neue und Unberührte. Das gilt auch für Sexualität. Eine Mutter sieht eine zurechtgemachte Frau, die noch kein Kind entbunden hat, und hält diese weniger reife Frau aus irgendeinem Grund für erotischer als sich selbst. Die zurechtgemachte Frau gilt als »schön« und deshalb sexuell begehrenswert. Junge Mütter reden häufig über all die Kosmetikprodukte, die sie ihrer Meinung nach anwenden sollten, um »wieder attraktiv« auszusehen. Als Mütter scheinen sie sich *weniger* attraktiv zu fühlen.[155] Es ist herzzerreißend, wie wenige von ihnen sich bewusst sind, dass sie trotz ihrer Müdigkeit und ihrem Mangel an Zeit für Schönheitspflege *schön* sind. Das Ganze scheint weniger ein Problem einzelner Mütter zu sein als vielmehr eine Haltung, die einer ganzen Generation eigen ist. Diese pessimistische Einstellung zur mütterlichen Sexualität trägt sicher zu dem Gefühl bei, »zu müde für Sex« zu sein.

Anders als noch ihre Mütter und Großmütter können die Frauen meistens entspannt und ehrlich über ihr Sexualleben reden. Das ermutigt sie, über sich selbst zu lachen, und manchen wird bewusst, wie gerne sie wieder mit ihrem Partner schlafen möchten.

Ich vermisste den Sex. Deshalb haben wir einen »Verkehrskreisel« organisiert. Du suchst dir Freunde mit einem Baby, zu denen du offen sein kannst. Einen Sonntagnachmittag übernehmen sie dein Baby für anderthalb Stunden, und den nächsten Sonntag nimmst du ihrs. Für uns ist das eine tolle Lösung. Vor der Geburt unseres Sohnes war das immer »unsere« Zeit. Ich hatte das starke Bedürfnis, Sex einen größeren Stellenwert einzuräumen. [Sohn, 3 Monate]

Mein Partner und ich haben gestern Abend ausgiebig gekuschelt. In letzter Zeit hatten wir uns viel gestritten. Es war wichtig, wieder mehr als nur Eltern zu sein. [Sohn, 7 Monate]

Ich komme jetzt sehr schnell. Ich weiß nicht, wie ich es ausdrücken soll. Es ist herrlich. Seit der Entbindung scheint Sex wirklich wirkungsvoll zu sein. [Tochter, 8 Monate]

Allerdings ist Sex definitiv kein Allheilmittel für Mütter. Er kann zu viele Gefühle außen vor lassen. Doch wenn es einem Paar gelingt, über seine Gefühle zu reden, kann sich die Spannung selbst nach heftigen Auseinandersetzungen lösen. Die Eltern fühlen sich einander wieder verbunden. Kommunikation scheint der springende Punkt zu sein.

Wenn ein Vater Verständnis und Anerkennung für seine Partnerin in ihrer neuen Rolle als Mutter äußert, bewegt sie das zutiefst. Werden seine warmherzigen Worte in einem Kreis von Müttern wiederholt, treiben sie manchmal allen Anwesenden Tränen in die Augen. Alle sehnen sich nach dieser Bestätigung. Väter sprechen aus einer einzigartigen Perspektive, und ihr Lob ist lebensnah.

Nachdem mein Partner von einer einwöchigen Auslandsreise zurückgekommen war, sah er, wie zufrieden unser Sohn war. Es war deutlich, dass das mein Verdienst war. Er sagte ein paar wirklich liebe Sachen über mich, die ich *niemals* vergessen werde. Es war großartig. Seine Wertschätzung gab mir so viel Kraft. Plötzlich fühlte ich mich zu allem bereit. [Sohn, 2 Monate]

Mein Partner kümmert sich drei Stunden lang um unsere Tochter und erwartet, dass ich ihn danach lobe. Ich kümmere mich den *ganzen Tag* um sie. Also verlangte ich irgendwann von ihm, dass er mich lobt. Er sagte: »Ich finde, du bist eine wunderbare Mutter.« Ich sagte: »Nein, nein, sag mir *genau,* was ich tue, das du wunderbar findest.« Und jetzt sagt er beispielsweise unaufgefordert mitten in der Nacht, wenn ich mir die Haare raufe: »Ich weiß nicht, wie du das machst. Du hältst sie mit solcher Geduld, dass ich wünschte, du wärst meine Mutter gewesen und ich hätte dein Baby sein können.« Dann bin ich im Himmel. [Tochter, 6 Monate]

Als unser Kind sieben Monate alt war, dachte ich, dass mein Partner eine Affäre hätte. Ich habe seitdem mit vielen meiner Freundinnen darüber gesprochen, und diese misstrauische Reaktion scheint ziemlich häufig zu sein. Er behandelte mich anders als sonst und kam immer sehr spät von der Arbeit. Ich war mir *sicher,* dass da etwas war. Also führten wir einen Abend ein langes Gespräch. Ich sagte ihm, wie anders er mich meiner Ansicht nach behandelte. Ich sagte, dass es vielleicht an der Zeit sei, getrennte Wege zu gehen. Er war sehr überrascht und sagte zu mir: »Wie kommst du bloß auf die Idee, dass ich dich nicht ...?« *Sie wollte offensichtlich mit »liebe« fortfahren. Doch plötzlich wurden die anwesenden Mütter unruhig, als müsse jede von ihnen mit*

den Tränen kämpfen. Die Mutter merkte dies und un-
terbrach sich. Ich hatte den Eindruck, dass dieser Grup-
pe von Müttern, von denen viele Streitigkeiten mit ihrem
Partner geschildert hatten, plötzlich bewusst wurde,
dass die hier beschriebene zugrunde liegende Liebe
wahrscheinlich auch auf ihre eigenen Partner zutraf.
[Sohn, 4 Jahre]

Traurigerweise kann auch das Gegenteil zutreffen:

Neulich machte mein Partner mir Vorwürfe. Es war nur
eine Kleinigkeit. Das Baby hatte eine nasse Hose, was
ich nicht bemerkt hatte. Aber als Mutter ist man so ver-
letzlich. Ich verlor völlig die Fassung, als er mir das sagte. [Tochter, 8 Wochen]

Wenn das so einfach ist, warum überschlagen sich Männer
nicht vor Lob für ihre Partnerinnen? Sicher lässt sich bei jeder
Mutter viel Positives finden. Das Problem sind die fehlenden
Worte, wie ich im ersten Kapitel beschrieben habe. Die meisten Väter arbeiten den ganzen Tag. Bei vielen wächst das Ver-
antwortungsbewusstsein mit jedem neuen Kind, weshalb sie
härter und länger als zuvor arbeiten. Wenn ein Vater so von
seiner Arbeit in Anspruch genommen ist, hat er keine Augen
für das, wofür seine Partnerin Anerkennung verdient. Sie hat
selbst Schwierigkeiten, ihre Arbeit zu erklären. Ihre Leistungen und Fortschritte sind kaum wahrnehmbar und lassen sich
selten mit einem griffigen Wort konkretisieren. Der Alltag der
Mutter mit dem gemeinsamen Baby wirkt oft weit entfernt
von seinem eigenen Alltag. Er kann sich wie ein Fremder
fühlen, wenn er zu ihr nach Hause kommt.

Ich: Glaubst du, dass dein Freund unsicher ist, wenn er
sich um eure Tochter kümmern soll?

Mutter: Das ist so *schade,* weil wir am Anfang beide gleichauf waren. Als sie geboren wurde, nahm er sich drei Wochen frei. Wir haben alles zusammen gemacht. Seit sein Urlaub vorbei ist, muss er wieder sehr lange arbeiten. Er kommt erst um elf Uhr nachts nach Hause. Jetzt bin ich ihm einen Schritt voraus, und er scheint sein Selbstvertrauen völlig verloren zu haben. Er macht Sachen, die wir gewöhnlich *früher* gemacht haben, und ich muss mir den Kommentar »Also, eigentlich machen wir *das* jetzt anders« verkneifen. [Tochter, 7 Wochen]

Mein Partner konnte sich nach der Geburt eine Woche freinehmen, was großartig war. Er fand es toll, dass wir alle drei zusammen waren. Als er wieder arbeiten gehen musste, hatte ich den Eindruck, dass er sich *beraubt* fühlte. [Sohn, 3 Monate]

Vielen Müttern fällt es schwer, ihren Partnern zu erzählen, was sie selbst bei der Betreuung ihres Babys gelernt haben. Väter können sich leicht entmutigt fühlen. Wenn ein junger Vater nur kurze Zeit zu Hause verbringt (abgesehen von den Schlafenszeiten), wirkt seine Partnerin schnell kompetenter als er.

Wenn unsere Tochter schreit, bringt mein Mann sie immer zu mir. [Tochter, 5 Monate]

Mein Partner sagt: »Ich kann ihr das Jäckchen nicht anziehen. Ach, ich geb's auf!« Ich sage: »Du kannst jetzt nicht aufgeben. Ein Arm ist schon im Ärmel. Du musst sie fertig anziehen.« [Tochter, 9 Monate]

Mittwoch war ich bei einem Abendkurs, und mein Partner geriet ziemlich in Panik. Unsere Tochter hat gelernt zu kreischen, und das tat sie eine Stunde lang. Sie schlief, als ich nach Hause kam, aber er war völlig aufgelöst. Er hatte vergessen, ihr Essen anzubieten. Er hatte vergessen, dass ich nur zehn Minuten Fußweg entfernt war. Ihr Schreien ging ihm *so* an die Nieren, dass er überhaupt nicht nachdenken konnte. [Tochter, 9 Monate]

Mein Partner hat zwei Kinder aus einer früheren Ehe. Vor der Geburt unseres Kindes erzählte er mir immer, was für ein erfahrener Vater er sei. Doch nach der Geburt merkte ich ihm nicht viel Erfahrung an. Wenn unser Sohn schrie, war er genauso durcheinander wie ich. Er reichte ihn dann an mich weiter und sagte: »Mach *du* das!« [Sohn, 11 Monate]

Es kann für Mütter verlockend sein, ihren Partner dafür zu kritisieren, dass er noch weniger von Kinderbetreuung versteht als sie selbst. Manchen Müttern ist bewusst, dass sie dieser Verlockung lieber widerstehen sollten.

Es ist schwer, nicht dauernd nachzufragen: »Hast du gemacht, worum ich dich gebeten habe? Hast du es auch *richtig* gemacht?« [Sohn, 3 Monate]

Ich muss mir manchmal auf die Zunge beißen, beispielsweise wenn mein Partner unseren Sohn anzieht und zwei verschiedene Socken genommen hat. Das ist im Grunde nebensächlich. [Sohn, 6 Monate]

Ich habe Mütter oft schildern hören, wie ungern sie ihrem Partner die Betreuung des Babys aufbürden. Sie können sich gut daran erinnern, wie anstrengend ihre eigene Berufstätigkeit war. Die meisten von ihnen glauben, ihren Partner beschützen zu müssen. Gleichzeitig scheint diese vorauseilende Rücksichtnahme ihnen selbst gegenüber nicht fair.

Ich redete auf meinen Partner ein, mit dem Auto zum Bahnhof zu fahren. Danach lief ich zum Bahnhof, um das Auto wieder abzuholen. Dabei dachte ich: »Hey, das sollte ich eigentlich nicht machen. Ich habe gerade ein Frühchen entbunden. Wieso kann er nicht zum Bahnhof laufen?« Aber ich habe das Gefühl, mich um ihn kümmern zu müssen. [Sohn, 4 Wochen]

Wenn unsere Tochter schreit und mein Partner sie nicht trösten kann, sage ich »Ach, gib sie mir!«, weil ich weiß, dass er am nächsten Tag arbeiten muss. Und in dem Moment komme ich mir sehr großzügig vor. Aber wenn er sie mir tatsächlich übergibt und aus dem Zimmer geht, bin ich *unglaublich* verbittert. Und unsere Beziehung geht immer mehr den Bach runter. Es ist nicht bloß mein Baby. Es ist auch *sein* Baby. [Tochter, 8 Wochen]

Wenn Väter sich jedoch an der Betreuung ihres Babys beteiligen, lernen sie dazu, und ihr Selbstvertrauen wächst. Damit will ich nicht für einen wie auch immer gearteten »neuen Mann« werben oder Männern vorschreiben, was sie als gute Väter zu tun haben. Nicht alle Männer fühlen sich bei der Betreuung ihres Babys wohl, und nur sehr wenige Männer scheinen Väter gehabt zu haben, die ihnen in dieser Hinsicht ein Vorbild waren. Es muss eine große Bandbreite an Möglichkeiten geben, wie ein Vater seine Liebe ausdrücken kann. Mütter sind allerdings eindeutig der Ansicht, dass sie als Paar einen ähnlichen Lebensstil pflegten, als beide Geld verdienten. Sie selbst waren Teil der traditionellen »Männerwelt«. Es scheint also nur logisch, dass sie von ihren Partner erwarten, sich in die traditionelle »Frauenwelt« einzubringen.

Wenn mein Partner abends nach Hause kommt, habe ich meiner Meinung nach Vollzeit gearbeitet, um unseren Sohn zu versorgen. Und er hat Vollzeit gearbeitet, um

Geld zu verdienen. Also machen wir halbe-halbe bei der abendlichen Betreuung unseres Kindes. [Sohn, 4 Monate]

Wenn Männer sich an der Babybetreuung beteiligen, bekommen sie langsam eine Vorstellung von deren namenloser Schwierigkeit. Das hilft ihnen, die Arbeit ihrer Partnerin mehr zu schätzen.

> Das Gute an unserem Urlaub ist, dass mein Partner jetzt wirklich versteht, wie anstrengend es ist, sich um ein Baby zu kümmern. Er *sagte* zwar immer, dass er es verstehe, aber er hatte es offensichtlich nicht *wirklich* verstanden. Er sagte zu mir: »Ich dachte, sie beschäftigt sich einfach zwei Stunden lang selbst, während du alles Mögliche erledigen kannst.« Er merkte, dass er nicht an den Strand gehen oder ein Buch lesen konnte, wann er wollte. Oder sie fing an zu schreien, wenn er gerade rausgehen wollte, sodass wir sie erst beruhigen mussten. Jetzt hat er es begriffen. [Tochter, 4 Monate]

Dies mag wieder den Eindruck erwecken, dass die Mitarbeit der Männer die Missverständnisse ausräumen könnte. Doch diese führt manchmal zu neuen Streitpunkten. Viele Mütter gehen davon aus, dass ihre *eigene* Art der Betreuung die »richtige« Art ist, während die Männer häufig ihren eigenen Stil entwickeln. Schließlich sind wir alle unterschiedlich. Jedoch beschweren sich Frauen beispielsweise immer wieder darüber, dass sich Männer scheinbar nur auf eine Sache zur selben Zeit konzentrieren können, wohingegen sie selbst viele Aufgaben gleichzeitig erledigen.

> Mein Mann ist Computertechniker. Er hat keinerlei Erfahrung mit Babys. Ich glaube, er denkt, man müsse nur ein bisschen am Baby herumdoktern, dann finde man schon das Problem heraus und könne es beheben. Aber

unser Sohn schreit weiter. Ich glaube, meinem Mann reicht es nach einer halben Stunde. Er würde ihn wohl gerne in einen Karton packen und zurückschicken. [Sohn, 3 Wochen]

Mein Partner kann abschalten. Ich kann nicht so wie er die Nachrichten gucken. Ein Teil von mir überlegt immer, ob es unserem Kind gerade gut geht. [Tochter, 5 Monate]

Männer sind so anders. Wenn ich nach Hause komme und mein Partner sich um unseren Sohn gekümmert hat, steht das dreckige Geschirr noch herum – und warum hat unser Sohn beide Socken verloren? [Sohn, 10 Monate]

Ich habe das Gefühl, bei meinem Partner fehlt irgendein Chip. Er liebt unseren Sohn, aber er vergisst alles Mögliche. Wenn ich weggehe, muss ich ihm eine Liste dalassen, damit er beispielsweise nicht vergisst, ihn zu füttern. [Sohn, 14 Monate]

Dies scheint jedoch auf einem Missverständnis zu beruhen. Ein Baby braucht nicht zwei Ausgaben ein und derselben Bezugsperson.. Der andersartige Betreuungsstil des Vaters kann für das Kind spannend sein. Oftmals assoziiert das Baby das Essen mit seiner Mutter. Es lässt sich gerne von seinem Vater unterhalten und scheint gewillt, die nächste Mahlzeit bis zur Rückkehr der Mutter aufzuschieben. Deshalb signalisiert es seinem Vater möglicherweise nicht, dass es hungrig ist. Der Vater entwickelt langsam eine entspannte, fröhliche Form der Zweisamkeit mit seinem Kind – und wird plötzlich von seiner besorgten Partnerin attackiert. Es braucht Zeit, bis Eltern bewusst wird, wie unterschiedlich das Baby sich zu den beiden verhält.

Manche Männer reagieren sensibel auf die Bedürfnisse ihrer Babys. Gelegentlich stellen sie damit das labile Selbstbewusstsein der Mutter auf die Probe, wie im folgenden Beispiel. In den meisten Fällen hilft es ihr jedoch, ihn als zuverlässigen und fähigen Vater wertzuschätzen.

Ich fühle mich so unfähig, weil ich unseren Sohn nicht trösten kann. Mein Mann kann ihn viel besser beruhigen als ich. Ich höre schon diese Stimme rufen [sie deutet theatralisch auf ihren eigenen Kopf]: »Niete, *Niete!*« [Sohn, 4 Wochen]

Unsere Tochter litt unter Reflux. Es war furchtbar. Sie schrie ununterbrochen. Ohne meinen Partner hätte ich das nicht durchgestanden. Ich hätte nie gedacht, dass es so laufen könnte. Ich hielt ihn für den Schwächeren und mich für die Starke. Aber nach einem Tag mit dem Baby wollte ich aus dem Fenster springen, während mein Partner ruhig blieb. [Tochter, 4 Monate]

Unsere Tochter wäre in einem Restaurant fast erstickt. Das war der schlimmste Moment meines Lebens. Ich kann nicht so viel darüber erzählen, weil es mich immer noch sehr mitnimmt. Ich dachte wirklich, sie stirbt. Mein Partner war in Amerika. Er ist sehr entspannt, aber an dem Abend versuchte er verzweifelt, uns anzurufen [nachdem sie und ihre Mutter mit dem Baby ins Krankenhaus gefahren waren]. Er hatte geträumt, dass unsere Tochter tot war. Genau das. *Sie fühlte sich ihm aufgrund dieser Geschichte, die ihrer Meinung nach kein bloßer Zufall sein konnte, unbeschreiblich nah.* [Tochter, 6 Monate]

Mein Partner und ich geben unserem Sohn liebend gerne Küsschen. Ich sagte, dass ich so traurig sein werde, wenn er älter wird und nicht mehr geküsst werden will. Mein Partner sagte, dass es ihm ganz genauso gehe. Ich war sehr gerührt, dass wir beide das Gleiche fühlten. [Sohn, 6 Monate]

Mein Partner hat Ideen, auf die ich nie kommen würde. Er bindet unseren Sohn ins Tragetuch, steigt aufs Fahrrad und dreht eine Runde mit ihm. Ich würde mich das nicht trauen. Aber unser Sohn findet es toll. [Sohn, 8 Monate]

Mein Partner schafft es auch ohne meine Hilfe, unseren Sohn ins Bett zu bringen. Kurz vor der Schlafenszeit dreht der Kleine noch mal richtig auf, und mein Partner spielt so ausgelassen mit ihm, dass er danach ganz müde und bereit fürs Bett ist. [Sohn, 14 Monate]

Genau wie das Baby muss auch die Mutter manchmal umsorgt werden. Besonders stillende Mütter können oft nicht so einfach aufstehen, sich Essen holen und Hausarbeiten erledigen, wie sie es vielleicht zuvor getan haben. Die meisten Babys werden gerne auf dem Arm gehalten und getragen. Das heißt, dass die Mutter wahrscheinlich den Großteil des Tages ihr Baby auf dem Arm trägt und alles andere mit der freien Hand zu erledigen versucht. Beidhändige Tätigkeiten werden problematisch. Viele Frauen berichten von ihren Schuldgefühlen, wenn sie abends Ansprüche an ihren Partner stellen.

Wenn mein Partner nach Hause kommt und sich hinsetzt, sieht er unglaublich müde aus. Doch ich fühle mich ganz ausgedörrt, als würde ich verdursten, wenn ich nur noch eine Minute warten müsste [eine typische Erscheinung nach dem Stillen]. Also bitte ich ihn um ein

Glas Wasser. Wenn er es mir gebracht hat, setzt er sich wieder hin, und ich finde es *furchtbar,* ihn wieder hochzuscheuchen. Aber es gibt einfach so viele Dinge, die er erledigen muss. [Sohn, 3 Wochen]

Wenn mein Partner bei der Arbeit ist, ist das für mich ein echtes Problem, er ist nämlich meine Nahrungsquelle. [Tochter, 2 Monate]

Ich wünschte, mein Partner würde verstehen, was ich brauche, ohne dass ich ihn um jede Kleinigkeit bitten muss. Ich kann mich selber rumkommandieren hören: »Machst du bitte *dies?* Machst du bitte *das?*« Und das klingt furchtbar. Nicht, dass es ihm etwas ausmachen würde. Er versteht es nur nicht. [Tochter, 9 Monate]

Eine weitere Veränderung in der Beziehung betrifft das Geld. Die meisten Frauen haben heutzutage ihr eigenes Einkommen. Wenn sie beschließen, sich selbst um ihr Baby zu kümmern, geraten sie häufig in finanzielle Abhängigkeit von ihrem Partner. Ihre Stimmung ist ohnehin getrübt, weil sie erschöpft sind und »schrecklich aussehen«, wobei sie auch noch »zu nichts kommen«. Der Verlust finanzieller Unabhängigkeit macht ihnen dann besonders zu schaffen.

Ich habe früher mehr verdient als mein Partner. Jetzt habe ich das Gefühl, ich müsste bei ihm die Hand aufhalten und um Erlaubnis bitten, *sein* Geld ausgeben zu dürfen. [Tochter, 6 Wochen]

Mir ist es wichtig, alle Rechnungen zu bezahlen. Ich würde lieber *hungern,* als Schulden zu haben. Aber mein Partner hat viele Schulden. Er sagt: »Überlass das mir. Vertrau mir einfach.« Doch ich habe Angst, dass er mich enttäuscht. [Sohn, 6 Monate]

> Ich bin immer davon ausgegangen, dass das Geld, das
> mein Partner verdient, uns beiden gehört. Aber seit der
> Geburt unseres Babys hat sich das geändert. Ich denke
> immer: »Das darf ich nicht kaufen. *Ich* habe das Geld
> nicht verdient.« Ich fühle mich schuldig, obwohl ich
> weiß, dass mein Partner das nicht will. Deshalb möchte
> ich gerne wieder arbeiten, mich kompetent fühlen und
> Geld verdienen. [Sohn, 9 Monate]

Dieses Dilemma ist neu. In der Vergangenheit hatten Frauen
seltener die Gelegenheit, Geld zu verdienen, weshalb es allgemein akzeptiert war, dass die Männer finanziell für ihre Familie sorgten. Die Schuldgefühle, die so viele Mütter heutzutage beschreiben, sind in der Geschichte beispiellos. Mir
scheint, dass Mütter ihr Anrecht selbst eher akzeptieren könnten, wenn der Wert des Bemutterns entsprechend geschätzt
würde. Die Betreuung anderer vereint »eine unglaubliche
Vielfalt an Fähigkeiten in endlos vielen verschiedenen Situationen«, so die Feministin Selma James.[156]

Die schmerzlichsten Auseinandersetzungen zwischen einem Elternpaar drehen sich oft um das Thema Kindererziehung. Aufgrund ihrer beiderseitigen Unwissenheit dürften sie
sich im Vorfeld kaum darüber ausgetauscht haben.

> Ich habe das Gefühl, als Mutter einen Riesenschritt ge-
> macht zu haben, und bin jetzt selbstbewusster. Aber im
> Nachhinein ist mir klar geworden, dass ich und mein
> Partner uns nie zusammengesetzt und über die Zukunft
> gesprochen haben, wie wir es hätten tun sollen. Wir ha-
> ben über die Geburt geredet, aber nicht über das Fami-
> lienbett oder Stillen nach Bedarf oder ob einer von uns
> ein Schlaftraining befürwortet. [Sohn, 6 Monate]

Über Weihnachten wurde mir bewusst, dass mein Partner und ich uns nie in Ruhe Gedanken über unsere langfristigen Erziehungsziele gemacht haben. Aber als wir uns darüber austauschten, waren wir uns beide einig. Mein Partner möchte gerne, dass unsere Tochter nicht mehr in unserem Bett, sondern in ihrem eigenen schläft, will sie aber nicht schreien lassen oder irgendeinem Schlaftraining unterziehen. Jetzt sind wir beide sehr zufrieden mit unserem Erziehungsstil. Alles ist viel einfacher geworden. Und ich bekomme sehr oft zu hören, wie glücklich unsere Tochter wirkt. [Tochter, 8 Monate]

Ich dachte, dass mein Partner und ich uns gut kennen und über alles reden würden. Doch unser Baby hat uns gezeigt, dass es Dinge gibt, die wir weder über den anderen noch über uns selbst wussten. Wir hätten ewig einfach so weitermachen können, ohne darüber zu reden. [Tochter, 9 Monate]

Die meisten Konflikte können beigelegt werden, sofern das Paar sich die Zeit für eine Aussprache nehmen kann. Einander zuzuhören scheint das gegenseitige Vertrauen wiederherzustellen.

Ich habe mich ständig über meinen Partner geärgert. Wir hätten miteinander reden sollen, taten es aber nicht. Ich war oft einfach damit beschäftigt, mich um unseren Sohn zu kümmern. Ich war dauernd müde und hungrig. Außerdem hatte ich die Einstellung: »Das Baby ist der neue Mensch in meinem Leben. *Du* bist mir ganz egal.« Dann haben wir uns eines Tages furchtbar gestritten. Wir haben geschrien und geweint. Es war schrecklich. Aber dabei kam heraus, dass wir *unbedingt* zusammenbleiben wollten und unser Baby *wirklich* liebten. Jetzt verstehen wir uns wieder. [Sohn, 3 Monate]

Wir verstrickten uns ständig in Duellen wie: »*Ich* bin müder als *du*.« »Nein, *ich* bin müder als *du!*« Wir beide wollten Anerkennung, bevor wir bereit waren, uns gegenseitig anzuerkennen. Im Grunde wusste ich, wie hart er arbeitete, und er gibt zu, dass er auch wusste, wie hart ich arbeitete. Es war nicht einfach, den Sprung von diesem Wettstreit hin zu gegenseitigem Mitgefühl zu machen. Ich weiß nicht, wie wir es geschafft haben oder was genau sich geändert hat. Aber jetzt ist es toll. Ich hatte schon daran gedacht, ihn zu verlassen, aber das ist völlig vom Tisch. [Tochter, 9 Monate]

Mit der Zeit beginnt sich eine neue Entwicklung abzuzeichnen. Das Baby zeigt ein viel aktiveres Interesse an seinem Vater. Dieser freut sich darüber meistens sehr, und auch das Baby scheint begeistert, einen neuen Freund entdeckt zu haben. Nun wird die Dreierbeziehung viel deutlicher.

Abends unterhalten mein Freund und ich uns immer. Jetzt beteiligt sich auch unsere Tochter! [Tochter, 2 Monate]

Wenn mein Partner von der Arbeit nach Hause kommt und ich ihm ansehe, dass er einen stressigen Tag hatte, gebe ich ihm unsere Tochter, damit er sie badet. Und wenn er mit ihr zurückkommt, ist er ganz ... *Sie deutet das Glätten von Stirn und Wangen an.* [Tochter, 7 Monate]

Meine Tochter weint, wenn ihr Vater zur Arbeit geht. Sie krabbelt durch alle Zimmer und sucht ihn. [Tochter, 8 Monate]

Unser Sohn tut alles, um von seinem Vater bewundert zu werden; und er versucht immer, ihm nachzueifern. Bei mir sieht er ein Glas Wasser nicht mal *an*. Aber wenn mein Partner nach Hause kommt und Wasser trinkt, verlangt der Kleine auch ein Glas – bloß keinen Babybecher – und schaut beim Trinken seinen Vater an, als wolle er sagen: »Guck mal, was ich hier mache!« Mein Partner steckt mitten in einem Gerichtsverfahren, was nicht einfach ist, aber unser Kind bringt uns beide zum Lachen. [Sohn, 8 Monate]

Wir schlafen zu dritt in einem Bett. Unser Sohn hat sich angewöhnt, quer über der Brust seines Vaters einzuschlafen. Mein Partner *liebt* das. Voller Stolz erzählt er immer: »Unser Kind ist auf meiner Brust eingeschlafen.« [Sohn, 9 Monate]

Zahllose Zeitschriften und Elternratgeber raten Frauen, die Paarbeziehung zu pflegen. Sie sollen Momente der Zweisamkeit organisieren, um romantische Gefühle zu wecken und ihr Elterndasein einen Moment zu vergessen. Aber lässt sich diese tiefgreifende Veränderung in ihrem Leben so einfach vergessen?

Wir feierten unseren ersten Hochzeitstag. Meine Mutter passte auf unseren Sohn auf, und es ging ihm gut. Wir waren nur zwei Stunden zum Essen aus. Und – das war vielleicht etwas schwach von uns – wir vermissten ihn so, dass wir die ganze Zeit nur über ihn redeten und danach *Hals über Kopf* wieder aufbrachen. [Sohn, 3 Monate]

Wenn man sein Baby nicht mit seinem Partner teilen kann, kann man die ganzen Momente des Glücks auch nicht teilen. [Sohn, 4 Monate]

Wir hören ständig, dass wir uns einen Babysitter besorgen und ausgehen sollen, damit wir mal etwas Abwechslung haben. Aber ich denke immer, dass ich kein

Baby bekommen habe, um es abends loszuwerden. Wir finden es schön, wenn sie dabei ist. [Tochter, 6 Monate]

Als mein Mann und ich ausgingen, um unseren Hochzeitstag zu feiern, redeten wir nur über unser Kind. [Sohn, 9 Monate]

Dieses Verhalten ist weniger ein Zeichen von Schwäche als vielmehr ein zentrales Geschehen. In ihren Gesprächen rekapitulieren die Eltern ihren Alltag mit dem Baby und beginnen, sich an dessen Anwesenheit zu gewöhnen. Durch den schlichten Austausch von Anekdoten verdichten sie die Nebensächlichkeiten des Alltags zu einer gemeinsamen Geschichte, die ihrer Tätigkeit und ihrem Empfinden als Eltern Bedeutung verleiht. Das gemeinsame Staunen über ihr Baby hilft ihnen, mehr Vertrauen in sich selbst und den anderen zu entwickeln.

Nicht alle Eltern giften einander an. Einige Paare betrachten im Zorn geäußerte Worte als rein negativ und destruktiv. Sie können zweifellos verletzen. Allerdings können sie auch die Funktion von kleinen Schlüsseln übernehmen, die die Tür zu größerer Ehrlichkeit öffnen. Wenn sich das Paar genug beruhigt, um einander zuzuhören, und sich erlaubt, einige seiner Beschwerden zu relativieren oder sogar zurückzunehmen, fällt es ihm leichter, seine jeweilige Entwicklung zum Elternsein nachzuvollziehen. Gewöhnlich stärkt das die Beziehung. Den scheinbar absolut unverzeihlichen Vorwürfen und Beleidigungen wird die Spitze genommen, wenn man sie als Teil der Anstrengungen betrachtet, die von beiden unternommen werden, um ein guter Elternteil zu werden.

ZWÖLFTES KAPITEL

Größere Nähe zu meiner Mutter

Wenn jemand stirbt, hinterlässt er oder sie eine Lücke zwischen den Lebenden. Wenn ein Baby geboren wird, geschieht das Gegenteil. Ein dichtes Netzwerk von Familienmitgliedern rückt näher zusammen, um dem Neuankömmling genug Raum zu geben.

Es müsste ein Wort geben, das die familiäre Neuaufstellung beschreibt, die mit der Geburt jedes neuen Mitglieds stattfindet. Ein kleines Baby kann aus einem Paar eine Familie oder aus einer kleinen eine größere Familie machen. Einzelpersonen erhalten neue Identitäten: Das Baby kann jemanden zu seiner Schwester, eine andere Person zu seinem Onkel, eine dritte zu seiner Stiefoma machen. Außerdem knüpft es zwischen all diesen Menschen Familienbande. Sie lernen einander näher kennen, und vielleicht ergeben sich neue Freundschaften. Andererseits können dadurch Differenzen, die zuvor unter den Tisch gekehrt wurden, gerade wegen der engeren Beziehungen problematisch werden.

> Ich habe mich noch nie besonders mit der Schwester meines Partners verstanden, aber das spielte nie eine Rolle. Jetzt ist mir klar geworden, dass sie die Tante unseres Sohns ist. Und seine Mutter, die ich auch nicht wirklich mag, ist seine andere Oma. [Sohn, 3 Wochen]

Mit der beginnenden Umstrukturierung der Familie können neue Probleme auftauchen.

> Ich weiß, wie verrückt das klingt, aber ich mache mir schon [im Juli] Sorgen über das Weihnachtsessen. Meine Eltern nehmen an, dass wir natürlich zu ihnen kommen. Mein Mann dagegen sagt: »*Wir* sind jetzt die El-

tern. Lass uns hier feiern. Das ist unser erstes Weihnachten als Familie.« Nur dass meine Mutter schon »Ich kann dieses Weihnachten kaum erwarten« gesagt hat, was heißt, dass sie erwartet, dass *wir* kommen. [Sohn, etwa 3 Monate]

Wie ihrem Mann bewusst ist, hat ihr Baby aus ihnen eine neue Familieneinheit gemacht, sodass sie ihren bereits vorhandenen Rollen des »Sohns« und der »Tochter« die Rollen des »Vaters« und der »Mutter« hinzufügen. Beide setzen sich vielleicht aus diesem neuen Blickwinkel mit ihren eigenen Eltern auseinander. Gewöhnlich ist die Beziehung einer Frau zu ihrer Mutter die älteste in ihrem Leben. Bisher war mit »Mutter« ihre eigene Mutter gemeint. Plötzlich bezieht sich dieser bedeutungsvolle Titel auch auf sie selbst.

Etwa zehn Tage vor seiner Geburt starrte ich mein Gesicht im Spiegel an und dachte: »Bald sieht jemand dieses Gesicht an, und dieses Gesicht ist für ihn oder sie ›Mama!‹ Das ist unglaublich.« [Sohn, 1 Woche]

Kann mein Baby je für mich empfinden, was ich für meine Mutter empfinde? [Tochter, 2 Monate]

Die Beziehung einer Frau zu ihrer Mutter hat eine lange Geschichte und ist oft komplex. Einige Mütter schließen mit ihrer Tochter von Kindheit an eine innige Freundschaft. Andere sind eher mit sich selbst beschäftigt, sodass die Tochter lernt, sich eher Gedanken um die Mutter zu machen und keine großen Ansprüche zu stellen. Manchmal ist das Gegenteil der Fall – die Mutter lässt ihrer Tochter ihre ganze Aufmerksamkeit zuteilwerden, während sie selbst im Hintergrund bleibt. Wieder andere Mütter neigen vielleicht dazu, ihre Tochter mit sich zu vergleichen und sie wegen ihrer Andersartigkeit abzulehnen.

Die Tochter ihrerseits akzeptiert ihre Mutter anfangs wahrscheinlich als die Norm. Wenn sie dann beginnt, die Mütter ihrer FreundInnen bewusst wahrzunehmen, sieht sie ihre eigene Mutter als eine Variante unter vielen. Vielleicht wünscht sie sich, sie könne sich aus den besten Eigenschaften verschiedener Mütter die eine perfekte Mutter zusammenstellen. Es gibt jedoch keine maßgeschneiderte Mutter. Stattdessen wird ihre Mutter mit all ihren Schwächen wohl die Person in ihrem Leben, der sie am längsten verbunden bleiben wird. Manche Mütter verlassen ihre Kinder. Einige erwachsene Töchter brechen den Kontakt zu ihrer Mutter ab. Doch die biologische und geschichtliche Verbindung bleibt bestehen.

Als Erwachsene verliebt sich die Tochter vielleicht. Dies bedeutet eine erneute Verschiebung der robusten Beziehung zu ihrer Mutter. Nun greift die Tochter möglicherweise auf das zurück, was sie aus der ersten Beziehung in ihrem Leben gelernt hat. Adrienne Rich reflektiert: »Vielleicht bringt uns jeder sexuelle oder intime Kontakt zurück zu diesem ersten [d. h. mütterlichen] Körper.«[157] Die Tochter mag ihre Kindheit entweder als gute oder als unzureichende Vorbereitung auf eine Erwachsenenbeziehung werten. Mit der Zeit stellt sich heraus, dass nicht alle Beziehungen dauerhaft sind, und einige ihrer Partner werden vielleicht Expartner. Die Beziehung Mutter-Tochter wird hingegen nicht freiwillig eingegangen, weshalb eine Mutter auch nicht zur Exmutter werden kann. Insbesondere von alleinerziehenden Müttern hört man häufig, dass die Beziehung zu ihrer eigenen Mutter die stabilste in ihrem Leben sei.

Möglicherweise erwartet das Paar gerade dann ein Baby, wenn Mutter und Tochter sich voneinander entfernt haben. Doch sobald eine Frau merkt, dass sie schwanger ist, ist sie oft selbst überrascht, wie dringend sie ihre Mutter kontaktieren will. Das ist nicht immer der Fall, aber sehr häufig.

Das mag seltsam klingen. Heutzutage sind die meisten Schwangeren berufstätig. Sie sind unabhängig und erfinde-

risch geworden. Manche haben über ein Jahrzehnt Berufserfahrung vorzuweisen. Doch viele von ihnen wurden von Vollzeitmüttern aufgezogen, die, anders als ihre Töchter, nie finanziell unabhängig waren. Viele dieser Töchter sind deutlich
mehr gereist als ihre Eltern. Sie haben andere Kulturen kennengelernt und ihre Vorstellungen hinterfragt. Sie glauben,
der Welt, in der sie aufgewachsen sind, »entwachsen« zu sein.
Umso überraschender also, dass so viele Frauen auf die Feststellung ihrer Schwangerschaft hin den Drang verspüren, ihr
eigene Mutter zu kontaktieren. Wenn sie der Welt ihrer Eltern
entwachsen sind, woher kommt die plötzliche Entschlossenheit, sich dieser wieder anzunähern? Was versprechen sie sich
davon?

Zum einen verfügt die Mutter der Schwangeren zwangsläufig über Erfahrung. Sie hatte mindestens ein Baby. Eine
Erstgebärende ist eine Anfängerin. Wenn das jedoch alles wäre, könnte sich die Frau auch an irgendeine erfahrene Mutter
wenden. Dies ist persönlicher. Das unbeschreibliche Verlangen, das so viele Frauen schildern – selbst jene, die sich zuvor
von ihrer Mutter entfremdet hatten – scheint aus mehreren
Gründen aufzutreten.

Zunächst schafft eine Frau, die ein Baby erwartet, dessen
erstes Zuhause, genau wie ihre Mutter ihr einst ein Zuhause
gab. Phyllis Chesler beschreibt eine Mutter als »die Frau, die
für uns immer ›Zuhause‹ bedeutet.«[158] Während die Schwangere versucht, auf eine gesunde Ernährung und ausreichend
Bewegung und Schlaf zu achten, um ihrem Kind ein gutes Zuhause zu schaffen, sehnt sie sich vielleicht nach dem beruhi-
genden Gefühl, bei ihrer eigenen Mutter zu Hause zu sein und
sich von dieser umsorgen zu lassen. Der Kontakt mit ihrem
»Stützpunkt« kann eine Frau unerwartet stärken.

> Als ich krank war, kam meine Mutter. Ich wollte sie un-
> bedingt bei mir haben. Ich dachte: »Meine Mutter kann
> für uns sorgen.« Und dadurch hatte ich das Gefühl: »*Ich*

kann für uns sorgen.« Und sie war großartig. Es war
toll, dass sie da war. [Sohn, 12 Monate]

Möglicherweise hat das Nachhausekommen noch eine tiefere
Bedeutung. Eine Frau hat vielleicht den Eindruck, dass sie in
ihrem Leben mehr Chancen als ihre Mutter hatte. Jahrelang
hat sie die Mutterschaft als zweitrangigen Lebensentwurf betrachtet. Was ist schon die Mutterschaft gegen die Reize eines
anspruchsvollen Berufs und exotischer Reisen? Doch wenn eine Frau selbst Mutter wird, ändert sie manchmal ihre Einstellung zu den zuvor verpönten Idealen des Bemutterns. Plötzlich
erscheinen ihr diese Ideale bedeutungsvoll und interessant.
Anstatt sich ihrer Mutter Lichtjahre vorauszufühlen, kann sie
in ihrer Mutter nun eine hilfreiche Führerin durch eine ihr
selbst unbekannte neue Welt sehen.

> Ich habe mich sehr weit von den Verhältnissen entfernt,
> in denen ich aufgewachsen bin. Meine Mutter hilft mir
> aber, meine Tochter in einem positiven Licht zu sehen.
> Manchmal strampelt sie beim Stillen herum und schlägt
> nach mir. Meine Mutter sagt: »Sie ist ein Energiebündel,
> sie hat Persönlichkeit und Temperament.« Mir hilft das
> sehr. [Tochter, 4 Monate]

Das Bemuttern ist phasenweise langsam und wortlos. Wenn
das Baby in ihren Armen einschläft, merkt die Mutter, dass sie
sich entspannen und stillhalten muss, um es nicht zu stören.
Einige Großmütter können sich noch gut daran erinnern. Andere können sich erst als Großmütter dieser Stille hingeben,
während manchen Frauen diese Erfahrung immer fremd
bleibt. Für eine Mutter kann es wunderbar sein, wenn ihre eigene Mutter zu denen gehört, die solch einen Moment der
Stille mit ihr teilen kann.

Ein weiterer Grund, weshalb eine Frau sich nach ihrer
Mutter sehnen kann, sind all die körperlichen Veränderungen,

die Schwangerschaft und Geburt mit sich bringen. Wenn sie sich an ihre Mutter wendet, kommt die Frau oft auf eine altbekannte Beziehung zurück. In ihrer Kindheit hat ihre Mutter sich wahrscheinlich um ihre Gesundheit gesorgt und sie während verschiedener Krankheiten gepflegt. Dieser bewährten Beziehung wird nun eine neue Dimension hinzugefügt. Die Tochter muss für sich herausfinden, wie viel Unterstützung bei der Betreuung ihres Kindes sie von ihrer Mutter erwarten kann. Manche Großmütter sind großzügig, andere hingegen fordernder.

> Unsere Tochter musste die ersten zwei Wochen nach ihrer Geburt jede Nacht ununterbrochen aufrecht gehalten werden. Meine Mutter wechselte sich mit uns [ihr und ihrem Partner] ab. Sie beklagte sich nie. Sie war großartig. [Tochter, 2 Monate]

> Meine Mutter steht nicht zum Babysitten zur Verfügung. Schon beim *Gedanken* daran muss ich lachen. So ist sie einfach nicht. Wenn sie zu Besuch kommt, müssen wir uns nach ihr richten, was für unseren Sohn sehr viel Herumsitzen in Restaurants bedeutet. [Sohn, 9 Monate]

Dies alles kann die Mutter-Tochter-Beziehung verändern. Die Großmutter gehört einer älteren Generation an, auch wenn sie sich damit nicht unbedingt zufriedengibt. Manche konkurrieren verbissen mit ihren Schwiegersöhnen, um zu beweisen, dass sie sich besser um die junge Mutter kümmern können. Andere sehen sich scheinbar veranlasst, mit ihren Töchtern darum zu wetteifern, wer die »bessere« Mutter ist. Für eine junge Mutter, die nur Liebe, Trost und Unterstützung will, sind diese Komplikationen erschöpfend und enttäuschend.

Die meisten Schwangeren haben Angst vor der Geburt. Sie sind selbst erstaunt, wie gut sie sich an sowohl positive als auch erschreckende Einzelheiten aus den Erzählungen ihrer

Mutter erinnern. Einige Familien schweigen sich über das Thema aus, was meist den Eindruck erweckt, dass es zu furchtbar
ist, um darüber zu sprechen. Die positiven Erfahrungen ihrer
Mutter können der Schwangeren durchaus helfen. Sheila Kitzinger erinnert sich daran, wie das Beispiel ihrer Mutter ihr
Selbstvertrauen gab. Sie schreibt: »Meine Mutter war sehr zart,
aber ihre Kinder wogen über neun Pfund. Ich wußte: Wenn sie
es geschafft hatte, würde ich es auch schaffen.«[159]

Nachdem das Baby geboren ist, ist die Mutter oft tage- und
nächtelang nur damit beschäftigt, es zu füttern. Das Stillen
sieht zwar so einfach aus, kann jedoch besonders in den An-
fangsmonaten seine Zeit dauern. Vielleicht schätzen deshalb
viele stillende Mütter die Gelegenheit, einander in Cafés zu
treffen. Endlich versorgt jemand anderes sie mit Tee und be-
legten Broten. Dies fiel traditionellerweise in den Zuständig-
keitsbereich der Großmütter. Wenn eine frischgebackene
Großmutter ihrer Tochter Hilfe anbieten konnte, wurde diese
dankbar angenommen.

> *Mutter:* Als mein Sohn geboren wurde, rief meine Mut-
> ter an und sagte: »Ich komme jetzt mein Baby besuchen.
> Und damit meine ich nicht deins.«
> *Ich:* War das nett oder eher nicht?
> *Mutter:* Oh, *nett.* Man geht so in seinem Baby auf, dass
> man sich selbst ganz vergisst. [Sohn, 5 Monate]

> Meine Mutter kam eine Woche zu Besuch und war fan-
> tastisch. Ich musste nicht einen einzigen Teller abwa-
> schen. Sie putzte und kochte, damit ich mich um meine
> Tochter kümmern konnte. [Tochter, 8 Monate]

Manchmal glaubt die Großmutter schon zu wissen, wobei ihre Tochter Hilfe braucht. Sie fragt nicht nach, und ihrer Tochter ist es unangenehm, ihrer Mutter zu erklären, dass sie ihre
Hilfe eher an anderer Stelle brauche.

Meine Mutter war eine Woche bei uns zu Besuch und erledigte Hausarbeit. Sie bügelte. Sie bügelte alles, aber
auch alles. Deshalb haben mein Partner und ich Schubladen voller gebügelter Hosen und Socken. Also, ich
bügle die selbst nie. Als sie wieder weg war, wurde mir
klar, dass es mir viel lieber gewesen wäre, sie hätte
Mahlzeiten vorgekocht und eingefroren. Wenn sie wie-
derkommt, könnte ich ihr das vielleicht sagen. [Tochter,
4 Wochen]

Außerdem besteht ein schmaler Grat zwischen der Pflege der
jungen Mutter und der Gefahr, sie zu bevormunden.

Meine Mutter war der Meinung, dass ich mich ausruhen
sollte. Ich wollte zwar nicht, aber weil sie darauf bestand, legte ich mich anderthalb Stunden hin. Als sie
mich wieder weckte, hatte ich richtig schlechte Laune –
zum einen, weil ich geweckt wurde, und zum anderen,
weil ich mich überhaupt nicht hinlegen wollte. [Tochter,
4 Monate]

Eine junge Mutter kann sich sehr unsicher fühlen und auch so
wirken. Ihrer eigenen Mutter macht die Unsicherheit ihrer
Tochter vielleicht zu schaffen. Es fällt ihr dann schwer, sich
zurückzuhalten und anzuerkennen, dass sie nun die Großmutter und nicht die Mutter des Babys ist. Manchen frischgebackenen Großmüttern scheint das nicht zu gelingen. Sie be-
eilen sich, praktische Hilfe zu leisten und scheinen zu übersehen, dass sie damit mangelndes Vertrauen in ihre Töchter ausdrücken.

Meine Mutter hat mein Baby richtig an sich gerissen. Eines Abends entschied sie, dass seine Bettzeit gekommen
sei und schnappte ihn sich, und ich guckte blöd aus der
Wäsche. [Sohn, 2 Monate]

> Meine Mutter legte meine Tochter hin, und diese kleine *Ratte* [schüttelt ihr Baby] ist sofort eingeschlafen! [Tochter, 4 Monate] *Die Mutter schien ihren Ärger über ihre scheinbar kompetentere Mutter auf ihr Baby übertragen zu haben.*

Theorien zur Babybetreuung ändern sich ständig. Dies kann ein sensibler Bereich werden. Die junge Mutter ist unerfahren und probiert unterschiedliche Ansätze aus. Ihre Mutter hat schon Erfahrung und weiß, was für sie selbst eine gute Lösung war. Sie kann sich dann kritisiert fühlen, weil ihre Tochter Dinge anders angeht als sie selbst, während die junge Mutter sich verletzt fühlt, weil ihre Mutter alles »besser weiß«. Die beiden verstricken sich dann in Streitigkeiten darüber, wie Babys ernährt werden sollten, ob sie einen festgelegten Rhythmus brauchen, ob eine berufstätige Mutter sich auf Kosten ihres Kindes auslebt und vieles mehr. Im Grunde drehen sich diese Auseinandersetzungen darum, ob die Großmutter ihre Tochter bei deren Wandel zur Mutter unterstützen kann, ohne davon auszugehen, dass ihre Art, Mutter zu sein, die *einzig richtige* war.

> Wenn ich mit meinem Sohn allein bin, läuft alles wunderbar. Aber meine Mutter ist unerbittlich. Sie lässt dauernd kleine Bemerkungen fallen, mit denen sie mir unterstellt, dass ich alles falsch mache. Dann fühle ich mich auch so. [Sohn, 2 Monate]

> Meine Mutter ist Hebamme. Das hat seine Vor- und Nachteile. Letzte Woche rief sie mich an und fragte, ob ich schon mit der Beikost begonnen habe. Ich sagte, dass er noch nicht so weit sei; aber ihr Vorschlag, es mit Babyreis zu probieren, *schlich* sich irgendwie in meinen Kopf. Danach fiel es mir schwer, weiter auf meinen eigenen Ansatz zu vertrauen. [Sohn, 4 Monate]

Meine Mutter sagte mir, ich würde mich »treiben lassen«, weil ich mich den ganzen Tag um meinen Sohn
kümmere. Sie findet, dass ich wieder arbeiten gehen sollte. Ich rufe sie nicht wieder an. Damit kann ich nicht
umgehen. [Sohn, 4 Monate]

Meine Mutter fragte, wo ich sei, und jemand antwortete, dass ich gerade stille. Da alle nebenan waren, hörte
ich meine Mutter sagen: »Schon *wieder?*« Mein Sohn
muss einen Schock bekommen haben, weil meine Milch
auf einen Schlag versiegte. [Sohn, 6 Monate]

Ich war jedes Mal fix und fertig, wenn meine Mutter uns
besucht hatte. Erst brachte ich das nicht miteinander in
Verbindung, aber inzwischen müsste ich es im Grunde
wissen. Ich bin dann immer unglaublich erschöpft und
pessimistisch. [Tochter, 7 Monate]

Manchmal bricht eine Mutter kurz nach der Geburt ihres Babys jeglichen Kontakt zu ihrer Mutter ab. In den meisten Fällen war die Beziehung schon vorher angespannt. Das ist ein
drastischer Schritt, der sie selbst erschüttert. Ganz abgesehen
von den tiefer liegenden Motiven beklagen sich diese Mütter
fast ausnahmslos, wie stark ihre eigenen Mütter sie als Mütter kritisierten. Das scheint der Tropfen zu sein, der das Fass
zum Überlaufen bringt. Selbst dann äußern die meisten Töchter den Wunsch, die Beziehung später wieder aufzunehmen,
und sei es nur zum Wohl ihres Babys.

Die Großmutter scheint sich häufig nicht bewusst zu sein,
was für eine wichtige Rolle sie im Leben ihrer Tochter jetzt
spielt. Ihre negativen Bemerkungen, seien sie noch so leicht
und scherzhaft dahingesagt, können sehr verletzend sein. Das
ist schade. Eine erfahrene Mutter kann ihrer Tochter einzigartigen Beistand leisten. Selbst wenn sie körperlich abwesend
ist, kann ihr Beispiel als wichtiger Kontrast zu den derzeitigen

Formen des Bemutterns dienen. Beispielsweise wird auf Frauen heutzutage großer Druck ausgeübt, besonders seitens der ArbeitgeberInnen, so bald wie möglich nach der Geburt wieder in den Beruf zurückzukehren.

> Meine Mutter wirkte immer ruhig und gelassen. Sie war nie so chaotisch und gehetzt wie ich. Unser Zuhause war ordentlich, und sie war immer da. [Sohn, 3 Monate]

> Meine Mutter hielt alles sauber und ordentlich. Ich wusste, was ich wo finden konnte. Und sie schien immer Zeit für uns zu haben, während ich dauernd gestresst bin. Ich fühlte mich zu Hause geborgen und wünschte, ich könnte das weitergeben. [Sohn, 15 Monate]

In keinem der beiden Fälle hatte die Großmutter ihre Tochter kritisiert. Wenn sie es getan hätte, wäre ihre Tochter vielleicht am Boden zerstört gewesen. Beide Frauen waren berufstätig und sahen sich nicht in der Lage, das Zuhause ihrer Kindheit wieder auferstehen zu lassen. Trotzdem dienten ihnen diese Erinnerungen als Inspiration. Mütter sind sehr flexibel, und sicher werden beide nach anderen Möglichkeiten gesucht haben, dieses unverzichtbare Gefühl der Geborgenheit zu schaffen, an das sie sich so gut erinnern konnten.

Auch die Bemerkungen der Schwiegermutter können wichtig sein. Vor der Geburt ihres Babys hatte die Schwiegertochter vielleicht nur selten Kontakt zu ihr. Ihr Baby ist allerdings ein Enkelkind für beide Seiten der Familie. Sie ist also empfänglicher für die Ansichten der Schwiegermutter. Anders als ihrer eigenen Mutter ist sie der Schwiegermutter nicht biologisch und lebenslang verbunden. Von Schwiegermüttern wird im Allgemeinen erwartet, dass sie sich mehr zurückhalten. Manche junge Mutter schätzt ihre Schwiegermutter als wertvolle tatkräftige Unterstützung, deren Vorschläge zum Thema Bemuttern ihr willkommen sind. Wenn die junge Mutter ihrer beider Verhältnis schwierig findet, liegt das gewöhnlich daran, dass sich ihre Schwiegermutter ihrer Meinung nach zu sehr einmischt und, was noch problematischer ist, sie als Kindsmutter nicht ausreichend zu respektieren scheint.

> Als meine Schwiegermutter uns gestern Abend besuchte, sagte sie: »Eure Tochter wird völlig verwöhnt, wenn ihr sie bei jedem Schrei hochnehmt.« In dem Moment sagte ich nichts dazu, aber der Gedanke daran hielt mich bis um zwei Uhr morgens wach. Sie hat mich wirklich aus der Fassung gebracht. [Tochter, 6 Wochen]

> Für meine Schwiegermutter ist unser Sohn das erste Enkelkind. Wenn sie uns besucht, ist sie sehr gefühlsbetont und aufdringlich, redet und singt die ganze Zeit. Mein Partner und ich existieren nicht für sie. Es ist, als wären wir gar nicht anwesend. [Sohn, 2 Monate]

> Ich nenne meine Schwiegermutter mein Schwieger*monster*. Sie beleidigt mich dauernd. Sie will meine Tochter jedes Wochenende sehen und kann nicht verstehen, warum ich das nicht will. [Tochter, 3 Monate]

> Wenn meine Schwiegermutter spitze Bemerkungen macht wie »Er weiß wirklich, was er will« oder »Er kann dich um den kleinen Finger wickeln«, dann lache ich in dem Moment darüber. Doch zu Hause gehen mir ihre Worte nicht aus dem Kopf, und ich *schäume*. [Sohn, 5 Monate]

Alle diese Reaktionen zeigen, welch große Rolle die Wahrnehmungen ihrer Mutter und Schwiegermutter für die junge Mutter spielt. Ihr Partner mag zwar protestieren: »Ich bin der Vater. Reicht dir meine Bestätigung nicht aus?« Doch so eindimensional ist ihre Position nicht. Sie steht nicht nur in Beziehung zu ihm, sondern gehört auch der gegenwärtigen Generation von Müttern an. Jede Generation leistet ihren spezifischen Beitrag an Vorstellungen zur Kindererziehung. Doch selbst wenn eine Mutter stolz und selbstbewusst ihre eigenen und die Ansichten ihrer ganzen Generation vertritt, ist sie sich wahrscheinlich nicht so sicher, wie es den Anschein hat. Erst wenn ihr Kind älter ist, weiß sie, ob sie ihre Sache gut gemacht hat oder nicht. Es ist durchaus nachvollziehbar, dass sie in ihrer Unsicherheit Wert auf die beruhigende Bestätigung ihrer erfahrenen Mutter und Schwiegermutter legt.

Manche Frauen können ihre Mütter nicht kontaktieren. Besonders wenn diese gestorben sind, ist den jungen Müttern der Verlust schmerzhaft bewusst. Häufig schildern Mütter in dieser Lage, wie sie sich fieberhaft um den Trost und die Bestätigung erfahrener mütterlicher Frauen bemühen.

> [Tränen, bevor sie sprechen kann] Ich vermisse meine Mutter. Sie ist schon vor langer Zeit gestorben, und selbst wenn sie da *wäre*, wäre wahrscheinlich nicht alles so gut, wie ich es mir ausmale. Aber mein Sohn ist im Vergleich zu anderen Babys noch sehr zierlich, und ich hätte einfach gerne meine Mutter an meiner Seite, die mir sagt, dass ich meine Sache gut mache. [Sohn, 3 Monate]

Ist das nicht, was jede Mutter will? Frauen erwarten von ihren Müttern ganz sicher nicht, dass diese auf alles eine Antwort parat haben, so als seien sie noch Kinder. Eine junge Mutter durchlebt unvermeidlich eine Phase der Unsicherheit, in der sie sich an ihre neue Verantwortung gewöhnt. Ihre Mutter und Schwiegermutter können ihr eine unschätzbare Hilfe sein, wenn es ihnen gelingt, Ruhe zu bewahren und Vertrauen in sie zu haben.

Die Mutter der Mutter kann außerdem wichtige Einzelheiten aus der frühen Kindheit der Tochter erzählen. So erhält die junge Mutter Einblicke in die bisherige Familiengeschichte, die sie nun fortsetzt. Frauen, deren Mütter gestorben sind, sind sich der fehlenden Informationen, die ihnen kein anderer Mensch geben kann, häufig nur zu bewusst.

> Sie erzählte mir, wie ich als Baby war. Das war großartig! [Sohn, 2 Monate]

> Als mein Sohn schrie, meinte meine Mutter, dass ich selbst schuld sei, weil ich ihn bei mir schlafen lasse und immer zu nachgiebig sei. Ich sagte: »Du verletzt meine Gefühle. Ich bin erst ein halbes Jahr Mutter und du sagst, dass ich in diesem halben Jahr alles falsch mache.« Da merkte sie, wie sehr sie mich verletzt hatte und erzählte mir zum Trost, dass sie mich als Baby auch in ihrem Bett hatte schlafen lassen und mir ein warmes Milchfläschchen in einen Pulli gewickelt hatte und so weiter. Im Grunde war sie genau die gleiche Art von Mutter! [Sohn, 6 Monate]

Zur selben Zeit beobachtet die junge Mutter oft fasziniert die Art, in der ihre Mutter oder ihre Schwiegermutter mit ihrem Baby umgeht. Jetzt kann sie sich langsam vorstellen, wie die beiden wohl als Mütter waren.

> Meine Mutter tut alles, damit mein Sohn glücklich ist. Er himmelt sie an, also macht das nichts. Aber ich nehme an, dass sie früher genauso mit uns umging. Wir durften auf keinen Fall unglücklich sein. [Sohn, 11 Monate]

Mütter rekapitulieren außerdem, wie sie selbst bemuttert wurden. Viele haben sich schon im Rahmen einer Beratung oder Psychotherapie, in Büchern oder in Gesprächen unter FreundInnen mit dem Thema auseinandergesetzt. Dadurch hatten sie

Gelegenheit, ihre Kindheit neu zu bewerten und manchmal den Entschluss zu fassen, ihre eigenen Kinder anders zu erziehen.

> Ich galt als schwieriges Baby. Meine Mutter sagte, dass ich ein ganzes Jahr lang geschrien habe. Ich glaube, wenn ich meinem Sohn gegenüber unsensibel wäre, könnte er leicht genauso werden. [Sohn, 4 Monate]

> Meine Mutter kuschelte selten mit mir. Unser Verhältnis war eher distanziert. Ich versuche also, das bei meiner Tochter anders zu handhaben. Ich muss das richtig vom *Kopf* her angehen und mich fragen: »Wäre das ein guter Moment, dich auf den Arm zu nehmen?« Ich kann das nicht spontan. [Tochter, 6 Monate]

> Ich denke momentan viel über meine Eltern nach, besonders über meine Mutter. Ich komme aus einem sehr konventionellen Elternhaus und habe meine Eltern ziemlich enttäuscht. Aber ich habe die gleiche Schule wie meine Mutter besucht und im gleichen Alter den gleichen Berufsabschluss gemacht. Ich habe im gleichen Alter wie sie geheiratet. Ich denke auch über ihre Kindheit nach. Sie war sehr unglücklich. Vielleicht habe ich im Grunde ihr Leben wiederholt, aber einen anderen Weg gefunden. Diese ganzen Überlegungen haben mich meiner Mutter viel näher gebracht. [Tochter, 10 Monate]

> Meine Mutter war wie *ihre* Mutter. Aber ich versuche, den Kreislauf zu durchbrechen. Ich bin anders als sie. Mir ist es wichtig, die Bedürfnisse meines Sohns zu erfüllen. Aber es fällt mir nicht leicht, mich mit meiner eigenen Erziehung zu arrangieren. Sie hinterlässt eine Lücke, die ich noch als Erwachsene spüre. [Sohn, 12 Monate]

Gleichzeitig half ihr neues Selbstverständnis den Müttern, ihre eigenen Mütter und manchmal Großmütter besser zu verstehen. Manchmal entfaltete sich eine richtiggehende Genealogie des Bemutterns. Junge Mütter konnten dem Leben ihrer eigenen Mutter größeres Mitgefühl entgegenbringen. Viele von ihnen waren der Ansicht, ihrer Mutter gegenüber im Vorteil zu sein. Sie verstanden sich als Teil einer aufschlussreichen Entwicklungsgeschichte, die sich vor ihren Augen ausbreitete.

> Meine Mutter war einundzwanzig, als ich geboren wurde. Ich bekam meinen Sohn mit dreißig. Meine Schwester wurde als Baby sehr krank. Meine Mutter ging ins Krankenhaus und sagte: »Sie müssen mir helfen. Ich habe Angst, meinem Kind zu schaden.« Jetzt verstehe ich, wie furchtbar sie sich gefühlt haben muss. Sie meinte es gut. Sie war bloß *sehr* jung. [Sohn, 2 Monate]

> Meine Mutter hat mir den Schlüssel für ihr Haus gegeben. Sie scheint mich jetzt als Erwachsene wahrzunehmen und mir Vertrauen zu schenken. Und natürlich verstehe ich sie jetzt auch viel besser. [Sohn, 3 Monate]

> Es muss schwer für sie sein. Wenn wir Mütter werden, machen wir aus ihnen Großmütter, was vielleicht vielen von ihnen nicht gefällt. Meine sagt jedenfalls: »Nenn mich nicht ›Oma‹! Das klingt so *alt*.« [Tochter, 8 Monate]

Gerade *weil* viele Mütter so viel Berufserfahrung und Reiseerinnerungen haben, können sie ihre eigenen Mütter wiederentdecken und ihnen neue Wertschätzung entgegenbringen.

> Meine Mutter hat mir die ganze Woche mit meinem Sohn geholfen. Sie ist unglaublich lieb zu ihm. Am Ende der Woche bedankte ich mich dafür bei ihr. Und sie ant-

wortete: »Aber gerne. Schließlich warst *du* mal *mein* Baby.« Da fühlte ich mich furchtbar. In meiner Jugend war ich rebellisch und jahrelang absolut unausstehlich zu ihr. Als ich zwanzig war, schrie ich sie an, dass ich sie hasse. Damals hielt ich das für wahr. Aber als sie das sagte, wurde mir plötzlich klar: Sie liebt *mich* genauso wie ich *mein Kind* liebe. [Sohn, 4 Monate]

Diese letzte Schilderung trieb den anwesenden Müttern Tränen in die Augen. Sie konkretisierte, was viele von ihnen spürten. Mehrere gaben zu, wie sehr auch sie ihr früheres Verhalten ihrer Mutter gegenüber bereuten. Inzwischen konnten sie ihrer Mutter viel mehr Verständnis und Respekt entgegenbringen. Sie sahen in ihr kein gescheitertes Muster an Vollkommenheit, sondern eine Figur in einer Episode der Familiengeschichte, die den Zwängen ihrer Epoche unterworfen war. Die Fortsetzung lag in ihren eigenen Händen. Ihre Erkenntnis, wie schwierig das Bemuttern sein kann, erfüllte sie mit Demut und großer Bereitschaft, all das zu würdigen, was ihrer eigenen Mutter gelungen war.

NACHWORT

Müttergruppen

Heutzutage genießt eine Mutter bei der Erziehung ihres Kindes größere Entscheidungsfreiheit. Wenn sie sich in der Anfangszeit erst zurechtfinden muss, kann diese Freiheit mehr als Bürde denn als Vorteil empfunden werden. Durch sie lernt die Mutter jedoch nicht nur, was »funktioniert«, sondern auch ihre eigenen tiefen Überzeugungen kennen und in welcher Form sie diese bei ihrer Familiengründung zum Ausdruck bringen kann. Diese Freiheit ist demnach kostbar. So erdrückend sie auch sein mag, ist sie es doch wert.

Manchmal sind es jedoch die Mütter selbst, die ihre Freiheit gegenseitig beeinträchtigen. Beim Thema Stillen kann beispielsweise missionarischer Eifer aufkommen. La Leche Liga hat stets den besonnenen Grundsatz verfolgt, die Entscheidung jeder Mutter, wie sie ihr Baby ernähren will, zu respektieren.[160] Als ich jedoch ein anderes, weniger spezielles Stilltreffen besuchte, erntete dort die Nachricht, dass eine Gruppe Schwangerer kollektiv zum Stillen »bekehrt« worden war, lauten Jubel und Applaus. Das scheint kurzsichtig. Mütter brauchen Informationen als Entscheidungshilfe. Wenn die Person, die uns Informationen gibt, uns außerdem unter Druck setzt, eine bestimmte Wahl zu treffen, wird unsere kostbare Freiheit unterminiert.

Zwei Individuen, die unterschiedliche Entscheidungen gefällt haben, müssen keine Bedrohung füreinander darstellen. Der wahre Feind einer Mutter ist nicht die Mutter, die scheinbar völlig »falsche« Entscheidungen getroffen hat. Wenn sich die beiden zusammensetzen, entspannt miteinander reden und lachen können, wird aus der »falschen« Mutter vielleicht eine Verbündete oder sogar Freundin. Ihr gemeinsamer Feind ist jede Person, die behauptet, es gebe nur *eine* richtige Art, ein

Kind zu erziehen. Platons große Pläne haben glücklicherweise nie ihren Platz zwischen den Buchdeckeln verlassen, und nur wenige Leute scheinen sich ihrer bewusst zu sein.[161] Doch Frederic Truby King war autorisiert[162], ein weltweites Programm für Mütter aufzubauen. Es ist sicherlich nur eine Frage der Zeit, bis jemand anders anbietet, Mütter wieder gleichzuschalten.[1]

Truby King wurde 1858 in Neuseeland geboren. Sein Buch *Feeding and Care of Baby* erschien erstmals 1913 in Großbritannien und wurde dort vierundzwanzig Mal nachgedruckt. Truby King besuchte Großbritannien und gründete im Londoner Vorort Highgate ein Schulungszentrum für Mütter. Er richtete weitere Schulungszentren in anderen englischsprachigen Ländern sowie in Russland, Polen, im damaligen Palästina und in China ein.

Als Weiterbildungsgrundlage diente Truby Kings Buch. Dabei handelt es sich praktisch um ein Lexikon der Babybetreuung in allen Einzelheiten, das nur wenige Fragen offenlässt. Selbst die Beziehung der Mutter zum Baby wurde festgelegt. Das Stillen sollte tagsüber alle vier Stunden erfolgen und war nachts zwölf Stunden lang verboten. Außerdem »sollte das Baby in regelmäßigen Abständen auf den Arm genommen und getragen werden, [...] doch übermäßige und übereifrige Beeinflussung und ungebührliche Stimulierung richten großen Schaden an«.[163] Ich sprach mit zwei Frauen, die am *Truby King Centre for Training Mothers* an einer Schulung teilgenommen hatten, welche dort noch bis 1951 angeboten wurden. Eine der beiden erinnerte sich: »Wir mussten die Babys

---

[1]   Anm. d. Ü.: In Deutschland konnte die österreichisch-deutsche Lungenfachärztin Johanna Haarer mit ihrem erstmalig im Jahr 1934 erschienen Erziehungsratgeber »Die deutsche Mutter und ihr erstes Kind« ähnliche Erfolge erzielen, und zwar weit über die nationalsozialistische Herrschaft hinaus. (Johanna Haarer: Die [deutsche] Mutter und ihr erstes Kind, Lehmanns Verlag, München 1934, 1961, 1964, 1987)

immer zu bestimmten Uhrzeiten aus ihren Bettchen hochnehmen und von einer Seite auf die andere drehen. Ich streichelte sie immer, wenn niemand hinsah. Wenn man dabei erwischt wurde, gab es eine Zurechtweisung.«

Truby Kings Einfluss reichte weit über seine Schulungszentren hinaus. Das Personal in Geburtskliniken gab seine Methoden an zahlreiche junge Mütter weiter. Mir sagte einmal eine Frau, die ihre Kinder zwischen den 1940ern und 1950ern bekommen hatte: »Eure Generation hat wirklich Glück. Wir durften unsere Babys nicht auf den Arm nehmen, wenn sie schrien. Ich weiß noch, wie ich im Nebenzimmer stand und meine Tränen flossen, weil mein Baby schrie und ich es erst in einer halben Stunde wieder füttern durfte.« Sie war allein zu Hause. Niemand hätte sie beobachten oder davon abhalten können, ihr Baby auf den Arm zu nehmen. Doch Truby Kings Methode verlangte von Müttern bedingungslosen Gehorsam – und er erhielt ihn oft genug.

Seit Jahrhunderten wird hitzig darüber diskutiert, ob jede Mutter ihre Kinder selbst betreuen sollte oder ob alle oder nur einige Mütter die Kinderbetreuung an Fachleute abgeben sollten. Jean-Jacques Rousseau bestand beispielsweise darauf, dass Mütter ihre Babys selbst großziehen sollten.[164] Florence Nightingale äußerte hundert Jahre später die Ansicht, dass Babys in gemeinschaftlichen Krippen aufwachsen sollten.[165] Beide waren – wie so viele felsenfest überzeugte Leute – keine Mütter. Inzwischen werden mehrmals jährlich neue Forschungsergebnisse präsentiert, häufig auf den Titelseiten überregionaler Zeitungen, die eine der beiden Seiten stützen. Zum Glück für uns alle wurde diese Debatte nie zum Abschluss gebracht. Es sollte also den Müttern überlassen bleiben, ihre eigene Entscheidung zu treffen.

Heutzutage hat diese Diskussion jedoch eine besondere Tendenz. Es wird sicher immer Frauen mit Kinderwunsch geben, für die ihr Beruf an erster Stelle steht. Sie sind sich dessen bewusst, schwierige Entscheidungen treffen zu müssen, wenn sie die Kinderbetreuung Fachleuten überlassen. Genauso wird es sicher immer Mütter geben, die ihr Baby lieber selbst betreuen. Sie versuchen, ihr Arbeitsleben mit den Bedürfnissen ihres Babys in Einklang zu bringen, oder pausieren von ihrem Beruf. Doch momentan wird bei der Diskussion des Themas stillschweigend vorausgesetzt, dass nicht das Arbeitsleben an das Baby, sondern die Babybetreuung an die Arbeit angepasst werden muss. Heutzutage scheint die *Mehrheit* der Mütter in Großbritannien der ersten Gruppe anzugehören.[166] Sie kehren innerhalb des ersten Lebensjahres ihres Babys wieder in ihren Beruf zurück. Liegt es daran, dass inzwischen nahezu alle Frauen die Arbeit der Kinderbetreuung vorziehen?

Eine Frau, die ihr Baby bemuttert, tut etwas, was kein ausgebildeter Erzieher und keine ausgebildete Erzieherin so gut wie sie vermag. Immer wieder berichten Erzieherinnen, wie anders sie empfanden, als sie selbst Mütter wurden. Als Fachfrauen hielten sie Mütter oft für »überängstlich«. Wenn sie dann ihr eigenes verletzliches und geliebtes Baby im Arm hielten, hatten sie plötzlich Verständnis für jene Mütter. Die kompetenteste Fachkraft gibt oft unumwunden zu, nicht die Mutter des Kindes zu sein, nimmt also den wesentlichen Unterschied wahr. Eine Mutter kennt ihr Kind besser als jede und jeder andere. In traditionelleren Gesellschaften ist diese Wahrheit allen bewusst, doch in Gesellschaften, in denen Frauen sich mehr Gleichberechtigung erkämpft haben, wird diese scheinbar selbstverständliche Wahrheit ignoriert.

Frauen wird vermittelt, dass sie nach sechs Monaten der Babybetreuung einen Lagerkoller bekämen und sich verzweifelt nach ihrer Arbeit sehnten. Inwieweit wird dies zur sich selbsterfüllenden Prophezeiung? Kate Figes schreibt: »Ich wollte unbedingt an meinen Arbeitsplatz zurückkehren, um mich wieder mit der realen Welt verbunden zu fühlen.«[167] In ihren Augen bedeutet das Muttersein, nicht mit der »realen Welt« verbunden zu sein.

Seit Jahrzehnten wird großzügiges Bemuttern kontinuierlich diskreditiert. Frauen werden als »Glucke« abgetan, wenn
sie Freude an der Betreuung ihres Babys äußern. Es klingt, als
seien diese Frauen mit sonderbaren Fähigkeiten ausgestattet,
über die »normale« Frauen nicht verfügten. Das ist eher unwahrscheinlich. Die meisten Mütter scheinen in der Lage zu
sein, sich in solche Mütter zu verwandeln, selbst wenn sie
krank oder auf der Flucht sind oder mit anderen schwierigen
Umständen zu kämpfen haben. Das Bemuttern ist flexibel und
ganz bestimmt nicht nur einigen wenigen vorbehalten. Doch
ist das wirklich allen Frauen bewusst?

Viele Bücher für Mütter vermitteln beispielsweise ein
falsches Bild dessen, worum es beim Muttersein wirklich geht.
Sie spielen die Wichtigkeit der Beziehung herunter, die es zum
Baby aufzubauen gilt. Es ist jedoch falsch, die Intimität des
Bemutterns auf eine Reihe von Praktiken und Techniken zu reduzieren. Zu viele der derzeit erscheinenden Ratgeber unter-
stellen, dass es beim Muttersein darum gehe, das »unliebsa-
me« Verhalten des Babys zu verändern. Gina Ford, Autorin
des Bestsellers *Das zufriedene Baby*, bietet Eltern dabei ihre
Hilfe an. »Was mein Buch grundlegend von anderen Ratge-
bern unterscheidet «, schreibt sie in ihrer Einleitung, »ist meine jahrelange praktische Erfahrung. Ich habe Hunderte unterschiedlicher Babys betreut. [...] Meine Ratschläge bringen Ihnen bei, Ihrem Baby zuzuhören und zu erkennen, was es Ihnen
wirklich sagen will«.[168]

Da Gina Fords Buch Müttern »beibringt«, was ihr Baby
»wirklich« ausdrückt, wird die Mutter ermutigt, sich zuerst
dem Buch und dann ihrem Baby zuzuwenden. Babys sind jedoch keine Maschinen, die nach Anleitung repariert werden
können. Sie sind Menschen, die in komplexen Beziehungen zu
ihren Eltern stehen.

Es gibt kleine Anzeichen dafür, dass großzügiges Bemuttern langsam wieder in Mode kommt. Wenn es soweit ist, sind
die heutigen Mütter wahrscheinlich Großmütter. Vielleicht er-

zählen sie dann ihren Töchtern oder Enkelinnen: »Eure Generation hat wirklich Glück. Wir durften unsere Babys nicht selbst betreuen.«

Es ist erschreckend, wie wenige Mütter darauf vertrauen, das Bemuttern lernen zu können. Häufig äußern sie sich, als seien sie auf professionelle Kinderbetreuung *angewiesen*. In dem Fall wurde ihnen sicher ein verzerrtes Bild des Mutterseins vermittelt. Um mit Bedacht entscheiden zu können, wann sie in ihren Beruf zurückkehren wollen, müssen Müttern Argumente *beider* Seiten dieser strittigen Frage zur Verfügung stehen.

Diese Debatte zeigt, dass das, was Mütter tun, eine politische Dimension hat. Eine frühe Auseinandersetzung mit dem Thema verdanken wir einem genialen Mann. Mit seinem 411 v. Chr. verfassten Theaterstück *Lysistrata* wurde der große athenische Dichter Aristophanes Wegbereiter einer ganz eigenen Haltung. In dieser Komödie gelingt es den Frauen, dem langjährigen Peloponnesischen Krieg ein jähes Ende zu setzen. Die athenische Mutter Lysistrata sichert sich die Mitarbeit ihrer spartanischen Leidensgenossinnen. Ihrem Plan zufolge sollen sich die Frauen beider Seiten ihren Männern so lange sexuell verweigern, bis der Krieg endet. In einer Szene wird Lysistrata von einem Athener Beamten dafür verhöhnt, dass sie als Frau sich anmaße, etwas vom Krieg zu verstehen. Lysistrata protestiert, dass Mütter sehr wohl etwas verständen. Sie bemutterten die Männer, die als Soldaten stürben. »*Ruhe!*« blafft der Beamte. Sie hat offensichtlich einen wunden Punkt berührt. Das Ganze wird komödiantisch behandelt, und so stolpern die Schauspieler bald als Athener und Spartaner mit offensichtlich riesigen Erektionen unter ihren Tuniken auf die Bühne. Binnen weniger Tage wird Frieden erklärt.

Dies muss im fünften Jahrhundert v. Chr. abwegig für die rein männliche Besetzung eines großen Athener Theaters und sein rein männliches Publikum geklungen haben. Mit wenigen Ausnahmen waren Frauen den Männern gesellschaftlich untergeordnet. Inzwischen wurde diese abwegige Idee jedoch verwirklicht. In jüngerer Vergangenheit gab es Momente, in denen Frauen sich aus solchen und ähnlichen Beweggründen zusammenschlossen. Mütter entdecken langsam ihre politische Macht. Interessanterweise nutzen sie diese meistens, um gegen Unrecht zu protestieren. Es gibt eine wachsende Anzahl internationaler Bewegungen, deren Namen mit »Mothers against« beginnen, wie beispielsweise Mütter gegen den Krieg, Mütter gegen Gewalt in Amerika, Mütter gegen Gangs, Mütter gegen Drogen, Mütter gegen Alkohol am Steuer, Mütter gegen sexuellen Missbrauch, Mütter gegen die Todesstrafe, Mütter gegen Genmanipulation. So negativ diese Liste klingen mag, wurzeln all diese Ziele jedoch in durchaus positiven mütterlichen Werten.

Jede Mutter, die sich zu Hause isoliert und ohne politisches Gewicht fühlt, verkennt ihre Bedeutung als Mutter. Sie ist unglaublich wichtig. Die von ihr gegründete Familie verkörpert ihre Werte. Sie ist sowohl ihre Privatangelegenheit als auch ihre politische Basis. Sie kann eine gute Basis schaffen, besonders wenn sie ihre Macht ihren Kindern gegenüber überlegt einsetzt. Die politischen Werte ihres Umfelds müssen nicht den ihren entsprechen. Genauso können jedoch ihr Schweigen und ihre Unterwürfigkeit als passive Unterstützung des jeweiligen Status quo dienen.

Wer dies bezweifelt, sollte sich die Rolle ansehen, die Mütter in vielen Gesellschaften gespielt haben. Wenn eine Regierung repressiv und korrupt ist, können Mütter diese unwissentlich stützen. So unangenehm die Erkenntnis auch sein mag, hat die Unterstützung von Müttern wohl entscheidend zur Durchsetzung der Rassenpolitik des NS-Regimes beigetragen, welche in der »Endlösung« gipfelte. Es wurde ausgiebig erörtert, wie Menschen so unmenschlich handeln konnten. Nazipsychiater machten sich ein simples Unterstützungssystem zunutze. Sie rieten den Tätern, sich zu »rehumanisieren«, indem sie genügend Freizeit mit ihren Frauen und Kindern verbrächten.[169]

In Demokratien mag diese Form der Ausbeutung weniger augenscheinlich sein. Jedoch kann es einer erfahrenen Mutter passieren, dass Erwachsene genau wie Kinder von ihr bemuttert werden möchten, und dies sowohl zu Hause als auch an ihrem Arbeitsplatz. Daher sollte sie möglicherweise wachsam sein, wen sie bemuttert und welche Werte sie dadurch unterstützt. Ohne sich dessen bewusst zu sein, »rehumanisiert« sie vielleicht Menschen, deren Werte sie ablehnt.

Mir scheint, dass der beste Schutz für Mütter gegen diese großen und kleinen Zwänge Müttergruppen sind, sei es in Form regelmäßiger Treffen oder spontaner Zusammenkünfte in Läden oder auf der Straße.[170] Hier können sich Mütter austauschen und ihre Ansichten hinterfragen. Häufig werden die von Müttern geführten Gespräche ins Lächerliche gezogen. Andere Leute mögen zwar selbst regelmäßig an Arbeitsbesprechungen teilnehmen, tun jene von Müttern jedoch als »quatschen« ab.

Frauen waren schon immer kommunikativ, und Mütter entwickeln einen eigenen Gesprächsstil. Sie sind oft unausgeschlafen und werden in regelmäßigen Abständen von ihrem Baby abgelenkt. Die Themen werden also eher (wie Außenstehende vielleicht kritisieren könnten) etwas ungeordnet und zusammenhanglos behandelt, sodass Fragen vielschichtig angesprochen werden können.[171] Mir fällt das besonders bei Treffen der La Leche Liga auf, da jedes einzelne unter einer bestimmten Überschrift stattfindet. Das genannte Thema wird zwar angesprochen, jedoch nicht systematisch. Anschließend bestätigen die Mütter aber, viel von dem Treffen mitgenommen zu haben. Offensichtlich konnten sie das Treffen dafür nutzen, ihre Arbeit als Mütter zu reflektieren.

Meistens finden oder gründen Mütter Gruppen vor Ort, in denen sie sich treffen. Bei der wöchentlichen Gesprächsrunde *Mothers Talking,* die ich seit 1991 anbiete, gibt es keine festgelegten Themen. Im Lauf der Jahre haben mir Mütter häufig erzählt, was sie am Gespräch mit anderen Müttern schätzen.

Diese Unterhaltungen scheinen auf vielen Ebenen zu »wirken«.

Mir geht es besser, wenn ich hier sitze und euch allen zuhöre. Mir geht es so viel besser. Ich wünschte, ich könnte euch alle mit nach Hause nehmen. Wenn ich nämlich allein mit meinem Sohn zu Hause bin, tauchen die Probleme auf. [Sohn, 3 Wochen]

Mutter eines Babys mit Down-Syndrom: Ich hatte Angst, dass ich hier diejenige sein würde, die am meisten Zuspruch braucht. Aber wenn ich euch allen zuhöre, wird mir klar, dass andere Leute Schwierigkeiten haben, die ich nicht hatte. [Sohn, 2 Monate]

Alles, was die Mütter vor mir gesagt haben, betrifft auch mich. Mir ist kein einziges Problem fremd. Mir war nicht bewusst, dass sich andere Leute genauso viele Sorgen um ihr Baby machen wie ich. Ich will so viel erzählen, aber ich kann nicht aufhören zu weinen, weil ich jetzt weiß, dass ich *normal* bin. Ich dachte, ich sei verrückt. Aber alle diese Gefühle sind normal. [Sohn, 2 Monate]

Der Austausch hier gibt mir sehr viel Kraft. Ich gehe hier immer energiegeladen heraus. Für eine Mutter ist es am wichtigsten, dass ihr jemand zuhört. [Sohn, 6 Monate]

Das ist eine sehr ehrliche Gruppe. Es ist schön, seine wahren Gefühle ausdrücken zu können. Wenn ich mich auf das Treffen vorbereite, beginne ich, meine wahren Gefühle zu ergründen. [Tochter, 8 Monate]

Obwohl junge Mütter so verständnisvoll sind, ist es nicht immer einfach, sie zu unterstützen. Sie befinden sich in einer sensiblen Phase ihres Lebens. Oft mangelt es ihnen an Selbstvertrauen. Aufgrund ihrer Verletzbarkeit können eine gedankenlose Bemerkung oder ein Witz ihnen nun einen Stich versetzen, den diese Frauen zu einem früheren Zeitpunkt ihres Lebens kaum verspürt hätten. Doch aus genau diesem Grund können ihre Sensibilität füreinander und ihr Einfühlungsvermögen größer sein.

Es scheint kein Wort zu existieren, das diese wunderbare Fähigkeit beschreibt, sich trotz aller Unterschiede zu verständigen. Wenn Mütter sich aber geborgen fühlen, erreichen sie genau das. Ich finde es sehr bewegend. Das früheste Beispiel, das ich dafür fand (und das zufällig, weil mein eigener Name darin auftaucht) ist das der Noomi im *Buch Rut* in der Bibel. Darin wird erzählt, wie Noomi und ihre Familie wegen einer Hungersnot in Bethlehem nach Moab auswandern. Hier sterben nach mehreren Jahren Noomis Mann und ihre beiden Söhne, und sie kehrt nach Bethlehem zurück, wohin nur ihre verwitwete Schwiegertochter Rut sie begleitet.

Im Hebräischen, worin die Geschichte ursprünglich verfasst wurde, übernimmt das Verb die männliche Endung nicht nur dann, wenn alle Handelnden männlich sind, sondern sogar dann, wenn von vielen Frauen und nur einem Mann die Rede ist. An diesem Punkt in der Geschichte haben die Verben ausschließlich weibliche Endungen, was sehr ungewöhnlich für die Bibel ist. Aus dem hebräischen Ursprungstext können wir also schließen, dass kein einziger Mann anwesend war. Die Frauen sind ganz unter sich. »Ist das die Noomi?«, fragen die Frauen von Bethlehem, und Noomi antwortet: »Nennt mich nicht Noomi, sondern Mara; denn der Allmächtige hat mir viel Bitteres angetan. Voll zog ich aus, aber leer hat mich der Herr wieder heimgebracht. Warum nennt ihr mich denn Noomi, da doch der Herr gegen mich gesprochen und der Allmächtige mich betrübt hat?« Im nächsten Satz heißt es: »Es war aber um die Zeit, da die Gerstenernte anging, als Noomi [...]«[172]

Was war geschehen? Wir erfahren nicht, wie die Frauen von Bethlehem reagierten. Nahmen sie Noomi in den Arm und weinten mit ihr, oder zeigten sie ihr die kalte Schulter (weil sie und ihre Familie Bethlehem während der Hungersnot verlassen hatten)? Ich nehme an, dass sie schwiegen, da ich bei *Mothers Talking* solche Situationen erlebt habe. Eine Mutter erzählt mit der gleichen Bitterkeit, mit der auch Noomi berichtete. Die anwesenden Mütter bilden zusammen eine Art Gefäß, um deren Schmerz aufzufangen – anders kann ich es nicht erklären. Ein Moment der Spannung entsteht, wenn wir uns nicht sicher sind, ob das Gefäß stabil genug ist und hält. Die Mutter fängt an zu weinen, und eine zweite Mutter reicht ihr vielleicht ein Taschentuch. Die anderen murmeln: »Das muss schlimm sein« oder andere mitfühlende Bemerkungen. Doch allgemein besteht die Reaktion in einem tiefen Schweigen angesichts des Leids einer anderen Mutter.

Erst nach vielen Fehlschlägen wurde mir die heilende Wirkung dieses Schweigens bewusst. Sie fungiert als eine Art Stoßdämpfer. Es muss nichts weiter gesagt werden. Die weinende Mutter fühlt sich weniger allein, und die anwesenden Mütter spüren, dass sie einen winzigen Bruchteil ihres Unglücks auf sich genommen haben. Alle fühlen sich erleichtert und gestärkt, trotz des geteilten Schmerzes. Nach einiger Zeit trocknet die verbitterte Mutter ihre Tränen, dankt allen, und die Gruppe wendet sich etwas anderem zu.

Häufig wirkt Schweigen besser als Worte. Manche Mütter suchen die Treffen auf, um Ratschläge zu erhalten oder zu geben, doch das kann leicht schief laufen. Die Situation jeder einzelnen Mutter ist einzigartig. Wenn eine Mutter etwas von einer anderen Mutter lernt, findet sie oft eine ganz nebensächliche Information nützlich, nicht deren gesamtes System. Hat eine Mutter die ersten unsicheren Monate überstanden, ist sie vielleicht geneigt zu glauben, dass sie Mütter kleinerer Babys vor dieser schweren Phase bewahren kann.

Ich stand in der Schlange unseres Supermarkts und sah, dass die Frau hinter mir schwanger war. Ich dachte: »Oh, *wow,* ich habe so viel Erfahrung als Mutter!« Und dann sagte ich mir: »Sie hat dich aber nicht gefragt. Halt einfach den Mund!« Es war nicht leicht, aber ich biss mir auf die Zunge. [Tochter, 6 Monate]

Heute Morgen traf ich eine Mutter, deren Baby zehn Monate alt war und die ähnliche Probleme wie ich hatte. Ich fragte: »Interessiert dich, was ich probiert habe und was wirklich *geholfen* hat?« Also fing ich an, ihr davon zu erzählen, und sie sagte bloß immer: »Oh, das habe ich probiert.« »Nein, das möchte ich nicht machen.« Also hörte ich nach etwa fünf Minuten auf, weil sie es nicht hören wollte. Aber ich fühle mich *furchtbar,* wenn ich an sie denke. *Damit meinte sie, dass sie der anderen Mutter so gerne helfen wollte.* [Tochter, 10 Monate]

In den meisten Fällen scheint es Mitgefühl zu sein, worauf Mütter aus sind – ohne Ratschläge. Das ist der Grund, weshalb ihre Erzählungen erschreckend klingen können. Das erschreckende Element dient dazu, Mitleid hervorzurufen. Oftmals nimmt es die Mutter mit der Wahrheit nicht so genau und zeichnet ein sehr einseitiges Bild. Das liegt daran, dass sie sich danach sehnt, von ihren Zuhörerinnen mit Mitgefühl überschüttet zu werden. Sie hat wahrscheinlich den ganzen Vormittag damit verbracht, ihrem Kind gegenüber geduldig und mitfühlend zu sein und lechzt nach etwas Aufmerksamkeit. Ihre erschreckende Erzählung kann bei ihrer Zuhörerin jedoch so großes Mitleid erzeugen (wie im oben angeführten Beispiel), dass diese sich genötigt fühlt, ihr mit praktischen Ratschlägen zu helfen. Daraufhin versucht die erste Mutter ihrem Bedürfnis nach Mitgefühl Nachdruck zu verleihen, indem sie noch Erschreckenderes erzählt, was wiederum die Zuhörerin noch angestrengter nach annehmbaren Ratschlägen suchen lässt. Keine der beiden Mütter versteht, weshalb ihre Bemühungen vergeblich sind. Solche Gespräche sind keine Seltenheit. Auch ich tappe noch nach so vielen Jahren ungewollt manchmal in die Falle, einen »kleinen Tipp am Rande« geben zu wollen.

Mütter sind nie um Probleme verlegen, die sie miteinander besprechen können. Es war vielleicht nie leicht, eine Mutter zu sein. Heutzutage scheint jedoch die Bedeutung der Mutterschaft an sich völlig auf den Kopf gestellt worden zu sein. Wie es von der Jugend heißt, dass es »eine Schande sei, sie an Kinder zu vergeuden«, so scheint das Bemuttern als auf Babys vergeudet zu gelten. Erwachsene schätzen das Bemuttern – doch häufig nur, wenn es sie selbst betrifft. Das Bemuttern von Babys wird dagegen immer wieder verächtlich gemacht. Oft werden Babys als bloße Produzenten dreckiger Windeln und saurer, erbrochener Milch karikiert. In vielen westlichen Ländern wird von Müttern erwartet, dass sie ihre Kinder davon abhalten, zu viel Lärm zu machen, anderen Erwachsenen »in die Quere« zu kommen, »lästig« zu werden oder »Mühe« zu machen. »Ist es brav?« bezieht sich in den meisten Fällen (falls Sie sich fragen, was diese Frage bedeuten soll) auf ein Baby, das keine Mühe zu bereiten scheint. So gesehen könnte großzügiges Bemuttern – das heißt, enorme Mühe auf sich zu nehmen, dem Kind seinen Weg in die Komplexität des Lebens außerhalb des Mutterleibs zu erleichtern – als Versagen interpretiert werden. Wenn eine Mutter so handelt, erlaubt sie ihrem Baby offensichtlich, ihr Mühe zu machen.

Der Titel *Was Mütter tun – besonders, wenn es wie nichts aussieht* reflektiert diese negative Sicht auf Mütter. Falls wir »nichts« sehen, wenn eine Mutter schlicht und einfach eine Mutter ist, kann sie *selbst* das Gefühl beschleichen, sie tue nichts. Wenn *sie* glaubt, sie tue nichts, und *wir* glauben, sie tue nichts, erfährt nur das sprachlose Baby, wie viel Gutes sie tut.

Was *tun* Mütter denn?

Im Badezimmer liegt eine Zahnpastatube offen auf dem Boden. Ihr Deckel ist sonst wohin gerollt. Eine Zahnbürste mit etwas Zahnpasta darauf liegt unbenutzt auf dem Waschbeckenrand. Anscheinend wurde jemand beim Zähneputzen gestört. Dieser Jemand ist im nächsten Zimmer. Es ist eine Frau, eine Mutter mit ihrem Baby. Was tut sie? Nun, Ihre Antwort kommt ganz auf Sie an und darauf, was Sie bei ihrem Anblick sehen.

Zählt man eins und eins zusammen, sieht man vielleicht eine bedauernswerte Frau mit einem sehr anstrengenden Baby, das nicht mal *zwei Minuten* warten konnte, während sich seine Mutter die Zähne putzte, sondern so schrie, dass sie hingehen und es auf den Arm nehmen musste. Bietet man ihr an, ihr Baby zu halten, klammert es sich trotzig an seine Mutter und vertraut keinem anderen Menschen. Man kann sich fragen, warum Babys überhaupt erfunden wurden. Wahrscheinlich sehen Sie das anders. Sie haben Ihre eigenen Ansichten. Ich beende dieses Buch mit einer Beschreibung dessen, was ich sehe.

Ich sehe eine völlig erschöpfte Mutter, blass mit dunklen Ringen unter den Augen, die wie durch ein Wunder die Energie aufbringt, ihrem Baby etwas vorzusingen und es auf eine Art zu wiegen, die ihm langsam vertraut vorkommt. Ich sehe, wie es sich entspannt und sein verkrampfter Körper in ihren Armen zu schmelzen scheint. Es schreit nicht mehr. Mit seinem ganzen Sein lauscht es der Musik und spürt den herrlichen Rhythmus der Mutter, die es so gut zu trösten vermag. Es dauert lange, bis es endlich einschlafen kann. Wenn es soweit ist, scheint sich im ganzen Zimmer Frieden zu verbreiten. Es scheint eine bedeutende Veränderung eingetreten zu sein. Eine Reise hat stattgefunden, die Verzweiflung ist in Harmonie übergegangen. Mit einem warmen Lächeln blickt die Mutter auf. Sie hat das Wunder vollbracht; doch vielleicht haben wir ihr geholfen, indem wir in ihrem Tun »etwas« gesehen haben.

Quellenangaben

[1] Griffin, Susan (1982), *Made From This Earth*, Selections from her writing 1967-82, London: Women's Press, S. 70-71

[2] Cusk, Rachel (2001), »The language of love« in *Guardian*, G2, 12. September 2001, S. 8

[3] Gansberg, Judith M. und Mostel, Dr. Arthur P. (1984), *The Second Nine Months: the Sexual and Emotional Concerns of the New Mother*, Wellingborough: Thorsons, S. 86

[4] Klaus, Marshall H. und Kennell, John H. (1983), *Bonding, the Beginnings of Parent-Infant Attachment*, St. Louis: C.V. Mosby, S. 2

[5] Bowlby, John (1988), *Bindung als sichere Basis*, München: Ernst Reinhardt Verlag, Übersetzung aus dem Englischen von Axel Hillig und Helene Hanf, S. 19 f.

[6] Klaus, Marshall H. und Kennell, John H. (1983), *Mutter-Kind-Bindung: über die Folgen einer frühen Trennung*, München: Kösel, Übersetzung aus dem Englischen von Karl Heinz Siber, S. 111

[7] Klaus, Marshall H. und Kennell, John H. (1983), *Bonding, the Beginnings of Parent-Infant Attachment*, St. Louis: C.V. Mosby, S. 56

[8] Siehe beispielsweise Daniel Sterns vielzitiertes Buch *Die Lebenserfahrung des Säuglings* (1985), Stuttgart: Klett-Cotta

[9] Persönliche mündliche Mitteilung von Kittie Franz, Direktorin der Stillklinik Breastfeeding Infant Clinic, Los Angeles County, an Naomi Stadlen. Die andere Gesundheitsexpertin ist Chloe Fisher, vor ihrem Ruhestand an der Stillklinik am John Radcliffe Hospital in Oxford tätig. Kittie Franz berichtete, dass der Begriff 1970 in einer Diskussion am Strand auftauchte und dass sie sich nicht erinnern könne, wer von den beiden ihn zuerst benutzte.

10 Priya, Jacqueline Vincent (1992), *Birth Traditions and Modern Pregnancy Care,* Shaftesbury, Dorset: Element Books, S. 116

11 Siehe insbesondere Spender, Dale (1980), *Man Made Language,* London: Pandora, S. 54-58

12 Siehe beispielsweise Kitzinger, Sheila (1984), *Frauen als Mütter: Mutterschaft in verschiedenen Kulturen,* München: Deutscher Taschenbuch-Verlag

13 Cobb, John (1980), *Babyshock,* London: Hutchinson, S. 13

14 Caspi, Mishael Maswari und Blessing, Julia Ann, Hrsg. (1991), *Weavers of the Songs: the Oral Poetry of Arab Women in Israel and the West Bank;* Boulder, CO: Lynne Rienner Publishers, zusammengestellt, bearbeitet und ins Englische übersetzt von den HerausgeberInnen

15 White, Amanda, Freeth, Stephanie und O'Brien, Maureen (1990, 1993), *Infant Feeding,* London: HMSO, S. 27 und 69

16 Johnson, Rachel, »Real women don't need degrees«, in *Daily Telegraph,* 21. Februar 1998

17 Elkind, David (1991), *Das gehetzte Kind,* Hamburg: Ernst Kabel Verlag, Übersetzung aus dem Englischen von Anke Grube

18 Breen, Dana (1981, 1989), *Talking With Mothers,* London: Free Association, S. 116

19 Nigella Lawsons Kolumne im *Observer,* 28. März 1999

20 Tolstoi, L. N. (2010), *Kreutzersonate,* Zürich: Manesse Verlag, Übersetzung aus dem Russischen von Olga Radetzkaja, S. 87 f.

21 Stern, Daniel N. und Bruschweiler-Stern, Nadia (2014), *Geburt einer Mutter,* Frankfurt: Brandes & Apsel Verlag GmbH, Übersetzung aus dem Englischen von Angelika Hildebrandt, S. 104 f.

22 Olsen, Tillie (1980), *Silences,* London: Virago, S. 18 f.

23 Karmiloff-Smith, Annette beschreibt in *Baby It's You* (1994), London: Ebury Press, wie Babys schon im Alter von sechs bis acht Wochen manchmal nach einem Schrei-

anfall ruhig werden und nach den Schritten ihrer Eltern zu lauschen scheinen. Wenn sie diese Geräusche nicht hören, beginnen sie wieder zu schreien (S. 168). Anders ausgedrückt, ein Baby kann erst Erfolg haben, wenn es gelernt hat, dass seine Eltern auf seinen Schrei reagieren.

[24] Dunn, Judy (1977), *Distress and Comfort,* London: Fontana/Open Books, S. 32

[25] Jes 66.13, LUT. Die wörtliche Übersetzung des hebräischen Bibeltextes »Wie eine Mutter einen *Mann* tröstet [...]« verdeutlicht den bleibenden Wert mütterlichen Trosts. Jesaja vergleicht den mütterlichen Trost mit göttlichem Trost.

[26] Glynn, Laura M., Christenfeld, Nicholas und Gerin, William (März 1999), »Gender, Social Support, and Cardiovascular Responses to Stress« in *Psychosomatic Medicine,* Baltimore, USA, S. 234-242

[27] Siehe »Nursing Twins« von Susan Shannon Davies in *New Beginnings,* Schaumburg, USA: La Leche League International Mai-Juni 1997, S. 73

[28] Siehe Lester, Barry M. (1985), »There's More to Crying than Meets the Eye« in *Infant Crying: Theoretical and Research Perspectives,* Lester, Barry M. und Boukydis, C. F. Zachariah, Hrsg., New York: Plenum Press, S. 7. Außerdem Gunner, Megan R. und Donzella, Bonny (1999), »Looking for the Rosetta Stone, an Essay on Crying, Soothing and Stress« in *Soothing and Stress,* Lewis, Michael und Ramsay, Douglas, Hrsg., Mahwah, NJ: Lawrence Erlbaum Associates, S. 39

[29] Platon (1991), *Nomoi* in: Sämtliche Werke, Frankfurt am Main: Insel Verlag, nach der Übersetzung von Franz Susemihl, Buch VII

[30] Dunn, Judy (1977), *Distress and Comfort,* London: Fontana/Open Books, S. 28

[31] La Leche League International (1985, 2004), *The Womanly Art of Breastfeeding,* Schaumburg, USA: LLLI, S. 94

[32] Siehe beispielsweise Parker, Rozsika (1995), *Torn in Two*, London: Virago, S. 1

[33] Maushart, Susan (1999), *The Mask of Motherhood*, London: Pandora, S. 125

[34] Donovan, Wilberta L. und Levitt, Lewis A. (1985), »Physiology and Behaviour: Parents' Response to the Infant's Cry« in *Infant Crying: Theoretical and Research Perspectives*, Lester, Barry M. und Boukydis, C. F. Zachariah, Hrsg., New York: Plenum Press, S. 253

[35] Lester, Barry M. (1985), »There's More to Crying than Meets the Ear« in ebd. S. 23 und 25

[36] Simpson, John und Speake, Jennifer, Hrsg. (1982), *The Oxford Concise Dictionary of Proverbs*, Oxford: Oxford University Press, S. 43

[37] Parkinson, Christine E. und Talbert, D. G. (1987), »Ways of Evaluating the Mother-Infant Relationship« in Harvey, David, Hrsg., *Parent-Infant Relationships*, Chichester: Wiley & Sons, S. 17

[38] Olsen, Tillie (1980), *Silences*, London: Virago, S. 19

[39] Stern, Daniel N. (1985), *Die Lebenserfahrung des Säuglings*, Stuttgart: Klett-Cotta, Kapitel 9

[40] Klaus, Marshall H. und Kennell, John H. (1983), *Mutter-Kind-Bindung: über die Folgen einer frühen Trennung*, München: Kösel, S. 80

[41] Siehe beispielsweise Parkinson, Christine E. und Talbert, D. G. (1987), »Ways of Evaluating the Mother-Infant Relationship« in Harvey, David, Hrsg., *Parent-Infant Relationships*, Chichester: Wiley & Sons, S. 18-19 und Klaus, Marshall H. und Kennell, John H. (1983), *Mutter-Kind-Bindung: über die Folgen einer frühen Trennung*, München: Kösel

[42] Prigogine, Ilya und Stengers, Isabelle (1985), *Order Out of Chaos*, Fontana, außerdem Abraham, Frederick David und Gilgen, Albert R., Hrsg. (1995), *Chaos Theory in Psychology*, Westport, Conn.

43 Winnicott, D. W. (1992), *Kind, Familie und Umwelt,* München, Basel: E. Reinhardt, Übersetzung aus dem Englischen von Ursula Seemann, S. 11

44 Platon (1991), *Nomoi* in: Sämtliche Werke, Frankfurt am Main: Insel Verlag, nach der Übersetzung von Franz Susemihl, Buch VII

45 Bernard, Jessie (1975), *The Future of Parenthood,* London: Caldar and Boyars, S. 277

46 Hartmann, Ernest L. (1973), *The Functions of Sleep,* Oxford: Oxford University Press, S. 3.

47 Coren, Stanley (1996), *Sleep Thieves,* New York: Free Press, Simon & Schuster, S. 114. Siehe auch Pinilla, Teresa und Birch, Leann, »Help me make it through the night«, in *Pediatrics,* 91 [2], Februar 1993, S. 436-444.

48 Kleitman, Nathaniel (1939, 1963), *Sleep and Wakefulness,* Chicago: University of Chicago Press, S. 112.

49 Ebenda, S. 219 ff.

50 Jensen, Susan und Given, Barbara A., »Fatigue affecting family caregivers of cancer patients«, *Cancer Nursing,* 1991, 14 [4], S. 182.

51 Milligan, Renee A. und Pugh, Linda C., »Fatigue during the childbearing period«, *Annual Review of Nursing Research,* 1994, Band 12, S. 34 und 43. Siehe auch Lee, Kathryn A. und De Joseph, Jeanne F., »Sleep Disturbances, Vitality, and Fatigue among a Select Group of Employed Childbearing Women«, *Birth,* 19 [4], Dezember 1992, S. 208: »Es gibt nur wenige Untersuchungen zu hochgradiger Erschöpfung und Schlafstörungen während der Schwangerschaft und nach der Geburt.«

52 Benn, Melissa (1998), *Madonna and Child,* London: Cape, S. 241.

53 Hobson, J. Allan (1989), *Sleep,* New York: The Scientific American Library, S. 4.

[54] McKenna, James J., »Rethinking ›healthy‹ infant sleep«, *Breastfeeding Abstracts,* Schaumburg, USA: La Leche League International, Februar 1993, Ausgabe 12, Nr. 3, S. 27. Zwei weitere bahnbrechende Bücher zu dieser Lösung sind Thevenin, Tine (1984), *Das Familienbett: Geborgenheit statt Isolation,* Frankfurt am Main: Fischer und Jackson, Deborah (1996), *Drei in einem Bett: Schlafen mit Kind,* Reinbek: Rowohlt

[55] Daugherty, Steven R. und Dewitt, C. Baldwin, »Sleep deprivation in senior medical students and first-year residents«, *Academic Medicine,* Januarbeilage 1996, Band 71, Nr. 1, S. S93.

[56] Ebenda, S. S95

[57] Kagan, Jerome (1984), *Die Natur des Kindes,* Weinheim und Basel: Beltz, Übersetzung aus dem Englischen von Friedrich Griese, S. 47

[58] Die Richtlinie der La Leche League stellt klar: »Stillen ist noch keine Garantie für gutes Bemuttern und Flaschennahrung schließt es nicht aus. Am Wichtigsten ist, dass Sie Ihr Baby lieben und Ihr Bestes tun, es gut zu bemuttern.« La Leche League International (1958, 2004) *The Womanly Art of Breastfeeding,* Schaumburg, USA: LLLI, S. 16

[59] Karmiloff-Smith, Annette (1994), *Baby It's You,* London: Ebury Press, Random House, S. 168 f.

[60] Freud, Sigmund (1999), *Gesammelte Werke: Band XI, Vorlesungen zur Einführung in die Psychoanalyse,* Frankfurt am Main: Fischer, XX. Vorlesung: Das menschliche Sexualleben

[61] Aristoteles (1982), *Die Poetik,* Stuttgart: Reclam, Übersetzung aus dem Griechischen von Manfred Fuhrmann, S. 13

[62] Freud, Sigmund (1969), *Gesammelte Werke: Band VI, Der Witz und seine Beziehung zum Unbewußten,* Frankfurt am Main: Fischer, Kapitel VII

[63] Siehe beispielsweise Nightingale, Florence (1859, 1952) *Notes on Nursing,* London: Duckworth, S. 127, Absatz 1

[64] Elkind, David (1991), *Das gehetzte Kind,* Hamburg: Ernst Kabel Verlag

[65] Siehe Stadlen, Naomi, »Temper Tantrums« in *Nursery World,* 24. Januar 1984

[66] Aristoteles (1985), *Nikomachische Ethik,* Hamburg: Meiner, auf der Grundlage der Übersetzung von Eugen Rolfes, Hrsg. Günther Bien, Buch VIII, S. 181

[67] Wollstonecraft, Mary (1999), *Ein Plädoyer für die Rechte der Frau,* Weimar: Böhlau, Kapitel 11

[68] Erman, Adolf (1978), *Die Literatur der Ägypter,* Leipzig: Zentralantiquariat der DDR, S. 299

[69] Freud, Sigmund (1946), *Gesammelte Werke: Band X, Werke aus den Jahren 1913-1917,* Frankfurt am Main: Fischer, Zur Einführung des Narzißmus

[70] Beispielsweise Lidz, Theodore (1968), *The Person,* New York: Basic Books, S. 131

[71] Siehe beispielsweise Odent, Michel (1999), *The Scientification of Love,* London: Free Association sowie Hrdy, Sarah Blaffer (2002), *Mutter Natur: die weibliche Seite der Evolution,* Berlin: Berliner Taschenbuch-Verlag

[72] Schlein, Miriam (1963, 1991), *The Way Mothers Are,* Morton Grove, IL: Albert Whitman & Company

[73] Eine gute Beschreibung findet sich in Stern, Daniel N., (1985), *Die Lebenserfahrung des Säuglings,* Stuttgart: Klett-Cotta

[74] Brazelton, T. Berry und Cramer, Bertrand G. (1990), *Die frühe Bindung,* Stuttgart: Klett-Cotta, Übersetzung aus dem Englischen von Elisabeth Vorspohl, S. 190

[75] Zum Beispiel: »›Für mich ist Sam nicht behindert, er ist einfach Sam mit seinem Charakter und seiner Persönlichkeit.‹ (Sams Mutter)«, zitiert in Bridge, Gillian (1999), *Parents as Care Managers: The experience of those caring for young children with cerebral palsy,* Aldershot, Hants: Ashgate, S. 51

[76] 1 Kön, 3,16-28, LUT. Hebräische Ausgaben der Bibel heben die Textstelle über die heiß werdende Gebärmutter durch Gesangsmarkierungen hervor.

[77] *Daily Telegraph,* Nachruf, 6. September 1997, S. 15

[78] *Daily Telegraph,* 12. August 1997, S. 33

[79] Eason, Cassandra (1998) nennt Beispiele unter »Maternal Sacrifice«, einem Abschnitt in ihrem Buch *Mother Love,* London: Robinson

[80] Cobb, John (1980), *Babyshock,* London: Hutchinson, S. 175

[81] Johnson, Susan (2000), *A Better Woman,* London: Aurum Press, S. 80

[82] Ebenda, S. 220

[83] Rich, Adrienne (1976), *Von Frauen geboren,* München: Frauenoffensive, Übersetzung aus dem Englischen von Gesine Strempel und Meo H.-Rentzel, S. 16

[84] Figes, Kate (1998), *Babyblues,* Frankfurt am Main: Wolfgang Krüger Verlag, Übersetzung aus dem Englischen von Ingrid Lebe, S. 138

[85] Ebenda, S. 133

[86] Cusk, Rachel (2001), *A Life's Work, On Becoming a Mother,* London: Fourth Estate, HarperCollings Publishers Ltd, S. 103

[87] Winnicott, D. W. (1991) »Hass in der Gegenübertragung« (1947) in *Von der Kinderheilkunde zur Psychoanalyse: aus den »Collected Papers«,* Frankfurt am Main: S. Fischer, Übersetzung aus dem Englischen von Gudrun Theusner-Stampa, S. 88

[88] Parker, Rozsika (1995), *Torn in Two,* London: Virago, S. 213

[89] Lazarre, Jane (1976), *Der Mutterschaftswahn,* München: R. Piper GmbH & Co. KG, Übersetzung aus dem Englischen von Brigitte Stein, S. 62

[90] Figes, Kate (1998), *Babyblues,* Frankfurt am Main: Wolfgang Krüger Verlag, S. 169

[91] Maushart, Susan (1999), *The Mask of Motherhood,* London: Pandora, S. 123

[92] Cusk, Rachel (2001), *A Life's Work, On Becoming a Mother*, London: Fourth Estate, HarperCollins Publishers Ltd, S. 186

[93] Parker, Rozsika (1995), *Torn in Two*, London: Virago, S. 200

[94] Ebenda, S. 4

[95] Rich, Adrienne (1976), *Von Frauen geboren*, München: Frauenoffensive, S. 14

[96] Figes, Kate (1998), *Babyblues*, Frankfurt am Main: Wolfgang Krüger Verlag, S. 135

[97] Maushart, Susan (1999), *The Mask of Motherhood*, London: Pandora, S. 145

[98] Johnson, Susan (2000), *A Better Woman*, London, Aurum Press, S. 43

[99] Winnicott, D. W. (1991) »Hass in der Gegenübertragung« (1947) in *Von der Kinderheilkunde zur Psychoanalyse: aus den »Collected Papers«*, Frankfurt am Main: S. Fischer, S. 87

[100] Rich, Adrienne (1976), *Von Frauen geboren*, München: Frauenoffensive, S. 15

[101] Ebenda, S. 216

[102] Lazarre, Jane (1976), *Der Mutterschaftswahn*, München: R. Piper GmbH & Co. KG, S. 64

[103] Johnson, Susan (2000), *A Better Woman*, London: Aurum Press, S. 141

[104] Briscoe, Joanna, »I have to keep telling myself it'll get better« in *Guardian*, G2, 5. Februar 2003, S. 17

[105] Winnicott, D. W. (1991) »Hass in der Gegenübertragung« (1947) in *Von der Kinderheilkunde zur Psychoanalyse: aus den »Collected Papers«*, Frankfurt am Main: S. Fischer, S. 88

[106] Darling, Julia (2001), »Small Beauties« in *The Fruits of Labour: Creativity, Self-Expression and Motherhood*, Sumner, Penny, Hrsg., London: Women's Press, S. 3

[107] Maushart, Susan (1999), *The Mask of Motherhood*, London: Pandora, S. 128

[108] Catullus, G. Valerius (1999), Gedichte: lateinisch/deutsch, Düsseldorf/Zürich: Artemis & Winkler Verlag, Übersetzung aus dem Lateinischen von Werner Eisenhut, Epigramm 85

[109] Winnicott, D. W. (1991) »Hass in der Gegenübertragung« (1947) in *Von der Kinderheilkunde zur Psychoanalyse: aus den »Collected Papers«*, Frankfurt am Main: S. Fischer, 1983, S. 89

[110] Lazarre, Jane (1976), *Der Mutterschaftswahn*, München: R. Piper GmbH & Co. KG, S. 27

[111] Parker, Rozsika (1995), *Torn in Two*, London: Virago, S. 99

[112] Ebenda, S. 98

[113] Ebenda, S. 120

[114] Maushart, Susan (1999) *The Mask of Motherhood*, London: Pandora, S. 111-112

[115] Rich, Adrienne (1976), *Von Frauen geboren*, München: Frauenoffensive, S. 15

[116] Lazarre, Jane (1976), *Der Mutterschaftswahn*, München: R. Piper GmbH & Co. KG, S. 63

[117] Ebenda, S. 26

[118] Figes, Kate (1998), *Babyblues*, Frankfurt am Main: Wolfgang Krüger Verlag, S. 139

[119] Johnson, Susan (2000), *A Better Woman*, London: Aurum Press, S. 146

[120] Cusk, Rachel (2001), *A Life's Work, On Becoming a Mother*, London: Fourth Estate, HarperCollins Publishers Ltd, S. 95

[121] Lazarre, Jane (1976), *Der Mutterschaftswahn*, München: R. Piper GmbH & Co. KG, S. 90

[122] Figes, Kate (1998), *Babyblues*, Frankfurt am Main: Wolfgang Krüger Verlag, S. 98

[123] Ebenda, S. 161

[124] Johnson, Susan (2000), *A Better Woman*, London: Aurum Press, S. 91

[125] Cusk, Rachel (2001), *A Life's Work, On Becoming a Mother,* London: Fourth Estate, HarperCollins Publishers Ltd, S. 143

[126] Ebenda, S. 7

[127] Winnicott, D. W. (1992), *Kind, Familie und Umwelt,* München, Basel: E. Reinhardt (1992), Kapitel 12

[128] Kaplan, Louise J. (1978), *Die zweite Geburt,* München: Piper Verlag Gmbh

[129] Lazarre, Jane (1976), *Der Mutterschaftswahn,* München: R. Piper GmbH & Co. KG, S. 97

[130] Parker, Rozsika (1995), *Torn in Two,* London: Virago, S. 3-4

[131] Pearson, Allison, »Good mum bad mum« in *Daily Telegraph,* Magazinteil, 15. Juni 2002

[132] Pearson, Allison (2002) *Working Mom,* Hamburg: Rowohlt, Übersetzung aus dem Englischen von Catrin Frischer

[133] Rich, Adrienne (1976), *Von Frauen geboren,* München: Frauenoffensive, S. 9

[134] Siehe Endnote 114

[135] Siehe Endnote 112

[136] Ebenda

[137] Lazarre, Jane (1976), *Der Mutterschaftswahn,* München: R. Piper GmbH & Co. KG, S. 34

[138] Ebenda, S. 100

[139] Ebenda, S. 207

[140] Brazelton, T. Berry schrieb ein Buch mit dem vielversprechenden Titel *Infants and Mothers: Differences in Development* (1969) [Der Titel der deutschen Ausgabe lautetet *Babys erstes Lebensjahr: Unterschiede in der geistigen und körperlichen Entwicklung,* München: Deutscher Taschenbuch-Verlag]. Ich weiß noch, wie ich zur Bücherei rannte und dort feststellen musste, dass es von der Entwicklung dreier Babys handelte. Dr. Brazelton schreibt zwar, *dass* Mütter sich entwickeln, geht aber nicht näher darauf ein.

Außerdem gibt es noch *Die Mutterschaftskonstellation* [Stuttgart: Klett-Cotta 1998] von Daniel N. Stern und *Geburt einer Mutter* [Frankfurt: Brandes & Apsel Verlag GmbH 2014], ebenfalls von Stern und seiner Frau Nadia Bruschweiler-Stern. Letzteres ist ein einmaliges Buch zum Thema mütterliche Entwicklung, schlägt jedoch einen eher didaktischen Ton an.

[141] Rachel Cusk beschrieb diesen Zustand beispielsweise mit den Worten: »Nach der Geburt meines ersten Kindes fragte ich mich ständig, wann ich wohl wieder der Mensch sein würde, der ich einmal war und die mir vertrauten Gefühle haben würde. Ich verspürte eine Art Heimweh nach mir selbst sowie das erschreckende Gefühl, alles sei irgendwie irreal [...]« »The Language of Love« in *Guardian* G2, 12. September 2001, S. 9

[142] Naheliegende Beispiele sind: Dally, Ann (1976) in *Die Macht unserer Mütter: warum sie unser Leben prägen*, Stuttgart: Klett-Cotta, Kapitel 12; Rich, Adrienne (1976), *Von Frauen geboren*, München: Frauenoffensive, Kapitel 2, »Die ›Heilige Bestimmung‹«; Badinter, Elisabeth (1980) *Mutterliebe*, München: Piper; Figes, Kate (1998), Babyblues, Frankfurt am Main: Wolfgang Krüger Verlag, Kapitel 4, »Berufstätigkeit und die ›gute‹ Mutter«; Maushart, Susan (1999), *The Mask of Motherhood*, London: Pandora, S. 144 ff.

[143] Einige Beispiele sind: Deutsch, Helene (1995), *Psychologie der Frau*, Eschborn: Klotz, Band 1, Kapitel 7, »Der weibliche Masochismus«; Price, Jane (1988), *Motherhood, What It Does to Your Mind*, London: Pandora, Kapitel 9, »The Devastating Effects of Motherhood«; Parker, Rozsika (1995), *Torn in Two*, London: Virago, Kapitel 6, »Unravelling Femininity and Maternity«

[144] Ein gutes Beispiel findet sich im zweiten Kapitel von D. H. Lawrences semi-autobiografischem Roman *Söhne und*

Liebhaber. Darin beschreibt er, wie Paul Morels Mutter während der Geburt ihres Sohns auf ein gut funktionierendes System nachbarschaftlicher Hilfe zurückgreifen konnte. Heutzutage wären diese Nachbarinnen und vielleicht sogar Frau Morel selbst höchstwahrscheinlich tagsüber bei der Arbeit.

[145] Gansberg, Judith M. und Mostel, Dr. Arthur P. (1984) beschreiben dies in *The Second Nine Months: The Sexual and Emotional Concerns of the New Mother,* Wellingborough: Thorsons, S. 82

[146] Hole, Christina (1953), *The English Housewife in the Seventeenth Century,* London: Chatto & Windus, S. 79

[147] Cobb, John (1980), *Babyshock,* London: Hutchinson, S. 146

[148] Tschechow, Anton, *Drei Schwestern,* 2. Akt

[149] Miller, Jean Baker (1977), *Die Stärke weiblicher Schwäche. Zu einem neuen Verständnis der Frau,* Frankfurt am Main: S. Fischer Verlag GmbH, S. 58-59

[150] Price, Jane (1988), *Motherhood: What It Does to Your Mind,* London: Pandora 1988

[151] Prigogine, Ilya und Stengers, Isabelle (1984, 1985), *Order out of Chaos,* London: Fontana Paperbacks, S. 77

[152] Jackson, Brian (1983), *Fatherhood,* Allen and Unwin, S. 96

[153] Owen, Ursula (1983), »Einleitung« zu *Väter, Schriftstellerinnen schreiben über ihre Väter,* Owen, Ursula, Hrsg., München: Wilhelm Heyne Verlag, Übersetzung aus dem Englischen von Dirk van Gunsteren, S. 13. Das erste Kapitel von Brian Jacksons *Fatherhood* (siehe Endnote 152) trägt den vielsagenden Titel »The Invisible Man«. Claudia Nelson gab ihrer Forschungsstudie einen ähnlichen Titel: Invisible Men: *Fatherhood in Victorian Periodicals 1850-1910,* Athens, USA: University of Georgia Press, 1995

[154] Lewis, Charlie (1986), *Becoming a Father,* Milton Keynes: Open Universities Press, S. 41

[155] Kitzinger, Sheila (1992) fasst dies folgendermaßen zusammen: »Im Gegensatz zu traditionellen Kulturen erfährt eine Frau, die Mutter geworden ist, plötzlich *Geringschätzung* anstelle von Wertschätzung.« *Ourselves As Mothers,* London: Bantam Books, S. 7

[156] Eine anschauliche Aufzählung der mütterlichen Arbeit findet sich in »Appendix V: Women count – count women's work« in *The Milk of Human Kindness* von Solveig Francis, Selma James, Phoebe Jones Schellenberg und Nina Lopez-Jones, London: Crossroads Women's Centre, 2002, S. 188-190

[157] Rich, Adrienne (1976), *Von Frauen geboren,* München: Frauenoffensive, S. 235

[158] Einleitung zu Arcana, Judith (1981), *Our Mothers' Daughters,* London: Women's Press, S. xv

[159] Kitzinger, Sheila (1996), *Grossmutter werden,* München: Droemer Knaur, Übersetzung aus dem Englischen von Annemarie Pumpernig, S. 164 f.

[160] Siehe beispielsweise »Arbeitsgrundlagen für die LLL-Beraterin«, S. 14

[161] Platon, siehe S. 104

[162] Truby King war von der neuseeländischen Regierung autorisiert worden.

[163] Truby King, Frederic (undatiert), *Feeding and Care of Baby,* Oxford: Oxford University Press, S. 42

[164] Rousseau, Jean-Jacques (Deutsche Erstausgabe 1762), *Emil oder über die Erziehung,* Erstes Buch

[165] Siehe Chapple, J. A. V. (1980), *Elizabeth Gaskell, a Portrait in Letters,* Manchester: Manchester University Press, S. xii

[166] Zum Zeitpunkt der Drucklegung fand ich einige nützliche Statistiken in »Key indicators of women's position in Britain«, von Angelika Hibbert und Nigel Meager in *Labour Market Trends,* Norwich: The Stationery Office, Band III,

Nr. 10, Oktober 2003, S. 507. Siehe außerdem Hamlyn, Becky, Brooker, Sue, Olejnikova, Karin und Wands (2002) *Infant Feeding Report 2000,* Norwich: The Stationery Office, »The employment status of mothers«, S. 138

[167] Figes, Kate (1998), *Babyblues,* Frankfurt am Main: Wolfgang Krüger Verlag, S. 98

[168] Ford, Gina (1999), *The Contented Little Baby Book,* London: Vermilion, Seite 10

[169] Einzelheiten siehe »Die Funktion der Geschlechtertrennung für die Kriegsökonomie und den Genozid« in Claudia Koonz' wegweisendem Buch *Mütter im Vaterland* (1991), Freiburg: Kore Verlag

[170] Claudia Koonz beschreibt, wie Frauen nach Hitlers Machtergreifung Nähkränzchen gründeten, um *Mein Kampf* zu lesen und zu diskutieren (ebd., S. 90). Diese Gelegenheit klingt verlockend, denn wie frei waren diese Diskussionen wohl? Rozsika Parkers Buch *The Subversive Stitch* (London: Women's Press, 1984) nennt Beispiele, welch anspruchsvolle Diskussionen Frauen im scheinbar zahmen Rahmen eines Nähkränzchens führen können, wenn ihre Redefreiheit nicht von außen eingeschränkt wird.

[171] In ihrem Buch *Women Talk,* Oxford: Blackwell, 1996, analysiert Jennifer Coates auf originelle Weise, wie die Unterhaltungen von Frauen »funktionieren«. Es wäre wunderbar, wenn sie Zeit hätte, sich speziell den Unterhaltungen von Müttern zu widmen.

[172] Rut, 1,19-22, LUT

Literaturverzeichnis

Aristoteles (1985) *Nikomachische Ethik,* hrsg. von Günther Bien, Hamburg: Meiner

Aristoteles (1982) *Die Poetik,* Stuttgart: Reclam

Balaskas, Janet (1994) *Preparing for Birth with Yoga,* Shaftesbury, Dorset: Element Books

Balaskas, Janet (2001) *Natural Baby,* London: Gaia

Benn, Melissa (1998) *Madonna and Child,* London: Cape

Bernard, Jessie (1975) The Future of Parenthood, London: Caldar and Boyars

Bowlby, John (1988) *Bindung als sichere Basis,* München: Ernst Reinhardt Verlag

Brazelton, T. Berry und Cramer, Bertrand G. (1990) *Die frühe Bindung,* Stuttgart: Klett-Cotta

Breen, Dana (1981, 1989) *Talking With Mothers,* London: Free Association

Caspi, Mishael Maswari und Blessing, Julia Ann (1991) *Weavers of the Songs: the Oral Poetry of Arab Women in Israel and the West Bank,* Boulder, CO: Lynne Rienner Publishers

Chapple, J. A. V. (1980) *Elizabeth Gaskell, a Portrait in Letters,* Manchester: Manchester University Press

Coates, Jennifer (1996) *Women Talk,* Oxford: Blackwell

Cobb, John (1980) *Babyshock,* London: Hutchinson

Coren, Stanley (1996) *Sleep Thieves,* New York: Free Press, Simon & Schuster

Cusk, Rachel (2001) *A Life's Work, On Becoming a Mother,* London: Fourth Estate, HarperCollins Publishers Ltd

Dunn, Judy (1977) *Distress and Comfort,* London: Fontana/Open Books

Eason, Cassandra (1998) *Mother Love,* London: Robinson

Elkind, David (1991) *Das gehetzte Kind,* Hamburg: Ernst Kabel Verlag

Erman, Adolf (1978) *Die Literatur der Ägypter,* Leipzig: Zentralantiquariat der DDR

Figes, Kate (1998) *Babyblues,* Frankfurt am Main: Wolfgang Krüger Verlag

Ford, Gina (1999), *The Contented Little Baby Book,* London: Vermilion

Francis, Solveig, James, Selma, Schellenberg, Phoebe Jones und Lopez-Jones, Nina (2002) *The Milk of Human Kindness,* London: Crossroads Women's Centre

Freud, Sigmund (1969) *Gesammelte Werke: Band VI, Der Witz und seine Beziehung zum Unbewußten,* Frankfurt am Main: Fischer

Freud, Sigmund (1946) »Zur Einführung des Narzißmus« in *Gesammelte Werke: Band X, Werke aus den Jahren 1913-1917,* Frankfurt am Main: Fischer

Freud, Sigmund (1999) XX. Vorlesung: Das menschliche Sexualleben« in *Gesammelte Werke: Band XI, Vorlesungen zur Einführung in die Psychoanalyse,* Frankfurt am Main: Fischer

Gansberg, Judith M. und Mostel, Dr. Arthur P. (1984) *The Second Nine Months: the Sexual and Emotional Concerns of the New Mother,* Wellingborough: Thorsons

Gaskin, Ina May (1978) *Spiritual Midwifery,* Summertown, TN: The Book Publishing Company

Gopnik, Alison, Meltzoff, Andrew, Kuhl, Patricia (1999) *How Babies Think,* London: Weidenfeld and Nicolson

Griffin, Susan (1982) *Made From This Earth, Selections from her writing 1967-82,* London: Women's Press

Hartmann, Ernest L. (1973) *The Functions of Sleep,* Oxford: Oxford University Press

Harvey, David (1987) *Parent-Infant Relationships,* Chichester: Wiley & Sons

Hobson, J. Allan (1989) *Sleep,* New York: The Scientific American Library

Hole, Christina (1953) *The English Housewife in the Seventeenth Century,* London: Chatto & Windus

Hollway, Wendy und Featherstone, Brid, Hrsg. (1997) *Mothering and Ambivalence,* London: Routledge

Hrdy, Sarah Blaffer (2002) *Mutter Natur: die weibliche Seite der Evolution,* Berlin: Berliner Taschenbuch-Verlag

Jackson, Brian (1983) *Fatherhood,* London: Allen and Unwin

Jackson, Deborah (1996) *Drei in einem Bett: Schlafen mit Kind,* Reinbek: Rowohlt

Johnson, Susan (2000) *A Better Woman,* London: Aurum Press

Kagan, Jerome (1984) *Die Natur des Kindes,* Weinheim und Basel: Beltz

Kaplan, Louise J. (1978), *Die zweite Geburt,* München: Piper Verlag Gmbh

Karmiloff-Smith, Annette (1994) *Baby It's You,* London: Ebury Press

Kitzinger, Sheila (1962) *The Experience of Childbirth,* London: Penguin

Kitzinger, Sheila (1984) *Frauen als Mütter: Mutterschaft in verschiedenen Kulturen,* München: Dt. Taschenbuch-Verlag

Kitzinger, Sheila (1996) *Grossmutter werden,* München: Droemer Knaur

Klaus, Marshall H. und Kennell, John H. (1983) *Mutter-Kind-Bindung: über die Folgen einer frühen Trennung,* München: Kösel

Kleitman, Nathaniel (1939, 1963) *Sleep and Wakefulness,* Chicago: University of Chicago Press

Koonz, Claudia (1991) *Mütter im Vaterland,* Freiburg: Kore Verlag

La Leche League International (1958, 2004) *The Womanly Art of Breastfeeding,* Schaumburg, USA: LLLI

Lazarre, Jane (1976) *Der Mutterschaftswahn,* München: R. Piper GmbH & Co. KG

Lester, Barry M. und Boukydis, C. F. Zachariah (1985) *Infant Crying: Theoretical and Research Perspectives,* New York: Plenum Press

Lewis, Charlie (1986) *Becoming a Father,* Milton Keynes: Open Universities Press

Lidz, Theodore (1968) *The Person,* New York: Basic Books

Maushart, Susan (1999) *The Mask of Motherhood,* London: Pandora

Miller, Jean Baker (1977) *Die Stärke weiblicher Schwäche. Zu einem neuen Verständnis der Frau,* Frankfurt am Main: S. Fischer Verlag GmbH

Nightingale, Florence (1859, 1952) *Notes on Nursing,* London: Duckworth

Odent, Michel (1999) *The Scientification of Love,* London: Free Association

Olsen, Tillie (1980) *Silences,* London: Virago

Owen, Ursula (1983) *Väter, Schriftstellerinnen schreiben über ihre Väter,* München: Wilhelm Heyne Verlag

Parker, Rozsika (1984) *The Subversive Stitch,* London: Women's Press

Parker, Rozsika (1995) *Torn in Two,* London: Virago

Pearson, Allison (2002) *Working Mom,* Hamburg: Rowohlt

Platon (1991), *Nomoi* in: Sämtliche Werke, Frankfurt am Main: Insel Verlag

Price, Jane (1988) *Motherhood: What It Does to Your Mind,* London: Pandora

Prigogine, Ilya und Stengers, Isabelle (1984, 1985) *Order Out of Chaos,* London: Fontana Paperbacks

Priya, Jacqueline Vincent (1992) *Birth Traditions and Modern Pregnancy Care,* Shaftesbury, Dorset: Element Books

Rich, Adrienne (1976) *Von Frauen geboren,* München: Frauenoffensive

Rousseau, Jean-Jacques (1762) *Emil oder über die Erziehung* (diverse Übersetzungen)

Schlein, Miriam (1963, 1991) *The Way Mothers Are,* Morton Grove, IL: Albert Whitman & Company

Salter, Joan (1998) *Mothering with Soul,* Stroud: Hawthorn Press

Spender, Dale (1980) *Man Made Language,* London: Pandora

Stern, Daniel N. (1985) *Die Lebenserfahrung des Säuglings,* Stuttgart: Klett-Cotta

Stern, Daniel N. (1998) *Die Mutterschaftskonstellation,* Stuttgart: Klett-Cotta

Stern, Daniel N. und Bruschweiler-Stern, Nadia (2014) *Geburt einer Mutter,* Frankfurt: Brandes & Apsel Verlag GmbH

Sumner, Penny, Hrsg. (2001) *The Fruits of Labour, Creativity, Self-Expression and Motherhood,* London: Women's Press

Tolstoi, L. N. (2010) *Kreutzersonate,* Zürich: Manesse Verlag

Truby King, Frederic (undatiert) *Feeding and Care of Baby,* Oxford: Oxford University Press

Tschechow, Anton (2010) *Drei Schwestern* (diverse Übersetzungen)

Winnicott, D. W. (1991) *Von der Kinderheilkunde zur Psychoanalyse: aus den »Collected Papers«,* Frankfurt am Main: S. Fischer

Winnicott, D. W. (1992) *Kind, Familie und Umwelt,* München, Basel: E. Reinhardt

Wollstonecraft, Mary (1999) *Ein Plädoyer für die Rechte der Frau,* Weimar: Böhlau

Sachregister

LA LECHE LIGA
DEUTSCHLAND E.V. . . . *lädt zum Lesen ein:*

**Mein Kind will nicht
essen**
Ein Löffelchen für Mama...
Dr. Carlos Gonzáles
ISBN 978-3932022128

In Liebe wachsen
Liebevolle Erziehung für
glückliche Familien
Dr. Carlos Gonzáles
ISBN 978-3932022142

Wir stillen noch
Über das Leben mit
gestillten Kleinkindern
N.J. Bumgarner
ISBN 978-3932022135

**Babys mit
Down-Syndrom
stillen**
Informationen und
Erfahrungsberichte
J. Afgan
ISBN 978-3932022159

Die Stillbroschüre
Informationen und
Erfahrungen zum
Stillstart
J. Afgan, K. v. Herff
ISBN 978-3932022165

**Infoblätter im 50er
Päckchen**
verschiedene Themen
LLL Deutschland e.V.

LA LECHE LIGA
DEUTSCHLAND E.V.

www.lalecheliga.de